U0143625

九色鹿

本书为国家社会科学基金重大项目
"汉唐间丝绸之路历史书写和文学书写文献资料整理与研究"（19ZDA261）阶段性成果，
获北京外国语大学 2020 年度"双一流"建设重大标志性成果
"多语种、多视角世界文学与比较文学研究"继续资助项目（2021SYLZD012）资助

魏晋南北朝丝绸之路与对外关系史研究

石云涛 著

社会科学文献出版社
SOCIAL SCIENCES ACADEMIC PRESS (CHINA)

前 言 / 1

第一章 魏晋南北朝对外关系史研究四十年（1978~2019）/ 6

　　一　文献整理与研究 / 8

　　二　丝绸之路交通路线及其变迁研究 / 12

　　三　对外交往和外交制度研究 / 16

　　四　经济贸易和文化交流研究 / 22

　　五　有关对外关系史考古资料研究 / 33

第二章 北魏中西交通的开展 / 41

　　一　北魏西域政策的变化 / 42

　　二　北魏时西北丝路的利用 / 45

　　三　北魏时中西关系的发展 / 51

　　四　北魏时中西间贸易的开展 / 54

第三章 南朝萧梁时的对外关系 / 61

　　一　与梁朝交往的"海南诸国"/ 62

　　二　与梁朝交往的"东夷"诸国 / 68

　　三　与梁朝交往的"西北诸戎"/ 72

　　四　梁时对外交流兴盛的原因 / 77

第四章　3~6 世纪草原丝绸之路的利用 / 86

　　一　魏晋时期草原路的复兴 / 87

　　二　五胡十六国和北魏时期草原路的利用 / 90

　　三　柔然与东魏、北齐对草原路的利用 / 96

　　四　突厥崛起与草原路的兴盛 / 101

　　五　中国北方草原路利用的考古学证据 / 104

第五章　宋云、惠生西行求法与佛传之路 / 108

　　一　佛都洛阳：求法之路之起点 / 109

　　二　佛传之路之东道 / 114

　　三　佛传之路之西道 / 128

　　四　天竺佛传之路 / 137

第六章　朱应、康泰出使扶南与海上丝路交通 / 155

　　一　三国两晋海上丝路的盛衰 / 156

　　二　南朝海上交通的盛衰 / 164

　　三　中西间海上交通条件的变化 / 177

　　四　中西间的海上航线与文化交流 / 186

第七章　域外器物的输入与中古社会 / 198

　　一　魏晋南北朝时期的外来器物 / 199

　　二　中古时外来器物的使用 / 205

　　三　外来器物在中古社会的影响 / 215

第八章　域外植物的输入与中古社会 / 221

　　一　域外粮食作物的引种与推广 / 221

　　二　域外植物的引进与饮食文化 / 229

三　域外植物与中医药文化 / 234

四　域外植物的引进与世风 / 241

第九章　域外动物的输入与中古社会 / 245

一　友好往来中的动物献赠 / 245

二　对外贸易中的良马市易 / 256

三　战争中马、牛、羊、驴、骡、骆驼、象的掠取 / 258

四　作为审美对象的文化意义 / 262

第十章　域外香料的输入与中古社会 / 269

一　域外输入香料的种类和来源 / 270

二　域外香料与上层贵族生活的精致化 / 278

三　域外香料丰富了中国医药宝库 / 289

四　域外名香成为宗教、朝廷礼仪用香 / 294

五　域外香料丰富了中国香文化 / 300

六　文学审美中的新意象 / 306

参考文献 / 313

后　记 / 333

前　言

　　关于魏晋南北朝时期在对外关系史上的地位，过去有一种错觉，好像长期的分裂与动乱造成了对外关系的中断和对外交流的低落。张星烺先生《中西交通史料汇编》和方豪先生《中西交通史》都有这样的论断。他们认为在中西交通史上，这是一个衰落时期。方豪先生说"北朝曾将西域交通完全隔断"；[1] 张星烺先生则说六朝时"干戈云扰，全国鼎沸，中原沦于异族，而汉族仅得保有长江流域。陆地通西域既绝，而海上交通至是记载渐详"。[2] 事实上这也是许多人的印象，向达先生《中西交通史》关于魏晋南北朝时期一笔带过；白寿彝先生著《中

1　方豪：《中西交通史》，岳麓书社，1987，第186页。
2　张星烺：《中西交通史料汇编》第一册《古代中国与欧洲之交通》，辅仁大学图书馆，1930，第59页。

国交通史》共分五篇，第二篇为"秦汉时代之交通"，第三篇则直接跳过魏晋南北朝，讲"隋唐宋时代之交通"，完全忽略了这一时期对外交通的发展。这种认识不符合历史的实际，这一时期对外交通继续扩展，对外交流从未停止，而且是持续升温，不断推进。

新时期以来，这种认识有所改变，研究对外关系史的学者越来越重视这一领域的研究，取得不少成果。这里不加详述，可参看本书第一章关于魏晋南北朝时期对外关系史研究四十年综述。总的来说，这是一个发展时期，这个发展是相对于两汉时期来说的，这种发展可以从交通、交往和交流三个方面来考察。

从交通方面看，魏晋南北朝时期是丝绸之路的重要发展时间段，表现为在汉代以后传统丝路的利用之外，新的交通路线的开辟和丝路的延伸。魏晋人鱼豢《魏略·西戎传》描述通往西域的交通路线云："西域诸国，汉初开其道，时有三十六，后分为五十余。从建武以来，更相吞灭，于今有二十道（当为'国'之误）。从敦煌玉门关入西域，前有二道，今有三道。"他记载了经塔克拉玛干沙漠南缘至大月氏的南道，经故楼兰、龟兹至葱岭的中道，从中道继续西行至大宛、安息、条支、乌弋的道路，从玉门关西北行经车师、高昌至龟兹与中道合的新道，又记载了至大秦的陆海交通道路："大秦道既从海北陆通，又循海而南，与交趾七郡外夷比，又有水道通益州、永昌，故永昌出异物。"还记载了入天山北路的北新道，由此西行至乌孙、康居、大秦和众多游牧部落的草原路。[1] 鱼豢的记载大体反映了两汉至魏晋时期的中西交通，显然是大大发展了。经过 400 年左右的分裂动荡，中西间的交通并不是停滞了，而是发展了。隋代裴矩《西域图记序》记载的西域三道就是这种情况的反映：

> 发自敦煌，至于西海，凡为三道，各有襟带。北道从伊吾，

---

[1] 陈寿：《三国志》卷三〇《乌丸鲜卑东夷传》，裴注引《魏略·西戎传》，中华书局，1959，第859~863 页。

经蒲类海铁勒部、突厥可汗庭，度北流河水，至拂菻国，达于西海。其中道从高昌、焉耆、龟兹、疏勒，度葱岭，又经钹汗，苏对沙那国，康国，曹国，何国，大、小安国，穆国，至波斯，达于西海。其南道从鄯善、于阗、朱俱波、喝槃陀，度葱岭，又经护密、吐火罗、挹怛、忛延、漕国，至北婆罗门，达于西海。其三道诸国，亦各自有路，南北交通。其东女国、南婆罗门国等，并随其所往，诸处得达。故知伊吾、高昌、鄯善，并西域之门户也。总凑敦煌，是其咽喉之地。[1]

此序写于隋代经营西域之前，当时炀帝委派裴矩到张掖主持互市。裴矩博览众书，访采胡人，获得丰富材料，撰《西域图记》上奏炀帝，炀帝据此开始对西域的经营。因此，这里的情况实际上反映的是魏晋南北朝时期的中西交通路线。序中的"西海"并非指一地，而是指地中海、红海、波斯湾和印度洋，反映了当时中国与域外的交通已经到达了今土耳其伊斯坦布尔、叙利亚、伊朗等地，而且形成了四通八达的交通网络，这是自张骞出使西域以后丝路交通形成的新局面。

从交往的域外国家来看，两汉时不过二三十个国家和地区，魏晋南北朝时期与更多的国家和地区建立起通交和贸易关系。三国吴时朱应、康泰出使扶南，经历"百数十国"。[2] 在北方，北魏是对外交通和交流的高潮时期，与之交往的国家和地区达90多个。北魏杨衒之《洛阳伽蓝记》记载当时西域交通云："自葱岭已西，至于大秦，百国千城，莫不欢附，商胡贩客，日奔塞下，所谓尽天地之区已。"[3] 在南方，梁朝是对外交往的高潮时期，梁朝更多地利用了海上交通，与南亚、东南亚国家和地区进行交往。《梁书·诸夷传》云：

1　魏徵等：《隋书》卷六七《裴矩传》，中华书局，1973，第1579~1580页。

2　姚思廉：《梁书》卷五四《诸夷传》，中华书局，1973，第783页。

3　杨衒之撰，范祥雍校注《洛阳伽蓝记校注》卷三，上海古籍出版社，1978，第161页。

"自梁革运，其奉正朔，修贡职，航海岁至，逾于前代矣。"[1] 正是有感于大量外国使节入华，梁元帝才绘《职贡图》以形象化地展现对外交往的盛况。

从交流方面看，一方面是经济贸易，一方面是文化交流，内容都较两汉时期大大拓展而更加丰富了。通过丝绸之路，中国的丝绸源源不断地传至域外，域外的物产如植物、动物、器物、香料、医药、珠宝传入中国，以供观赏和实用。佛教虽在两汉之际已经传入中国，此后一百多年悄无所闻，汉末西域僧人入华，逐渐显露头角，但直到西晋时都城洛阳佛寺不过 40 多所。佛教真正大发展是从东晋开始的，东晋南北朝被梁启超称为佛教的"输入期"，[2] 佛教作为一种异质文化逐渐融入中华文化的肌体。北魏时洛阳城内外佛寺 1000 多所，孝明帝正光以后"僧尼大众二百万矣，其寺三万有余"。[3] 南朝梁武帝崇信佛教，掀起一波又一波崇佛热潮。大量域外僧人入华传教，众多中土高僧西行求法。佛经被大量翻译，据统计，这一时期翻译的佛经达 1600 多种。流行于波斯的琐罗亚斯德教也传入中国，被称为祆教。随着佛教、祆教的传入，南亚、西亚和中亚地区的艺术也传入中国。佛教石窟、寺院建筑，宗教绘画、雕塑，西域乐舞进入中原地区。

总之，从交通、交往和交流等方面来看，魏晋南北朝时期对外关系的发展是空前的。研究中古史、丝绸之路和古代对外关系史，魏晋南北朝时期是一个具有特殊意义的时期，在两个大一统时代之间的 400 年左右的这个时期，不仅在前一个时代的基础上开拓前进，而且孕育着后一个时代的恢宏气势。它绝不是两个高峰之间的一个低谷，而是一浪高过一浪的浪头，这个浪头高过汉代，又为隋唐的大浪蓄积声势。但这一时期丝绸之路和对外关系史的研究，也有特殊的困难。这是一个长期处于大分裂、大动荡的时期，先后出现过 30 个政权，每一个政权都与域外有联系，头绪纷繁。没有一定的潜心研究和

1　姚思廉:《梁书》卷五四《诸夷传》，第 783 页。

2　梁启超撰，陈士强导读《佛学研究十八篇》，上海古籍出版社，2001，第 12 页。

3　魏收:《魏书》卷一一四《释老志》，中华书局，1974，第 3048 页。

积累，其中的人物、事件便是云里雾里，如一团乱麻。这是研究的困
难之处，但也是魏晋南北朝史研究的魅力所在。总体上看，这一时期
丝绸之路与对外关系史的研究并不尽如人意。笔者近年来涉足这一领
域的研究，取得若干成果，整合为这本小书，不足之处，敬请学界不
吝批评，多加指正。

第一章　魏晋南北朝对外关系史研究四十年（1978~2019）

魏晋南北朝时期的中国处于分裂动荡中，丝绸之路上河西走廊和西域的形势不断发生变化，战争频繁。前期河西走廊上割据政权不断更替，引发不少战争；后期则由于西北柔然的兴起及其与北魏的长期对抗，其后又有突厥的崛起以及向西扩张。在这一过程中，都有不少战争发生。这一时期，西部世界同样处于一个动荡纷乱时期，葱岭以西的广大地区如中亚、西亚、南亚和欧洲都经历过大分裂和大变化。但是经济文化关系与政治关系不同，政治上的关系有冷有热，有断有续，经济文化的交流却始终保持恒温甚至升温，对外交通和交流并没有因世界局势的动荡而中断或衰落，且比两汉时期在规模、范围和影响力等方面都进一步发展了。

历来研究对外关系史的学者多关注汉唐两代

的辉煌成就，对于魏晋南北朝一段较少着力，甚至有人认为当时中原纷乱，战乱频仍，中原政权无力西顾，对西域经营处于停滞状态，对外交通几乎断绝。有的通史著作对这一时期的对外交往略而不述，或轻轻带过。加上魏晋南北朝时期对外关系头绪纷乱，涉足这一领域研究的学者较之前的汉代和之后的隋唐时期相对较少。随着改革开放和学术研究的日益深入，这种状况在1978年以后的研究中有很大改善，许多学者注意到这一时期对外关系的进一步发展，注意到这一时期在对外关系史上的重要地位。自1978年改革开放以来至2019年的40年，中国大陆学术界有关魏晋南北朝时期对外关系史的研究取得了丰硕成果。

通史性对外关系史和魏晋南北朝断代史著作，一般会论及或综述魏晋南北朝时期对外关系史的发展变化。王仲荦《魏晋南北朝史》（上海人民出版社，1980）第九章"魏晋南北朝时期的中外经济文化交流"分别概述了中国与海东各国、西域及五天竺各国、南海各国的交往和经济文化交流。周一良主编《中外文化交流史》（河南人民出版社，1987）分国别概述了中国与若干国家或地区的交往和交流，其中论述中国与缅甸、印度、伊朗、日本、朝鲜、马来西亚、尼泊尔、菲律宾、斯里兰卡、泰国、越南、柬埔寨、老挝等国家的关系时论及魏晋南北朝时期的发展变化。沈福伟《中西文化交流史》（上海人民出版社，1985年初版，2006年第2版）第三章题为"魏晋南北朝时期西域文化和中国文化的交融"。杨建新、卢苇《历史上的欧亚大陆桥：丝绸之路》（甘肃人民出版社，1992）介绍了丝绸之路的开辟、发展和变化，以及古代中国与欧亚地区通过丝绸之路进行的文化交流。张维华《中国古代对外关系史》（高等教育出版社，1993）论及先秦至鸦片战争时期的对外关系，作为高校教材深度不足，关于魏晋南北朝部分论述比较薄弱。李明伟主编《丝绸之路贸易史》（甘肃人民出版社，1997）第二编第二章"魏晋南北朝丝绸之路的交通"谈及贸易路的发展变化，但仅限于国内路段陆上交通，未涉及海上交通和境外路段。余太山主编《西域通史》（中州古籍出版社，2002）第三编"魏晋南北朝时期的西域"、第四编"突厥汗国及其对西域的统治"
对于这一时期的西域形势和西域在中西关系史的地位进行了论述。张
国刚、吴莉苇《中西文化关系史》(高等教育出版社,2006)上编第
二至四章"汉唐时期"论述了魏晋南北朝时期的中西文化关系。何芳
川《中外文化交流史》(国际文化出版公司,2008)既有纵向方面从
史的角度的梳理,也有横向方面从地域和国家角度分别的论述,包括
魏晋南北朝时期中外文化交流史。朱建君、修斌主编的《中国海洋文
化史长编·魏晋南北朝隋唐卷》(中国海洋大学出版社,2013)探讨
了中古时期通过海洋进行的对外贸易与交流。李庆新《海上丝绸之
路》(黄山书社,2016)第一章之五"遂溪南朝窖藏出土的波斯器物
与银币"、之六"俄厄海港:印度化时代南海—印度洋的贸易中心"
讨论了魏晋南北朝时期东西方海上交通的发展。

一　文献整理与研究

　　古代对外关系史史料散见于正史、宗教文献、石刻材料和各种文
献中,对这些资料的搜集、整理是从事这一领域研究的必要前提,考
证、注释和研讨则是重要的基础性研究工作。

　　两汉魏晋南北朝正史有 14 种,其中包含"西域传"者有如下
数种:《史记·大宛列传》《汉书·西域传》《后汉书·西域传》《晋
书·西戎传》《梁书·诸夷传》《魏书·西域传》《周书·异域传》《隋
书·西域传》《南史·西域诸国传》《北史·西域传》。《三国志》裴注
引《魏略·西戎传》也是研究西域历史和对外关系史的重要史料。这
些资料的整理和考证对研究魏晋南北朝时期对外关系史有重要价值。
余太山《两汉魏晋南北朝正史西域传要注》(中华书局,2005)旨在
为两汉魏晋南北朝正史西域传有关西域的记载提供系统的注解。两汉
魏晋南北朝正史西域传是研究 7 世纪以前中亚、南亚、西亚乃至欧洲
和北非的重要史料,自成体系,历来深受中外史学界重视,该书将这

批资料作为一个整体进行诠释。余太山长期从事西域史和古代对外关系史研究，对塞种、贵霜、嚈哒以及两汉魏晋南北朝与西域关系史有独到见解，其《两汉魏晋南北朝正史西域传研究》（商务印书馆，2013），对各篇西域传所见西域文化、宗教、习俗、制度以及人种、语言、文字做了分门别类的研究，与《两汉魏晋南北朝正史西域传要注》为姊妹篇，对两汉魏晋南北朝正史西域传各种问题进行了系统阐述，对于深入理解两汉魏晋南北朝的政治、经济和文化等均有参考价值。余太山《早期丝绸之路文献研究》（商务印书馆，2013）主要利用早期文献对丝绸之路路线进行研究，涉及魏晋南北朝时期的有《关于法显的入竺求法路线——兼说智猛和昙无竭的入竺行》《宋云、惠生西使的若干问题——兼说那连提黎耶舍、阇那崛多和达摩笈多的来华路线》《裴矩〈西域图记〉所见敦煌至西海的"三道"》《两汉魏晋南北朝正史关于东西陆上交通路线的记载》《〈水经注〉卷二〈河水〉所见西域水道考释》《宋云行纪要注》。

　　佛教于两汉之际传入中国，魏晋南北朝时期迅速发展，佛教史地著作对于研究对外关系史具有重要价值。《法显传》是现存中土僧侣赴印度旅行记中最古老之游记，对于研究 5 世纪初中印佛教交流具有重要的史料价值。章巽《法显传校注》（上海古籍出版社，1985）参考了多种早期印本和古抄本，吸收 19 世纪以后国内外学者的重要研究成果，解决了不少疑难问题，被认为是集法显研究之大成的力作。杨勇《洛阳伽蓝记校笺》（台北，正文书局，1982）借鉴和吸收前贤成果，在校笺方面取得新的成绩，大陆中华书局 2018 年修订再版。[1] 尚荣译注《洛阳伽蓝记》（中华书局，2012）则是一部普及性学术著作。杨衒之《洛阳伽蓝记》卷五有关宋云、惠生的行纪内容是研究中西交通史的重要资料，学界一般认为乃作者综合《宋云行纪》、《惠生行纪》和《道药（一作荣）传》三篇而成。传统观点认为文本以《宋云行纪》

---

[1]　关于北魏杨衒之《洛阳伽蓝记》的整理和校释，在此之前已有两部有影响的著作：一是范祥雍《洛阳伽蓝记校注》，古典文学出版社 1958 年印行第 1 版，1978 年上海古籍出版社修订再版；二是周祖谟《洛阳伽蓝记校释》，中华书局 1963 年印行第 1 版，2010 年再版。

为主体，故以"宋云行纪"称之，余太山认为并无《惠生行纪》的内容（见上述《宋云、惠生西使的若干问题——兼说那连提黎耶舍、阇那崛多和达摩笈多的来华路线》）。吴晶《〈宋云惠生行纪〉文本构成新证》（《西域研究》2011 年第 3 期）通过分析杨衒之自述、《洛阳伽蓝记》叙事惯例、《北史》作者李延寿评论和行纪各部分篇幅的差异，认为《宋云惠生行纪》的文本主体应为《惠生行纪》，而非《宋云行纪》。《高僧传》是南朝梁僧慧皎撰佛教史书，所载僧人从东汉永平十年（67）至南朝梁天监十八年（519）400 多年间 257 人，附见者 200 余人。汤用彤校注《高僧传》遗稿经汤一玄整理，于 1992 年由中华书局出版。王孺童《比丘尼传校注》（中华书局，2006）、李小荣《弘明集校笺》（中华书局，2013）、郭绍林点校《续高僧传》（中华书局，2014）也是近年来佛教文献整理和研究的重要成果。北魏郦道元《水经注》不仅记载了古代印度境内的恒河和印度河，还大量引用了反映中印关系史的著作，陈桥驿《水经注校证》（中华书局，2013）是该书整理和研究的新成果。

　　古代石刻碑志中蕴藏着有关对外关系史的丰富史料。有关魏晋南北朝时期石刻资料的最早整理为赵万里《汉魏南北朝墓志集释》，集近代收藏隋以前墓志拓本之大成，是研究魏晋南北朝史与考古的基本史料。[1] 赵超《汉魏南北朝墓志汇编》先由天津古籍出版社 1992 年出版，存在不少错误。毛远明发表《〈汉魏南北朝墓志汇编〉校理》（《漳州师范学院学报》2004 年第 3 期）一文指正。作者修订后于 2008 年再版。罗新、叶炜《新出魏晋南北朝墓志疏证》（中华书局，2005）所收墓志起自三国，迄于隋末，皆赵万里、赵超两书中未收者。敦煌吐鲁番出土文献资料的整理和研究为中古历史和对外关系史研究注入了强大活力。虽然这些文献资料对唐史研究更有价值，但

1　赵万里：《汉魏南北朝墓志集释》（11 卷），科学出版社，1956。收汉魏至隋墓志新旧拓本 609 通，按时代分为 10 卷及补遗 1 卷，起自东汉延平元年（106）马姜墓志，止于隋大业十一年（615）宫人刘氏墓志。墓志以石志为主，砖志仅收文字精好或志文有关史事者，亦有少数墓记、椁铭、柩铭等。

也有北朝时期材料，对于这一时期丝绸之路和对外关系史研究具有重要价值。敦煌文献的整理成就非凡，需要专门的梳理和综述。武汉大学唐长孺教授主编《吐鲁番出土文书》释文本10册、图文本4卷（文物出版社，1981~1996），为中外学术界提供了一大批珍贵文献资料。陈国灿《斯坦因所获吐鲁番文书研究》（武汉大学出版社，1994年第1版，1997年修订本）对斯坦因在吐鲁番及塔里木诸遗址所获汉文文书重新进行了整理，为学术界提供了一批新的原始资料。敦煌学和吐鲁番学成果十分丰厚，有专门的学术综述，因此本书中的综述只涉及有关对外关系史的部分成果。

中国古代文献浩如烟海，有关域外国家和民族的史料散见其中，搜集整理这些文献资料并加以考释便于学者利用。《陈序经东南亚古史研究合集》（海天出版社，1992）收入《东南亚古史初论》《越南史料初辑》《林邑史初编》《扶南史初探》《猛族诸国初考》《掸秦古史初稿》《藏缅古国初释》《马来南海古史初述》等，对东南亚国家古史及与中国有关的资料进行了整理和考释。饶宗颐《〈太清金液神丹经〉（卷下）与南海地理》（《饶宗颐二十世纪学术文集·中外关系史》，中国人民大学出版社，2009）对葛洪《太清金液神丹经》下卷提及的南海诸国地名进行了考证。北京大学南亚研究所编《中国载籍中南亚史料汇编》（上海古籍出版社，1994）广泛搜检各种文献，把涉及今印度、巴基斯坦、孟加拉国、尼泊尔、斯里兰卡、马尔代夫等国的各种史料汇集成册，分为七大部分，其中有三国两晋南北朝时期部分。余定邦等编《中国古籍中有关新加坡马来西亚资料汇编》（中华书局，2002）中关于《水经注》《宋书》《梁书》《陈书》诸书中有关资料的汇辑，涉及魏晋南北朝时期中国与东南亚各国关系史料。汪向荣、夏应元编《中日关系史资料汇编》（中华书局，1984）广泛收集中国古代各类文献中有关中日交往的记载，其中包含魏晋南北朝时期文献资料，并对史料进行学术性注释。汪向荣《中日关系史文献论考》（岳麓书社，1985）对中日两国古代正史等基础文献做了分析介绍，有助于学者辨识、利用这些史料。张绪山《汉籍所见拜占庭帝国地理、历史与传说》[《欧亚学刊（国际版）》新 1 辑，商务印书馆，2011] 以汉籍史料为依凭，梳理南北朝末年至隋唐时期中国人对拜占庭帝国地理、历史与传说的认知。

二　丝绸之路交通路线及其变迁研究

自从德国学者李希霍芬提出"丝绸之路"这一概念，丝绸之路研究已有百余年历史。[1] 2013 年 9 月和 10 月，国家主席习近平分别提出建设"丝绸之路经济带"和"21 世纪海上丝绸之路"的合作倡议。2014 年，由中国、哈萨克斯坦、吉尔吉斯斯坦三国共同申报的"丝绸之路：长安—天山廊道的路网"成功入选联合国教科文组织的"世界遗产名录"。近年来丝绸之路研究掀起热潮，相关研究成果如雨后春笋般涌现。魏晋南北朝时期是丝路发展的重要时期，因此这一时期丝路交通及其变迁研究成果丰硕。

丝绸之路起点问题曾引起争论，主要围绕长安和洛阳在对外关系史上的地位展开。古代长安是丝路起点城市是历来公认的，未曾有人质疑。洛阳市地方史志编纂委员会办公室编《洛阳——丝绸之路的起点》（中州古籍出版社，1992）组织一批著名专家学者撰文，论证洛阳在历史上也具有丝路起点地位，引起西安部分学者的争议。此后不少人利用报纸杂志或新闻媒体撰文或访谈等形式，对洛阳是否丝绸之路起点问题展开争论。石云涛《汉唐间丝绸之路起点的变迁》（《中州学刊》2008 年第 1 期）论述了汉唐间长安、洛阳、凉州、平城、邺城等在丝绸之路上的地位，认为在魏晋南北朝时期多个政权对峙的情况下丝路起点呈多元化倾向。2014 年，联合国教科文组织公布"丝绸之路：长安—天山廊道的路网"世界文化遗产项目的网页上将洛阳和长

1　李明伟《丝绸之路研究百年历史回顾》（《西北民族研究》2005 年第 2 期）对之前的丝绸之路研究进行了系统总结。

安并列为丝绸之路的起点，这一争议基本平息。

丝绸之路有陆上丝路、海上丝路两道，已被国内外学术界接受。20世纪80年代以来，南方丝绸之路的研究形成风气。[1]陈茜《川滇缅印古道初考》（《中国社会科学》1981年第1期）探讨了从中国西南地区至缅甸、印度的道路。四川大学古代南方丝绸之路综合考察课题组编《古代西南丝绸之路研究》（四川大学出版社，1990）、《古代西南丝绸之路研究》第2辑（四川大学出版社，1995）汇集有关学者论文，论证了古代西南丝绸之路的存在、起源和发展。邓廷良《丝路文化（西南卷）》（浙江人民出版社，1995）探讨了西南丝路的地理环境和民族文化、经济贸易往来、宗教融合以及中国西南地区与其他文化圈的交流。段渝主编《南方丝绸之路研究论集》（巴蜀书社，2008）收论文52篇，分"综论篇""交通篇""民族篇""贸易篇""青铜文化篇""中外文化交流篇"，对南方丝绸之路历史文化研究进行了全方位的推进。因此，"西南丝绸之路"或"南方丝绸之路"业已成为与丝绸之路沙漠绿洲路、草原丝绸之路、海上丝绸之路相对应的独立概念体系。

在魏晋南北朝时期多个政权对峙、河西走廊战争不断的情况下，经过吐谷浑之地的道路成为东西方交通要道。早在20世纪50年代，夏鼐《青海西宁出土的波斯萨珊朝银币》就指出经吐谷浑之地交通西域有三条道路。唐长孺《北凉承平七年（449）写经题记与西域通往江南的道路》（《魏晋南北朝隋唐史资料》第1辑，武汉大学历史系魏晋南北朝隋唐史研究室编印，1979）对南北朝时期这条道路的交通和利用情况进行了考证和论述。陆庆夫《五凉政权与中西交通》（《西北史地》1987年第1期）认为在五胡十六国时期由于五凉等政权的经营，河西一带局势比较稳定，经济有所发展，自秦汉以后就存在的丝绸之路畅通无阻，东西之间的交往仍然十分密切。陈良伟《丝绸之路河南

1　邹一清《南方丝绸之路研究的回顾》（《文史知识》2006年第10期）对之前南方丝绸之路的研究进行了总结。

道》（中国社会科学出版社，2002）运用考古学资料，通过多学科综合研究，对以吐谷浑为中心的交通路网进行了全面论证。敦煌是丝绸之路上的"咽喉"之地，潘玉闪《略谈"丝绸之路"和汉魏敦煌》（《敦煌研究》1981 年第 1 期）论述了汉魏时期敦煌在丝绸之路上的重要地位。

姜伯勤《敦煌吐鲁番文书与丝绸之路》（文物出版社，1994）利用敦煌吐鲁番出土文书，探讨北朝至隋唐时期丝绸之路的变迁。全书分五章，分别探讨了拜占庭通往敦煌吐鲁番之路、波斯通往敦煌吐鲁番的"白银之路"、敦煌吐鲁番与丝绸之路上的突厥人、敦煌吐鲁番通往印度的香料之路与法宝之路、敦煌吐鲁番与丝绸之路上的粟特人。该书虽不是对丝绸之路各条路线的完整研究，但对敦煌吐鲁番文书的利用在很大程度上开拓了丝路研究的新领域。巫新华、李肖《寻秘大海道——考古探查手记》（中国社会科学出版社，2000）通过对敦煌到车师国这条丝路古道全程穿越考察，揭示了自汉代以后便得到利用的大海道的种种真相。专门探讨魏晋南北朝时期丝路变迁的著作是石云涛《三至六世纪丝绸之路的变迁》（文化艺术出版社，2007），该书在 3~6 世纪中国南北分裂和政权更替、西方世界局势变动的大背景下探讨这一时期绿洲之路主干线的变化，丝绸之路各条支线的利用，中国与葱岭以西中亚诸国、南亚、波斯萨珊和大秦、拜占庭的交通发展变化，以及 3~6 世纪中西间海上交通的盛衰发展。全书以中西方传世文献为中心，吸收百余年来考古发现的新材料和前人研究成果，对这一时期丝路的盛衰变迁，沿途各个国家和地区、各民族及其政治背景、城市兴废、自然环境和商贸往来等问题做了综合性论述。国内学术界关于丝路的研究过去多着眼于国内路段，该书关注了境外丝路的发展变化，极具特色。

余太山《汉魏通西域路线及其变迁》（《西域研究》1994 年第 1期）对汉宣帝神爵以降至曹魏时期的丝路变化进行了探讨。王宗维《五船道与伊吾路》（《西域研究》1994 年第 4 期）讨论了汉魏晋南北朝时期五船道与伊吾路的盛衰变化。王素《高昌史稿（交通编）》（文物出版社，2000）探讨了高昌与中原和域外的交通道。荣新江《高昌王国与中西交通》（《欧亚学刊》第 2 辑，中华书局，2000）论述了高昌王国对外来客使的供应制度、对外来商胡的管理、对外来宗教的包容等。荣新江《魏晋南北朝隋唐时期流寓南方的粟特人》（韩昇主编《古代中国：社会转型与多元文化》，上海人民出版社，2007）探讨了魏晋南北朝时期粟特人进入南方的途径：一是泛海而来，二是从西域到蜀地，三是从关中到襄阳。石云涛《北魏西北丝路的利用》（《西域研究》2008 年第 1 期）认为北魏时中西交通主要利用了从河西入西域的鄯善道、伊吾路，有时也利用吐谷浑之路。刘文锁《葱岭古道考》（《欧亚学刊》新 7 辑，商务印书馆，2018）以汉文文献为主，结合有关考古发现和研究以及个人的实地考察，探讨了汉至唐代的葱岭交通路线。

草原丝绸之路是开辟时间最早、持续时间最长的东西方文化交流之路，新时期以来日益受到学界关注。[1] 纪宗安《9 世纪前的中亚北部与中西交通》（中华书局，2008）以 9 世纪以前中亚北部草原地区为时空范围，论述东西方文化的互动、交流与传播。石云涛《3~6 世纪的草原丝绸之路》（《社会科学战线》2011 年第 9 期）指出，3~6 世纪草原丝路的发展存在四个重要时期：曹魏、西晋政权与车师后王国建立密切关系时，北魏前期建都平城与西域交往时，北魏后期柔然与西域交通时，东魏和北齐交通西域以及突厥沟通波斯、拜占庭时。杜晓勤《"草原丝绸之路"兴盛的历史过程考述》（《西南民族大学学报》2017 年第 12 期）对草原丝绸之路的方位、经过的地区以及贸易活动，尤其兴盛的过程进行了详细阐述。张景明《金银器与草原丝绸之路研究》（兰州大学出版社，2017）通过北方草原地区考古发现的金银器，研究草原丝绸之路经济、文化交流中的诸多问题，论述了北方游牧民族产生的背景，对草原丝绸之路考古学、民族学研究的思考，各个历

1　尹冲、刘洁《草原丝绸之路研究综述》（《戏剧之家》2020 年第 35 期）对之前草原丝绸之路的研究进行了总结。

史时期金银器的考古发现、造型艺术、文化内容和文化交流等。王立新《草原丝绸之路考古学研究的新收获——评〈金银器与草原丝绸之路研究〉》(《通化师范学院学报》2018 年第 3 期)对张景明的著作进行了评述。

　　海上丝绸之路也是丝绸之路史研究的重要内容。[1] 韩振华《魏晋南北朝海上丝绸之路的航线研究——兼论横越泰国、马来半岛的路线》(联合国教科文组织海上丝绸之路综合考察泉州国际学术讨论会组织委员会编《中国与海上丝绸之路》，福建人民出版社，1991)对中国古代文献中记载的魏晋南北朝时期海上航线上诸地名进行了细致考证。陈炎《六世纪前泰国湾和泰国境内的古国在东西海上交通中的地位》(《东南亚》1993 年第 4 期)论证了两汉时泰国湾是汉船必经之地、三国时期朱应和康泰出使扶南的意义、金邻国和顿逊国在海上交通中的地位。石云涛《三至六世纪中西间海上交通盛衰》(《民族史研究》第 5 辑，民族出版社，2004)、《3~6 世纪中西间海上航线的变化》(《海交史研究》2004 年第 2 期)、《三至六世纪中西间海上交通条件的变化》(《人文丛刊》第 1 辑，学苑出版社，2005)分别论述了魏晋南北朝时期海上丝绸之路的盛衰、航线和航海条件。

三　对外交往和外交制度研究

　　在对外交往方面，齐陈骏《五凉政权与西域》(《丝绸之路》1992 年创刊号)认为五胡十六国时在今甘肃境内建立的五个称"凉"的政权，与西域各国的联系仍非常密切，为中国西部各族交融、中原与西域的经济和文化交流做出了重要贡献。余太山《两汉魏晋南北朝与西域关系史研究》(商务印书馆，2011)分为上下两篇，上篇重新讨论

1　法国汉学家沙畹《西突厥史料》最早提出丝绸之路有陆、海两道，香港学者饶宗颐也是较早对海上丝路进行论述的学者。戚文闽《海上丝绸之路研究综述》(《福建省社会主义学院学报》2016 年第 2 期)对之前的海上丝路研究进行了总结。

了以往对关系史的研究，将经过检验的成果组织成一个比较完整的体系；下篇对若干重要而又必须进一步推敲的专题，如张骞西使、甘英西使、通西域路线、戊己校尉、李柏文书以及吐鲁番文书有关年号等，进行了研究。余太山《嚈哒史研究》（齐鲁书社，1986）对曾称霸中亚的游牧民族嚈哒的起源、历史、社会经济、宗教和统治方式等问题进行了深入探讨，是此一领域第一部汉文专著。罗新《墨山国之路》（《国学研究》第6卷，北京大学出版社，1999）依据各种史料和考古调查资料探讨了经过墨山国故地、沟通罗布泊和吐鲁番盆地的重要道路之起源和利用。王欣《柔然与西域》（《西北民族论丛》第14辑，社会科学文献出版社，2016）指出，随着高车建国与北魏建立，柔然在西域的统治面临着各种挑战，加之嚈哒的介入，这一时期西域的政治形势与民族关系错综复杂，深刻影响着西域各民族历史发展的进程。任崇岳《魏晋南北朝时期中原与西域的丝路交往》（《中原文化研究》2017年第5期）论述了中原与西域的政治联系、经济往来和文化交流。

周伟洲《公元三至六世纪的南海诸国及其与中国南方诸政权之关系》（《燕京学报》新10期，北京大学出版社，2001）详细考察了三国两晋南北朝时期的林邑国、扶南国及其属国，以及3~6世纪中国史籍中所见其他南海诸国的情况。石云涛《南朝萧梁时期中外互动关系述略》（《全球史评论》第3辑，中国社会科学出版社，2010）分别论述了南朝萧梁与南海国家、东亚诸国和西域国家的交往，认为萧梁时期是魏晋南北朝时中外海上交通、交往和交流的一个高潮时期。孙久龙《简析古代日本对曹魏西晋王朝的朝贡》（《贵州文史丛刊》2010年第4期）论述了三国西晋时期古代日本对中原王朝的朝贡。张庆捷《日藏入华粟特人石床舞蹈图释证》（氏著《民族汇聚与文明互动——北朝社会的考古学观察》，商务印书馆，2010）指出，在日本滋贺县收藏的北齐石棺床是北朝入华粟特人使用的石葬具之一，上面的图像表现的是"胡旋舞"的场面，胡旋舞传入的时间当在两晋南北朝时期。

关于魏晋南北朝时期中国与朝鲜半岛关系的研究，有杨昭全《中朝关系史论文集》（世界知识出版社，1988），杨昭全、韩俊光《中朝关系简史》（辽宁民族出版社，1992），刘永智《中朝关系史研究》（中州古籍出版社，1994），杨通方《中韩古代关系史论》（中国社会科学出版社，1996），蒋非非等著《中韩关系史（古代卷）》（社会科学文献出版社，1998），马大正《古代中国高句丽历史研究续论》（中国社会科学出版社，2003），等等。韩国磐《南北朝隋唐与百济新罗的往来》（《历史研究》1994年第2期）梳理了南北朝时期的使节交往，论及双方的经济贸易和文化交流。韩昇《"魏伐百济"与南北朝时期东亚国际关系》（《历史研究》1995年第3期）论述了北魏统一中原和南北政权相对稳定之后，北魏、南朝与高句丽、百济关系的变化。韩昇《萧梁与东亚史事三考》（《上海社会科学院学术季刊》2002年第3期）考证"扶桑"并不专指日本，《梁书·扶桑国传》不能证明南朝佛教已经传入日本；梁元帝《职贡图》中的倭国使者形象是据前代史籍记载绘画，证明此时倭国与南朝的交往处于中断状态；将武宁王墓室的结构和砖铭与南朝砖室墓进行比较，证明武宁王陵乃南朝工匠建造。把这些孤立的个案联系起来，正好证明其时东亚国际关系发生了重大变动，百济成为南朝外交以及在东亚世界传播南朝文化的重要国家。姜维公《南朝与北朝对高句丽政策的比较研究》（《中国边疆史地研究》2004年第4期）认为南北朝都视高句丽为藩属，封册优厚，南朝对其政策温和而灵活，北朝则强硬而僵化。李凭《魏燕战争前后的北魏与高句丽的交往》（《上海师范大学学报》2002年第6期）对魏燕战争前后北魏与高句丽的交往进行了详细考论。李凭《魏燕战争以后的北魏与高丽》（《文史哲》2004年第4期）论述了北燕灭亡至延兴年间北魏与高句丽的关系，指出频繁的使节交往和北魏遵循不介入高句丽与百济间矛盾的原则，促使双边关系由冷漠走向缓和，为孝文帝朝与高句丽的友好关系做了铺垫。李凭《北魏天兴元年的高丽移民及其状况》（中国魏晋南北朝史学会第八届年会暨纪念缪钺先生百年诞辰国际学术研讨会会议论文，四川大学，2004 年 7 月）考察了北魏天兴元年强行从山东六州迁徙到平城的一批高句丽移民的籍贯和生活状况。周一良《百济与南朝关系的几点考察》（《冰茧彩丝集》，成都出版社，1994）探讨了百济与南朝的交往、文化交流，并对赴百济讲学的陆诩及其师友进行了考证。成正镛、李昌柱、周裕兴《中国六朝与韩国百济的交流——以陶瓷器为中心》（《东南文化》2005 年第 1 期）认为六朝瓷器在百济的各个时期都具有不同的性质，从数量上看可知不只是"职贡答礼"的结果，可能具有贸易性质。

外交制度和外交政策方面的专著，黎虎《汉唐外交制度史》（初版于 1998 年，增订本于 2019 年由中国社会科学出版社出版）对汉唐时期外交决策制度与外交主管机构的职能进行了深入系统的开拓性研究，勾画出了汉唐外交制度的基本面貌及其发展轨迹。该书出版后在学术界引起巨大反响，被誉为学术界第一部专门研究中国古代外交制度的著作，是中国古代外交制度史的奠基之作。中编"魏晋南北朝外交制度"揭示了皇权体制下的外交决策制度、外交管理制度，既分门别类缕述不同的机构、官员及其职能，又提要钩玄展现了诸机构的分工合作和外交运作的全过程及其一体性。论文有王波《魏晋南北朝时期的使节》（《文史知识》1997 年第 8 期）、黎虎《魏晋南北朝鸿胪寺及其外交管理职能》（《中国史研究》1998 年第 3 期）。王静《北魏四夷馆论考》（《民族研究》1999 年第 4 期）考证了北魏四夷馆的大体位置及建置时间，指出四夷馆主要留驻归魏的南朝人士、边夷侍子和朝贡使者、周边民族首领及商胡等，其设置为各民族间进行经济文化交流提供了机会，体现了北魏民族政策的开放性，并对隋唐四方馆制度产生了影响。高二旺《魏晋南北朝人质外交的类型及其表现》（《兰台世界》2008 年第 2 期）指出魏晋南北朝时期的人质外交主要表现为主动送质、强拘强索人质和接受外交入侍等几种类型。李俊方《东汉南朝文献中所见高句丽称貊问题探讨》（《贵州民族研究》2008 年第 4 期）通过分析记载称高句丽为貊或秽貊的东汉南朝文献，认为称高句丽为貊是蔑称，符合时人貊言恶的思想观念。韩昇《论魏晋南北朝对高句丽的册封》(《东北史地》2008 年第 6 期)认为，魏晋南北朝对高句丽的册封出现了封号军事化和虚封国内州职的现象，这是当时外臣内臣化的反映。徐美莉《论柔然与北魏的外交之礼》(《北朝研究》第 6 辑，科学出版社，2008)论述了柔然、北魏交往过程中的三种外交之礼。韩雪松《北魏外交文书试探》(《史学集刊》2013 年第 1 期)阐明北魏国家根据不同的外交对象和外交事务分别采用不同类别的外交文书，而且各类各级外交文书都严格遵循国家相关规定，由专门机构和人员负责起草、撰写。石少颖《论南朝时期东南亚国家对"华夷秩序"的认同问题——以中国正史资料为视角》(《东南亚研究》2013 年第 1 期)认为，南朝时期由于多种原因东南亚各国对南朝各政权的政治膜拜和实利诉求大大减少，取而代之的则是在东南亚国家主导下，中外佛教交流呈现前所未有的繁荣景象。

梁元帝萧绎任荆州刺史时所绘《职贡图》摹本原有三种，一为唐阎立本《王会图》，二为五代南唐顾德谦《梁元帝蕃客入朝图》，三为北宋熙宁十年（1077）前摹本。其图像和题记不仅对于研究《职贡图》有重要意义，对于研究《梁书·诸夷传》及中古时期中国与四夷和域外的交往也有重要意义，《职贡图》成为研究"东亚世界论"与"册封体制论"的重要资料，因此引起学者关注。金维诺《"职贡图"的时代与作者——读画札记》(《文物》1960 年第 7 期)、徐邦达《阎立德、阎立本：职贡图即王会图卷》(收入《古书画伪讹考辨》上卷，江苏古籍出版社，1984)对相关问题进行了考证。钱伯泉《〈职贡图〉与南北朝时期的西域》(《新疆社会科学》1988 年第 3 期)指出这是一份极为宝贵的图文并茂的遗物，在十二则使者画像和题记中有八则为西域的国家，《职贡图》对研究南北朝时期的西域史具有重要价值。王素《梁元帝〈职贡图〉新探——兼说滑及高昌国史的几个问题》(《文物》1992 年第 2 期)考证《职贡图》是以四方朝贡为主题创作的一幅图的三个不同阶段图之一，第一阶段是任荆州刺史时创作，第二阶段是任京官时创作，第三阶段是当皇帝时创作。余太山《〈梁书·西北诸戎传〉与〈梁职贡图〉》(《燕京学报》新 5 期，北京大学出版社，1998）论述《梁书·西北诸戎传》与相传出自梁元帝之手的《职贡图》之间的关系，认为南京故宫博物院今存所谓《梁职贡图》残卷图像、题记之原底可能是裴子野《方国使图》。陈继春《萧绎〈职贡图〉的再研究》（《中国美术史论文集——金维诺教授八十华诞暨从教六十周年纪念文集》，紫禁城出版社，2006）对王素的观点进行了商榷。连冕《宋摹梁元帝〈职贡图〉与中古域外"冠服"》（《装饰》2008 年第 12 期）通过图像探讨了中古时期的中外服饰。赵灿鹏发现并公布梁元帝《职贡图》的第四种本子，清末民初人葛嗣浵（1867~1935）记录的清乾隆四年（1739）张庚（1685~1760）摹本《诸番职贡图卷》（氏著《南朝梁元帝〈职贡图〉题记佚文的新发现》,《文史》2011 年第 1 辑，中华书局，2011，第 111~118 页;《南朝梁元帝〈职贡图〉题记佚文续拾》,《文史》2011 年第 4 辑，中华书局，2011，第 237~242 页）。其中有十八国题记，引起国内外学者关注，特别是中日韩学者。王素《梁元帝〈职贡图〉与西域诸国——从新出清张庚摹本〈诸番职贡图卷〉引出的话题》（该文是作者于 2012 年 1 月 21 日受邀赴日本东京国学院大学参加"梁职贡图と倭—五·六世纪の东ユーラシア世界"学术会议提交的论文，由日本学者翻译为日文，题为《梁职贡图と西域诸国—新出清张庚模本〈诸番职贡图卷〉がもたらす问题》，收入铃木靖民、金子修一主编《梁职贡图と东部ユーラシア世界》，东京勉诚出版株式会社，2014，后来又发表于《文物》2020 年第 2 期）肯定了新发现的本子的价值和意义，认为梁元帝《职贡图》从世界史的角度评判具有两方面的意义：一是它反映了作为当时世界主体或中心的梁朝，对作为附从或外围的各国的分野及秩序的看法；二是它同时反映了作为附从或外围的各国对作为当时世界主体或中心的梁朝的文化及地望的看法。莫莹萍、府建明《梁元帝〈职贡图〉"倭国使"题记二题》（《北华大学学报》2016 年第 4 期）认为，《梁书·诸夷传》中"倭国传"的内容不是取材于萧绎《职贡图》中的倭使题记。《职贡图》中的倭使题记内容源出《三国志》《后汉书》等史籍，无梁元帝访采所得新材料。梁时倭国政治局势动荡，刘宋时倭国授除封号的要求未得满足，促使倭国在齐、梁二朝中断了向南朝朝廷的入贡。中日两国史籍均无倭使朝梁的记载，虽然《职贡图》中绘有倭国使者，但《职贡图》是出于政治目的而作，因而并不能作为梁朝与倭国交往的例证。

四　经济贸易和文化交流研究

（一）经济贸易

　　郑学檬《十六国至麹氏王朝时期高昌使用银钱的情况研究》（《敦煌吐鲁番出土经济文书研究》，厦门大学出版社，1986）认为高昌地区银钱使用范围广泛，首要原因是中外贸易发展的需要。西域各小国通用银钱，自然要求在和高昌与内地贸易中有一种通用的货币。马志冰《魏晋南北朝时期南海贸易的变迁与高涨》（《许昌师专学报》1988 年第 3 期）、《魏晋南北朝时期西域与中原的贸易往来》（《新疆社会科学》1988 年第 3 期）和《魏晋南北朝时期各地区间贸易联系及其交通路线》（《北朝研究》1990 年第 3 期）是论述魏晋南北朝时期贸易的一组论文。作者讨论了魏晋南北朝时期中国与南海诸国的贸易往来，特别是广州作为通商贸易口岸的重要地位以及在与南海诸国的贸易往来中取得的巨大发展；剖析了中原与西域的贸易，指出这一时期丝绸之路始终畅通并有所发展，曹魏、西晋、前凉、前秦、后凉、西凉、北凉、北魏、西魏、北周等政权都先后对西域保持了统辖关系，内地与西域和通过西域与境外地区的通商贸易一直没有中断，这有利于促进内地与西域、中国与西方政治、经济、文化的交流。李明伟主编《丝绸之路贸易史》（甘肃人民出版社，1997）第二编论述魏晋南北朝社会大变动中丝绸之路及其贸易的发展变化，概述了魏晋、五凉、北魏和北周时期丝路贸易的发展。

李瑞哲《粟特人在突厥汗国的活动及其影响》（《西北民族论丛》第18 辑，社会科学文献出版社，2018）指出，粟特人通过草原丝绸之路大量进入并留居突厥汗国所在的漠北地区，成为漠北草原上最重要的商业力量。游牧的突厥人和擅长经商的粟特人相互协作，粟特人凭借他们的经商才能，利用其优势地位，在东突厥汗国的政治、经济和文化生活等领域中扮演了重要角色。黄丽荣《从考古文物谈固原北周隋唐时期的历史人物》（《宁夏师范学院学报》2013 年第 5期）认为固原南郊史氏家族墓地发现的文物为粟特人东迁提供了佐证，作为商业民族的粟特人也曾进入中国南方地区。姜伯勤《广州与海上丝绸之路上的伊兰人：论遂溪的考古新发现》（《广州与海上丝绸之路》，广东省社会科学院，1991）依据 1984 年广东遂溪出土南朝时期的金银器和波斯萨珊银币，论述了粟特人在海上丝绸之路上的贸易活动以及南朝与东伊兰之间的海上贸易关系。荣新江《魏晋南北朝隋唐时期流寓南方的粟特人》（韩昇主编《古代中国：社会转型与多元文化》）、罗帅《中古时期流寓我国南方的粟特人及其遗存》（北京大学考古文博学院 2008 年中国古代史研究生论坛论文）、姚潇鸫《东晋时期流寓南方的粟特人补说》（《上海师范大学学报》2016 年第 3 期）等从现有考古发现及史籍中的若干记载出发论述了粟特人如何进入中国南方，他们是否在南方也形成了像北方丝路沿线那样的聚落，以及他们的身份和从事的活动。

张嫣艳、颜浩《魏晋南北朝的海上丝绸之路及对外贸易的发展》（《沧桑》2008 年第 5 期）认为魏晋南北朝时期南海和东海海上丝绸之路有了发展，对外贸易涉及 15 个国家和地区，探讨了当时中国与朝鲜、日本、波斯、南亚、东南亚的贸易关系。李金明的《魏晋南北朝时期的海外贸易》（《南洋问题研究》1993 年第 4 期）分析了魏晋南北朝时期海外贸易向前发展的原因，着重探讨了孙吴、东晋南朝同南海诸国的频繁贸易，曹魏与日本之间的密切往来。宇青《六朝时期的南北互市与海外贸易》（《江海学刊》1989 年第 6 期）认为南北对立的六朝时期，南北之间通过五条主要的商路进行商业贸易往来，交易形式有三种：政府特遣的贡使交市，这在南北边境贸易中占主导地位；交界地区双方军人之间的贸易往来；交界地区商人进行的贸易活动。六朝时期海外贸易也得到了进一步发展，这些活动促进了南北经济发展、南北和平交往和对外联系。袁家芳《从〈洛阳伽蓝记〉看北魏后期贸易情况》(《北京财贸学院学报》1980 年第 2 期）利用《洛阳伽蓝记》中记载的丰富资料研究北魏后期的贸易情况，从洛阳集市、南北经济交流、对外贸易三个方面论述 6 世纪初北魏贸易发展的情况。朱雷《东晋十六国时期姑臧、长安、襄阳的 "互市"》(《古代长江中游的经济开发》，武汉出版社，1988 ）认为，东晋十六国时期凉州的姑臧、关中的长安、东晋的襄阳均设有 "互市" 机构，由 "互市人" 奔走其间进行贸易，成为南北经济交流处于对立情况下的一种特殊形式。襄阳由于 "互市" 的设立，成为关中、河西走廊经济贸易的窗口。王万盈《北魏时期的周边贸易述论》(《北朝研究》第 2 辑，北京燕山出版社，2001 ）、刘美云《北魏时期的对外贸易》(《山西大同大学学报》2012 年第 2 期）论述了北魏与东北亚民族的朝贡贸易、与中亚诸国的 "平和" 贸易以及与大秦和波斯的贸易。石云涛《北魏西域政策的变化与中西间商贸往来》(《中国传统对外关系的思想、制度与政策》，山东大学出版社，2007 ）对北魏西域政策的变化及这一背景下中西方经济贸易的发展进行探讨，认为北魏自太武帝至宣武帝时代是魏晋南北朝时期中西交往的一个高潮时期。张绪山《我国境内发现的拜占廷金币及其相关问题》(《西学研究》第 1 辑，商务印书馆，2003 ）、钱伯泉《吐鲁番发现的萨珊银币及其在高昌王国的物价比值》(《西域研究》2006 年第 1 期）分别探讨北朝至隋唐时中国境内考古发现的拜占庭金币和萨珊银币。张绪山《中国育蚕术西传拜占庭问题再研究》(《欧亚学刊》第 8 辑，中华书局，2008 ）考证了中国育蚕术传入拜占庭帝国的经过，纠正了西方学术界在中国育蚕术西传问题上的错误认识。《六、七世纪拜占庭帝国对中国的丝绸贸易活动及其历史见证》(《北大史学》第 11 辑，北京大学出版社，2005 ）探讨了北朝后期至唐初中西间的丝绸贸易活动。另有《6~7 世纪拜占庭帝国与西突厥汗国的交往》（《世界历史》2002 年第 1 期）等。张荣芳《论汉晋时期楼兰（鄯善）王国的丝绸贸易》（《中国史研究》1992 年第 1 期）根据佉卢文书等资料，考证出汉晋时期的楼兰（鄯善）王国地处丝路南道咽喉，其与中原王朝的贸易得到双方政府的鼓励，从事贸易者成分复杂，既有往来使者、自由商人，也有管辖西域的政府官员，贸易以实物为主、货币交换为辅。赵庆伟在《六朝时期广州海外贸易的崛起与港市的繁荣》（《中南民族学院学报》1994 年第 2 期）一文中论述了六朝岭南地区政治、经济中心的东移以及由此引起的全国外贸市场的变迁；珠江三角洲相对安定的社会政治环境及其农业、手工业的发展，为广州海外贸易的崛起提供了契机并奠定了基础；六朝时期国际航运业的进步发展使船舶可以选择较为快捷的路线直航广州，这使广州港在西汉后再次崛起，成为当时全国最大的对外贸易中心。石受禄《六朝时期京口港和商业都会的形成》（《古代长江下游的经济开发》，三秦出版社，1989）首先考证了京口港形成的历史过程，认为六朝时期京口以其得天独厚的地理优势和四通八达的交通条件，发展成为南方仅次于建康的商业都会，官僚、商人、地主在京口大搞商货转运活动，有发达的金融业并贮藏了大量的私人金属货币，京口市场是大宗商品的集散、中转和销售地。六朝时期京口商业化城市的形成对日后镇江的发展产生了深远的影响。梁新民《姑臧是魏晋至隋唐间西域同中国内地贸易的枢纽》（《西北史地》1993 年第 1 期）对姑臧进行了考察，指出从魏晋开始，善于经商的西域胡人之所以来凉州首府姑臧聚居、贸易，是因为凉州远离战乱，奉行对外开放的政策，是当时中国最安全、繁荣的地方，加之地处中西交通要道的优越条件，因此姑臧成为丝绸之路上最重要的贸易城市。

（二）文化交流

佛教在中国的传播是中古时期中外交流最重要的文化景观，过去已经取得诸多重要成果。但改革开放之前，佛教的研究几乎是冷门绝学；受"左"的思潮影响，佛教处于被批判的地位。1978年后，学术界逐渐恢复正常的氛围，佛教研究步入正轨。方立天《魏晋南北朝佛教论丛》（中华书局，1982）收入论文十篇，其中关于魏晋南北朝时期的八篇是该书主体，分别为《道安评传》《支遁的佛教思想》《慧远评传》《慧远佛教因果报应说批判》《僧肇评传》《论竺道生的佛学思想》《梁武帝萧衍与佛教》《论魏晋时代佛学和玄学的异同》。谢重光《中古时代寺院为社会文化中心说》（《探索与争鸣》1988年第3期）论述了寺院在中古时代社会文化中的重要作用。吴焯《佛教东传与中国佛教艺术》（浙江人民出版社，1991）紧扣佛教艺术这一主题，依佛教产生、演变和东渐并最终与中国文化相融合之主线展开论述，介绍了印度佛教思想和艺术流派、中国佛教和佛教艺术及其与印度佛教和其他外来文化的联系，资料丰富，论证充分，对学术界一些有争议的问题提出了独到见解。王银田《北魏平城的佛寺——从日本东京书道博物馆藏北魏神䴥四年造塔记谈起》（《学习与探索》2010年第3期）通过对东京书道博物馆收藏北魏神䴥四年造塔记铭刻文字进行考证，论述鲜卑拓跋部统治平城与洛阳时期佛教寺庙的状况。尚永琪在魏晋南北朝时期佛教文化的传播方面取得突出成就，其论文《优填王旃檀瑞像流布中国考》（《历史研究》2012年第2期）通过考证否定了优填王旃檀瑞像传入中国的各种传说，认为梁武帝天监十八年（519），由扶南国进贡的"天竺旃檀瑞像"即传世的"优填王旃檀瑞像"。此像在北宋朝廷南渡之前流传脉络清晰，正史、僧史和笔记都有相同记载，受到梁武帝、隋文帝、宋太宗等帝王供奉。另有《鸠摩罗什译经时期的长安僧团》（《学习与探索》2010年第1期）、《鸠摩罗什对般若学及东亚文化的贡献》（《史学集刊》2010年第2期）、《北朝胡人与佛教的传播》（《吉林大学社会科学学报》2006年第2期）、《西域幻术与鸠摩罗什之传教》（《山西大学学报》2012年第5期）等论文，《3~6世纪佛教传播背景下的北方社会群体研究》（科学出版社，2008）、《胡僧东来——汉唐时期的佛经翻译家和传播人》（兰州大学出版社，2012）、《鸠摩罗什及其时代》（兰州大学出版社，2014）等专著对这一时期北方佛教文化的传播和影响进行了深入探讨。石云涛《六朝时期的海上交通与佛教东传》（《吴越佛教》第8卷，九州出版社，2013）对六朝时期佛教经海路传入中国南朝的情况进行了考察。魏晋南北朝时佛教从中国传入日本。韩昇《佛教传播日本源流考》（《中日关系史论考》，中华书局，2001）认为不应将"扶桑"径拟为日本，《梁书·扶桑国传》不是可靠的史料，不能证明南朝佛教传入日本。早在3世纪中期至4世纪初期，佛像雕塑已经传入日本，日本进行过仿造，对佛教有了接触和认识。在钦明天皇时代以前，佛教至少已经传入并存在于日本的移民社会。

祆教是中古入华"三夷教"之一，商胡在中国各地的活动及火祆教在各地的传播，过去已有许多论证和阐发。陈国灿《魏晋至隋唐河西人的聚居与火祆教》（《西北民族研究》1988年第1期）对魏晋至隋唐以武威为中心的河西地区胡人的聚居和特点以及火祆教在这一地区的发展问题进行了补充性的探讨。过去一般认为祆教流行始于北魏灵皇后，饶宗颐《穆护歌考——兼论火祆教、摩尼教入华之早期史料及其对文学、音乐、绘画之影响》（《文辙——文学史论集》下册，台北，台湾学生书局，1991）一文指出，实则更应在其前，吐鲁番出土之取羊记账、麹氏田亩册与佛经题记均有"胡天"字样。其《塞种与Soma——不死药的来源探索》（撰于2002年2月，见《饶宗颐二十世纪学术文集·中外关系史》）考证祆教在南北朝时已经传入中国。荣新江《祆教初传年代考》（《国学研究》第3卷，北京大学出版社，1995）论证了粟特人在东西文化交流和丝路贸易中的贡献。龚方震、晏可佳《祆教史》（上海社会科学院出版社，1998）是第一部有关祆教史研究的汉文学术专著，系统论述了祆教传入中国的基本概况，对见于汉文文献和碑刻中的若干祆教名词进行了考释。荣新江《中古中国与外来文明》（生活·读书·新知三联书店，2001）收入作者有关粟特人的迁徙与聚落、胡人与中古政治、"三夷教"的流行等方面的论文14篇，汉唐中西关系史书评11篇。

主要聚焦北朝隋唐时期入华粟特人的研究，以文献、文物和文书为依据，揭示入华粟特人在经济、政治和宗教生活中的独特作用，粟特聚落是全书论证的重点。葛承雍《祆教东传长安及其在陕西的遗痕》（《国学研究》第 10 卷，北京大学出版社，2002）考证了祆教传入长安的时间并梳理了在陕西的考古发现。姜伯勤《中国祆教艺术史研究》（生活·读书·新知三联书店，2004）以艺术遗存研究从域外传入中国的祆教，分上、下两编，分别探讨"萨宝体制下中国祆教画像石的西胡风格及其中国化"和"丝绸之路上祆教艺术与新疆及河西等地区艺术的互动"。利用"图像证史"的方法，考察中国最新考古发现中与祆教有关的壁画、画像石、纺织品等艺术遗存，再现了祆教艺术与中华礼乐文明的交融互动。

艺术交流是古代丝绸之路上文化交流的重要内容。常任侠《丝绸之路与西域文化艺术》（上海文艺出版社，1981）论述了汉唐间通过丝绸之路传播的西域文化艺术，分为四编：丝绸之路与西域艺术、汉唐间西域音乐艺术的东渐、汉唐间舞蹈艺术的东渐、汉唐间西域杂技艺术的东渐。书中还论述了传入日本的中国文化艺术。古代龟兹国地处丝绸之路要道，是多元文化汇聚之地。霍旭初《龟兹艺术研究》（新疆人民出版社，1994）中的论文对早期龟兹石窟壁画艺术、龟兹乐舞艺术有探讨。刘锡涛《南北朝时期西域音乐在中原的传播》（《北朝研究》1997 年第 4 期）探讨了南北朝时期西域音乐在中原地区流行的情况。上海艺术研究所等著《龟兹艺术研究》（上海古籍出版社，2014）将龟兹艺术分为绘画、雕塑、建筑、音乐、舞蹈、服饰、书法篆刻、工艺美术八类，全方位、多角度地展示了龟兹多元文化交融的艺术魅力。余太山《两汉魏晋南北朝正史西域传所见西域诸国的宗教、神话传说和东西文化交流》（《西北民族研究》2001 年第 3 期）详细考察了两汉魏晋南北朝正史西域传所见西域诸国的宗教、神话传说，认为西域地区已成为汉、印度、波斯、希腊、罗马等文化及游牧文化荟萃之地，并认为西域诸国之间、西域诸国与中原王朝之间、塞北游牧部族之间的种种矛盾往往有文化的色彩，这是异种文化交流乃至交融的一种表现形式。何荣《论魏晋南北朝时期中原与西域文化交流》（《新疆地方志》2005 年第 3 期）从语言文字、乐舞艺术、礼仪风俗等方面对魏晋南北朝时期中原与西域的文化交流进行了论述。王虹霞《东晋南北朝时期西域乐舞在北方地区的传播及其特点》（《音乐研究》2005 年第 3 期），根据东晋南北朝时期政治、经济和文化的发展、变迁特点，分别从西晋末至北魏建立、北魏建立至分裂、北魏分裂至隋建立时期论述了东晋南北朝时期西域乐舞在中国北方地区的传播及其特点。联珠纹是"波斯锦"的典型装饰图案。薄小莹《吐鲁番地区发现的联珠纹织物》[北京大学考古系编《纪念北京大学考古专业三十周年论文集（1952~1982）》，文物出版社，1990] 根据吐鲁番地区出土的 50 余件联珠纹织物的记载，对这些联珠纹织物的图案构成形式及联珠圈的变化进行了探析。韩颖、张毅《丝绸之路文化影响下联珠纹的形式流变》（《丝绸》2017 年第 5 期）以联珠纹织物为载体，按照南北朝、隋与初盛唐的时间顺序，从联珠纹的联珠圈、主辅纹样和织造工艺等三个方面的变化分析丝绸之路文化影响下联珠纹的形式特点，总结联珠纹由"西域"到"中土"发展变化的形式特征。姚潇鸫《安阳灵泉寺大住圣窟那罗延与迦毗罗神王组合图像的源流》（《山西大同大学学报》2019 年第 5 期）分析了北朝隋唐时期那罗延与迦毗罗神王组合图像的发展历程，并论证其为印度佛教艺术与波斯祆教艺术相融合的产物。谌璐琳《从人到鸟神——北朝粟特人祆教祭司形象试析》（《西域研究》2013 年第 4 期）指出，北朝粟特人墓室画像中有一种中国才有的人首鸟身的祆教祭司形象，这一创新与嬗变应是粟特艺术家入华后，受到中国墓葬美术中的朱雀神鸟以及"千秋万岁"等人首鸟身形象启发而形成的中西文化交融的产物。钱国祥《北魏洛阳永宁寺塑像的初步研究》（《中原文物》2015 年第 1 期）通过比较永宁寺与同时代石窟雕塑的风格特点，分析了北魏都洛时期的主要造像风格与内容题材。

物质文化交流和物种传播方面的研究。齐东方《中国古代的金银器皿与波斯萨珊王朝》（《伊朗学在中国论文集》，北京大学出版社，

1993）对中国境内出土的萨珊王朝金银器进行了梳理。林梅村《中国境内出土带铭文的波斯和中亚银器》(《文物》1997 年第 9 期）讨论了中国境内出土的 5 件带有粟特、中古波斯或大夏铭文的银器。王玲《魏晋南北朝时期内迁胡族的农业化与胡汉饮食交流》(《中国农史》2003 年第 4 期）认为魏晋南北朝时期农区、牧区的饮食方式发生了改变，胡族在和以农业为生的汉族的长期接触中，开始了农业化的进程，这个过程也是胡汉民族饮食观念以及饮食风俗互相交流的过程，并对此进行了分析和论述。陈明《汉唐时期于阗的对外医药交流》(《历史研究》2008 年第 4 期）认为汉唐时期于阗医学文化没有失去本土的主体性，同时又受到印度、波斯、中原和吐蕃等诸多文化的影响。郑亮《汉唐中原西向求法对西域文化的影响》(《新疆社科论坛》2008 年第 1 期）认为汉唐中原西向求法促进了汉语、汉文化在西域的传播，以及西域佛教中心的逐步东移。崔峰《粟特文化对北齐佛教艺术的影响》(《甘肃高师学报》2008 年第 6 期）认为青州等地出土的北齐佛教造像都曾受到粟特文化的影响。毕波《论北齐宫廷内部及都城周边的胡人与胡化》(《文史》2009 年第 4 辑，中华书局，2009）考察了胡人能舞工歌善乐者、西域商胡、胡人使者及北齐社会对胡人、胡化之评价。宁夏回族自治区博物馆、宁夏固原博物馆《宁夏固原北周李贤夫妇墓发掘简报》(《文物》1985 年第 11 期）介绍了李贤夫妇墓出土的来自西方的玻璃器和金银器。饶宗颐《由出土银器论中国与波斯、大秦早期交通》(《饶宗颐二十世纪学术文集·中外关系史》)中有对南北朝时期传入中国之波斯银币、银盒的考证。赵宠亮《曹操高陵石牌文字"胡粉"考》(《中原文物》2013 年第 2 期）认为联系当时的社会风气和葬俗，"胡粉二斤"中的"胡粉"应为美容化妆用品。韩香《波斯锦与锁子甲——西亚文明在陆上丝绸之路的传播》(《西北民族论丛》第 19 辑，社会科学文献出版社，2019）指出波斯锦和锁子甲这两样物品皆产自西亚波斯，通过丝绸之路经过中亚、西域和河西走廊传播并影响到内地，说明了陆上丝绸之路的活跃对西方文明传播的推动作用。石云涛《魏晋南北朝时外来的珍珠》(《比较文学的新视野》，华东师范大学出版社，2012）探讨了魏晋南北朝时期外来珍珠的来源和用途。石云涛《魏晋南北朝时期良马输入的途径》（《西域研究》2014年第1期）探讨了良马输入的互市贸易、赐赠贡献和战争掳掠等方式。胡床汉末已经传入中国，魏晋南北朝时得到普及。胡床的流行及其文化意义受到学者关注，[1]国内学者主要有如下研究：易水《漫话胡床——家具谈往之三》（《文物》1982年第10期），杨泓《魏晋南北朝将领在战场上的轻便坐具——胡床》（《中国古兵器论丛》，文物出版社，1985），胡德生《浅谈历代的床和席》（《故宫博物院院刊》1988年第1期），朱大渭《中古汉人由跪坐到垂脚高坐》（《中国史研究》1994年第4期），曾维华《论胡床及其对中原地区的影响》（《学术月刊》2002年第7期），黄现璠《中外坐俗研究》（《古书解读初探——黄现璠学术论文选》，广西师范大学出版社，2004），暨远志《胡床杂考——敦煌壁画家具研究之三》（《考古与文物》2004年第4期），杨森《敦煌壁画家具图像研究》（民族出版社，2010），李忠民、赵钢《从胡床到圈椅》（《中华遗产》2011年第6期）。温翠芳《中古中国外来香药研究》（科学出版社，2016）系统论述了两汉至唐不同历史时期进口香药的种类、产地及其变化，香药进口的途径和方式，外来香药的多样化用途和不同阶层消费状况，其中魏晋南北朝是该书论述的主要部分。尚永琪《欧亚文明中的鹰隼文化与古代王权象征》（《历史研究》2017年第2期）论及中古时鹰隼文化的传播及其政治影响。

中外交流对生活习俗的影响。陈明《丝绸之路与中古外来解毒学知识的传播》（《文史》2009年第2辑，中华书局，2009）以丝绸之路上出土的残文书为例，对中古外来解毒学知识的传播与使用历程进行简要的梳理，旨在深入理解中医文化的多元性与丰富性。陈明《中古医疗与外来文化》（北京大学出版社，2013）探讨中医药学

1　关于胡床，较早的研究见李济《跪坐蹲居与箕踞——殷墟石刻研究之一》，《中央研究院历史语言研究所集刊》第24期，1953年，收入《李济考古学论文集》，文物出版社，1990。

发展过程中外来文化的影响。周双林《浅析西域文化对东魏北齐的影响》(《北朝研究》第 6 辑,科学出版社,2008)分析了西域对东魏、北齐的影响表现在文化上的习染和熏陶。中日交往和交流方面,有张声振的《两晋南北朝时期移居日本的汉族"归化人"及其贡献》(《社会科学战线》1982 年第 4 期)、简修炜《汉魏六朝时期的中日交流》(《华东师范大学学报》1988 年第 4 期)等。刘锡涛《北朝时期中原地区的生活胡风现象》(《北朝研究》第 1 辑,北京燕山出版社,2000)探讨了北朝时中原地区生活中的胡化风气。罗宗真《六朝时期中国对外文化交流》(《文史哲》1993 年第 3 期)综合大量考古成果指出,六朝时期的对外文化交流有中日文化交流、印度"狮子文化"的东来、南北丝绸之路的畅通和海上丝绸之路的开辟,这一切使此时的对外文化交流非常活跃,并且是隋唐时期对外文化交流的历史渊源。臧迎春、任潍《高句丽和汉、魏晋南北朝古墓壁画中出现的加髻研究》(《艺术设计研究》2010 年第 3 期)分析了高句丽和汉、魏晋南北朝时期加髻的异同之处。王永平《游戏、竞技与娱乐——中古社会生活透视》(中华书局,2010)对中古时期流行的游戏、竞技和娱乐活动进行了探讨,论述各种游戏活动的起源,有的则是中外文化交流的结果。陈三平《宇文泰、刘黑闼与中古时代的伊朗文化影响》(《欧亚学刊》新 6 辑,商务印书馆,2017)讨论了北朝至隋唐华北常见的一组人名"黑獭 / 黑闼 / 黑太"的非汉语起源,揭示了先伊斯兰伊朗文化对中国的深刻影响。陈凌《中国境内中古祆教徒葬俗考论(之一)》(《古代文明》第 12 卷,上海古籍出版社,2018)整理和辨析了中亚和中国境内出土的纳骨器。《中国境内中古祆教徒葬俗考论(之二)》(《欧亚学刊》新 8 辑,商务印书馆,2018)讨论了北朝至隋唐时期祆教徒石质葬具的类型。石云涛《汉唐间狮子入贡与狮文化》(《武汉科技大学学报》2018 年第 2 期)探讨了中古时期狮子传入中国后的影响。石云涛《安石榴的引进与石榴文化探源》(《社会科学战线》2018 年第 2 期)、《汉唐时期安石榴审美与实用价值的认知》(《人文丛刊》第 12 辑,学苑出版社,

2019）论述了石榴传入中国的时间、中国石榴文化的内涵，以及石榴文化在民俗中的意义。

五　有关对外关系史考古资料研究

中亚粟特人是中古时期活跃在丝绸之路上的族群，丝绸之路沿线和中国境内考古发现不少北朝隋唐时期中亚粟特人的文献和文物，有关研究对于认识古代丝绸之路的经济贸易和文化交流具有重要意义。荣新江、李孝聪主编《中外关系史——新史料与新问题》（科学出版社，2004）是北京大学中国古代史研究中心举办的"古代中外关系史：新史料的调查、整理与研究国际学术研讨会"（2002 年 11 月）会议论文集，收入论文 33 篇，其中张庆捷《北朝隋唐的胡商俑、胡商图与胡商文书》探讨胡商俑、胡商图产生和发展的背景与轨迹，对北朝隋唐时期由陆上丝路入华的主要胡商种类、分布范围、贩运贸易、生活细节等有了一个新的认识。荣新江、张志清主编《从撒马尔干到长安——粟特人在中国的文化遗迹》（北京图书馆出版社，2004）为配合国家图书馆善本特藏部主办"从撒马尔干到长安——粟特人在中国的文化遗迹"展览（2004 年 4 月 22 日至 5 月 22 日）而编纂的图录，对粟特文献、碑铭、文物做了细致描述，展示有关粟特的新史料、新发现和最新研究成果，其中包含若干北朝时期入华粟特人的考古资料和研究。荣新江等主编《粟特人在中国——历史、考古、语言的新探索》（中华书局，2005）是"粟特人在中国——历史、考古、语言的新探索国际研讨会"（北京，2004 年 4 月 23~25 日）会议论文集，作为《法国汉学》第 10 辑结集出版，收入论文 28 篇，分为三类：粟特萨宝与商队贸易、粟特聚落与地方社会和入华粟特人的宗教与艺术。施安昌《火坛与祭司鸟神——中国古代祆教美术考古手记》（紫禁城出版社，2004）以研究中国的祆教艺术为宗旨，对相关墓葬、碑刻和近年考古发现物（如虞弘、安伽、史君等萨宝墓中的文物）进行考辨和分析，从而对中国境内的祆教遗存和宗教图像系统进行了创新性的论证。韩香《两汉迄五代中亚胡人的来华及活动》（中国社会科学出版社，2015）分上、下两编，上编第二部分论述魏晋南北朝时期中亚胡人的入华及其活动。这一时期中亚胡人来华活动持续进行，有一部分人甚至入朝为官。这一时期中亚译经僧的译经活动达到一个新的高潮。

　　黄振华《粟特文及其文献》（《中国史研究动态》1981年第9期）对斯坦因发现的粟特文文献进行综述，介绍了国外学者关于粟特文信札的观点。陈国灿《敦煌所出粟特文信札的书写地点和时间问题》（《魏晋南北朝隋唐史资料》第7辑，武汉大学历史系魏晋南北朝隋唐史研究室编印，1985）以大量汉文史料论述斯坦因在敦煌附近长城烽燧遗址发现的粟特文书2号信札中涉及的历史事件，认为书写时间当在西晋永嘉六年八月，地点在凉州首府姑臧。[1]林梅村《从考古发现看火祆教在中国的初传》原载《西域研究》1996年第4期，《北魏太和五年舍利石函所出嚈哒钱币考》原载《中国钱币》1993年第4期，《固原粟特墓所出中古波斯文印章及其相关问题》原载《考古与文物》1997年第1期，后皆收入氏著《汉唐西域与中国文明》（文物出版社，1998）。林梅村《公元三世纪的西域纺织物》原载《西域研究》1998年第1期，后收入氏著《古道西风——考古新发现所见中西文化交流》（生活·读书·新知三联书店，2000）。罗丰《胡汉之间——"丝绸之路"与西北历史考古》（文物出版社，2004）收入丝绸之路考古研究论文19篇，其中反映魏晋南北朝时期考古成果的有《北朝、隋唐时期的原州墓葬》《北魏漆棺画中的波斯风格》《北周李贤墓中亚风格的

1　1907年，斯坦因在敦煌西北长城烽燧遗址发现八件粟特文文书，判断为105~137年的作品。1948年，英国语言学家亨宁解读了其中的第二件，乃粟特商人从中国发往撒马尔罕的信件，以为写于312~313年。匈牙利学者哈尔马达以为写于196~197年。黄振华《粟特文及其文献》疑作于汉献帝建安六年（201）。陈连庆《汉唐之际的西域商胡》（全国第一次敦煌吐鲁番学术讨论会会议论文，1983年）以为"寄书的年代，相当于前凉张轨之世"。林梅村《敦煌出土粟特文古书信的断代问题》（全国第二次敦煌吐鲁番学术讨论会会议论文，1985年）以为写信的年代"应在公元200~204年之间"，或"建安七年十月"。

鎏金银瓶》《中国境内发现的东罗马金币》《流寓中国的中亚史国人》等。朱雷《东晋十六国时期姑臧、长安、襄阳的"互市"》(《古代长江中游的经济开发》) 论及粟特商人在姑臧的贸易活动以及从河西走廊到襄阳的互市贸易。2000 年 5 月，陕西省考古研究所在西安市北郊大明宫乡炕底寨村发现了北周大型墓葬，出土文物数量不多，但精美和稀有程度空前，引起学术界的广泛关注。陕西省考古研究所《西安发现的北周安伽墓》(《文物》2001 年第 1 期)、《西安北周安伽墓》(文物出版社，2003) 介绍了墓葬结构和发掘情况及出土物。研究粟特人及其迁徙、聚落等，有荣新江《西域粟特移民考》(《西域考察与研究》，新疆人民出版社，1994)、《北朝隋唐粟特人之迁徙及其聚落》(《国学研究》第 6 卷，北京大学出版社，1999)，后两文收入《中古中国与外来文明》；又有《西域粟特移民聚落补考》(《西域研究》2005 年第 2 期)、《北朝隋唐粟特人之迁徙及其聚落补考》(《欧亚学刊》第 6 辑，中华书局，2007)。林悟殊《西安北周安伽墓葬式的再思考》(《考古与文物》2005 年第 5 期)、李永平等《围屏石榻的源流和北魏墓葬中的祆教习俗》(《考古与文物》2005 年第 5 期) 讨论了北周安伽墓葬中的宗教因素。荣新江《北周史君墓石椁所见之粟特商队》(《文物》2005 年第 3 期) 通过石椁上刻画的粟特商队，分析其规模、种族构成、人员构成、运载工具、运营方式等。

　　中国北方墓葬和遗址中经常出土魏晋南北朝时期通过北方草原路传入中国的西方金银器和玻璃器。此类考古资料主要有以下几种。辽宁朝阳北票一带墓葬中出土了 3~5 世纪来自域外的金步摇头饰，应当源自阿富汗席巴尔甘大月氏金冠，是通过草原丝绸之路随北方游牧民族南下传入的。[1] 辽宁北票十六国时期北燕大司马、车骑大将军冯素弗墓出土玻璃器五件。[2] 山西大同小站村花圪塔台北魏封和突墓，出土有

1　田立坤：《步摇考》，张庆捷等主编《4~6 世纪的北中国与欧亚大陆》，科学出版社，2006，第 47~67 页。

2　黎瑶渤：《辽宁北票县西官营子北燕冯素弗墓》，《文物》1973 年第 3 期。

波斯狩猎纹鎏金银盘和素面高脚银杯等。[1] 大同电焊厂北魏墓群内出土来自波斯的琉璃器和金银器，见于两个墓，一墓出土鎏金錾花银碗、银罐和磨花琉璃碗，[2] 另一墓出土鎏金錾花高足银杯和素面银碗等。[3] 大同市轴承厂北魏遗址出土鎏金錾花银碗、鎏金高足铜杯和八曲银杯。[4] 大同地区北魏墓葬中出土不少玻璃器，如方山永固陵出土玻璃指环、大同市东南30公里处湖东编组站出土玻璃器、大同南郊北魏墓群（电焊器材厂）出土磨花玻璃钵、大同市南郊变电站出土玻璃器、大同市迎宾大道工地出土玻璃器。[5] 太原北齐徐显秀墓出土戒指，[6] 河北定县塔基舍利函中出土波斯萨珊、嚈哒银币，[7] 河北赞皇东魏李希宗墓出土银碗、银杯、戒指、金币，[8] 河北磁县东魏茹茹公主墓出土金币，[9] 北齐库狄回洛墓出土铜瓶、高足杯等，[10] 内蒙古自治区呼和浩特市土默特左旗水磨沟口北朝墓葬出土拜占庭金币、金戒指、金饰片以及两件素面高足银杯等，[11] 内蒙古自治区呼和浩特市坝口子村古城出土四枚波斯萨珊王朝的银币。[12] 北京西晋华芳墓出土萨珊玻璃碗。[13] 夏鼐《近年中国出土的萨珊朝文物》（《考古》1978年第2期）综合介绍了中国境内发现

1　马玉基：《大同市小站村花圪塔台北魏墓清理简报》，《文物》1983年第8期。

2　山西大学历史文化学院、山西省考古研究所、大同市博物馆编著《大同南郊北魏墓群》，科学出版社，2006，彩版一一，第228~230页。

3　山西省考古研究所、大同市考古研究所：《大同南郊北魏墓群发掘简报》，《文物》1992年第8期；《大同南郊北魏墓群》，彩版一二，第240~244页。

4　文物出版社编印《文化大革命期间出土文物》第1辑，1973。

5　安家瑶、刘俊喜：《大同地区的北魏玻璃器》；据王银田《北朝时期丝绸之路输入的西方器物》，大同南郊北魏墓群（电焊器材厂）出土磨花玻璃钵，类似器物在伊朗高原吉兰州的3~7世纪墓葬中出土多件，在日本橿原一座4世纪末的墓葬（126号墓）中也有发现。参见张庆捷等主编《4~6世纪的北中国与欧亚大陆》，第37~46页。

6　太原市文物考古研究所编《北齐徐显秀墓》，文物出版社，2005。

7　林梅村：《北魏太和五年舍利石函所藏嚈哒钱币考》，《中国钱币》1993年第4期。

8　石家庄地区革委会文化局文物发掘组：《河北赞皇东魏李希宗墓》，《考古》1977年第6期。

9　磁县博物馆：《河北磁县东魏茹茹公主墓发掘简报》，《文物》1984年第4期。

10　王克林：《北齐库狄回洛墓》，《考古学报》1979年第3期。

11　内蒙古博物馆、内蒙古文物工作队：《呼和浩特市附近出土的外国金银币》，《考古》1975年第3期。

12　盖山林、陆思贤：《呼和浩特市附近出土的外国金银币》，《考古》1975年第3期。

13　北京市文物工作队：《北京西郊西晋王浚妻华芳墓清理简报》，《文物》1965年第12期。

的萨珊朝银币、金银器、织锦和婆罗钵文铭刻。齐东方《李家营子出土的粟特银器与草原丝绸之路》（《北京大学学报》1992 年第 2 期）综合考察当时考古发现的来自西域的器物，对北方草原路做了勾勒："这些发现充分证实在中国北部存在着一条约从河西经包头、呼和浩特、大同，通过河北北部进入内蒙赤峰，到达辽宁辽阳的中西交通路线。这是一条大体上与兰州、西安、洛阳的'丝绸之路'的主干线的中路相平行的北路。这段北路尽管是从河西走廊叉开的支线，但应看作是历史上中国北部通西方的草原路。仅从考古发现的遗物上看，这条路自北魏到辽一直畅通。"徐苹芳《考古学上所见中国境内的丝绸之路》（《燕京学报》新 1 期，北京大学出版社，1995）根据北方考古发现的外来器物论证了北方草原路的形成过程，其结论是："中国北方草原丝绸之路，考古学的发现说明它从公元前便已开始了，公元 4、5 世纪形成了在中国境内的这条路线。""北魏前期（约公元 5 世纪），以平城（山西大同）为中心，西接伊吾（新疆哈密），东至辽东（辽宁辽阳），逐渐形成一条贯通中国北方的东西国际交通路线。"他还指出这条草原路从中国东北继续延伸，连接了朝鲜和日本："中国北方的草原丝绸之路，从新疆伊犁、吉木萨尔、哈密，经额尔济纳、河套、呼和浩特、大同、张北、赤城、宁城、赤峰、朝阳、义县、辽阳，东经朝鲜而至日本。这条路线是联接西亚、中亚与东北亚的国际路线。朝鲜和日本发现的 4 世纪以来的西方金银器和玻璃器，有一大部分可能是通过这条横贯中国北方的草原之路输入的。"北魏都城平城（今山西大同）在东西方文化交流中曾发挥重要作用，这里的考古资料揭示了平城在丝绸之路和文化交流中的重要地位。山西大学历史文化学院、山西省考古研究所、大同市博物馆编著《大同南郊北魏墓群》是首部北魏大型墓葬群的考古发掘著作，第五章探讨了出土器物所反映的外来文化因素。

　　魏晋南北朝时中国与西方国家保持着海上联系，南方考古发现的西方器物经海上丝路传入。罗宗真《魏晋南北朝考古》（文物出版社，2001）第八章"中外文化交流的见证"系统梳理了考古发现的

魏晋南北朝时期的外来器物。其中介绍了南京市博物馆《南京象山 5
号、6 号、7 号墓清理简报》(《文物》1972 年第 11 期）报道的江苏南
京象山东晋王氏家族墓发掘出土的刻纹玻璃杯及其碎片、南京大学历
史系考古组《南京大学北园东晋墓》(《文物》1973 年第 4 期）报道
的南京大学北园墓出土的玻璃杯、南京市博物馆《南京北郊东晋墓发
掘简报》(《考古》1983 年第 4 期）报道的 1981 年在南京中央门外一
座东晋大墓中发现的彩色玻璃碎片，都被认为与罗马时期的玻璃器是
一样的。该书还阐述了魏晋南北朝时期中国与朝鲜、日本的交往和交
流，梳理了日本、朝鲜考古发现的中国器物，中国境内考古发现的日
本和朝鲜器物。蔡凤书《隋唐文化东渐的序幕——公元 4 到 6 世纪的
中日之交》(《文史哲》1999 年第 3 期）从文物考古角度论述 4~6 世
纪中日（倭）关系，认为日本列岛居民在学习中国文化方面一直热情
不减，丧葬制度的变革、阴阳界观念的出现、佛教的传入、汉字的
使用、对中国北方民族文化的吸收等，皆始于此时。清末吉林集安
发现的高句丽王好太王碑引起学界广泛关注。好太王高谈德，高句
丽第 19 代君主，391~412 年在位。相关著作有王健群《好太王碑研
究》(吉林人民出版社，1984），朴真奭《好太王碑与古代朝日关系研
究》(延边大学出版社，1993），耿铁华《好太王碑新考》(吉林人民
出版社，1994），朴真奭编著《好太王碑拓本研究》(黑龙江朝鲜民族
出版社，2001），耿铁华《好太王碑一千五百八十年祭》(中国社会科
学出版社，2003），徐建新《好太王碑拓本研究》(日本东京堂出版，
2006），耿铁华、李乐营《通化师范学院藏好太王碑拓本》(吉林大学
出版社，2014），等等。2012 年 7 月，在吉林集安发现高句丽好太王
时的烟户碑。集安市博物馆编著《集安高句丽碑》(吉林大学出版社，
2013）涵盖了集安高句丽碑出土以后各有关部门的工作和专家组的研
究成果。林沄、徐建新、耿铁华、孙仁杰等人的论文（均载《东北史
地》2003 年第 3 期），以及李新全《集安麻线高句丽碑之我见》(《东
北史地》2013 年第 6 期）进行了考释。

　　宗教考古取得突出成就。首先佛教考古方面。吴焯《四川早期佛

教遗物及其年代与传播途径的考察》（《文物》1992 年第 11 期）对佛
教僧侣以及佛教造像从西域进入蜀地的路线进行了仔细的论证。宿白
《中国古窟寺研究》（文物出版社，1996）对克孜尔、敦煌、云冈、龙
门等石窟进行了全面的考察和扎实的研究，对窟龛形制、造像风格、
开凿年代、阶段特征进行了客观、科学的记录与整理，又把考古事实
融入对相关社会历史、宗教艺术、文献知识的阐释之中。既是历史考
古学"证经补史"之典范，又是贯通人文学科的综合性研究。克孜尔
石窟是全国开凿最早的石窟，大约始建于 3 世纪。姚士宏《克孜尔
石窟探秘》（新疆美术摄影出版社，1996）对克孜尔石窟的形制、壁
画、题记进行了考证。巫鸿主编《汉唐之间的宗教艺术与考古》（文
物出版社，2000）为国际学术会议论文集，主要讨论三国两晋南北朝
和隋朝时期的宗教艺术以及通过考古对宗教艺术方面的研究问题。阎
文儒《云冈石窟研究》（广西师范大学出版社，2003）梳理了云冈石
窟造像艺术风格的发生、发展与嬗变。李崇峰《中印佛教石窟寺比较
研究——以塔庙窟为中心》（北京大学出版社，2003）从中印佛教文
化交流的角度，运用考古学方法，以塔庙窟为中心对两国佛教石窟寺
做了比较深入细致的研究。对中印文化交流史，尤其是中国与南亚国
家关系研究具有重要的参考价值。1990 年秋，吴焯对四川早期佛教造
像和有关的佛教艺术品进行了实地调查，对能够看到的实物做了观察
笔记，其《四川早期佛教遗物及其年代与传播途径的考察》（《文物》
1992 年第 11 期）结合个人对佛教传播史的研究，对四川早期佛教艺
术遗存及相关若干问题提出了自己的看法。姚崇新《成都地区出土南
朝造像中的外来风格渊源再探》（《华林》第 1 卷，中华书局，2001）
探讨了成都地区南朝佛教造像中的外来文化元素。陈凌《中国境内祆
教相关遗存考略（之一）》（《欧亚学刊》新 2 辑，商务印书馆，2015）
考察了入华祆教徒的聚落及宗教遗迹。王亮、王银田《试论晋冀豫
地区北朝石窟寺的地理分布》（《石窟寺研究》第 6 辑，科学出版社，
2016）结合大量的古籍文献和考古材料，分析此地区 50 余处石窟寺
遗存的分布状况，总结其分布规律，认为多分布在以佛教中心为依

托、以连接各佛教中心的交通线为脉络的僻静山林中，其分布格局受自然环境、交通条件、佛教基础和经济人口状况以及统治者佛教政策等因素影响。

总之，魏晋南北朝时期是对外关系史的重要发展阶段。在 400 年左右的时间里，中国经历了长期的分裂战乱，先后出现过 30 个政权，这些政权都与外域有往来和交流。中西交通路线除了传统的经陇右、河西而入西域的通道之外，吐谷浑之路成为重要替补道路，海上丝路、草原丝路都有重要发展，南方丝绸之路也得以利用，与朝鲜半岛、日本的海上交通有所发展。佛教传入中国并进入繁荣发展时期，影响到中国社会的方方面面。对外关系、经济贸易和文化交流的发展为隋唐对外文化交流进入高潮奠定了良好基础。自 1978 年至 2019 年的 40 年间，由于学术环境的改善、观念的改变、新史料的发现，以及学术手段的更新，魏晋南北朝时期对外关系史研究领域不断扩大，成果日益丰硕，大致的梳理或许对学界有若干助益。由于笔者见闻和水平所限，本书的综述可能存在诸多沧海遗珠和评析不确当之处，容后补正。

第二章　北魏中西交通的开展

3~6 世纪，中西间陆路交通经历了几次盛衰起伏。大体说来，曹魏、西晋维持了东汉以后的局面，与西域保持着密切联系；五胡十六国时期由于中原地区、河西走廊和西域的动乱，出现过衰落。中原政权与西域的交通至北魏时出现了一个高潮，特别是在太武帝以后，北魏保持了长时期的政治和社会稳定，促进了中西间交通的开展。正如张星烺所说："当时保有江左之汉族，则内乱迭起，篡弑相仍。反不如北方之宁谧，事权之有统一。"[1]这为中西交通的开展提供了有利的政治环境。北魏分裂后，突厥势力进入西域，西魏、北周与西域的交通遇到严重阻隔，因此丝路交通又有所停滞。

1　张星烺:《中西交通史料汇编》第一册《古代中国与欧洲之交通》，第60页。

一　北魏西域政策的变化

开展对外交往，中国古代的统治阶级主要是出于扬威异域、柔远怀迩、扩张领土和获取奇珍异物等目的，这样的动机是汉武帝时开始明确并形成系统思想的。《史记·大宛列传》记载，张骞出使西域以后，汉武帝欲开辟西南经身毒至大夏的通道："天子既闻大宛及大夏、安息之属皆大国，多奇物，土著，颇与中国同业，而兵弱，贵汉财物；其北有大月氏、康居之属，兵强，可以赂遗设利朝也。且诚得而以义属之，则广地万里，重九译，致殊俗，威德遍于四海。天子欣然，以骞言为然。"[1] 汉武帝《封李广利为海西侯诏》表彰征服大宛的贰师将军李广利，特意指出"珍怪之物毕陈于阙"。[2] 异国来贡方物，成为"皇威远被"的一种标志。西汉末年，王莽辅政，为了显示汉朝的威德，他一边派人送给黄支国大量的金帛，一边则要求黄支王献生犀牛，从而向国人昭示自己的治绩。

北魏的统治者出身于北方草原游牧民族鲜卑拓跋部，起初并没有这种借域外进贡获取虚名和奇物的观念。《魏书·西域传》记载，道武帝拓跋珪时，北魏势力进入中原地区，已经拥有了今山西、河北之地，统治者尚无交通域外的思想和表现，"西戎之贡不至"。但也是在这时，有大臣奏请依汉朝故事通西域，以"振威德于荒外""致奇货于天府"。[3] 鲜卑拓跋部在经略中原的过程中，接受了汉文化的浸润。从其指导思想来看，他们通西域的动机建立在汉武帝以后中国统治阶级对外关系的传统思想上。

扬威异域、柔远怀迩，并换取域外的奇珍异物，需要物质基础。在中国统治者看来，与域外的交往和交流不是平等的互惠互利的活动，而是要拿出自己的金帛赐予对方，才有可能让他们接受附属国的

1　司马迁：《史记》卷一二三《大宛列传》，中华书局，1982，第3166页。

2　班固：《汉书》卷六一《李广利传》，中华书局，1962，第2703页。

3　魏收：《魏书》卷一〇二《西域传》，第2259页。

地位。于是"皇威远被"的虚名需要付出经济上的代价。当国力强盛时，便不惜一切代价，厚往薄来，以赢得四海顺服的虚名；经济衰敝或国力不逮时，则将其作为经济负担闭关自守。北魏太祖道武帝拓跋珪也是这样，他以为"汉氏不保境安人，乃远开西域，使海内虚耗，何利之有？今若通之，前弊复加百姓矣"。太宗明元帝拓跋嗣即位后，继承了道武帝的思想，"历太宗世，竟不招纳"。[1]

　　自北魏太武帝拓跋焘太延元年（435）起，中西间交通出现了新的局面。先是西域诸国入朝进贡，接着北魏遣使报聘，双方的交往拉开了序幕。其背景是北魏对漠北、西北地区的军事征服以及北魏与柔然关系的缓和，为中西交通提供了必要的条件。在此前一年，即延和三年（434）二月，"蠕蠕吴提奉其妹，并遣其异母兄秃鹿傀及左右数百人朝贡，献马二千匹"。《魏书·世祖纪》载太武帝本月戊寅（十五日）诏书云：

> 朕承统之始，群凶纵逸，四方未宾，所在逆僭。蠕蠕陆梁于漠北，铁弗肆虐于三秦。……故频年屡征，有事西北。……今四方顺轨，兵革渐宁，宜宽徭赋，与民休息。[2]

这一年太武帝亲幸河西，显示中西间丝路东端的通畅。北魏声威远达西域，西域各国首先有通好的表现。太延元年二月"蠕蠕、焉耆、车师诸国各遣使朝献"，[3]于是有遣王恩生、许纲等出使西域之举。史载这年五月"遣使者二十辈使西域"。[4]王恩生当为正使，许纲等人在其中，许纲至敦煌病卒。其时柔然将西域视为禁脔，不欲北魏染指，王恩生等在途中被柔然捕获。太武帝切责柔然敕连可汗，敕连可汗遣王恩生等还。王恩生、许纲等人是北魏出使西域的第一批使团，此行未

1　魏收：《魏书》卷一〇二《西域传》，第 2259 页。

2　魏收：《魏书》卷四上《世祖纪上》，第 83 页。

3　魏收：《魏书》卷四上《世祖纪上》，第 84 页。

4　魏收：《魏书》卷四上《世祖纪上》，第 85 页。

果，但成为中西间交通的先声。

此后，西域诸国不断遣使来献。北魏则于第二年即太延二年八月，遣使六辈使西域，此次遣使情况不详。"太延中，魏德益以远闻，西域龟兹、疏勒、乌孙、悦般、渴槃陁、鄯善、焉耆、车师、粟特诸国王始遣使来献。"[1]据《魏书·世祖纪》，其事当发生在太延三年三月，大臣建议遣使回报。太武帝拓跋焘却对交通西域仍感到犹豫，以为"西域汉世虽通，有求则卑辞而来，无欲则骄慢王命，此其自知绝远，大兵不可至故也。若报使往来，终无所益"，所以不欲遣使回报。这个问题在朝廷中产生了争议，有人认为："九国不惮遐险，远贡方物，当与其进，安可豫抑后来。"[2]交通西域的主张占了上风，北魏决心遣使交通西域。

王恩生等经河西走廊西行，经敦煌，大约行经伊吾路，故为柔然所阻。为了避开柔然的阻拦，北魏朝廷"又遣散骑侍郎董琬、高明等多赍锦帛，出鄯善，招抚九国，厚赐之"。[3]董琬一行可能经吐谷浑之路至鄯善，而后西行。董琬、高明一行是北魏西行使团中最成功的一批。史载董琬等人"北行至乌孙国"，受到热情款待，"其王得朝廷所赐，拜受甚悦，谓琬曰：'传闻破洛那（即汉时大宛国，故地在今乌兹别克斯坦费尔干纳盆地）、者舌（又称遮逸、州逸，位于今乌兹别克斯坦塔什干一带）皆思魏德，欲称臣致贡，但患其路无由耳。今使君等既到此，可往二国，副其慕仰之诚。'琬于是自向破洛那，遣明使者舌"。[4]乌孙王派向导、译员送董琬等到达破洛那，送高明等到者舌国。后来，董琬一行回到平城，随同而来的有包括乌孙、破洛那、者舌等在内的西域十六国的使节，"俱来贡献"，[5]中西间交通拉开了序幕。从此，北魏与西域之间互通使节越来越频繁，把丝路交通一步步推向高潮。

1　魏收：《魏书》卷一〇二《西域传》，第 2259~2260 页。

2　魏收：《魏书》卷一〇二《西域传》，第 2260 页。

3　魏收：《魏书》卷一〇二《西域传》，第 2260 页。

4　魏收：《魏书》卷一〇二《西域传》，第 2260 页。

5　魏收：《魏书》卷一〇二《西域传》，第 2260 页。

二　北魏时西北丝路的利用

由于南北朝对峙，北魏无法通过海路与西域交通，主要利用西北丝路与西域诸国交通往来。这一时期传统的经由河西走廊进入西域的道路仍受到重视和利用，但这条道路有时并不畅通。河西走廊的割据政权、柔然和西域诸绿洲国家有时作梗，迫使东来西往的使节、商旅和僧众不得不改走他道，因此除了河西之路主干道之外，人们也利用了吐谷浑之路。

（一）从河西入西域的道路

河西路是自汉代以后就已存在的丝绸之路主干道，发自长安，穿越秦陇，通过河西走廊至玉门关。西晋灭亡以后，河西走廊一直是多事地带，这里先后出现所谓"五凉"政权，又有前秦、后秦、西秦染指河西，因此战乱频仍。南北朝时一些西行求法僧常常取道河西路，如《高僧传·释智猛传》记载，后秦僧人智猛赴印度求法，"招结同志沙门十有五人，发迹长安，渡河跨谷三十六所，至凉州城。出自阳关，西入流沙，凌危履险……遂历鄯善、龟兹、于阗诸国，备睹风化。从于阗西南行二千里，始登葱岭"，[1]由此进入罽宾等国。北魏统一北方后，太武帝遣使西行，就是利用的河西路入西域。史载北魏通西域，北凉政权往往遣人护送其使团出流沙。《魏书·西域传》记载："初，世祖（太武帝拓跋焘）每遣使西域，常诏河西王沮渠牧犍令护送，至姑臧，牧犍恒发使导路出于流沙。"[2]流沙即玉门关外之莫贺延碛。

魏晋时从河西走廊入西域，出玉门关则分南北两道。《魏书·西域传》记载："出自玉门，渡流沙，西行二千里至鄯善为一道；自玉

1　释慧皎：《高僧传》卷三《释智猛传》，汤用彤校注，中华书局，1992，第125页。

2　魏收：《魏书》卷一〇二《西域传》，第2260页。

门渡流沙，北行二千二百里至车师为一道。"[1] 这实际上是入西域之南北两道，另有伊吾路。北魏时三条路线的利用主要视北魏与柔然、高昌、鄯善等国的关系而定。当王恩生等人西使为柔然所获不能成行时，北魏则派董琬等"出鄯善"往西域。《魏书·西域传》"于阗"条记载：

先是，朝廷遣使者韩羊皮使波斯，波斯王遣使献驯象及珍物。经于阗，于阗中于王秋仁辄留之，假言虑有寇不达。羊皮言状，显祖怒，又遣羊皮奉诏责让之。自后每使朝献。[2]

显祖即献文帝拓跋弘（465~471 年在位）。按照一般交通情况，自于阗入内地通常走的是经鄯善至敦煌而进入河西走廊的道路。

经河西走廊入西域，北魏时似乎更多地利用了伊吾路。伊吾路东汉时已经开辟，这条道可以从玉门关直接至车师后王庭，这条路线在《汉书》中被称为"新道"，并被描述为从车师后王国至玉门关："元始中，车师后王国有新道，出五船北，通玉门关，往来差近，戊己校尉徐普欲开以省道里半，避白龙堆之厄。"[3] 此新道即伊吾路，后世称为"大海道"，[4] 因穿越大沙海而得名。其时由于车师后王国的阻挠，这条道路并不畅通。五胡十六国时，伊吾路多有利用。太元十年（385），吕光平定龟兹后东归，"而苻坚高昌太守杨翰说其凉州刺史梁熙距守高梧、伊吾二关，熙不从。光至高昌，翰以郡迎降。……及至玉门，梁熙传檄责光擅命还师，遣子胤与振威姚皓、别驾卫翰率众五万，距光于酒泉"。玉门关原在敦煌西北，隆安四年（400）前已东移至晋昌

1　魏收：《魏书》卷一○二《西域传》，第 2261 页。

2　魏收：《魏书》卷一○二《西域传》，第 2263 页。

3　班固：《汉书》卷九六下《西域传下》，第 3924 页。

4　"大海道"之称，源自唐代敦煌文书《西州图经》残卷："大海道。右道出柳中县界，东南向沙州一千三百六十里。常流沙，人行迷误，有泉井，咸苦，无草。行旅负水担粮，履践沙石，往来困弊。"唐李吉甫《元和郡县图志》卷四○记载，西州（今吐鲁番）高昌城"东南至沙州一千四百里"；"大沙海，在（柳中）县东南九十里"。柳中县在今新疆鲁克沁。

（今安西）宜禾县之东、酒泉以西。[1]而"吕光自龟兹还至宜禾"，[2]因此吕光东归，应该经伊吾路。[3]永初二年（421）十二月，"河西王蒙逊所置晋昌太守唐契拒郡叛，蒙逊遣世子正德讨之"。[4]景平元年（423）四月，唐契战败，与其弟唐和、外甥李宝一道"自晋昌奔伊吾"。[5]自北魏至隋，行经白龙堆的古楼兰道成为畏途，人们更多地利用了伊吾路。裴矩《西域图记》记载柳中路云："自高昌东南去瓜州一千三百里，并沙碛，乏水草，人难行，四面茫茫，道路不可准记，惟以六畜骸骨及驼马粪为标验，以知道路。若大雪即不得行，兼有魑魅，以是商贾往来多取伊吾路。""又有一路自（柳中）县东南行经大（沙）海之东，又东南度碛入伊州界，即裴矩所谓伊吾路也。"[6]后来唐代令狐德棻撰《周书》、李延寿撰《北史》关于伊吾路的记载，与此相类，当采自裴矩书。说明北朝至隋，伊吾路在中西交通中发挥了重要作用。北魏太武帝第一次派王恩生、许纲等出使西域，为柔然所获，也表明他们行经的就是伊吾路。

　　20世纪初，新疆鄯善县吐峪沟曾出土《持世经》残卷，该经尾题"岁在己丑，凉王大且渠安周所供养经，吴客丹阳郡张烋祖写"。[7]"己丑"为宋元嘉二十六年，魏太平真君十年，即北凉承平七年，449年。吐峪沟所出《佛说菩萨藏经》残卷尾题："大凉王大且渠安周所供养经，承平十五年岁在丁酉，书吏臣樊海写。"[8]中村不折所藏《十住

1　夏鼐：《太初二年以前的玉门关位置考》，《南京中央日报·文史周刊》第70期，1947年12月1日，转引自向达《两关杂考》，《唐代长安与西域文明》，生活·读书·新知三联书店，1957，第392页注19。

2　司马光：《资治通鉴》卷一〇六，孝武帝太元十年九月，中华书局，1956，第3352页。

3　向达：《两关杂考》，《唐代长安与西域文明》，第388页；李崇峰《中印佛教石窟寺比较研究——以塔庙窟为中心》，第246页。

4　司马光：《资治通鉴》卷一一九，武帝永初二年十二月，第3741页。

5　沈约：《宋书》卷九八《氐胡传》，中华书局，1974，第2417页。

6　乐史：《太平寰宇记》卷一五六《陇右道》，中华书局，2007，第2995页。

7　此残卷后为日本中村不折收藏，参见《敦煌遗书总目索引》，散0844号，商务印书馆，1962，第332页。

8　见《敦煌遗书总目索引》，散0819号，第331页。据王树枏《新疆访古录》，此残卷先为陈铭皆、阜钧在曾炳熿吐鲁番幕府时所得，1910年作为礼品赠王树枏，后流入日本，为中村不折所藏。

论》残卷，也出自吐鲁番，尾题"凉王大且渠安周所写"。[1] 中村不折还藏有鄯善所出《华严经》卷二八残卷，尾题"凉王大且渠安周所供养经"。据释僧祐《出三藏记集》卷二，上述四件残卷中，《持世经》、《佛说菩萨藏经》和《十住论》皆为鸠摩罗什于402~412 年在长安大寺所译出。据《出三藏记集》卷九，元熙二年（420）六月十日，佛驮跋陀罗于扬州道场寺译出 60 卷本《华严经》。李崇峰先生据此指出，大量中原和南方佛经西传，表明这一时期僧侣西行求法和传译活动增多，伊吾路的开通或许为上述诸经新译本问世后不久直接传入高昌提供了便利。靠近伊吾路起点的酒泉和玉门地区石窟中出现较多西域式样的洞窟和画塑，也应当与伊吾路的通畅有关。[2]

随着北魏与柔然的关系时战时和，伊吾道时有通塞，其东部起点有时自敦煌，有时自晋昌。虽然该道多沙碛，乏水草，多风险，甚至带有诸多恐怖色彩，然而商旅、僧徒仍多取此路往还，伊吾道成为中西交通的要道。直到唐朝，"通西域之主要路线仍仅取莫贺延碛大驿道也"，[3] 隋裴矩《西域图记》则视伊吾为三大门户之一。

（二）吐谷浑之路的利用

自张骞出使西域"凿空"以后，古代中西交通的陆上路线一般是过河西走廊经新疆进入中亚。但是当河西走廊或其中某一段被阻塞时，人们也往往另走他道进入新疆地区，北魏时则更多地利用了吐谷浑之路。南北朝时吐谷浑之路的利用，已有众多学者探讨。[4]

吐谷浑是我国东晋十六国至隋唐时期西北地区的一个少数民族政权。史书记载，吐谷浑人原是生活在东北鲜卑族的一支，游牧于今辽

1　见《敦煌遗书总目索引》，散 0817 号，第 331 页。

2　李崇峰：《中印佛教石窟寺比较研究——以塔庙窟为中心》，第 246 页。

3　严耕望：《唐代交通图考》第二卷（河陇碛西区），上海古籍出版社，2007，第 494 页。

4　夏鼐、唐长孺、陈良伟等先生对这一时期此道的交通状况做过深入探讨。参见夏鼐《青海、西宁出土的波斯萨珊朝银币》，《考古学报》1958 年第 1 期；唐长孺《北凉承平七年（449）写经题记与西域通往江南的道路》，《魏晋南北朝隋唐史资料》第 1 辑；陈良伟《丝绸之路河南道》。

宁凌海市西北。西晋末，在北方民族大迁徙的浪潮中，其首领吐谷浑率族人迁徙至今甘肃、青海一带。后其孙叶延（329~351 年在位）建国，以祖先的名字为国号，以游牧为业，用汉文。南北朝时，曾先后臣属于宋、齐、北魏。其王夸吕始称可汗，居伏俟城。其国势盛时，以今青海为腹地，东抵今甘肃南部、四川北部，西及今新疆若羌、且末，曾控制鄯善，并及于阗。经吐谷浑之地，是南北朝时西域通南朝的主要道路，而从中原地区西行，经吐谷浑之地进入西域南道中西部，可以避开河西走廊和新疆东部的多事之地。

经由青海地区西去东来的道路早已存在。据湟水流域出土的大量新石器时代遗物推测，古羌族曾活动在青海东部和新疆若羌之间的交通线上。张骞第一次出使西域返回时，"欲从羌中归"，[1] 说明当时已存在经青海西北去西域，向东进入关中地区的道路。三国时，月氏等国的使节曾由此路通交蜀汉政权。蜀汉后主建兴五年（227），诸葛亮兴师北伐，《为后帝伐魏诏》云："凉州诸国王各遣月支、康居胡侯支富、康植等二十余人诣受节度。"[2]"凉州胡王"遣人投依蜀汉，必定也要经过这一地区中此路的一段。不过，这条通道的兴盛还是在五胡十六国和南北朝时期，尤其是吐谷浑立国以后，并在当时的文献中留有记载。

西晋灭亡以后，在南北朝对峙，中国境内存在多个政权，北方柔然崛起，彼此交通阻隔的时代里，特别是河西走廊和新疆东部地区战争频繁时，吐谷浑之地成了一个四通八达、沟通四方的重要地区。一般来说，吐谷浑之路以青海湖周围地区为中心，向东经湟水流域可通往中原，至长安、洛阳；向北越过祁连山脉，可进入河西走廊，过扁都口向北至张掖，东晋高僧法显至印度取经曾行经这条路线，他路经的"乾归国""耨檀国""养楼山"皆在此路线上；[3] 向北偏东可到达武威（凉州）。从青海湖西的都兰城出发，沿柴达木盆地南北两缘西行，

---

1 司马迁：《史记》卷一二三《大宛列传》，第 3159 页。

2 《诸葛亮集》卷一，中华书局，1960，第 3 页。

3 〔日〕足立喜六：《法显传考证》，何健民、张小柳译，商务印书馆，1937，第 30~33 页。

再向北过阿尔金山隘口，能至鄯善（今新疆若羌）。

吐谷浑慕利延执政时，除正西的吐谷浑和西北的北凉之外，北魏基本上统一了北方。太延五年，北魏灭北凉；太平真君五年，北魏军队进攻吐谷浑。第二年，北魏军队追击吐谷浑，其王慕利延先后西遁白兰、于阗。北魏的军队则由吐谷浑之地进占鄯善。后来北魏使节西行，为了避开柔然的攻击，可能也利用了这条路线。如前所述，当王恩生、许纲一行“出流沙”入西域，为柔然所留，此后朝廷派董琬等“出鄯善”西行，估计就是经吐谷浑之地至鄯善。宋云等人出使西域，也经过了吐谷浑之地。北魏孝明帝神龟元年（518），宋云等人受皇太后胡充华派遣，赴西域取经。同行的有沙门法力、惠生等人。他们从洛阳出发，西行40日至赤岭（今青海日月山），取吐谷浑南道至鄯善，完全绕过了河西走廊。据尚民杰、贾鸿健的研究，宋云等人过赤岭后，当经今共和、茶卡、都兰、香日德、格木尔、乌图美仁，然后过阿尔金山口，进入今新疆若羌地区。吐谷浑国都城便在今香日德，这里有一处古城残垣。[1]

北魏使节利用吐谷浑之路，主要与河西走廊和新疆东部地区的局势有关。北魏统一以前，这一地区经历了前凉、前秦、后凉、后秦、北凉、西凉等政权的兴替。后来，河西走廊虽为北魏所控制，但此后高昌建国，柔然强盛，北魏不能有效地对西域进行控制，经河西走廊西行的交通受到柔然的威胁。因此，经河西走廊到西域的中西交通线经常受到阻隔。北魏与吐谷浑的统治者皆出于鲜卑，虽时有冲突，但大部分时间保持友好往来。例如阿豺传位兄子慕璝，慕璝既“南通蜀汉，北交凉州”，[2] 又遣使入魏，“奉表归国”，称臣纳贡，被北魏封为“大将军、西秦王”。吐谷浑和北魏同根同祖，交好60年，虽时有冲突，但总的看没有影响相互间的密切交往。考古发现的《魏故武昌

1　尚民杰、贾鸿健：《宋云西行与吐谷浑国》，《青海社会科学》1992年第3期。

2　魏收：《魏书》卷一〇一《吐谷浑传》，第2235页。

王妃吐谷浑氏墓志铭》记载，[1]北魏武昌王元鉴妃吐谷浑氏，出身于吐谷浑贵族家庭，与鲜卑王室联姻，表明吐谷浑与北魏间建立了密切关系。在这种情况下，人们则更多地利用吐谷浑之路作为东西往来的交通要道。

严耕望先生说："两晋北朝时代，伊吾道似为通西域之主要干线，用兵节使多出此途。"[2]就北魏时期来说，相对于吐谷浑之路，此论或许只能说是一种推断，因为据可以考证的路线而言，北魏时似乎更多地利用了吐谷浑之路，而利用伊吾路并没有太多确凿的例证。对于北魏来说，吐谷浑之路的重要性并不比河西走廊差，原因是北魏虽然占有河西，可是由于柔然势力、高车势力和突厥势力的先后崛起，经河西入西域，特别是伊吾路交通始终受到威胁，倒不如吐谷浑之路安全通畅。吐谷浑与北魏的关系，相对于北魏与柔然的关系，对抗时间少，友好交往时间长，因此北魏也更多地利用了吐谷浑之路。

三　北魏时中西关系的发展

董琬等西使在加强中原与西域各国的关系方面起到了沟通和促进作用。董琬回朝后向北魏朝廷介绍了西使见闻，第一次把西域分为四个区域，即葱岭以东、流沙以西，葱岭以西、海曲以东，者舌以南、月氏以北，两海之间、水泽以南。这个划分反映了中国人对西部世界新的认识水平。葱岭以西，学界多认为当及于伊朗高原与阿姆河以南地区。董琬出使，使一度沉寂的中西之间的官方来往又频繁起来，西域诸国使者相继而来，北魏使者往西域去的也有数十辈。

与西域各国的交往，令北魏的统治者越来越认识到控制丝路的重

1　《魏故武昌王妃吐谷浑氏墓志铭》，北魏建义元年（528）刻石，现藏于陕西西安碑林。该墓志高49厘米，宽47.7厘米，行文17~22字不等，共计280字，正书。

2　严耕望：《唐代交通图考》第二卷（河陇碛西区），第493页。

要性。太武帝开始积极经营西域，太平真君六年遣兵征鄯善。太平真君九年，又以韩拨领护西戎校尉、鄯善王，镇鄯善。同时又出兵征焉耆、龟兹，命将镇守焉耆，终于取代柔然控制了丝绸之路上的西域诸国。北魏使者韩羊皮曾远抵波斯，便是在这一背景下进行的。波斯是北魏西使最远的国家，终北魏之世，波斯与北魏的通交达十次之多。张星烺说："据《魏书》所载，全魏之世，波斯遣使中国凡十次，皆当第五世纪下半及第六世纪之初，波斯国萨珊王朝叶斯德苟德二世、排洛斯及喀瓦特三君之时，魏亦正值承平无事之秋。故西域之君多来朝献，所以报礼也。此等使节，究为国使，抑为商人冒充，不可得知。然无论如何，元魏时，中国与亚洲西部交通之繁，从可知矣。"[1] 韩羊皮出使波斯之后，不久波斯、疏勒、普岚等西域国家的使者便奉命来访。普岚即拜占庭，是北魏交通的另一个最远的国家。据《魏书》卷五《高宗纪》，高宗文成帝兴安二年（453）八月，渴盘陀国遣使朝贡。十二月，库莫奚、罽宾等十余国各遣使朝贡。太安元年（455）十月，"波斯、疏勒国并遣使朝贡"。太安二年十一月，嚈哒、普岚国并遣使来献。和平二年（461）"八月戊辰，波斯国遣使朝献"。和平三年三月，疏勒、石那、悉居半、渴盘陀诸国，各遣使朝献。和平五年十二月，吐呼罗国遣使朝献。和平六年四月，破洛那国献汗血马，普岚国献宝剑。

北魏献文帝时，中西间交通呈衰落之势。统治者经营西域的态度趋于消极，领护西戎校尉的驻地向东迁移，吐谷浑控制鄯善、且末，北魏与柔然的军事冲突，于阗国的作梗可能对中西交通都产生了消极影响。这一时期，北魏与西域的交通次数明显减少，在献文帝在位的五六年时间里，见于记载的外交活动有：天安元年（466）三月，波斯、于阗、阿袭[2]诸国朝献。皇兴元年（467）九月，于阗、普岚、粟特国各遣使朝献。皇兴二年四月，叱六手、悉万丹、阿大

1　张星烺：《中西交通史料汇编》第四册《古代中国与伊兰之交通》，第 61 页。

2　阿袭，张星烺以为即"元时之阿速或阿思"。参见《中西交通史料汇编》第五册《古代中国与西部土耳其斯坦之交通》，第 81 页。

何、羽真侯、于阗、波斯国各遣使朝献；十二月，悉万丹等十余国遣使进贡。[1]

孝文帝元宏时，北魏与西域各国的交通出现了新的高潮。一方面北魏迁都洛阳，从地理位置来看，与西域的交通更加便利；另一方面北魏对柔然的战争取得了决定性胜利，解除了丝路交通上的一大威胁。北方柔然的存在一直是当时中西间交通的障碍，地处中原的北魏王朝要想有所作为，必须解除柔然游牧民族对于天山北部的控制。北魏政权正是在对柔然进行20余次的出击，并削弱柔然势力后才得以与西域展开大规模交往，这个高潮一直持续至北魏末年。

当时，与北魏王朝通交的，据统计主要有如下西域国家和地区：乌孙、破洛那、者舌、粟特、浮图沙（又称弗敌沙，故地在今阿富汗东北地区）、罽宾（今克什米尔一带）、波斯（即萨珊王朝，在今伊朗）、嚈哒（即白匈奴，这时已迁至大夏故地，其统治中心在今阿富汗北境的巴尔赫）、大月氏（又称居常、贵霜）、小月氏（又称犍陀罗、乾陀罗、健驮逻等，其地在今喀布尔河下游流域，都城在今巴基斯坦白沙瓦）、吐呼罗（故地在今阿富汗北部）、悉万斤（中亚小国，其政治中心在今乌兹别克斯坦的撒马尔罕）、西天竺、南天竺、舍卫（故地在今印度北部的拉布蒂河南岸）、叠伏罗（又称地伏罗，故地不详，可能为印度一古国）、波罗奈（印度古王国名，在摩揭陀国的西北，即今之瓦拉纳西）、乌苌（故地位于巴基斯坦北部的斯瓦特河流域）、阿逾陀（印度古王国名，又作阿悦陀，故地位于今印度北方邦法扎巴德县境内）、不崙（又称波路、波沧、波露罗，位于今克什米尔地区西北部）、陀拔罗（又称陀跋吐罗，故地在今里海南岸的伊朗境内）、哒舍（故地位于今印度南部的德干高原地区）、舍弥（又称赊弥、折薛莫孙，故地在今巴基斯坦北部的默斯杜杰和吉德拉尔之间）、胡密（又称护密、钵和等，位于今阿富汗的瓦罕地区）、忸密（故地位于今乌兹别克斯坦的布哈拉一带）、伽秀沙尼（又称伽色尼，

1　魏收：《魏书》卷六《显祖纪》，第128~129页。

故地在今阿富汗加兹尼）、那竭（故地位于今阿富汗东北的贾拉拉巴德）、莫伽陀（又称摩伽陀、摩竭陀、摩揭陀、摩揭提，故地位于印度恒河南）、伽拔但（又称伽不单，故地位于今乌兹别克斯坦撒马尔罕西北）、普岚（又作伏卢尼，即拜占庭帝国，首都在今土耳其伊斯坦布尔）。

孝明帝神龟元年（518）宋云等奉命西使取经是一次重大的交往活动，这次活动兼出使与取经双重使命，他们的成功出使进一步加强了北魏与西域各国的联系。他们经吐谷浑之路，从鄯善西行，又经左末城（今且末一带），由左末城至捍䴏城（均在于阗之东），又从捍䴏城至于阗国（今新疆和田），至朱驹波国（今叶尔羌西南）、汉盘陀国（今塔什库尔干），入葱岭，经钵盂城，越不可依山（今克里克山，即小帕米尔地区），到钵和国（在今瓦罕谷地）、嚈哒国、波知国（在今瓦罕谷地西头、科克恰河下游的泽巴克）、赊弥国（在今巴基斯坦北部的默斯杜杰和吉德拉尔之间）、钵卢勒国（今克什米尔的吉尔吉特河流域）、乌场国（在今巴基斯坦斯瓦特河流域）、乾陀罗国（今喀布尔河流域），最后至辛头大河（印度河），进入印度，后于正光二年（521）二月，自乌场国返国。

7世纪初，拜占庭帝国学者泰奥菲拉克特（Theophylacte）在《历史》一书中将中国称为"桃花石"（Taugaste），[1] 这一词就来源于古突厥语中的 Tabqaci，即汉语所译的"拓跋"。由此可见，建立北魏政权的鲜卑拓跋部落，在西方世界曾有重要的影响。

四　北魏时中西间贸易的开展

自张骞出使西域后，西北地区成为中原政权主要的对外贸易区。河西走廊和新疆地区的经济贸易活动一直为中原王朝所关注。曹魏、

1　〔法〕戈岱司编《希腊拉丁作家远东古文献辑录》，耿昇译，中华书局，1987，第104页。

西晋都极力维持对这一带的统治，努力开展丝路贸易，保证丝路的通畅。西晋灭亡以后，五胡乱华，丝路贸易受战乱的影响有所衰落。北魏统一中国北方，向西北的发展以及与西域各国的交通往来，促进了中西间丝路贸易的恢复和发展。

北魏与西域交通商贸初议于道武帝拓跋珪时，至太武帝拓跋焘时，随着北魏势力的日益强大，中原地区的统治日益稳固，与西域通商显得越来越重要。于是从这时起，中西间商贸活动开展起来。董琬、高明以及韩羊皮等使节被陆续派出，西域诸国使节和商贾亦纷纷入华贸贩。在这种广泛交往的背景下，西域各国入华人数众多，出现了杨衒之《洛阳伽蓝记》中所描写的景象："西夷来附者，处崦嵫馆，赐宅慕义里。自葱岭已西，至于大秦，百国千城，莫不欢附。商胡贩客，日奔塞下，所谓尽天地之区已。乐中国土风因而宅者，不可胜数，是以附化之民，万有余家。"[1] 说明当时有大批西域商人前来中国贸易，形成"相继而来，不间于岁"的兴盛局面。

魏初的商业政策是"不设科禁，买卖任情，贩贵易贱，错居混杂"，[2] 吸引了大量西域商贾进入河西乃至中原进行贸易。因此，河西走廊显得异常活跃。丝路重新通畅之后，西域商人纷纷进入敦煌，或进入其他民族区域进行贩贸，有的则一直沿河西走廊进入内地，往来于凉州、长安、洛阳等大城市之间。粟特商人至迟在西晋末年已经进入中国内地，斯坦因在敦煌长城烽燧遗址发现的粟特人文书说明了这一问题。他们以敦煌、凉州、洛阳等地为中心进行贩贸活动，他们也可能是最早到达凉州的胡商，其中不少人长期以凉州政治中心姑臧为居留处。远在康居西北的商胡也来到中国贩贸。《魏书·西域传》"粟特国"条云："在葱岭之西，古之奄蔡，一名温那沙。居于大泽，在康居西北，去代一万六千里。……其国商人先多诣凉土贩货，及克姑臧，悉见虏。高宗初，粟特王遣使请赎之，诏听焉。"[3] 此粟特显然非中亚

1　杨衒之撰，范祥雍校注《洛阳伽蓝记校注》卷三，第160~161页。

2　魏收：《魏书》卷六〇《韩显宗传》，第1341页。

3　魏收：《魏书》卷一〇二《西域传》，第2270页。

河中地之粟特，而是处于欧亚草原地带的游牧民族。北魏攻占姑臧，事在世祖太延五年（439），在此之前，姑臧就聚集了大批西域商人。北魏政府对来华贩贸的商使十分优待，不仅在贸易活动中提供方便，生活上也多方关照。孝明帝正光年间（520~525），"四方多事，加以水旱……民不堪命。有司奏断百官常给之酒"，但却规定："远著使客不在断限。"[1]

其时贸易活动主要采取贡使和互市两种形式。北魏与西域诸国的贸易主要集中于河西走廊和陇西的丝路沿线商业都市，如敦煌、酒泉、张掖、武威（姑臧）、陇西等。张掖是当时十分重要的商业都会，胡商很多。隋时西域到此贸易的商人来自40余国，这种局面不是一日形成的，而是北魏以后丝路通畅的结果。姑臧更是北魏与西域诸国互通有无的互市重镇。凉州聚集着很多西域商贾，他们把西方的珠宝、织物、服饰、乐器等带来交换，同时把中国的丝绸、茶叶贩至西域，从而获取巨额利润。河西走廊与陇西地区不仅是中原地区与西域交易的桥梁，还承担着沿边互市的重任。凉州商人把汉地生产的手工业品如麻布、毡毯以及从西域商人手中买来的货物转手销售到柔然、高车等地区，再将那里的毛皮等贩运到汉族地区。沿边少数民族商人也通过河陇到更远的地区做生意。由于商业的兴盛，河西走廊的敦煌、酒泉、张掖、武威等城市日益焕发出生机。

北魏太武帝以后，与西域诸国的贡使关系十分紧密。据统计，从北魏立国至迁都洛阳止，河西诸政权和西域诸国先后100多次遣使到平城朝贡。迁都洛阳后，西域诸国及波斯、大秦等又先后遣使至洛阳，或同时或单独到达有119次之多。[2] 西域使者进贡的主要是奢侈品和奇物，如大马、名驼、珍宝，还有驯象、牦牛、宝剑等。北魏的回赐常是"缯帛锦罽"，其价值常常远远超过西域贡使所献的物品。北魏统治者对远来朝贡的西域君长国使多有所奖励，如太和

1　魏收：《魏书》卷一一〇《食货志》，第2860~2861页。
2　王万盈：《北魏时期的周边贸易述论》，《北朝研究》第二辑，北京燕山出版社，2008，第60~61页。

十七年（493）孝文帝正月乙丑诏书有云："今诸边君蕃胤，皆虔集象魏，趋锵紫庭。贡飨既毕，言旋无远。各可依秩赐车旗衣马，务令优厚。其武兴、宕昌，各赐锦缯纩一千；吐谷浑世子八百，邓至世子，虽因缘至都，亦宜赉及，可赐三百。"[1]除了贡使往返两国之间互通有无之外，各国的商贾常常跟随贡使出入魏境，一边沿途进行交换，一边借机深入内地从事贸易，故有"蕃贡继路，商贾交入"之说。[2]《魏书·食货志》云："自魏德既广，西域、东夷贡其珍物，充于王府。又于南垂立互市，以致南货、羽毛齿革之属无远不至。"

　　为了谋取丝路贸易的利益，北魏统治者努力保证丝路的通畅，注意对丝路贸易的管理。无论是沿边互市，还是对外贸易，皆由政府控制，并以垄断经营的方式谋求最大的利润。北魏政权对在境内从事商贸的外国商贾，征收交易税和关津税。《魏书·李崇传》记载，其子李世哲为相州刺史，"无清白状，邺洛市廛，收擅其利，为时论所鄙"。[3]络绎不绝的胡人商队与经营异域珍奇的蕃客邸店，是北魏政府重要的征税对象。对于丝路上的人为障碍，北魏必极力清除。太武帝太延五年讨伐河西沮渠牧犍，指列其罪状12条，其第四条曰："知朝廷志在怀远，固违圣略，切税商胡，以断行旅。"[4]为了防止商品走私与偷漏税，北魏政府规定"关津之禁"。检查商旅，稽查违禁货物。在关津之处，置吏员征纳商税，严防走私。后来发现这种关津之禁对贸易产生了阻碍作用，太和七年又下令"弛关津之禁，任其往来"。[5]为了保证互市交易能够公平进行，"交市之日，州遣士监之"。[6]所谓"士"就是管理互市的官员，其职责是平息争讼，论断是非曲直，收取估税，并负责维持互市的交易秩序。

　　这种垄断经营的方式在对外贸易活动中也产生了不少弊端，主

1　魏收：《魏书》卷七《高祖纪》，第 171 页。

2　魏收：《魏书》卷六五《邢峦传》，第 1438 页。

3　魏收：《魏书》卷六六《李崇传》，第 1473 页。

4　魏收：《魏书》卷九九《沮渠蒙逊传》，第 2207 页。

5　魏收：《魏书》卷七《高祖纪》，第 152 页。

6　李延寿：《北史》卷九四《库莫奚传》，中华书局，1974，第 3127 页。

要是"关津之禁"为地方官员营私舞弊提供了机会和条件。地方官员"切税"和敲诈商胡，收取贿赂，以饱私囊。史书记载，北魏各级官僚有趁机聚敛宝货者。商胡的富有引起权贵们的觊觎，节闵帝时曾发生元暹图财害命屠戮商胡的事件。《魏书·元暹传》记载："普泰元年，除凉州刺史，贪暴无极。欲规府人及商胡富人财物，诈一台符，诳诸豪等云欲加赏，一时屠戮，所有资财生口，悉没自入。"[1]《洛阳伽蓝记》记载，河间王元琛为秦州刺史，多无政绩，但营求奇珍异货不遗余力，"遣使向西域求名马，远至波斯国，得千里马，号曰'追风赤骥'"；"常会宗室，陈诸宝器，金瓶银瓮百余口，瓯檠盘盒称是。自余酒器，有水晶钵、玛瑙杯、琉璃碗、赤玉卮数十枚，作工奇妙，中土所无，皆从西域而来"。[2]也有在互市中钻营发财者。《魏书·刘腾传》记载，孝明帝时司徒刘腾"公私属请，唯在财货。舟车之利，水陆无遗；山泽之饶，所在固护，剥削六镇，交通互市。岁入利息以巨万计"。[3]对此北魏政府严加禁止，多次下令禁断"牧守之官，颇为营利"的现象，但恐怕都禁而不止。

受传统的处理对外关系思想的影响，北魏这种贡赐形式的贸易不是平等交易。古代的历代统治者忽视通过交流发展经济，因此当国力凋敝时，便认为对外交往"以无益害有益""糜费中华，以事无用"。而当国力强盛时，以外国朝贡作为威德远播的象征而极力宣扬，极力追求域外珍奇。北魏统治者也不例外。北魏大力开展与西域的商贸往来，但并没有获得应有的利益。世宗宣武帝时，散骑常侍兼尚书邢峦曾提出批评：

> 臣闻昔者明王之以德治天下，莫不重粟帛，轻金宝。然粟帛安国育民之方，金玉是虚华损德之物。故先皇深观古今，去诸奢侈。服御尚质，不贵雕镂，所珍在素，不务奇绮，至乃以纸绢为

1　魏收：《魏书》卷一九《京兆王子推传附元暹传》，第 445 页。
2　杨衒之撰，范祥雍校注《洛阳伽蓝记校注》卷四，第 207 页。
3　魏收：《魏书》卷九四《刘腾传》，第 2028 页。

帐宸，铜铁为辔勒。训朝廷以节俭，示百姓以忧务，日夜孜孜，
小大必慎。轻贱珠玑，示其无设，府藏之金，裁给而已，更不买
积以费国资。逮景明之初，承升平之业，四疆清晏，远迩来同，
于是蕃贡继路，商贾交入，诸所献贸，倍多于常。虽加以节约，
犹岁损万计，珍货常有余，国用恒不足。若不裁其分限，便恐无
以支岁。自今非为要须者，请皆不受。[1]

结果"世宗从之"。邢峦的这段话反映出以下几点。（1）宣武帝景明
以后，北魏与西域的交通、交流进入高潮。对于北魏来说，他们得到
的是"金宝"，而输出和糜费的是"粟帛"。（2）双方贸易的结果是，
北魏得到不少"珍货"，却在加以节约的情况下减少贸易量，即限
制贡赐的规模，仍"岁损万计"，这种交易已使北魏感到支用不足。
（3）当年国力不足，统治者去奢省用，"更不买积以费国资"，即不为
得到域外珍奇而糜费资财。而当社会"升平"之时，便开展与域外的
贡赐贸易，造成"诸所献贸，倍多于常"。而目前又到了国用不足之
时，统治者便又以对外交流为"糜费中华"的负担了。（4）既然对外
贸易成为负担，所以就要设法减轻这种负担。减轻负担的方法是"非
为要须者，请皆不受"，不是扩大商贸，而是减少贸易量和压缩规模，
因为这种商贸活动是赔本生意。

　　傅筑夫先生指出，所谓西域各国"贡使"，其实未必都是其国政
府派出的使节，有时是商贾假冒，其目的是利用中国皇帝自高自大
的虚荣心理，以朝贡为名，以使节身份进入中国境内。这样做不仅
在贸易上能获得许多便利，而且能受到特殊的保护和待遇。如在北
魏就可受到沿途官府的保护，减免税额，避免吏胥的勒索侵渔。而
且向皇帝进贡礼物，又会得到皇帝的回赐，往往获得比一般的交易
更加优厚的回报，贡赐成了一种对他们非常有利的交易。[2] 这种假冒

1　魏收：《魏书》卷六五《邢峦传》，第 1438 页。
2　傅筑夫：《中国封建社会经济史》第三卷，人民出版社，1984，第 384 页。

的"贡使"可能是有的。但为了说明这种贡使其实是商贾假冒，有学者指出，除非是这种假冒的贡使，否则像史书中诸如"高丽、吐谷浑、蠕蠕国并遣使朝贡"的记载就不好理解了，因为像高句丽、吐谷浑这样相距遥远的国家怎么会同时遣使朝贡。[1] 这种理解是不对的。所谓"并遣使朝贡"云云，不过是史书的记事方法，"并"字只是说某年某月有两国或更多国家的使节同时来到，并不意味着两国相谋一起朝贡。各国来使入华后，由鸿胪寺官员安排时间，组织谒见，因此有"并遣使朝贡"的记载，但不能据此认为史书中凡记载的"并遣使朝贡"的贡使都是或者大多是假冒，否则彼此之间的外交往来就无任何诚信可言。古时有遣使节随同客使出使的习惯，既奉本国之命出使，又可陪伴护送客使返国，保证路途安全，这也决定了一般情况下使节并不能随便冒充。

综上所述，北魏时中西间交通、交往和交流都有很大发展，成为中西交通史上的一个高潮。北魏太武帝时，北魏王朝的声威远达西域，统治者的对外政策由消极保守变为积极主动，董琬、高明等人的西使打破了长期以来中原地区与西域交通的停滞局面，此后中原政权与西域各国之间的交通和交流达到了高潮。北魏时中西交通主要利用河西走廊和吐谷浑之地，与之通交的国家和地区远及波斯、南亚和东罗马。在处理对外关系时，北魏统治阶级继承了汉武帝以后的思想，奉行厚往薄来的外交政策，发展了与西部世界各国的友好关系，但在经济上却付出巨大代价。北魏大力开展与西域的商贸往来，但并没有获得应有的经济利益，与域外的交往也不以获取经济利益为目的。

1　王万盈：《北魏时期的周边贸易述论》，《北朝研究》第二辑，第 61 页。

第三章 南朝萧梁时的对外关系

在魏晋南北朝时期，南朝梁朝是对外交通与
交流的一个高潮时期。但对这一时期对外交流的
盛况和成就，还没有专文论述。本章从与梁朝交
往的国家、彼此交往和交流的途径、交流的内容
等方面对这一时期的对外关系和发展做简略的述
论。从《梁书》的记载来看，和梁朝有交往的国
家分为三部分，即"海南诸国"、"东夷"诸国和
"西北诸戎"。本章从这三个方面谈对外关系。这
个高潮的形成有多方面的原因。首先，梁武帝对
外开放的心态和措施对对外交流起了重要的推动
作用。其次，佛教传播对对外交通和交往起了推
动作用。最后，梁朝积极与域外交通和来往，也

有在多个政权对峙时期拉拢同盟、对付敌对政权的用意，特别是与高句丽、柔然的交往。

一　与梁朝交往的"海南诸国"

《梁书·诸夷传》把通过海上交通交往的东南亚和南亚国家称为"海南诸国"。关于这些国家和地区的方位云："海南诸国，大抵在交州南及西南大海洲上，相去近者三五千里，远者二三万里，其西与西域诸国接。"中国史书一般认为与这些国家和地区的交往是从汉武帝时开始的，所以本传记载：

> 汉元鼎中，遣伏波将军路博德开百越，置日南郡。其徼外诸国，自武帝以来皆朝贡。后汉桓帝世，大秦、天竺皆由此道遣使贡献。及吴孙权时，遣宣化从事朱应、中郎康泰通焉。其所经及传闻，则有百数十国，因立记传。晋代通中国者盖鲜，故不载史官。及宋、齐，至者有十余国，始为之传。[1]

梁朝和域外国家的交通主要通过海路进行。萧梁建立，继承宋齐时海外交通的基础继续发展，海外国家前来通交的比之更多。与梁朝交往的东南亚和南亚国家，其"风俗粗著者"有如下九个：林邑、扶南、盘盘、丹丹、干陁利、狼牙修、婆利、中天竺、师子国等。[2]研究萧梁时的对外关系，梁元帝萧绎的《职贡图》残卷及题记具有重要价值。《梁书·诸夷传》中记载的诸国，有的在萧绎所绘《职贡图》中

1　姚思廉：《梁书》卷五四《诸夷传》，第783页。
2　姚思廉：《梁书》卷五四《诸夷传》，第783~800页。

有使臣像图绘和有关题记。[1] 岑仲勉指出《梁书·诸夷传》"可以确定它的一部分是据梁元帝《职贡图》而写成的"。[2] 日本学者榎一雄认为虽然梁元帝《职贡图》利用了裴子野《方国使图》，但《梁书·诸夷传》大体上却是以梁元帝《职贡图》为根据。[3] 钱伯泉将北宋摹本题记与《梁书·诸夷传》文字进行比较，指出"《梁书·诸夷传》是根据《职贡图》的题记删削而成的，因此，《职贡图》题记保存着许多《梁书·诸夷传》所没有的史实"。[4] 比较《职贡图》题记与《梁书·诸夷传》可知，《梁书》采用了题记材料，但只是其史料来源之一部分。其吸收《职贡图》题记资料时又有裁剪，因此《职贡图》题记仍有若干不见于《梁书·诸夷传》。另外，《梁书·裴子野传》记载：

> 是时西北徼外有白题及滑国，遣使由岷山道入贡。此二国历代弗宾，莫知所出。子野曰："汉颍阴侯斩胡白题将一人。服虔

1　《职贡图》为梁元帝萧绎所绘，摹本流传原有三种。一为唐阎立本《王会图》，存 24 国使者着色画像，无题记；二为五代南唐顾德谦《梁元帝蕃客入朝图》，存 33 国使者白描画像，无题记，皆藏台北"故宫博物院"。三为北宋熙宁十年（1077）前摹本，原名《阎阎立德职贡图》，金维诺考证定为梁元帝《职贡图》，存 12 国使者着色画像，并有题记 13 条，倭国残题记后有宕昌国题记残篇（参见氏著《"职贡图"的时代与作者——读画札记》，《文物》1960 年第 7 期）。据《石渠宝笈》，此图乃清宫旧藏，原存 25 国（参徐邦达《古书画伪讹考辨》上卷，第 36~42 页）。1925 年溥仪携至长春，1945 年伪满洲国覆灭，流散民间，为南京博物院收藏，20 世纪 60 年代末中国历史博物馆借展，现为中国国家博物馆收藏。赵灿鹏发现并公布梁元帝《职贡图》的第四种本子，清末民初人葛嗣浵记录的清乾隆四年（1739）张庚摹本《诸番职贡图卷》。参氏著《南朝梁元帝〈职贡图〉题记佚文的新发现》，《文史》2011 年第 1 辑，第 111~118 页；《南朝梁元帝〈职贡图〉题记佚文续拾》，《文史》2011 年第 4 辑，第 237~242 页。据葛嗣浵记录，张庚摹本"纸本，高九寸三分，长一丈四尺三寸四分。白描法，钩而不染。一国画一人，人约六七寸长，每人各载一记，统计一十八种"。其 18 国为：渴盘陀、武兴蕃、高昌、天门蛮、滑、波斯、百济、龟兹、倭、高句丽、于阗、斯罗（即新罗）、周古柯、呵跋檀、胡蜜檀、宕昌、邓至、白题。据王素介绍，其中渴盘陀、武兴蕃、高昌、天门蛮、高句丽、于阗、斯罗七国题记为北宋摹本所无，滑、倭、宕昌三国题记基本可以补足北宋摹本题记残缺的部分，其他可据以对北宋摹本文字漫漶处进行辨识者也有不少。

2　岑仲勉：《现存的职贡图是梁元帝原本吗？》，原载《中山大学学报》1961 年第 3 期，收入《金石论丛》，上海古籍出版社，1981，第 476~483 页。

3　榎一雄：《梁职贡图について》，原载《东方学》第 26 辑，1963，第 31~46 页，收入《榎一雄著作集》第 7 卷，东京：汲古书院，1994，第 106~127 页。

4　钱伯泉：《〈职贡图〉与南北朝时期的西域》，《新疆社会科学》1988 年第 3 期。

《注》云:'白题,胡名也。'又汉定远侯击虏,八滑从之,此其后乎。"时人服其博识。敕仍使撰《方国使图》,广述怀来之盛,自要服至于海表,凡二十国。[1]

裴子野《方国使图》应当也配有文字说明,惜已亡佚。但可以推断它也是《梁书·诸夷传》的史料来源之一。

林邑是距南朝最近的国家,本古之越裳国、汉日南郡象林县之地,东汉时马援开拓汉朝南部边境,置此县。汉末大乱,象林县功曹区达杀县令自立为王,建林邑国,传数世,其王无嗣,立外甥范熊。范熊死,子逸继位。东晋成帝咸康三年逸死,奴文篡位。其后林邑国贪日南土地,不断北侵,与东晋长期攻战。刘宋、萧齐时,林邑与南朝的关系开始缓和,林邑多次遣使贡献。萧梁建立,林邑国范天凯为王,与梁通好,天监九年遣使献白猴,因受梁封号。其后,天监十年、天监十三年,范天凯皆遣使贡献。天凯死,其子弼毳跋摩立,奉表贡献。普通七年,其王高式胜铠遣使献方物,梁诏以为持节、督缘海诸军事、绥南将军、林邑王。大通元年又遣使贡献。中大通二年,行林邑王高式律陀罗跋摩遣使贡献,梁又封以持节、督缘海诸军事、绥南将军、林邑王。中大通六年,林邑王又遣使献方物。

扶南是其时东南亚大国,《梁书·诸夷传》记载其方位:"在日南郡之南,海西大湾中,去日南可七千里,在林邑西南三千余里。城去海五百里。有大江广十里,西北流,东入于海。其国轮广三千余里。"[2]三国时吴国曾遣使至扶南,晋武帝时其国王范寻遣使贡献。在《梁书》记载中,扶南是海南大国,有众多属国。其南三千里有顿逊国[3],地处东西方交会之处,东界通中国交州,西界接天竺、安息等,作为

---

1 姚思廉:《梁书》卷三〇《裴子野传》,第 443 页。《南史》卷三三《裴松之传附裴子野传》记载略同,中华书局,1975,第 866 页。
2 姚思廉:《梁书》卷五四《诸夷传》,第 787 页。
3 顿逊,三国时康泰《吴时外国传》、万震《南州异物志》已提及,杜佑《通典》卷一八八《边防四》云"梁时闻焉",不确。

互市之所，每天有数万人，市场上流通的珍物宝货无所不有。扶南国以南八千里，大海洲中有盛产黄金的毗骞国，此国不受客，商旅从来不敢至此国。扶南国东界有大涨海，海中有大洲，洲上有诸薄国，国东有马五洲，再向东行千里可到一自然大洲。梁朝建立，扶南国与梁互通使节，交往频繁。梁天监二年、十年、十二年、十六年、十八年，普通元年，中大通二年，大同元年、五年，国王遣使者奉表贡献方物。扶南国信奉佛教，知梁朝佛教兴盛，因此在宗教上有所往来。天监二年，国王跋摩遣使送珊瑚、佛像和方物；天监十八年送来天竺檀瑞像、婆罗树叶等；大同五年献方物，言其国有佛发，长一丈二尺，梁武帝诏遣沙门释云宝随此使者去扶南国迎接佛发。

盘盘在今马来半岛北端泰国境内万伦湾一带，从刘宋文帝元嘉年间开始与中国南朝通交，宋孝武孝建、大明时皆有遣使贡献之举。[1]梁朝建立，大通元年，盘盘国遣使奉表称臣，并表达了与梁朝共奉佛教的愿望。中大通元年五月、六年八月，国王均遣使者前来贡献。在中大通元年五月遣使朝奉时带来了牙像及塔，并献沉、檀等香数十种；六年八月来奉献时，送来菩提国真舍利及画塔，并献菩提树叶、詹糖等香。

丹丹国在今马来西亚吉兰丹一带。梁时开始通交中国。中大通二年，其王遣使奉表称臣，与盘盘国一样表达了与梁朝共奉佛教的愿望。大同元年又遣使者奉献金、银、琉璃、杂宝、香药等。

干陁利国在今苏门答腊岛巨港一带，《梁书·诸夷传》称其方位"在南海洲上"。其国于刘宋孝武帝时开始与中国通交，"宋孝武世，王释婆罗郇怜陁遣长史竺留陁献金银宝器"。[2]梁朝建立，干陁利国与梁交好。据说，天监元年四月八日，其国国王梦见一僧人，嘱咐他前往

1　《梁书》卷五四《诸夷传》记载："盘盘国，宋文帝元嘉，孝武孝建、大明中，并遣使贡献。大通元年，其王使奉表曰……中大通元年五月，累遣使贡牙像及塔，并献沉、檀等香数十种。六年八月，复使送菩提国真舍利及画塔，并献菩提树叶、詹糖等香。"《通典》卷一八八《边防四》云："盘盘国，隋时通焉。"不确。

2　姚思廉：《梁书》卷五四《诸夷传》，第 794 页。

梁朝朝贡，云："中国今有圣主，十年之后，佛法大兴。汝若遣使贡奉敬礼，则土地丰乐，商旅百倍。若不信我，则境土不得自安。"国王当时不是很信，不久又梦见此僧，带他到了梁国，他把梦中梁武帝的容貌画了下来，遣使奉表献玉盘等物。其使节到梁国，摹写梁武帝真容，回国后对比，与国王梦中梁武帝的形象一致。王死，其子立，天监十七年遣使奉表进贡。普通元年，再次前来进贡。

狼牙修国在今马来半岛洛坤至吉打一带。据《梁书·诸夷传》，其方位"在南海中，其界东西三十日行，南北二十日行，去广州二万四千里"。[1]狼牙修国王受印度文化影响很深，他被前国王斥逐，奔天竺，后被国人迎回即位。狼牙修国于梁时开始与中国通交，天监十四年，遣使阿撒多奉表进贡。梁萧绎《职贡图》残卷有狼牙修国使像，题记亦记载其遣使阿撒多奉表入贡事，为《梁书·诸夷传》所采。

婆利国，或称"婆黎"，或认为在今印度尼西亚的巴厘岛，或认为是在苏门答腊岛东南的占碑一带。《梁书·诸夷传》记其方位和国土："在广州东南海中洲上，去广州二月日行。国界东西五十日行，南北二十日行。"《梁书·诸夷传》以为婆利国"自古未通中国"，[2]梁天监十六年国王遣使奉表称臣乃是该国与中国交往的开始，此说可能有误。《宋书·后废帝纪》记载，刘宋元徽元年三月"婆利国遣使献方物"。[3]说明它与中国的交往并不始自梁朝。普通三年，其王频伽复遣使珠贝智进贡白鹦鹉、青虫、兜鍪、琉璃器、古贝、螺杯、杂香、药等数十种。

中天竺在今印度，《梁书·诸夷传》记载其国："在大月支东南数千里，地方三万里，一名身毒。汉世张骞使大夏，见邛竹杖、蜀布，国人云，市之身毒。身毒即天竺，盖传译音字不同，其实一也。从月

1　姚思廉：《梁书》卷五四《诸夷传》，第 795 页。按：萧绎《职贡图》狼牙修国题记云"去广州二万一千里"，与《梁书》之"二万四千里"不同。

2　姚思廉：《梁书》卷五四《诸夷传》，第 796 页。

3　沈约：《宋书》卷九《后废帝纪》，中华书局，1974，第 179 页。

支、高附以西，南至西海，东至盘越，列国数十，每国置王，其名虽异，皆身毒也。"本传指出，天竺与中国的交通，起初通过西北陆路，后转由海路，"汉和帝时，天竺数遣使贡献，后西域反叛，遂绝。至桓帝延熹二年、四年，频从日南徼外来献。魏、晋世，绝不复通"。梁朝天监初年，其王屈多遣长史竺罗达奉表，天竺使者还送上方物琉璃唾壶、杂香、古贝等。[1]印度境内尚有梁元帝萧绎《职贡图》题记佚文中之白木条国："西方白木条国，贡朱骏白马一匹，玉像一躯等。"白木条国，汉译佛典中称"白木调"。其位置不详，赵灿鹏推测"应该处于'摩羯陀国—羯朱嗢罗—奔那伐檀那国—迦摩波国'路线上，很有可能在迦摩波国附近"。[2]

师子国即今斯里兰卡，《梁书·诸夷传》云："天竺傍国也。"[3]据《汉书·地理志》，早在西汉时汉之使节已经到过此地，称为"已程不国"。[4]此国一向是东西方各国商人往来互市的场所或中转之地，人们在此或路过，或久居。关于师子国与中国的交通，本传云："晋义熙初，始遣献玉像，经十载乃至。""宋元嘉六年、十二年，其王刹利摩诃遣使贡献。"梁朝建立，大通元年，师子国国王遣使者奉表来献。[5]

从梁朝与东南亚和南亚诸国的交往，我们了解到如下事实。一是中国与这些国家和地区的交往在梁朝大大发展了。这表现为有的国家过去虽有交往，但后来由于种种原因中断了，梁朝时恢复了这种联系，如林邑国、中天竺国、师子国；有的国家和地区"自古未通中国"，梁朝时开始"遣使贡献"，如丹丹国、狼牙修国；有的过去不曾入中国，晋宋时开始朝贡，梁时继续发展了这种关系，如扶南国、盘盘国、干陁利国、婆利国。二是东南亚、南亚地区是古代中西交通的

1　姚思廉：《梁书》卷五四《诸夷传》，第 797~799 页。
2　赵灿鹏：《南朝梁元帝〈职贡图〉题记佚文续拾》，《文史》2011 年第 4 辑，第 240~242 页。
3　姚思廉：《梁书》卷五四《诸夷传》，第 800 页。
4　班固：《汉书》卷二八下《地理志》，第 1671 页。
5　姚思廉：《梁书》卷五四《诸夷传》，第 800 页。

重要中转地。《梁书·诸夷传》"中天竺国"条专门记载了大秦国人经天竺、扶南到交州，三国时吴国、扶南国和天竺国之间使节往来的史实，反映了东南亚和南亚在中国与大秦之间、东南亚在中国与南亚间的中介作用。

二　与梁朝交往的"东夷"诸国

《梁书·诸夷传》沿袭历代正史著作体例，把今朝鲜半岛和日本各国称为"东夷"，梁朝与这些国家和地区的交往也空前发展了。本传云："东夷之国，朝鲜为大。得箕子之化，其器物犹有礼乐云。魏时，朝鲜以东马韩、辰韩之属，世通中国。自晋过江，泛海东使，有高句骊、百济，而宋、齐间常通职贡。梁兴，又有加焉。扶桑国，在昔未闻也。普通中，有道人称自彼而至，其言元本尤悉，故并录焉。"[1] 萧绎《职贡图》残卷中尚有百济、倭国二国国使像。

关于高句丽方位和疆域，《梁书·诸夷传》云："汉武帝元封四年，灭朝鲜，置玄菟郡，以高句骊为县以属之。句骊地方可二千里，中有辽山，辽水所出。其王都于丸都之下。"[2] 王莽时更其名为"下句骊"，有歧视之意。东汉初遣使朝贡，始称王。此后不断侵扰汉之辽东。东晋安帝义熙年间始奉表通贡职，历宋、齐并受爵位，高句丽王云接受南朝"使持节、散骑常侍、都督营平二州、征东大将军、乐浪公"之封号。梁朝时继续对高句丽加晋封爵，"高祖即位，进云车骑大将军"。天监七年，高句丽国王接受梁朝赐封，武帝诏云："高骊王、乐浪郡公云，乃诚款著，贡驿相寻，宜隆秩命，式弘朝典。可抚东大将军，开府仪同三司，持节、常侍、都督、王并如故。"天监十一年、十五年，高丽王云不断遣使贡献。天监十七年云死，其子安立，普通元年梁武

1　姚思廉：《梁书》卷五四《诸夷传》，第 800~801 页。

2　姚思廉：《梁书》卷五四《诸夷传》，第 801 页。

帝诏封安"纂袭封爵，持节、督营平二州诸军事、宁东将军"。普通
七年，安卒，子延立，遣使入梁贡献。梁下诏以延袭爵。中大通四
年、六年，大同元年、七年，高句丽王多次遣使奉表献方物。太清二
年延卒，诏以其子袭延爵位。[1] 萧绎《职贡图》张庚摹本比宋代摹本
多出高句丽题记："高句骊，晋（当为'旧'字之误）东夷夫余之别种
也。汉世居玄菟之高骊县，故以号焉。光武初，高句骊王遣使朝贡，
则始称王。其俗人性凶急恶，而洁净自善。妇人衣白，而男子衣袿
锦，饰以金银。贵者冠帻而无复（'后'字之讹——引者注），以金银
为鹿耳羽，加之帻上；贱者冠折风，其形如古之弁。穿耳以金环。上
衣曰表（当为'白衫'），下衣曰长裤，腰有银带。颇习书。其使至中
国，则多求经史。建武中，奉表贡献。"[2]

　　百济是东夷三韩之一马韩中之一国，《梁书·诸夷传》云："其先
东夷有三韩国，一曰马韩，二曰辰韩，三曰弁韩。弁韩、辰韩各十二
国，马韩有五十四国。大国万余家，小国数千家，总十余万户，百济
即其一也。"[3] 后渐强大，兼并小国。晋时高句丽略有辽东，百济则据
有辽西。晋平二郡，百济自置为郡。晋太元中须义为王，义熙中馀映
为王，宋元嘉中馀毗为王，都遣使向中国中原政权和南朝政权进献生
口。南齐永明时封百济王为"都督百济诸军事、镇东大将军、百济
王"。梁朝天监元年，封百济王太为"征东将军"。此后为高句丽所
破而衰落，迁居南方。梁普通二年，百济王馀隆又开始遣使奉表，称
"累破句丽，今始与通好"，百济成为强国。这一年梁武帝下诏："行
都督百济诸军事、镇东大将军百济王馀隆，守藩海外，远修贡职，乃
诚款到，朕有嘉焉。宜率旧章，授兹荣命。可使持节、都督百济诸军
事、宁东大将军、百济王。"普通五年馀隆死，诏复以其子明为持节、
督百济诸军事、绥东将军、百济王。中大通六年、大同七年，百济王
数次遣使献方物，并且从中土带回《涅槃》等经义、毛诗博士，还有

1　姚思廉：《梁书》卷五四《诸夷传》，第803~804页。

2　赵灿鹏：《南朝梁元帝〈职贡图〉题记佚文的新发现》，《文史》2011年第1辑，第114页。

3　姚思廉：《梁书》卷五四《诸夷传》，第804页。

梁朝的工匠、画师等。据《梁书·侯景传》，太清三年十二月，侯景叛军攻占建康，百济不知，仍遣使入贡，"百济使至，见城邑丘墟，于端门外号泣，行路见者，莫不洒泪。景闻之大怒，送小庄严寺禁止，不听出入"。侯景乱平，得以还国。[1] 萧绎《职贡图》残卷百济国使臣像题记："百济，旧来夷马韩之属。晋末，驹瑟罗略有辽东乐浪，亦有辽西、晋平县，自晋以来常修蕃贡。义熙中其王馀腆、宋元嘉中其王馀毗、齐永明中其王馀太，皆受中国官爵。梁以太为正东将军，寻为高句丽所破……"这段题记为《梁书·诸夷传》所采，据以校之，"来夷"当为"东夷"之误，"正东将军"当为"征东将军"。

新罗出于辰韩，辰韩亦称秦韩，据说中国秦朝时有人逃亡至马韩，马韩割其东界居之，以秦人故名秦韩。辰韩始有六国，后分为十二，新罗即其一。其国"在百济东南五千余里。其地东滨大海，南北与句骊、百济接。魏时曰新卢，宋时曰新罗，或曰斯罗"，"土地肥美，宜植五谷，多桑麻，作缣布，服牛乘马……无文字，刻木为信，语言待百济而后通焉"。由于国家很小，地隔高句丽和百济，梁朝之前，新罗一直没有单独和中国通交。直到普通二年，国王募泰才遣使随百济使者来梁朝，献方物。萧绎《职贡图》张庚摹本中比宋摹本多出斯罗国题记："斯罗国，本东夷辰韩之小国也。魏时曰新罗，宋时曰斯罗，其实一也。"并称其"或属韩，或属倭，国王不能自通使聘。普通二年，其王姓募名泰，始使随百济奉表献方物。其国有城，号曰健年（'年'字当为'牟'字之讹）。其俗与高丽相类。无文字，刻木为范，言语待百济而后通焉"。[2] 这与《梁书·诸夷传》中关于新罗国的记载可以互相印证，反映了新罗国的历史地位。

倭国在今日本，是当时日本列岛诸国之一。《梁书·诸夷传》中对倭国方位的描述非常详细，表明了当时海外交通的发达："去带方万二千余里，大抵在会稽之东，相去绝远。从带方至倭，循海水行，

1　姚思廉：《梁书》卷五四《诸夷传》，第 804~805 页。

2　赵灿鹏：《南朝梁元帝〈职贡图〉题记佚文的新发现》，《文史》2011 年第 1 辑，第 116 页。

历韩国，乍东乍南，七千余里始度一海。海阔千余里，名瀚海，至一支国。又度一海千余里，名未卢国。又东南陆行五百里，至伊都国。又东南行百里，至奴国。又东行百里，至不弥国。又南水行二十日，至投马国。又南水行十日，陆行一月日，至祁（当作'邪'）马台国，即倭王所居。"[1]从魏景初三年，该国女王卑弥呼开始遣使朝贡，魏以为亲魏王，假金印紫绶。萧齐建元年间，倭国王武受封为"持节，督倭、新罗、任那、伽罗、秦韩、慕韩六国诸军事，镇东大将军"。[2]梁朝高祖即位后，封倭国国王为征东将军。萧绎《职贡图》残卷有倭国使节像，张庚摹本倭国题记的文字内容较北宋摹本完整丰富。但倭国使节入梁不经荆州，因此任荆州刺史的萧绎关于倭国的介绍只是从史籍中撮取某些材料，没有个人访采所得的新材料。[3]马端临《文献通考》云倭人"初通中国也，实自辽东而来，故其迂回如此。至六朝及宋，则多从南道浮海入贡及通互市之类"。[4]日本学者木宫泰彦认为此"南道"并不是后来遣唐使"横断中国东海以达扬子江之南路，乃由百济横断海路黄海者"。[5]

《梁书·诸夷传》"东夷"条称倭国以南有侏儒国，又南有黑齿国、裸国，去倭四千余里。再西南万里有海人，"身黑眼白，裸而丑，其肉美，行者或射而食之"。[6]又有文身国，在倭国东北七千余里。大汉国在文身国东五千余里。又有扶桑国，史官没有贸然否定其存在，

1　姚思廉：《梁书》卷五四《诸夷传》，第 806 页。

2　姚思廉：《梁书》卷五四《诸夷传》，第 807 页。

3　莫莹萍、府建明《梁元帝〈职贡图〉"倭国使"题记二题》认为，《梁书·诸夷传》中"倭国传"的内容不是取材于萧绎《职贡图》中的倭使题记。《职贡图》倭国题记内容源出《三国志》《后汉书》等史籍，无个人访采所得新材料。刘宋时倭国授除封号的要求未得满足，促使倭国在齐、梁二朝中断了向南朝朝廷的入贡。中日两国史籍均无倭使朝梁的记载，虽然《职贡图》中绘有倭国使者，但《职贡图》是出于政治目的而作，因而并不能作为梁朝与倭国交往的例证（《北华大学学报》2016 年第 4 期）。认为《职贡图》题记中有关倭国的材料无新的历史信息，或有道理，但因中日两国史籍中均无倭使朝梁的记载，便断定其时倭国与南朝齐、梁无外交往来，可能并不符合实际。齐、梁对倭国皆有加封，如果没有倭国来使，这种加封是不可能的。

4　马端临：《文献通考》卷三二四《四裔考一》，中华书局，1986，第 2554 页。

5　〔日〕木宫泰彦：《中日交通史》，陈捷译，山西人民出版社，2015，第 58~59 页。

6　姚思廉：《梁书》卷五四《诸夷传》，第 807 页。

但强调材料出自僧人慧深的讲述，得之传闻，其中又多荒诞不经的内容。因此是否实有其国，有颇多可疑之处。僧人的话有夸诞之处，似乎是撮举一些有关域外的传闻编造的故事。但故事中也包含着一些有价值的信息，比如天监六年，晋安人入海至一岛云云，似乎告诉我们，当时出海至朝鲜半岛或倭国，晋安是重要的港口，晋安即今福建南安。

从以上考察可知，梁朝与"东夷"诸国的交往也是利用海上交通。其路线一是利用近海航行，即从辽东沿朝鲜半岛海岸航行，二是从晋安出海，至朝鲜半岛和倭国。梁与"东夷"诸国的交往，有宗教文化的原因，如佛教的传播，有关记载说明西域佛教经义传到中国后再往东传到朝鲜半岛和倭国。但主要是政治上的原因，梁朝有必要利用高句丽牵制北方中原政权，因此对朝鲜半岛三国不断加封晋爵。其中，封高句丽王"使持节、散骑常侍、都督营平二州、征东大将军、乐浪公"之封号，营州、平州不在高句丽辖境，此举以北朝之土地为钓饵，用高句丽牵制北朝的用意很明显。高句丽交通梁朝，也有利用梁朝牵制北朝的意图。朝鲜半岛诸国在互相角逐中纷纷交通梁朝，也有利用梁朝对付其他国家的用意。从倭国的表现可知，倭国对朝鲜半岛存有野心，从其极力争取获得"持节，督倭、新罗、任那、伽罗、秦韩、慕韩六国诸军事，镇东大将军"之职可知，它企图获得南朝朝廷对其控制朝鲜半岛的认可。

三 与梁朝交往的"西北诸戎"

《梁书》中把西域、西北草原民族以及中亚、西亚诸国称为"西北诸戎"。梁朝由于地处江东，与西北地区的交往受到长江以北各政权的阻挠，交通上遇到一些困难，因此通过西北陆上交通与域外的交往较少。但这种交通和交往并没有停止，梁元帝曾任荆州刺史，从西域来的使节沿江东下，多路经荆州，其《职贡图序》云："臣以不佞，推毂上游。夷歌成章，胡人遥集，款开蹶角，沿溯荆门。"[1]《梁书·诸夷传》"西北诸戎"条云：

> 西北诸戎，汉世张骞始发西域之迹，甘英遂临西海，或遣侍子，或奉贡献，于时虽穷兵极武，仅而克捷，比之前代，其略远矣。魏时三方鼎峙，日事干戈，晋氏平吴以后，少获宁息，徒置戊己之官，诸国亦未宾从也。继以中原丧乱，胡人递起，西域与江东隔碍，重译不交。吕光之涉龟兹，亦犹蛮夷之伐蛮夷，非中国之意也。自是诸国分并，胜负强弱，难得详载。明珠翠羽，虽饬于后宫；蒲梢龙文，希入于外署。有梁受命，其奉正朔而朝阙庭者，则仇池、宕昌、高昌、邓至、河南、龟兹、于阗、滑诸国焉。[2]

除"仇池、宕昌、高昌、邓至、河南、龟兹、于阗"等，还有渴盘陀、末国（且末）、武兴，《职贡图》亦绘有"末国"、渴盘陀国国使像，皆在今中国甘肃、青海和新疆地区。而据《梁书》纪传，与梁交往的域外国家和地区还有周古柯国、呵跋檀国、胡蜜檀国、白题国，都是滑国旁边的小国。《职贡图》亦绘有周古柯、呵跋檀、白题、胡蜜檀国诸国国使像。据《梁书》纪传和《职贡图》，还有波斯国、北天竺国等，这些是地属中亚、西亚和南亚的域外国家。

　　滑国即嚈哒国。[3]关于其国来历，《梁书·诸夷传》云："滑国者，车师之别种也。汉永建元年，八滑从班勇击北虏有功，勇上八滑为后部亲汉侯。"可能并不确切，因为中西方文献中关于其族源、族属有不同说法，有云大月氏种，有云高车人之别种，有云匈奴人后裔，有云车师种，有云康居之种类。又有突厥说、伊朗说、柔然说、悦

1　欧阳询：《艺文类聚》卷五五《杂文部一》，上海古籍出版社，1982，第996~997页。

2　姚思廉：《梁书》卷五四《诸夷传》，第809页。

3　丁谦认为滑国即嚈哒国，张星烺从其说，此说为学术界所接受。见张星烺《中西交通史料汇编》第五册《古代中国与西部土耳其斯坦之交通》，第85页。

盘说等。[1] 本传记载滑国"自魏、晋以来，不通中国，至天监十五年，其王厌带夷栗陁始遣使献方物。普通元年，又遣使献黄师子、白貂裘、波斯锦等物。七年，又奉表贡献"。[2] 天监十五年，滑国第一次遣使入梁来献方物。梁元帝《职贡图》残卷有滑国使节像，题记记载其天监十五年和普通元年的入梁活动。[3] 滑国曾称雄中亚，其旁小国臣属于滑国，当滑国遣使入梁奉献时，周围小国亦随其国使入梁。《梁书·诸夷传》记载："周古柯国，滑旁小国也。普通元年，使使随滑来献方物。呵跋檀国，亦滑旁小国也。凡滑旁之国，衣服容貌皆与滑同。普通元年，使使随滑使来献方物。胡蜜丹国[4]，亦滑旁小国也。普通元年，使使随滑使来献方物。白题国，王姓支名史稽毅，其先盖匈奴之别种胡也。汉灌婴与匈奴战，斩白题骑一人。今在滑国东，去滑六日行，西极波斯。土地出粟、麦、瓜果，食物略与滑同。普通三年，遣使献方物。"[5] 其显然吸收了裴子野的观点。

波斯国，《梁书·诸夷传》记载，"东与滑国、西及南俱与婆罗门国、北与汎慄国接"。据其方位，即萨珊王朝。本传记载："中大通二年，遣使献佛牙。"这可能是萨珊王朝与梁的第一次通交往来。波斯并不信奉佛教，献佛牙是因为梁武帝崇奉佛教而投其所好。据《梁书·武帝纪》，波斯国国使不止一次入梁贡献。如中大通五年八月甲

1　参见余太山《嚈哒史研究》，商务印书馆，2012，第10~33页。

2　姚思廉：《梁书》卷五四《诸夷传》，第812页。

3　王素指出，现存梁元帝《职贡图》的题记是经过剪裁的，张庚摹本中滑国题记只有170余字，北宋摹本滑国题记较完整，有370余字，后者比前者多出200余字。这种剪裁应出于摹者之手，因为摹者一般仅重视图画，不太重视文字。见氏著《梁元帝〈职贡图〉与西域诸国——从新出清张庚摹本〈诸番职贡图卷〉引出的话题》，《文物》2020年第2期。

4　《职贡图》张庚摹本在胡蜜檀国题记中记载，该国向梁朝上表称："扬州天子，日出处大国圣主。"较北宋摹本胡蜜丹国题记表文作"扬州天子，出处大国圣主"完整明确。胡蜜檀或胡蜜丹国在中亚地区，称东方的梁朝为"日出处大国"。而王素指出，此处引起日本学者的注意，认为与"日本"国名起源颇有关系。参见氏著《梁元帝〈职贡图〉与西域诸国——从新出清张庚摹本〈诸番职贡图卷〉引出的话题》，《文物》2020年第2期。

5　姚思廉：《梁书》卷五四《诸夷传》，第812~813页。

子"波斯国遣使献方物";[1] 大同元年"四月庚子，波斯国献方物"。[2]
《职贡图》残卷有波斯国国使像，宋摹本题记中有若干信息为《梁书·诸夷传》所无，如波斯王姓之传承言"王子祇陁之子孙"，又提到"释道安《西域诸国志》犍陀越西西海中有安息国，犍陀越南波罗陁国，波罗陁国西有波罗斯口国。城周回三十二里，高四丈，筑土为美"等，皆《梁书·诸夷传》所无。又记载"城内屋宇数百间"，与《梁书·诸夷传》"数百千间"不同（当以传为确）。"城外有寺一二百"与《梁书·诸夷传》"城外佛寺二三百所"不同（当以题记为确，波斯不信佛教，其寺非佛寺，当为琐罗亚斯德教寺庙）。题记又云城西十五里有土山，"涌泉下流入南山中""婚礼用以金帛奴婢牛马羊等""以四匹马为辇，五彩为盖""国东万五千里滑国"等，皆为《梁书·诸夷传》所无。记载其国使大通二年入梁奉表献佛牙，与《梁书·诸夷传》记载"中大通二年"不同。

北天竺即乾陀罗国，《梁书·武帝纪》记载："天监三年九月……北天竺国遣使献方物。"[3] 由于北天竺的地理位置，其通交中国一般通过陆路。

另外，西北地区游牧民族柔然在与北魏的对抗中，也与南朝交好。《梁书·诸夷传》中之芮芮国，即柔然。天监十四年入梁朝贡，可能是该国第一次和梁朝的交往活动。芮芮国，本是匈奴人种，魏晋时期匈奴分裂为很多小部落，芮芮为其中一支。天监中，打败丁零，恢复国土，第一次建立城郭，叫木末城。天监十四年、普通元年都遣使献方物，然后每年都会来梁朝上贡。大同七年，又献上马一匹、金一斤。

考察梁与"西北诸戎"的交往，可知《梁书·诸夷传》"西北诸戎"条记载的河南国、高昌国、龟兹国、于阗国、渴盘陀国、宕昌国、邓至国、武兴国（仇池国）、末国等，皆中国境内割据政权。这

1　姚思廉：《梁书》卷三《武帝纪下》，第 77 页。

2　姚思廉：《梁书》卷三《武帝纪下》，第 79 页。

3　姚思廉：《梁书》卷二《武帝纪中》，第 41 页。

些国家和地区在梁朝与中亚、西亚诸国交往中起了重要的中介作用。如河南国，即吐谷浑，"其界东至垒川，西邻于阗，北接高昌，东北通秦岭，方千余里，盖古之流沙地焉"。梁兴，其国王受封为征西将军，后来一直世袭爵位。天监十三年、十五年，普通元年都遣使者来梁朝上贡。他们的使者或者一年来三回，或者两年来一回，和梁的交往非常频繁。大通三年，河南王又受封为宁西将军、护羌校尉、西秦河二州刺史，可世袭。吐谷浑国不仅与梁通好，而且"其地与益州邻，常通商贾，民慕其利，多往从之，教其书记，为之辞译"。梁朝与西域诸国的交往，主要利用了吐谷浑之路。[1] 路经吐谷浑之国的往来商贩，要靠吐谷浑人的语言服务才能进行沟通。[2] 高昌国，"盖车师之故地也，南接河南，东连敦煌，西次龟兹，北邻敕勒"，语言和中国略通，是沟通西域与南朝的要道。大同中，国王子坚遣使入梁贡献。渴盘陀国，于阗旁一小国，西邻滑国，南接罽宾，北连沙勒国。中大通元年，遣使献方物。

梁朝与"西北诸戎"的通交和往来，保证了梁与西域的联系不曾中断。龟兹，原本是和中原交往很频繁的国家，但自从前秦太元七年符坚派吕光破其城后，与中原再无往来。直到普通二年，龟兹王才再次派使者奉表贡献。于阗国，天监九年、十三年、十八年，大同七年，都来梁朝献方物。天监十三年，献波罗婆步鄣；大同七年，献外国刻石佛。末国，就是汉代史书上所说的且末国。北与丁零、东与白题、西与波斯接。普通五年，使者来献方物。波斯国，中大通二年，遣使献佛牙。宕昌国，在河南之东南、益州之西北、陇西之西，天监四年，献甘草、当归，国王被梁朝封爵并可世袭。邓至国，天监元年，邓至王被封为安北将军；天监五年，国王遣使送来方物。武

1　吐谷浑之路的利用，参看唐长孺《南北朝期间西域与南朝的陆道交通》，氏著《魏晋南北朝史论拾遗》，中华书局，1983；陈良伟《丝绸之路河南道》；石云涛《三至六世纪丝绸之路的变迁》第二章。《梁书·裴子野传》记载："是时西北徼外有白题及滑国遣使由岷山道入贡。"岷山道即过吐谷浑之地入蜀，而后沿江东下之行经之路。

2　萧绎《职贡图》滑国题记记载波斯使人，"其语言则河南人重译而通焉"。河南人即吐谷浑国人。

兴国，就是以前的仇池。天监初，梁朝赐其国王及贵族爵位，天监二年、十年使国王子孙袭爵位。大同元年，国王遣使上表，要求率领4000 户归国，梁武帝准奏，设置东益州郡。

四　梁时对外交流兴盛的原因

　　南朝诸朝中，梁时对外交通和交流是一个高潮时期。从南朝与海外国家的交往看，刘宋时有所恢复，但宋末出现衰退。《南齐书·南夷传》记载林邑："旧修藩贡，自宋季多难，海译致壅。"[1] 经历了萧齐时的发展，至梁时达到高潮。《梁书·诸夷传》云："自梁革运，其奉正朔，修贡职，航海岁至，逾于前代矣。"[2] 从陆路交通看，梁元帝《职贡图序》云：

　　　　皇帝君临天下之四十载，垂衣裳而赖兆民，坐岩廊而彰万国。梯山航海，交臂屈膝，占云望日，重译至焉。自塞以西，万八千里，路之狭者，尺有六寸。高山寻云，深谷绝景。雪无冬夏，与白云而共色；水无早晚，与素石而俱贞。逾空桑而历昆吾，度青丘而跨丹穴，炎风弱水，不革其心，身热头痛，不改其节。故以明珠翠羽之珍，细而弗有；龙文汗血之骥，却而不乘。

梁元帝《职贡图赞》谈外国使者入贡云：

　　　　不酚之城，不灰之木；鱼文騼騱，蒲桃苜蓿。扶拔□□□□□□承我乾行，戒示景福。此［北］通玄（莬，南渐朱鸢；交河悠远，合浦回遭）（此十三字原缺，据《艺文类聚》卷

1　萧子显：《南齐书》卷五八《南夷传》，中华书局，1972，第 1016 页。
2　姚思廉：《梁书》卷五四《诸夷传》，第 783 页。

七四补）。并［兹？］海无际，阴山接天；遐哉乌穴，永矣鸡田。[1]

其中虽有溢美之词，但也在一定程度上反映了当时的盛况。《梁
书·武帝纪》史臣论赞称武帝之功业："征赋所及之乡，文轨傍通之
地，南超万里，西拓五千。其中瑰财重宝，千夫百族，莫不充牣王
府，蹶角阙庭。三四十年，斯为盛矣！"[2]据前引《梁书·裴子野传》，
裴子野撰《方国使图》，"自要服至于海表，凡二十国"。又据唐张彦
远《历代名画记》卷七，梁元帝有《蕃客入朝图》。北宋李荐《德隅
斋画品》称此图"梁元帝为荆州刺史日所画粉本，鲁国而上三十有五
国，皆写其使者"。[3]可见，与梁交往的域外诸国，有的并没有见于记
载。梁朝末年，发生侯景之乱，对外交往活动趋于衰落。《南史》卷
七九《夷貊传》论曰：

> 自晋氏南度，介居江左，北荒西裔，隔碍莫通。至于南徼
> 东边，界壤所接，洎宋元嘉抚运，爰命干戈，象浦之捷，威震冥
> 海。于是鞮译相系，无绝岁时。以洎齐、梁，职贡有序。及侯景
> 之乱，边鄙日蹙。陈氏基命，衰微已甚，救首救尾，身其几何。
> 故西赆南琛，无闻竹素，岂所谓有德则来，无道则去者也。[4]

萧梁时期对外交往发展到一个高潮，有多方面的原因。首先，梁
武帝对外开放的心态和措施对对外交流起了重要的推动作用。梁武帝
对域外诸国入梁朝贡采取积极鼓励的态度。梁武帝以"声训所渐，戎

1　乾隆官修《石渠宝笈》卷三二《贮·御书房五》，《景印文渊阁四库全书》第825册，台湾商务
　　印书馆，1986，第271页。按：初唐欧阳询《艺文类聚》卷七四引《职贡图赞》有云："北通玄
　　兔（菟），南渐朱鸢。交河悠远，合浦回邅。兹海无际，阴山接天。遐哉乌穴，永矣鸡田。"第
　　1270页。
2　姚思廉：《梁书》卷三《武帝纪下》，第97页。
3　于安澜编《画品丛书》，上海人民美术出版社，1982，第157页。
4　李延寿：《南史》卷七九《夷貊传下》，中华书局，1975，第1987页。

夏同风"而自豪，¹ 对入梁各国之国王赐号册封，如封林邑王范天凯
"持节、督缘海诸军事、威南将军、林邑王"，称赞他"介在海表，乃
心款至，远修职贡，良有可嘉，宜班爵号，被以荣泽"。² 封扶南王跋
摩"安南将军、扶南王"，称赞他"介居海表，世纂南服，厥诚远著，
重译献琛。宜蒙酬纳，班以荣号"。³ 此外，高句丽王世受梁封，百济、
倭国亦不例外。这些国家的王皆以受梁封而感到荣耀。梁朝注意任用
廉洁自守的官员到南方沿海地区任职，如《梁书·王僧孺传》记载：

> 寻出为南海太守。郡常有高凉生口及海舶每岁数至，外国贾
> 人以通货易，旧时州郡以半价就市，又买而即卖，其利数倍，历
> 政以为常。僧孺乃叹曰："昔人为蜀部长史，终身无蜀物，吾欲遗
> 子孙者，不在越装。"并无所取。⁴

《南史》卷五一《萧劢传》记载：

> 徙广州刺史……广州边海，旧饶，外国舶至，多为刺史所
> 侵，每年舶至不过三数。及劢至，纤毫不犯，岁十余至。俚人不
> 宾，多为海暴，劢征讨所获生口宝物，军赏之外，悉送还台。前
> 后刺史皆营私蓄，方物之贡，少登天府。自劢在州，岁中数献，
> 军国所须，相继不绝。武帝叹曰："朝廷便是更有广州。"⁵

到沿海地区任职的官员多从海外贸易中谋取私利，因此朝廷注重沿海
地区官员的选拔。像王僧孺、萧劢这样廉洁的官员的任命，应该出于
梁武帝的着意考虑，故《梁书·诸夷传》史臣论曰："海南东夷西北戎

1　姚思廉：《梁书》卷四八《儒林传》，第 662 页。
2　姚思廉：《梁书》卷五四《诸夷传》，第 786 页。
3　姚思廉：《梁书》卷五四《诸夷传》，第 789~790 页。
4　姚思廉：《梁书》卷三三《王僧孺传》，第 470 页。
5　李延寿：《南史》卷五一《吴平侯景传附子萧劢传》，第 1262 页。

诸国，地穷边裔，各有疆域。若山奇海异，怪类殊种，前古未闻，往牒不记。故知九州之外，八荒之表，辩方物土，莫究其极。高祖以德怀之，故朝贡岁至，美矣！"[1]

其次，佛教传播对对外交通和交往起了推动作用，梁与东南亚、南亚诸国的交往更是如此。佛教是推动梁朝与东南亚、南亚诸国和地区交通、交好的重要因素。南亚是佛教的发源地，东南亚是南传佛教兴盛的地区，佛教在中国东晋以后越来越兴盛，梁朝是崇奉佛教的王朝，梁武帝是一位佞佛的皇帝。虽然自汉以后开辟的海上丝绸之路时有盛衰，但通过海上交通中国与东南亚和南亚各国的联系非常密切，即"虽山海殊隔，而音信时通"。[2] 因此，彼此佛教的兴盛发展是时人所了解的。从各国表文内容可知，这些国家乐于与中国交通交往的重要原因，就是他们知道梁朝是一个佛法兴隆的国家，武帝是一位信仰佛教的"圣主"。南北朝时期是中国佛教全面持续高涨和发展的时期，至梁武帝时达于极盛。武帝认为道有 96 种，唯佛为尊，因此大力扶植佛教。他先后四次舍身同泰寺，又令臣下以亿万钱奉赎；施舍财物，动辄以千万计。所建大寺院，立丈八佛像；明令禁断肉食，创立"梁皇忏"。这些都极大地推动了佛教向社会深层的广泛流布。梁武帝对佛教义学也大力提倡，自疏《涅槃经》《净名经》等经典，自讲《波若》义，自立《神明成佛》义，诏编《众经要钞》《经律异相》《义林》等佛教类书，推崇成实师和十诵律师。组织对范缜《神灭论》的围剿，强制推行佛教因果报应的神不灭论。其长子昭明太子、三子简文帝、七子元帝都以好佛理著称。梁时，东南亚、南亚各国和中国南朝间僧人的交往也非常频繁。天竺僧人真谛、智药、达摩，歌营国僧人菩提跋陀，扶南国僧人曼陀罗都于

1　姚思廉：《梁书》卷五四《诸夷传》，第 818 页。

2　姚思廉：《梁书》卷五四《诸夷传》，第 800 页。

梁时通过海路来到中国。[1] 梁武帝崇奉佛教和中国佛法兴隆的消息迅速传至东南亚和南亚各国。从那些国家和地区的上表来看，它们乐于和梁交往，与梁武帝大力提倡佛教有关。《梁书·诸夷传》记载诸国遣使奉表之表文内容，鲜明地说明了这一问题。盘盘国使表云：

> 扬州阎浮提震旦天子：万善庄严，一切恭敬，犹如天净无云，明耀满目；天子身心清净，亦复如是。道俗济济，并蒙圣王光化，济度一切，永作舟航。臣闻之庆善。我等至诚敬礼常胜天子足下，稽首问讯。今奉薄献，愿垂哀受。[2]

丹丹国使表云：

> 伏承圣主至德仁治，信重三宝，佛法兴显，众僧殷集，法事日盛，威严整肃。朝望国执，慈愍苍生，八方六合，莫不归服。化邻诸天，非可言喻。不任庆善，若暂奉见尊足。谨奉送牙像及塔各二躯，并献火齐珠、古贝、杂香药等。[3]

干陁利国使表云：

> 常胜天子陛下：诸佛世尊，常乐安乐，六通三达，为世间尊，是名如来。应供正觉，遗形舍利，造诸塔像，庄严国土，如须弥山。邑居聚落，次第罗满，城郭馆宇，如忉利天宫。具足四兵，能伏怨敌。国土安乐，无诸患难，人民和善，受化正法，庆

1　智药，天竺僧人，泛舶曹溪口，闻异香，因而寻地立寺。寺名宝林，即后来六祖南华寺。见《渊鉴类函》卷三十三《地部》十一引《传灯录》。菩提跋陀，歌营国僧人。据《洛阳伽蓝记》卷四，菩提跋陀自歌营经勾稚国、孙典国、扶南国、林邑国而入南朝萧梁，又随扬州比丘法融到北魏京师洛阳，入住宣武帝专为域外僧人建造的永明寺。《续高僧传》卷一云："有扶南沙门曼陀罗者，梁言弘弱，大赍梵本远来贡献。"

2　姚思廉：《梁书》卷五四《诸夷传》，第793页。

3　姚思廉：《梁书》卷五四《诸夷传》，第794页。

无不通。犹处雪山，流注雪水，八味清净，百川洋溢，周回屈曲，顺趋大海，一切众生，咸得受用。于诸国土，殊胜第一，是名震旦。大梁扬都天子，仁荫四海，德合天心，虽人是天，降生护世，功德宝藏，救世大悲，为我尊生，威仪具足。是故至诚敬礼天子足下，稽首问讯。奉献金芙蓉、杂香药等，愿垂纳受。[1]

狼牙修国使表云：

大吉天子足下：离淫怒痴，哀愍众生，慈心无量。端严相好，身光明朗，如水中月，普照十方。眉间白毫，其白如雪，其色照曜，亦如月光。诸天善神之所供养，以垂正法宝，梵行众增，庄严都邑。城阁高峻，如干陁山。楼观罗列，道途平正。人民炽盛，快乐安稳。着种种衣，犹如天服。于一切国，为极尊胜。天王愍念群生，民人安乐，慈心深广，律仪清净，正法化治，供养三宝，名称宣扬，布满世界，百姓乐见，如月初生。譬如梵王，世界之主，人天一切，莫不归依。敬礼大吉天子足下，犹如现前，悉承先业，庆嘉无量。今遣使问讯大意。欲自往，复畏大海风波不达。今奉薄献，愿大家曲垂领纳。[2]

婆利国使表云：

伏承圣王信重三宝，兴立塔寺，校饰庄严，周遍国土。四衢平坦，清净无秽。台殿罗列，状若天宫，壮丽微妙，世无与等。圣主出时，四兵具足，羽仪导从，布满左右。都人士女，丽服光饰。市廛丰富，充积珍宝。王法清整，无相侵夺。学徒皆至，三乘竞集，敷说正法，云布雨润。四海流通，交会万国。长江眇

---

1 姚思廉：《梁书》卷五四《诸夷传》，第 794~795 页。
2 姚思廉：《梁书》卷五四《诸夷传》，第 795~796 页。

漫，清泠深广，有生咸资，莫能消秽。阴阳和畅，灾厉不作。大梁扬都圣王无等，临覆上国，有大慈悲，子育万民。平等忍辱，怨亲无二。加以周穷，无所藏积。靡不照烛，如日之明；无不受乐，犹如净月。宰辅贤良，群臣贞信，尽忠奉上，心无异想。伏惟皇帝是我真佛，臣是婆利国主，今敬稽首礼圣王足下，惟愿大王知我此心。此心久矣，非适今也。山海阻远，无缘自达，今故遣使献金席等，表此丹诚。[1]

中天竺国使表云：

伏闻彼国据江傍海，山川周固，众妙悉备，庄严国土，犹如化城。宫殿庄饰，街巷平坦，人民充满，欢娱安乐。大王出游，四兵随从，圣明仁爱，不害众生。国中臣民，循行正法，大王仁圣，化之以道，慈悲群生，无所遗弃。常修净戒，式导不及，无上法船，沉溺以济。百官氓庶，受乐无恐。诸天护持，万神侍从，天魔降服，莫不归仰。王身端严，如日初出，仁泽普润，犹如大云，于彼震旦，最为殊胜。臣之所住国土，首罗天守护，令国安乐。王王相承，未曾断绝。国中皆七宝形像，众妙庄严，臣自修检，如化王法。臣名屈多，奕世王种。惟愿大王圣体和平。今以此国群臣民庶，山川珍重，一切归属，五体投地，归诚大王。使人竺达多由来忠信，是故今遣。大王若有所须珍奇异物，悉当奉送。此之境土，便是大王之国，王之法令善道，悉当承用。愿二国信使往来不绝。此信返还，愿赐一使，具宣圣命，备敕所宜。款至之诚，望不空返，所白如允，愿加采纳。今奉献琉璃唾壶、杂香、古贝等物。[2]

1　姚思廉：《梁书》卷五四《诸夷传》，第796~797页。

2　姚思廉：《梁书》卷五四《诸夷传》，第799页。

师子国使表云：

> 谨白大梁明主：虽山海殊隔，而音信时通。伏承皇帝道德高远，覆载同于天地，明照齐乎日月，四海之表，无有不从，方国诸王，莫不奉献，以表慕义之诚。或泛海三年，陆行千日，畏威怀德，无远不至。我先王以来，唯以修德为本，不严而治。奉事正法道天下，欣人为善，庆若己身，欲与大梁共弘三宝，以度难化。信还，伏听告敕。今奉薄献，愿垂纳受。[1]

这些国家异口同声地颂扬梁武帝兴隆佛法，皆与梁朝共勉，以共弘三宝为己任。在它们的颂扬中梁国成了佛教的净土，并受佛教尊神的护佑，它们向梁朝进贡的物品亦多佛教圣物和用品。佛教从海路传入梁朝，成为梁朝与南亚和东南亚诸国联系的一个纽带；又通过梁朝传入朝鲜半岛，成为推动东亚地区文化交流和政治交往的一大动力。梁中大通六年、大同七年，百济王数次遣使献方物，并从梁朝请回《涅槃经》等经义。[2]这些都说明其时佛教的传播对对外交通和交流的促进作用。

最后，梁朝积极与域外交通和来往，也有在多个政权对峙时期拉拢同盟、对付敌对政权的用意，与高句丽、柔然的交往更是如此。《魏书·高句丽传》记载：

> 至高祖时，(高句丽王)琏贡献倍前，其报赐亦稍加焉。时光州于海中得琏所遣诣萧道成使馀奴等送阙，高祖诏责琏曰："道成亲杀其君，窃号江左，朕方欲兴灭国于旧邦，继绝世于刘氏，而卿越境外交，远通篡贼，岂是藩臣守节之义！今不以一过掩卿旧款，即送还藩，其感恕思愆，祗承明宪，辑宁所部，动静以

1　姚思廉：《梁书》卷五四《诸夷传》，第800页。
2　姚思廉：《梁书》卷五四《诸夷传》，第805页。

闻。"……正光初，光州又于海中执得萧衍所授安宁东将军衣冠剑佩，及使人江法盛等，送于京师。安死，子延立。出帝初，诏加延使持节、散骑常侍、车骑大将军、领护东夷校尉、辽东郡开国公、高句丽王，赐衣冠服物车旗之饰。天平中，诏加延侍中、骠骑大将军，余悉如故。延死，子成立。讫于武定末，其贡使无岁不至。[1]

显然，北魏对于高句丽交通南朝萧齐、萧梁是严加提防的。

北方草原鲜卑之后柔然崛起，在柔然、北魏与南朝对峙之时，南朝与柔然的结盟往往有夹击北魏之用意。自刘宋末年，南朝就有意与柔然交通。《南齐书·芮芮虏传》记载："昇明二年，太祖辅政，遣骁骑将军王洪轨〔范〕使芮芮，克期共伐魏虏。建元元年八月，芮芮主发三十万骑南侵，去平城七百里，魏虏拒守不敢战，芮芮主于燕然山下纵猎而归。上初践阼，不遑出师。"[2]建元二年、三年，柔然多次遣使至南朝。柔然国相邢基祇罗回奉表中亦云："吴汉殊域，义同唇齿，方欲克期中原，恭行天罚。"[3]柔然还以伐魏成功、"光复中华"相劝诱，"然后皇舆迁幸，光复中华，永敦邻好，侔纵齐鲁"。《梁书·诸夷传》"芮芮国"条记载："永明中，为丁零所破，更为小国而南移其居。天监中，始破丁零，复其旧土。始筑城郭，名曰木末城。十四年，遣使献乌貂裘。普通元年，又遣使献方物。是后数岁一至焉。大同七年，又献马一匹、金一斤。"[4]在柔然与南朝刘宋、萧齐和萧梁频繁往来的时候，正是柔然与北魏连年征战之时，双方都有取得对方支持以牵制和夹击北魏的用意。

1　魏收：《魏书》卷一〇〇《高句丽传》，第2216~2217页。
2　萧子显：《南齐书》卷五九《芮芮虏传》，第1023页。
3　萧子显：《南齐书》卷五九《芮芮虏传》，第1024页。
4　姚思廉：《梁书》卷五四《诸夷传》，第817页。

第四章　3~6世纪草原丝绸之路的利用

　　自古以来欧亚大陆北部辽阔草原一直存在各游牧民族部落，它们的活动是草原丝绸之路产生和发展的基础。这条道路在3~6世纪的发展变化大致可以分为四个阶段：一是由于曹魏、西晋政权与草原路东端车师后王国建立了密切关系而兴盛一时；二是北魏建都平城时与西域的交往主要利用了草原路，这一时期以平城为中心，西接伊吾，东至辽东，逐渐形成一条贯通中国北方的交通路线；三是北魏后期北方草原民族柔然利用了草原路与西域交通；四是北朝后期，一方面与西域地隔西魏、北周的东魏和北齐交通西域需要利用草原路，另一方面北方新崛起的草原民族突厥利用草原路与波斯、拜占庭进行沟通。

一　魏晋时期草原路的复兴

两汉时期，由于绿洲路的兴盛发展取代了早期草原路，加之北方匈奴的草原霸权地位，中原地区利用草原路呈现中断和衰落状况。那时，在这条道路上，匈奴人与西域交通，汉文化通过匈奴的中介作用向更远的地方传播。

从中国西北地区通西域的这条草原之路，在魏晋时期兴盛一时，可以说是早期草原路的复兴。曹魏时期，所谓草原路之起点在车师后王国都城于赖城[1]，由此西向至"大秦"。鱼豢《魏略·西戎传》中"北新道"西行的路线即此路线：

> 北新道西行，至东且弥国、西且弥国、单桓国、毕陆国、蒲陆国、乌贪国，皆并属车师后部王。王治于赖城，魏赐其王壹多杂守魏侍中，号大都尉，受魏王印。转西北则乌孙、康居，本国无增损也。北乌伊别国在康居北，又有柳国，又有岩国，又有奄蔡国（一名阿兰），皆与康居同俗。西与大秦东南与康居接。其国多名貂，畜牧逐水草，临大泽，故时羁属康居，今不属也。[2]

据鱼豢记载，通过这条路线可至若干国家，魏晋时对它们皆有一定了解："呼得国在葱岭北，乌孙西北，康居东北，胜兵万余人，随畜牧，出好马，有貂。坚昆国在康居西北，胜兵三万人，随畜牧，亦多貂，有好马。丁令国在康居北，胜兵六万人，随畜牧，出名鼠皮、白昆子、青昆子皮。此上三国，坚昆中央，俱去匈奴单于庭安习水

1　于赖城，即汉时之金满城，隋末唐初之可汗浮图城，唐代在此设庭州、北庭都护府、北庭节度使，回鹘时期曾为高昌回鹘王国陪都。在今新疆吉木萨尔县护堡子古城。参见孟凡人《北庭和高昌研究》，商务印书馆，2020，第30、51~56页。

2　陈寿：《三国志》卷三〇《乌丸鲜卑东夷传》，裴注引《魏略·西戎传》，第862页。

七千里，南去车师六国五千里，西南去康居界三千里，西去康居王治八千里。或以为此丁令即匈奴北丁令也，而北丁令在乌孙西，似其种别也。又匈奴北有浑窳国，有屈射国，有丁令国，有隔昆国，有新梨国，明北海之南自复有丁令，非此乌孙之西丁令也。乌孙长老言北丁令有马胫国，其人音声似雁骛，从膝以上身头，人也，膝以下生毛，马胫马蹄，不骑马而走疾马，其为人勇健敢战也。短人国在康居西北，男女皆长三尺，人众甚多，去奄蔡诸国甚远。康居长老传闻常有商度此国，去康居可万余里。"[1]

　　这是从于赖城出发，经奄蔡（阿兰）西行至大秦的道路。奄蔡北与黑海北岸的萨尔马特人相邻，南与高加索南部亚美尼亚接壤。其时亚美尼亚在罗马帝国范围内。这是通大秦的北路，是自汉以后中国通康居的道路的延伸。阿兰即汉代之奄蔡，原居咸海以北，公元前 2 世纪左右占有里海北岸至顿河间草原，并南徙高加索。因据有里海沿岸，常假手亚美尼亚人、米底人与高加索、小亚细亚、中亚各族贸易，极为富庶。《史记·大宛列传》记载："奄蔡在康居西北可二千里，行国，与康居大同俗。控弦者十余万。临大泽，无崖，盖乃北海云。"[2] 由此向西，则为黑海附近希腊诸殖民地。远古时希腊商人即取道黑海与里海以北，东求西伯利亚的皮毛。奄蔡后来异名甚多，又名阿兰、阿兰聊、粟特、温那沙、特拘梦等。《后汉书·西域传》记载奄蔡后改名阿兰聊，阿兰聊即《魏略·西戎传》中的阿兰。[3]

　　沿此路行经诸国，有一个共同的特点，就是"畜牧逐水草"

1　陈寿：《三国志》卷三〇《乌丸鲜卑东夷传》，裴注引《魏略·西戎传》，第 862~863 页。

2　司马迁：《史记》卷一二三《大宛列传》，第 3161 页。

3　杨宪益《粟特国考》认为，奄蔡、阿兰本非一国，因 1 世纪奄蔡为阿兰所并，故其地改名阿兰。《魏略》中的柳国即《后汉书》中阿兰聊之聊国，聊国似为阿兰的附庸，所以《后汉书》并为一国，称为阿兰聊。据西方史籍，阿兰于 3 世纪时游牧于亚速海和高加索地区，4 世纪 70 年代前后被匈奴人击败，其王被杀。5 世纪初，一部分阿兰人迁至伊比利亚半岛西南部，与当地西哥特人融合。5 世纪中叶，大部分阿兰人随阿提拉西征，经高卢、西班牙迁至北非。留在高加索者与当地部落融合，形成以阿兰为主体的联盟，史称阿兰尼亚。参见氏著《译余偶拾》，山东画报出版社，2006，第 147~149 页。

或"随畜牧"，皆草原游牧民族。应该注意的是，这条路线的西部
终点是"大秦"，这是一条沟通中国与遥远的罗马的路线。但中国
人似乎并没有怎么利用这条路线进行交往活动，虽然车师后部王
接受了曹魏封号，而且康居长老传闻"有商度此国"，中国人对乌
孙以西国家的了解相当有限，有的明显带有传闻失实的成分。鱼
豢的时代，中国与罗马都没能够走通这条贯通欧亚大陆的草原路，
其间各游牧民族的迁徙与交往促成中西方文化信息的辗转间接的
传递。

曹魏政权通过河西走廊与西域保持着密切联系，《三国志·乌
丸鲜卑东夷传》记载："魏兴，西域虽不能尽至，其大国龟兹、于
阗、康居、乌孙、疏勒、月氏、鄯善、车师之属，无岁不奉朝贡，
略如汉氏故事。"[1] 其中康居则是连接丝绸之路绿洲路和草原路的枢
纽，是经草原路继续西行的中转站。据上引《魏略》，曹魏时车师
后部王与中原政权有密切联系，其王壹多杂接受曹魏"守魏侍中，
号大都尉"并受魏王印。而当时东西且弥国、单桓国、毕陆国、蒲
陆国、乌贪国皆并属车师后部王。从乌贪国转西北至乌孙、康居，
从康居向北有乌伊别国、柳国、岩国、奄蔡国。此道出乌孙、康
居、阿兰，经里海、黑海以北的草原与欧洲相通，是自康居至大秦
的必经之地。

西晋与西域各国保持着密切关系。史载晋武帝泰始及太康年间，
康居、焉耆、龟兹、大宛、大秦皆有来华朝贡的活动。[2]《晋书·四夷
传》"大秦国"条记载，太康年间（280~289）大秦王"遣使贡献"。[3]
他们不一定经草原路而来，大秦国国使似从海道东来，由广州至洛
阳。[4] 焉耆、龟兹、大宛诸国皆经绿洲路可达，而康居西北行则与草

1　陈寿：《三国志》卷三〇《乌丸鲜卑东夷传》，第 840 页。

2　参见房玄龄等《晋书》卷三《武帝纪》、卷九七《四夷传》。

3　房玄龄等：《晋书》卷九七《四夷传》，第 2545 页。

4　殷巨撰《布赋序》记载，晋太康二年（281）"大秦国奉献琛，来经于（广）州，众宝既丽，火
　　布尤奇"。参见欧阳询《艺文类聚》卷八五《布部》，第 1463 页。

原路连接。《晋书·四夷传》"大宛"条记载："太康六年，武帝遣使杨颢，拜其王蓝庾为大宛王。蓝庾卒，其子摩之立，遣使贡汗血马。"[1]"康居"条记载，晋武帝泰始年间（265~274），康居国王那鼻遣使上封事，并献善马。[2]与葱岭以东西域诸国"遣子入侍"不同，葱岭以西的大宛、康居只是接受晋之册封，而大秦只是入贡而已。

二　五胡十六国和北魏时期草原路的利用

五胡十六国和北魏前期，这条路线由车师后部、高昌向东延伸，经河套地区过黄河，至北魏前期政治中心平城，东至辽东，形成贯通中国北方的交通路线。这种东延与其时中国北方的政治形势密切相关。北魏迁都洛阳后，与拜占庭往来频繁，欧亚间草原路西段得到一定利用。

（一）中国北方鲜卑诸部的活动和吐谷浑部西迁

从高昌经伊吾东向是中国北方草原，是欧亚间草原路的东段，魏晋时是鲜卑人活动的地区。鲜卑人在沟通东西方民族交流方面发挥了一定作用。西晋末年，北方大乱，北方草原路成为各草原民族往来迁徙的道路。鲜卑拓跋部原来游牧于大兴安岭北端东麓，3世纪中叶拓跋力微迁居盛乐（今内蒙古和林格尔）。376年拓跋部被前秦征服，386年拓跋珪于盛乐重建代国，398年迁都平城。3世纪末4世纪初，鲜卑慕容部落的一支由吐谷浑率部西迁，其西迁路线经过今内蒙古乌兰察布市集宁—阴山、河套一线，并在内蒙古中部停留20余年。而后，又迁居上陇，至枹罕（今甘肃临夏市），游牧于洮水西南（今甘肃、青海一带）。[3]

1　房玄龄等：《晋书》卷九七《四夷传》，第2543页。

2　房玄龄等：《晋书》卷九七《四夷传》，第2544页。

3　周伟洲：《吐谷浑史》，广西师范大学出版社，2006，第1~15页。

（二）赫连夏国统万城的建立及其在草原路上的作用

十六国时，匈奴与鲜卑融合形成的铁弗部赫连勃勃建立夏国，都统万城（今鄂尔多斯市乌审旗南白城子），统万城一时成为河套地区交通四方的枢纽。顾祖禹《读史方舆纪要》卷三记载夏国四境："勃勃盛时，南阻秦岭，东戍蒲津，西收秦陇，北薄于河。"[1]北魏前期，从统万城向东过君子津渡黄河可至平城，或从平城西行经统万城可西去，这条道路正是草原路中国北方段。《魏书·世祖纪》记载，北魏始光三年（426）西征大夏，太武帝拓跋焘命奚斤率军袭取蒲坂，过蒲津渡黄河，进兵长安，自己则亲率大军乘冰过黄河，袭统万城："冬十月丁巳，车驾西伐，幸云中，临君子津。会天暴寒，数日冰结。十月一月戊寅，帝率轻骑二万袭赫连昌。壬午，至其城下，徙万余家而还。"[2]第二年，太武帝又袭统万城，克之，置统万镇。太武帝西征的这条路线正是自平城西行至统万城的草原路路线。从统万城向南可至长安，向西可至天水，从而把秦陇、河套和山西连成一线，这是北方草原路向东延伸的重要条件，也是草原路得以利用的重要条件。据顾祖禹《读史方舆纪要》卷三，赫连勃勃强盛时"置幽州于大城（在今榆林卫东北），朔州于三城，雍州于长安，并州于蒲阪，秦州于上邽，梁州于安定，北秦州于武功，豫州于李闰（李闰在同州东北），荆州于陕"。[3]自统万城至长安、秦州、梁州等地的交通是畅通的，这就把北方草原路和传统丝绸之路连接了起来。

（三）北魏前期以平城为中心草原路的利用

北魏改统万镇为夏州，直到隋唐，夏州一直是河套地区陆路交通的枢纽。以平城为起点，经君子津、统万城（夏州）、灵州至姑臧，

1　顾祖禹：《读史方舆纪要》卷三，中华书局，2005，第145页。
2　魏收：《魏书》卷四上《世祖纪上》，第71页。
3　顾祖禹：《读史方舆纪要》卷三，第145页。

连通河西走廊之路，也可以西行与居延路相连接进入西域。考古发现的资料揭示了这条路线的存在，详见下文。在中原鼎沸、河西走廊局势动荡的情况下，活跃在中西交通线上的商使利用中国北方草原的通道进行贸易往来。北魏建都平城近百年，在此期间，平城成为丝路的起点之一，成为北方草原路的枢纽。草原路畅通，来自西域的商使可能经北方草原至平城。

北魏与西域的交通始于北魏太武帝之时。北魏声威远达西域，西域各国首先有通好的表现。太延元年（435）二月庚子，"蠕蠕、焉耆、车师诸国各遣使朝献"。统治者的对外政策由消极保守变为积极主动，于是遣王恩生、许纲等出使西域。史载这年五月"遣使者二十辈使西域"，[1] 王恩生当为正使，许纲等人在其中。王恩生等在途中被柔然捕获，此行未果，但成为北魏时中西间交通的先声。此后，西域诸国不断遣使来献。这年六月，鄯善国遣使朝献；八月，粟特国遣使朝献。悉居半国"太延初，遣使来献"。[2] 太延三年三月癸巳，"龟兹、悦般、焉耆、车师、粟特、疏勒、乌孙、渴槃陁、鄯善诸国各遣使朝献"。[3] 太武帝拓跋焘"遣散骑侍郎董琬、高明等，多赍锦帛，出鄯善，招抚九国，厚赐之"。[4] 董琬等人"北行至乌孙国"，受到热情款待，启程西行时，"受诏，便道之国可往赴之"。乌孙王派向导、译员送董琬等到达破洛那国，送高明等到者舌国。太延三年十一月"破洛那、者舌国各遣使朝献，奉汗血马"。[5] 董琬、高明等人西使，在加强中原与西域各国的关系方面起到了沟通和促进作用。董琬回朝后向北魏朝廷介绍了西使见闻，使北魏对西域有了新的了解。他们把西域分为四个区域，其中"两海之间，水泽以南"，当即今咸海与里海之间，乃北方草原游牧民族之地，阿兰、奄蔡所

1　魏收：《魏书》卷四上《世祖纪上》，第84、85页。

2　魏收：《魏书》卷一〇二《西域传》，第2264页。

3　魏收：《魏书》卷四上《世祖纪上》，第88页。

4　魏收：《魏书》卷一〇二《西域传》，第2260页。

5　魏收：《魏书》卷四上《世祖纪上》，第88页。

在。此后中西交通拉开了序幕。"自后相继而来，不间于岁，国使亦数十辈矣。"[1] 阿兰商人经草原路东来，足迹远至河西凉州和北魏都城平城。《魏书·西域传》记载："粟特国，在葱岭之西，古之奄蔡，一名温那沙。居于大泽，在康居西北，去代一万六千里。先是，匈奴杀其王而有其国，至王忽倪已三世矣。其国商人先多诣凉土贩货，及克姑臧，悉见虏。高宗初，粟特王遣使请赎之，诏听焉。"[2] 此粟特国即阿兰国。[3] 北魏时阿兰国使节亦曾进入平城，与北魏发生外交往来。《通典·边防》"奄蔡"条引《后魏史》云："文成帝初，遣使朝贡。"[4]

五胡十六国和北魏时期与东北亚地区诸政权有密切往来。辽宁朝阳北票北燕冯素弗墓出土五件玻璃器，是来自西域的产品，被认为产地在罗马东北行省，[5] 标志着草原路向东的延伸。北魏建都平城，与东部朝鲜的交往也进入一个新时期。据统计，朝鲜半岛北部的高句丽政权向十六国遣使 12 次，向北朝派遣使节多达 101 次，主要集中在北魏时期，计 79 次。中国北朝政权也向高句丽派遣使节，北朝诸政权有 7 次，主要是北魏政权。朝鲜半岛南方的百济曾向中国北朝遣使 4 次，北魏向百济遣使 1 次。朝鲜半岛东南方的新罗国向北朝遣使 4 次，北魏则向新罗回访 1 次。[6] 北魏政权与高句丽政权存在

1　魏收：《魏书》卷一〇二《西域传》，第 2260 页。

2　魏收：《魏书》卷一〇二《西域传》，第 2270 页。

3　张星烺云："粟特似为俄粟特（Ossethi）之讹音，略去其首音'俄'字也。俄粟特民族今代仍居高架索山系间，即古代阿兰（Alans）或阿思（As）人之苗裔。粟特不可与索格多（Sogdo）相混。……所谓大泽，即里海也。""忽倪已，夏德（F.Hirth）谓即匈奴阿提拉（Attila）大王之少子 Hernae 云，读音相近，时代亦同，其说可信。"《中西交通史料汇编》第五册《古代中国与西部土耳其斯坦之交通》，第 65 页。

4　杜佑：《通典》卷一九三《边防九》，中华书局，1988，第 5258 页。

5　安家瑶：《冯素弗墓出土的玻璃器》，《桃李成蹊集——庆祝安志敏先生八十寿辰》，香港中文大学中国考古艺术研究中心，2004。收入辽宁省博物馆编著《北燕冯素弗墓》，文物出版社，2015，第 224~237 页。

6　韩昇：《四至六世纪百济在东亚国际关系中的地位和作用》，韩国忠南大学校百济研究所编《第 7 回国际学术会议·百济社会诸问题》，大田，1994；韩昇：《"魏伐百济"与南北朝时期东亚国际关系》，《历史研究》1995 年第 3 期。

姻亲关系，孝文帝的嫔妃、宣武帝的生母高太后出身高句丽，其兄高肇仕至尚书令。[1]

（四）北魏后期与拜占庭的往来

330 年，罗马皇帝君士坦丁一世迁都拜占庭，在此建立新都，取名新罗马，又名君士坦丁堡。395 年，罗马帝国分裂为东、西两部分。东罗马帝国以君士坦丁堡为首都，后世称拜占庭帝国。在中国文献里，中国人起初仍称东罗马为大秦，尔后则称为拂菻、普岚、蒲林等。罗马分裂，特别是西罗马帝国灭亡后，罗马城作为东西方贸易的终点站和集散地的地位转移至君士坦丁堡。君士坦丁堡成为欧亚间草原丝绸之路的西部终点。

君士坦丁堡地处欧亚交通的要道。中国与拜占庭之间的道路最有名的是经马尔吉亚纳的巴克特拉（Bactra）和安条克（希腊语：Αντίοχος）、希卡通皮洛斯（Hecatompylos，一作赫卡通皮洛斯），再到巴格兰（Bagram）、埃克巴塔纳（Ecbatana，即哈马丹）、巴比伦、苏萨，通往帕尔米拉。在丝路主线上，自蓝氏城直达里海东岸中部海港克拉兹诺沃茨克（Krasnovodsk，土库曼斯坦西部城市），渡海到巴库上岸，抵达黑海东岸和著名的特拉比仲德城（Trebizond，今土耳其境内黑海沿岸的特拉布宗），最终可达君士坦丁堡。传统的商路在拜占庭时代继续发挥沟通中国和拜占庭两大帝国的作用，并发展出许多新的路线。有一条路被称为"北方之路"，这条路可以让罗马人避开帕提亚人。"它从拜占庭出发到达黑海另一端的法兹（Phase）河口，直抵萨拉巴那（Sarapana）。接着货物在库拉的库拉河上转船，穿过里海到达卡拉－博阿兹海湾。最后穿过通向阿姆河

1　《魏书》卷八三《外戚高肇传》记载："高肇，字首文，文昭皇太后之兄也。自云本渤海蓨人，五世祖顾，晋永嘉中避乱入高丽。父飏，字法修，高祖初，与弟乘信及其乡人韩内、冀富等入国，拜厉威将军、河间子。"据李凭研究，高氏实出身高句丽。参氏著《北魏两位高氏皇后族属考》，（韩国）《中国史研究》第 20 期，2002 年 10 月；《北朝的发展轨迹》，张庆捷等主编《4~6 世纪的北中国与欧亚大陆》，第 9 页。

的高加索地区，就可以沿着河谷到达巴克特里亚。"[1] 隋代裴矩《西域图记》序描述了自中国敦煌、玉门关西行至拜占庭的草原路："发自敦煌，至于西海，凡为三道，各有襟带。北道从伊吾，经蒲类海、铁勒部、突厥可汗庭，度北流河水，至拂菻国，达于西海。"[2] 丝绸之路西段北道与中国境内西域北道相通，汉唐间北道经过康居西行，由碎叶城向西，经过里海北岸、黑海抵达欧洲。具体路线是经今伊塞克湖、巴尔喀什湖、塔拉斯西北行，从咸海、黑海北岸抵达伊斯坦布尔。普岚与北魏的通交，东罗马与西突厥的使节、商旅往来便行经这条路线。

6 世纪中叶，拜占庭皇帝查士丁尼一世为打破波斯人对东方生丝贸易的垄断，支持来自印度的僧侣到中国获取养蚕技术，并将蚕卵桑种带来，从此拜占庭人在巴尔干南部建立起丝织业中心。[3] 拜占庭的养蚕业首先是在叙利亚发展起来的，那里集中了许多纺织厂家。至 6 世纪末，拜占庭养蚕业已经能够满足制造厂家对原料质量和数量的要求了。在与波斯人签订停战协议以后，拜占庭与北魏有了频繁的外交往来。《魏书》卷五《文成帝纪》记载，北魏文成帝拓跋濬太安二年（456），普岚国遣使入贡，这是东罗马与北魏官方交往的最早记录。和平六年（465），普岚国献宝剑。同书卷六记载，献文帝拓跋弘皇兴元年（467），普岚国又遣使和北魏通好。《洛阳伽蓝记》卷四记载，北魏来华外国僧俗有云："西域远者，乃至大秦国，尽天地之西陲。"[4] 北魏报聘的使节在西方文献中有所反映，赫利奥多尔（Héliodore）《埃塞俄比亚人》中讲道："然后，便把带来丝线和丝织物的赛里斯人的使节传了上来，这都是由生活在他们国家的蜘蛛所织。这些使者们另外还带来了服装，有的

---

1 〔法〕让－诺埃尔·罗伯特：《从罗马到中国——恺撒大帝时代的丝绸之路》，马军、宋敏生译，广西师范大学出版社，2005，第 140 页。

2 魏徵等：《隋书》卷六七《裴矩传》，第 1579 页。

3 〔法〕戈岱司编《希腊拉丁作家远东古文献辑录》，第 96 页。

4 杨衒之撰，范祥雍校注《洛阳伽蓝记校注》卷四，第 236 页。

染作大红色，其余是素白色。"[1] 拜占庭诗人西都瓦纳·阿波利奈尔（Sidoine Apollinaire）《诗集》吟诵诸国贡物，提到"赛里斯人带来了其羊毛"。[2] 北魏与拜占庭间的使节往来应该同时利用了绿洲路和草原路。

三　柔然与东魏、北齐对草原路的利用

北魏迁都洛阳以后，东西往来的商使僧侣自洛阳西行，或入河西走廊，出敦煌、玉门关，或经吐谷浑之路西行。由于北魏中心政权南迁，中国北方草原路主要为新崛起的北方草原民族所利用。北魏后期和东、西魏时，从高昌经伊吾东向或东北向的北方草原路则更多为新起的草原民族柔然所利用，北周、北齐时先为柔然后为突厥所控制，东魏、北齐通过北方草原路过柔然、突厥境交通西域。

（一）柔然对草原路的利用

北朝后期，居延路成为北方草原路东西往来之要道。居延故地在今内蒙古西部的额济纳旗，额济纳河南北穿越额济纳旗。由于东西两侧巴丹吉林沙漠和北山山脉的阻挡，额济纳河两岸成为中国西部一条重要的南北通道。居延远控大漠，近屏河西，东西襟带黄河、天山，水草丰美，宜于农牧。从汉朝开始，这里就大规模修筑军事设施，屯田戍边，至今保存着大量城障烽燧遗迹。西汉居延路开通以后，这条维系东西方贸易和南北交通的道路一直是联系中原与西域的重要道路之一，并与伊吾路连接构成联系中国北方草原路和天山以北往西欧亚草原路的纽带。汉武帝元狩二年（前121），骠骑将

1　〔法〕戈岱司编《希腊拉丁作家远东古文献辑录》，第86页。

2　〔法〕戈岱司编《希腊拉丁作家远东古文献辑录》，第93页。

军霍去病曾沿此捷径南攻祁连山，"扬武乎鳞得"，[1] 开辟河西四郡。李陵沿此道北出居延，与匈奴主力血战。武帝时路博德经营居延城、遮虏障以屏藩河西四郡，并发动戍边军民修筑西连敦煌郡的"塞墙"，即居延汉长城。东汉窦固曾利用居延塞款待入觐的匈奴使团。东汉末献帝时，居延道路非但没有被冷落，反而得以加强，西海郡的设置便是有力的证明。

居延道沿漠南之地与河西路平行西进，发自阴山山麓，途经居延绿洲，西过天山之北而通中亚诸国，成为自中国北方经草原路入西域的道路。这条道路可与河西走廊的道路相通，亦可南入吐谷浑之地。在魏晋南北朝时期，这条交通道路的利用引人注目。王素先生指出："这条草原路，由于途经额尔济纳，亦即居延，显然也是居延路的向东延伸"，与唐宋以后所走的草原路亦即回鹘路不同，"都在现在的中国境内，对中国古代各中央王朝和地方割据政权而言，应是使用更多的一条草原交通路线"。[2] 首先，居延地处北方草原民族与西域交界地区，是北方草原民族交通西域通常经行之路。《魏书·袁翻传》记载，神龟末年，柔然为高车所破，凉州刺史袁翻建议北魏朝廷将柔然阿那瓌、婆罗门安置在西海郡，原因是"西海郡本属凉州，今在酒泉直北、张掖西北千二百里，去高车所住金山一千余里，正是北虏往来之冲要，汉家行军之旧道，土地沃衍，大宜耕殖"。[3] 便是指魏晋以后，居延一带成为北方草原民族交通往来的要道。为了防止柔然衰落后高车跋扈西北，袁翻认为应将阿那瓌、婆罗门安置在西海郡，同时置将镇守。其次，当河西路不通时，居延路是中原地区与西北边疆各族政府和民间交通往来的替补道路。远在巴蜀建立政权的李雄、李势以及以青海为中心建立政权的吐谷浑，都曾绕道居延路与中原政权交通。《魏书·序纪》穆皇帝九年记

1　班固：《汉书》卷五五《霍去病传》，第2480页。鳞得，颜师古注："郑氏曰：'鳞音鹿，张掖县也。'郑说非也。此鳞得，匈奴中地名，而张掖县转取其名耳。"

2　王素：《高昌史稿（交通编）》，文物出版社，2000，第215页。

3　魏收：《魏书》卷六九《袁翻传》，第1542页。

载："是年，李雄遣使朝贡。"[1] 又昭成皇帝六年记载："是年，李寿死，子势僭立，遣使朝贡。"[2] 在五胡乱华、中原鼎沸不能直接交通的情况下，巴蜀政权只能经行吐谷浑、居延之地至代。《资治通鉴》梁武帝大同六年（540）条记载："吐谷浑自莫折念生之乱，不通于魏。……是岁，始遣使假道柔然，聘于东魏。"[3] 在地隔西魏不能直接交通时，吐谷浑绕道居延与东魏交通。周伟洲先生说："秦汉至东晋十六国时期，中西陆路交通最东一段，主要是经由河西路，其次是居延路。"[4] 陆庆夫先生认为，五凉时期河西路、青海路和居延路是中西交通的三条主要道路。[5] 陈戈先生指出，古代新疆北道有两条支线，其一为巴里坤至居延路线。[6]

　　柔然与北魏对峙时，居延一带为柔然统治。西魏时柔然虽处于衰落状态，却与西域颇有往来。大约在西魏大统十二年（546），柔然曾派虞弘出使波斯和吐谷浑。[7] 1999 年 7 月，在山西太原晋源区王郭村发现虞弘夫妇合葬墓，出土《虞弘墓志》。虞弘经历东西魏、北周北齐，殁于隋朝。墓志记载虞弘的身世和经历有云："父君陀，茹茹国莫贺去汾、达官，使魏□□□□朔州刺史。"虞弘在柔然亦曾任使，"茹茹国王，邻情未协，志崇通乐，□□□芥，年十三，任莫贺弗，衔命波斯、吐谷浑"。所谓"邻情未协"，当指受到新起的突厥的威胁，出使吐谷浑和波斯当为拉拢反突统一战线。在突厥进攻之下，柔然日益走向崩溃。在这种情况下虞弘出使北齐，墓志记载虞弘从波斯、吐谷浑归国，"转莫缘，仍使齐国"。[8] 虞弘被北齐文宣帝高洋所留，未能返国，在北齐任职，至隋时去世。虞弘父子的东、西出使，正是经北方

1　魏收：《魏书》卷一《序纪》，第 9 页。

2　魏收：《魏书》卷一《序纪》，第 12 页。

3　司马光：《资治通鉴》卷一五八，梁武帝大同六年，第 4907 页。

4　周伟洲：《吐谷浑史》，第 133 页。

5　陆庆夫：《五凉政权与中西交通》，《西北史地》1987 年第 1 期。

6　陈戈：《新疆古代交通路线综述》，《新疆文物》1990 年第 3 期。

7　罗丰：《一件关于柔然民族的重要史料》，氏著《胡汉之间——"丝绸之路"与西北历史考古》，第 411~414 页。

8　张庆捷：《〈虞弘墓志〉中的几个问题》，《文物》2001 年第 1 期。

草原路沟通东魏、北齐与西域的联系的反映。柔然被突厥击溃，余部西迁，其迁徙路线乃沿草原路入欧洲。

（二）北朝后期草原路的利用

北魏分裂为东、西魏，东、西魏又分别为北齐、北周所取代。中国北方进入东西分裂的局面。东魏、北齐与传统的中西交通路线即自中原入河西走廊的道路隔绝，草原路成为东魏、北齐沟通西域的主要道路，以绕过西魏、北周辖境。那里先是柔然势力范围，因此东魏、北齐皆与柔然交好，一方面牵制西部强敌西魏、北周，另一方面可以从柔然过境交通西域，北方草原路成为东魏、北齐通西域的路线。从东魏、北齐之邺都北行，经蒙古草原西向，至居延之地，此地连接河西路、草原路、绿洲路和吐谷浑之路。

北魏灭亡以后在东、西魏对峙和北周、北齐的对峙中，东魏、北齐与西域的交通靠此路维系。这条路线的经行地区先后成为柔然和突厥人的舞台，而吐谷浑人对自己曾经经行的这条路线应该是熟悉的。当东魏与西魏、北周与北齐对峙时，西部的吐谷浑国与东魏、北齐的交通则利用了柔然、突厥控制的草原路，以绕过西魏和北周的阻隔。《北史·吐谷浑传》云："夸吕乃遣使人赵吐骨真假道蠕蠕，频来东魏。"[1] 柔然公主出嫁东魏，河北东魏茹茹公主墓出土陶骆驼、拜占庭金币，[2] 正是东魏与柔然交好，利用草原路进行丝绸贸易的反映。

连接吐谷浑之路与居延路的是凉州。史载吐谷浑向西魏称臣，但却与北齐交往，进行贸易活动，引起西魏的不满。西魏废帝二年（553），发生凉州刺史史宁派兵袭击吐谷浑商队的事件。《周书·异域

---

1 李延寿：《北史》卷九六《吐谷浑传》，第3186页。

2 据磁县文化馆《河北磁县东魏茹茹公主墓发掘简报》（《文物》1984年第4期），东魏茹茹公主墓位于河北省磁县城南2公里的大冢营村北，出土随葬器物有两枚拜占庭帝国的金币及一些金质和铜质的饰物。志文云："魏骠骑大将军开府仪同三司长广郡开国公高公妻茹茹公主闾氏……讳叱地连，茹茹主之孙、谙罗臣可汗之女也。……皇魏道映寰中……茹主钦挹风猷，思结姻好，乃归女请和，作嫔公子。……以武定八年四月七日薨于晋阳，时年十三。即其年岁次庚午五月己酉朔十三日辛酉，葬于滏水之阴、齐献武王之茔内。天子下诏曰：长广郡开国公妻茹茹邻和公主，奄至丧逝，良用嗟伤。……送终之礼，宜优常数。"

传》"吐谷浑"条记载：

> 是岁，（吐谷浑王）夸吕又通使于齐氏。凉州刺史史宁觇知
> 其还，率轻骑袭之于州西赤泉，获其仆射乞伏触扳、将军翟潘
> 密，商胡二百四十人，驼骡六百头，杂采丝绢以万计。[1]

吐谷浑至北齐的使团不可能经西魏辖境，他们一定经北方草原路东来西返，而后过河陇通道回国。在他们的使团中竟然有商胡如许之多，商胡在吐谷浑使节的协助下进入北齐进行商贸活动，得到的大宗商品是"杂采丝绢"。北齐由于可以通过北方草原路与西域交通往来，虽地隔北周，境内却有商胡活动。《北史·齐后主皇后穆氏传》记载："武成为胡后造真珠裙裤，所费不可称计，被火烧。后主既立穆皇后，复为营之。属周武曹太后丧，诏侍中薛孤、康买等为吊使，又遣商胡赍锦彩三万匹与吊使同往，欲市真珠，为皇后造七宝车。周人不与交易，然而竟造焉。"[2] 由此可知从西域到北齐经贸的胡商为数不少，而且与皇室有密切关系。这条路线也成为来自西域的佛教僧徒至东魏、北齐的通道。北天竺乌场国僧人那连提黎耶舍入华，经柔然至北齐。《续高僧传》卷二记载："那连提黎耶舍，隋言尊称，北天竺乌场国人也。……舍年十七，发意出家。寻值名师，备闻正教。二十有一，得受具篇。……耶舍北背雪山，南穷师子，历览圣迹，仍旋旧壤。乃睹乌场国主，真大士焉。……六人为伴，行化雪山之北。……循路东指，到芮芮国。值突厥乱，西路不通，返乡意绝，乃随流转，北至泥海之旁，南距突厥七千余里。彼既不安，远投齐境。天保七年（556），届于京邺。文宣皇帝极见殊礼。"[3] 在地隔北周的时代，往来于西域与北齐的人们只能利用柔然、突厥控制的草原路交通。

1　令狐德棻等：《周书》卷五〇《异域传下》，中华书局，1971，第913页。
2　李延寿：《北史》卷一四《后妃传下》，第525页。
3　道宣：《续高僧传》卷二《那连提黎耶舍传》，郭绍林点校，中华书局，2014，第33~34页。

四　突厥崛起与草原路的兴盛

6 世纪中叶土门可汗时，突厥部落逐渐强盛，成为草原丝绸之路上的重要力量，并与中原地区进行贸易活动，"始至塞上市缯絮，愿通中国"。[1] 此后突厥在土门的带领下，在阿尔泰山南麓迅速崛起。突厥求婚于西魏，太祖许之。大统十七年（551）六月，西魏以长乐公主妻之。魏废帝元年（552）正月，土门发兵击柔然，大破柔然于怀荒北，阿那瓌自杀。此后 200 年间，突厥控制了蒙古高原和中亚的广大版图。俟斤可汗征服中亚草原的铁勒，破嚈哒，取得喀什干、费尔干纳、撒马尔罕、布哈拉等地，领土推进到阿姆河流域。《周书·突厥传》记载，俟斤"西破嚈哒，东走契丹，北并契骨，威服塞外诸国。其地东自辽海以西，西至西海万里，南自沙漠以北，北至北海五六千里，皆属焉"，[2]"北方戎狄悉归之，抗衡中夏"，[3] 突厥成为欧亚草原东部最强大的政权。

俟斤以后，突厥强盛，有凌轹中原之意。北齐和北周都想借助突厥的力量，因而争相贿赂突厥。北周既与之和亲，每年送给缯絮锦彩十万缎。突厥在京师者又待以优礼，衣锦食肉者常以千数。北齐惧其寇掠，亦倾府藏以给之。这些助长了突厥可汗的贪欲和狂妄，佗钵可汗曾说："但使我在南两个儿（指北周、北齐两国皇帝）孝顺，何忧无物邪？"[4] 突厥极力在北周和北齐的鹬蚌相争中捞取好处。佗钵可汗卒，其子菴罗嗣，菴罗惧大逻便而让国摄图。于是摄图为伊利俱卢设莫何始波罗可汗，一号沙钵略，治都斤山。菴罗降居独洛水，称第二可汗。又以大逻便为阿波可汗。沙钵略勇而得众，北夷皆归附之。但由于内讧，6 世纪末分裂为东、西两个汗国，大体以

1　令狐德棻等：《周书》卷五〇《异域传下》，第 908 页。

2　令狐德棻等：《周书》卷五〇《异域传下》，第 909 页。

3　魏徵等：《隋书》卷八四《北狄·突厥传》，第 1864 页。

4　令狐德棻等：《周书》卷五〇《异域传下》，第 911 页。

阿尔泰山为界，东突厥地处蒙古高原，又被称为北突厥；西突厥汗国势力西达咸海，南抵阿富汗，控制着中亚草原。西域绿洲诸胡国都归附西突厥，接受可汗派去的"吐屯"监管，向其纳贡。突厥成为草原上的霸主。

突厥的强盛和扩张，客观上阻断了中原地区与西域的交通，但却在很大程度上充当了中原地区与西域交通的中介。突厥人和中原人民有密切的联系，他们经常在塞上进行贸易。北齐与西域宗教上的联系也靠经由突厥的草原路维系。《续高僧传·阇那崛多传》记载，北周武帝灭佛，阇那崛多不肯改从儒礼，被"哀而放归"，他"路出甘州，北由突厥"，为突厥所留。有北齐僧人宝暹、道邃、僧昙等十人，从西域东归。回至突厥，适逢北齐灭亡。因与阇那崛多同处，直到隋朝建立，提倡佛教，他们才返回中原。[1] 这件事说明，在北齐与西域的联系中，突厥为重要的经行之地。

突厥除了与中原政权存在密切联系外，亦与其西之粟特、嚈哒、波斯、东罗马有密切接触。突厥与波斯、东罗马聘问通交，见于东罗马史家弥南德《希腊史残卷》中的记载。[2] 突厥先是通使于波斯。当时突厥兵强马壮，过去臣服于嚈哒之粟特人，今则转归突厥统治。粟特人请求突厥可汗西扎布鲁（Sizabulus）遣使至波斯，[3] 希望得到波斯国之许可，把生丝卖给米底人。西扎布鲁派马尼亚克[4] 率粟特使团出使波斯，见其王库思老一世，请求在波斯国内自由贩卖丝货。波斯王企图垄断丝绸贸易，借故拒绝，收购粟特人丝货而焚之。突厥大使回国，向可汗汇报，西扎布鲁再次遣使至波斯。波斯王派人将突厥使者

1　道宣：《续高僧传》卷二《阇那崛多传》，第37~39页。

2　弥南德《希腊史残卷》成书于6世纪末，H. 裕尔（H. Yule）把其中关于突厥与波斯、拜占庭之间交往的一段史实录入《东域纪程录丛》，见《东域纪程录丛》，张绪山译，云南人民出版社，2002，第173~186页。

3　沙畹（Chvannes）认为此突厥可汗即西突厥室点密可汗。参见氏著《西突厥史料》，冯承钧译，中华书局，1957，第201~202页。

4　据皮古列夫斯卡娅研究，Mani 即摩尼教之摩尼，ach 为叙利亚语，兄弟的意思。"摩尼兄弟"当为景仰摩尼教创立者的意思。见氏著《拜占廷通往印度之路》，莫斯科，1951，第202页；姜伯勤《敦煌吐鲁番文书与丝绸之路》，第9页。

鸩杀,突厥使者三四人侥幸未死,归报可汗,突厥与波斯失和。马尼亚克建议西扎布鲁与东罗马交好,罗马人用丝较他国为多,可将丝之市场移往东罗马,他自愿率人通聘东罗马。西扎布鲁派马尼亚克率随员数人出使东罗马,携价值巨万的丝货以赠罗马皇帝及贵族大臣。东罗马查士丁皇帝(Emperor Justin)即位第四年初(568),突厥大使抵君士坦丁堡,拜谒东罗马大臣,朝见皇帝,递呈国书,献上礼物。东罗马皇帝与突厥结为盟国。

查士丁即位第四年末,遣使至突厥报聘,他选拔西里西亚人蔡马库斯(Zemarchus)为大使。蔡马库斯一行经粟特地区往爱克塔山(Ektag,希腊语意为"金山"),突厥可汗(Khagan)驻跸于此。可汗幕庭在河谷中,蔡马库斯受到可汗接见,依突厥之礼拜之,献呈礼物。可汗向他垂询诸种事宜,蔡马库斯受到盛情款待。可汗欲使蔡马库斯率其从者20人随征波斯,而使其他罗马人先归货利泰(突厥四部之一)。可汗以所掳之美女克尔吉思(Kherkhis)赐蔡马库斯,蔡马库斯则随可汗征波斯。军至怛罗斯,波斯遣使者来,可汗命与罗马使者同席而食,而让罗马使者坐上位。席间可汗数波斯人欺谩之罪,申明而今兴师问罪之由。波斯使人疾声辩护,语多不恭,举座皆惊,不欢而散。可汗预备讨伐波斯,战前召见蔡马库斯及其从者,极言愿与罗马人修好之意,并遣使者归国,又派使者随蔡马库斯使团往罗马。马尼亚克已卒,乃以次官达格玛(Tagma)代之,而以马尼亚克之子为副。

罗马使团回国,突厥附近部落皆请求派遣使节前往罗马,突厥可汗许之。他部酋长亦有此愿,可汗只许货利泰部落首领随往。罗马使团偕突厥使人西行,渡奥伊赫河(Oech),复经长途而抵大湖,当为阿拉尔海,蔡马库斯一行在此休整三日,遣乔治(George)先归通报罗马皇帝使团归国的消息。乔治与突厥12人取最近的道路,经沙漠无水之境,向拜占庭而行。蔡马库斯等则沿大泽沙岸行12日,涉危履险,至艾赫河(Ikh,今恩巴河,Emba)。又至达伊赫河(Daikh,今乌拉尔河,Ural)。又经一些湖泊地带多日,至阿提拉河

（Attila，今阿得尔河，Athil）。接着至乌古尔人（Ugurs）领地。当地人告知波斯 4000 人埋伏在科芬河（Kophen）河畔丛林中，欲捕获罗马使者。蔡马库斯等至阿兰人（Alan）领地，谒其酋长。阿兰酋长萨罗修斯（Sarosius）劝他们不要经过缪西米安人（Miusimians）的居地，因为途中有波斯人埋伏。蔡马库斯设计摆脱了波斯人的攻击，经达莱因（Dareine）前行，到达阿坡西利（Apsilii）。经罗戈托里乌姆城（Rogatorium）进至黑海岸边，乘船抵达菲希斯河（Phasis），换船抵特拉布宗（Trebizond），从此乘驿站的马回到拜占庭，晋见皇帝复命。罗马皇帝提比里乌斯（Tiberius）即位第二年，罗马与波斯达成和平协议，罗马又向突厥派出一次使团，首领为瓦伦丁。此次出使，突厥可汗对罗马使团极不友好，表明突厥与罗马关系发生变化。[1] 突厥与罗马的使节往来，皆经行自中国西北地区至拜占庭的草原之路。

五　中国北方草原路利用的考古学证据

考古资料证明了 3~6 世纪中国北方草原路的利用。这一时期中国北方墓葬和遗址中，经常出土来自西方的器物。据近年来各地报道，此类考古资料主要有以下几种。辽宁朝阳北票一带墓葬中出土了 3~5 世纪来自域外的金步摇头饰，应当源自阿富汗席巴尔甘大月氏金冠，是通过草原丝绸之路随北方游牧民族南下传入的。[2] 辽宁北票十六国时期北燕大司马、车骑大将军冯素弗墓出土玻璃器五件。[3] 山西大同小站村花圪塔台北魏封和突墓，出土有波斯狩猎纹鎏金银盘和素面高脚银杯等。[4] 大同电焊厂北魏墓群内出土来自波斯的琉璃

1　参 H. 裕尔《东域纪程录丛》，第 173~186 页。

2　田立坤：《步摇考》，张庆捷等主编《4~6 世纪的北中国与欧亚大陆》，第 47~67 页。

3　黎瑶渤：《辽宁北票县西官营子北燕冯素弗墓》，《文物》1973 年第 3 期。

4　马玉基：《大同市小站村花圪塔台北魏墓清理简报》，《文物》1983 年第 8 期。

器和金银器，见于两个墓，一墓出土鎏金錾花银碗、银罐和磨花琉璃碗，[1] 另一墓出土鎏金錾花高足银杯和素面银碗等。[2] 大同市轴承厂北魏遗址出土鎏金錾花银碗、鎏金高足铜杯和八曲银杯。[3] 大同地区北魏墓葬中出土不少玻璃器，如方山永固陵出土玻璃指环、大同市东南30公里处湖东编组站出土玻璃器、大同南郊北魏墓群（电焊器材厂）出土磨花玻璃钵、大同市南郊变电站出土玻璃器、大同市迎宾大道工地出土玻璃器。[4] 太原北齐徐显秀墓出土蓝宝石金戒指；[5] 河北定县塔基舍利函中出土波斯萨珊、嚈哒银币；[6] 河北赞皇东魏李希宗墓出土银碗、银杯、戒指、金币；[7] 河北磁县东魏茹茹公主墓出土金币；[8] 北齐库狄回洛墓出土铜瓶、高足杯等；[9] 内蒙古自治区呼和浩特市土默特左旗水磨沟口北朝墓葬出土拜占庭金币、金戒指、金饰片以及两件素面高足银杯等；[10] 内蒙古自治区呼和浩特市坝口子村古城出土四枚波斯萨珊王朝的银币。[11] 北京西晋华芳墓出土萨珊玻璃碗。[12]

中国北方考古发现的此类外来器物，早就引起人们利用考古资料研究草原路的兴趣。20世纪90年代，齐东方综合考察当时考古已经发现的来自西域的器物，对北方草原路做了勾勒，他说："近年来，在

1 《大同南郊北魏墓群》，彩版一一，第228~230页。

2 山西省考古研究所、大同市考古研究所：《大同南郊北魏墓群发掘简报》，《文物》1992年第8期；《大同南郊北魏墓群》，彩版一二，第240~244页。

3 《文化大革命期间出土文物》第1辑。

4 安家瑶、刘俊喜：《大同地区的北魏玻璃器》；据王银田《北朝时期丝绸之路输入的西方器物》，大同南郊北魏墓群（电焊器材厂）出土磨花玻璃钵，类似器物在伊朗高原吉兰州的3~7世纪墓葬中出土多件，在日本橿原一座4世纪末的墓葬（126号墓）中也有发现。参见张庆捷等主编《4~6世纪的北中国与欧亚大陆》，第37~46页。

5 武光文：《北齐徐显秀墓》，三晋出版社，2015，第133~134页。

6 林梅村：《北魏太和五年舍利石函所藏嚈钱币考》，《中国钱币》1993年第4期。

7 石家庄地区革委会文化局文物发掘组：《河北赞皇东魏李希宗墓》，《考古》1977年第6期。

8 磁县博物馆：《河北磁县东魏茹茹公主墓发掘简报》，《文物》1984年第4期。

9 王克林：《北齐库狄回洛墓》，《考古学报》1979年第3期。

10 内蒙古博物馆、内蒙古文物工作队：《呼和浩特市附近出土的外国金银币》，《考古》1975年第3期。

11 盖山林、陆思贤：《呼和浩特市附近出土的外国金银币》，《考古》1975年第3期。

12 北京市文物工作队：《北京西郊西晋王浚妻华芳墓清理简报》，《文物》1965年第12期。

中国的北方连续发现了一些西方的输入品。……这些发现充分证实在中国北部存在着一条约从河西经包头、呼和浩特、大同，通过河北北部进入内蒙赤峰，到达辽宁辽阳的中西交通路线。这是一条大体上与兰州、西安、洛阳的‘丝绸之路’的主干线的中路相平行的北路。这段北路尽管是从河西走廊叉开的支线，但应看作是历史上中国北部通西方的草原路。仅从考古发现的遗物上看，这条路自北魏到辽一直畅通。"[1] 徐苹芳根据北方考古发现的外来器物论证了北方草原路的形成过程，其结论是："中国北方草原丝绸之路，考古学的发现说明它从公元前便已开始了，公元4、5世纪形成了在中国境内的这条路线。""北魏前期（约公元5世纪），以平城（山西大同）为中心，西接伊吾（新疆哈密），东至辽东（辽宁辽阳），逐渐形成一条贯通中国北方的东西国际交通路线。"他还指出这条草原路从中国东北继续延伸，连接了朝鲜和日本："中国北方的草原丝绸之路，从新疆伊犁、吉木萨尔、哈密，经额尔济纳、河套、呼和浩特、大同、张北、赤城、宁城、赤峰、朝阳、义县、辽阳，东经朝鲜而至日本。这条路线是联接西亚、中亚与东北亚的国际路线。朝鲜和日本发现的4世纪以来的西方金银器和玻璃器，有一大部分可能是通过这条横贯中国北方的草原之路输入的。"[2] 近年来有关北方草原路利用的考古资料陆续有发现，已如上述，进一步印证了齐、徐二先生的论断。1997年，新疆伊犁昭苏县波马古墓出土了5~6世纪嵌红宝石带盖金罐、嵌红玛瑙虎柄金杯，现收藏于新疆伊犁哈萨克自治州博物馆。[3] 2000年5月，陕西西安发现北周安伽墓，[4] 其围棺床石屏图像上有大量突厥人的图像，反映了粟特人与突厥人的交往。安伽是来自中亚的粟特人，粟特商人是中古时期活跃在丝绸之路上的重要角色，突厥则是北方草原上的霸主，他们的交

1　齐东方：《李家营子出土的粟特银器与草原丝绸之路》，《北京大学学报》1992年第2期。

2　徐苹芳：《考古学上所见中国境内的丝绸之路》，《燕京学报》新1期，1995年，收入氏著《丝绸之路考古论集》，上海古籍出版社，2017，第8~95页。

3　阿迪力·阿布力孜：《昭苏波马古墓出土的金银器》，《中国民族报》2020年2月23日。

4　陕西省考古研究所：《西安北郊北周安伽墓发掘简报》，《考古与文物》2000年第6期。

往从某种程度上透露出北方草原路与丝路贸易的信息。对照前述突厥人、粟特人、波斯人和拜占庭人在丝绸贸易中的角逐，可以印证粟特人的丝路贸易与突厥人的密切关系。

总的来看，在魏晋南北朝大分裂和大动乱时期，北方草原丝绸之路不仅成为北方草原民族交通西域与辽东的道路，也成为中原政权在河西道路不通时交通西域的替补道路，如成为与西域间地隔其他政权的东魏、北齐交通西域的道路，在此一时期使节、僧侣和商贸的东西往来中发挥了重要作用。

第五章　宋云、惠生西行求法
　　　　与佛传之路

　　佛教传入中国在两汉之际。大月氏遣伊存使华，向汉朝博士弟子景卢口授《浮屠经》；汉明帝派人到西域迎请摄摩腾（亦作迦叶摩腾）和竺法兰到洛阳，始建白马寺，乃佛教传入中国之始。此后天竺、中亚和西域僧人进入中国中原地区传扬佛教，中土人士西行求法，佛教植入中土，生根开花结果，形成富有中国特色的佛教，这是中外文化交流史上的奇葩和硕果。佛教传播推动了中印之间的交通往来，这条通道被称为"佛传之路"、"求法之路"或"法宝之路"。曹魏时期的朱士行赴西域取经，开启了汉土人士赴西域求法的先河。继其踵取得更大成就的是法显，陆去海还，厥功甚伟。法显之后，西行求法并留下较详细记录的是宋云、惠生等人。东来西往的中外僧人的行踪及其纪行著作为我们勾画了一幅详细的佛传之路路线图。

一　佛都洛阳：求法之路之起点

佛教正式传入中国是在东汉时期，东汉都城洛阳成为佛教在中国的首传之地。东汉明帝时天竺高僧迦叶摩腾、竺法兰用白马驮运经卷及佛像来到洛阳，中国的译经传教事业正式开启，白马寺因此被称为"释源"和"佛教祖庭"。汉末从天竺和西域来的传教僧人主要活动在洛阳，那时洛阳是中国佛教传播的中心。北魏太和十八年（494），孝文帝把都城从平城迁到洛阳，洛阳迅速恢复了丝绸之路起点城市的地位，成为北魏新的政治中心，也成为新的佛教中心。在北魏佛教兴盛的年代，天竺和西域来的僧人往往落脚在洛阳，中土西行求法的人士亦从洛阳出发，洛阳佛教进入全盛时代。因此，我们称洛阳为"佛都"和求法之路的起点似不为过。

宋云等人西行取经，就是从洛阳出发的。洛阳闻义里有宋云故居，闻义里在城东北，杨衒之《洛阳伽蓝记》卷五"城北"写到闻义里宋云宅时，整理宋云等人纪行材料，[1]记述了宋云等人西行求法的经历和见闻。"云与惠生俱使西域也。神龟元年十一月冬，太后遣崇立寺比丘惠生向西域取经，凡得一百七十部，皆是大乘妙典。"[2]宋云是敦煌人，敦煌是从西域入中原或中原人往西域的必经之地，他应该具备丰富的西域知识，这可能是他被委派赴西域取经的重要原因。据《魏书·西域传》，宋云时任"王伏子统"。"伏子统"乃北魏时之职

1　当时记载其行程和经历的著作，据《洛阳伽蓝记》卷五记载，有《惠生行纪》、《道荣传》、《宋云家记》等。其中《惠生行纪》最详细，"事多不尽录"，杨衒之又参考了另外两种资料，"故并载之，以备缺文"。《隋书·经籍志》著录《慧生行传》一卷，当即《惠生行纪》之别名；《旧唐书·经籍志》和《新唐书·艺文志》著录有宋云《魏国以西十一国事》一卷，当从《宋云家记》中录出西行见闻之内容。
2　杨衒之撰，范祥雍校注《洛阳伽蓝记校注》卷五，第251~252页。

官，统官之一种，僧官，[1]亦作"剩伏子统"。[2]惠生是崇立寺僧人。[3]"神龟"是北魏孝明帝年号，神龟元年乃518年。[4]北魏孝明帝时，胡太后临朝听政，因此朝廷诏命宋云等西行取经，实际出于太后的旨意。宋云之行，从朝廷的名义可以说是出于明帝诏遣，从实际运作可以说是出于胡太后诏遣。惠生，《释迦方志》中作"道生"。又据《魏书·西域传》，与宋云、惠生同行的，还有沙门法力。据《洛阳伽蓝记》，同行的应该还有道荣[5]。

宋云等人的首程："初发京师，西行四十日，至赤岭，即国之西疆也。"京师即洛阳。赤岭即今青海省境内西宁西之日月山，之所以称为"赤岭"，"赤岭者不生草木，因以为名"。其地在青海湖东南，今湟源、共和两县交界处。这里是北魏与吐谷浑交界处，故云"国之西疆"。宋云等人在这里看到"皇魏关防"。这些记载说明宋云等人西行路过今青海之地的"吐谷浑之路"。吐谷浑是西北游牧民族慕容部族所建政权。吐谷浑本为鲜卑慕容部一支的首领，西晋末期，率部西迁陇右，建立国家。至其孙叶延以祖名为族名和国号。南朝称之为"河南国"。东晋十六国时，吐谷浑控制了青海、甘肃等地，与南北朝各政权都有友好往来。在五胡十六国和南北朝分裂动乱时期，中原地区与西域交通之河西走廊局势动荡，从西域进入中原或南朝，或从南朝和中原赴西域的行旅更多地利用吐谷浑之路，这条道路成为河西走廊的替补道路，被称为"吐谷浑之路"或"河南

1　这一官职不见于其他记载。有人认为"王伏子"或"王伏""子统"为人名；还有人认为"王伏子"为人名，"统"为动词。按："伏子"或为"佛子"之误，指僧人。佛子统即负责僧众事务的官职。

2　李延寿：《北史》卷九七《西域传》，第3231页。

3　崇立寺，《太平御览》引作"崇灵寺"，周祖谟认为《洛阳伽蓝记》记载中无崇立寺和崇灵寺，有"崇真寺""崇虚寺"，疑为"崇虚寺"之误。见《洛阳伽蓝记校释》卷五，第168页。此说似无据。北魏时洛阳城内外佛寺多达1367所，《洛阳伽蓝记》记载不过数十所，不能以《洛阳伽蓝记》是否有记载来判断其有无。

4　宋云等西行取经的时间，诸书记载不一致。《魏书》之《西域传》《释老志》皆作"熙平元年"往，"正光中"或"正光三年冬还"。唐道宣《释迦方志》作"神龟元年"。周祖谟《洛阳伽蓝记校释》据惠生行历年月考证，以为当作神龟元年。

5　道荣，《释迦方志》作"道药"，"荣"与"药"字形近而讹。

道"。由青海经柴达木盆地通西域有三条道路，其中一条由伏俟城经白兰，西至今格尔木，再西北经尕斯库勒湖，越阿尔金山至西域鄯善。[1] 宋云一行应该经历此道。

从赤岭西行，宋云等人路经吐谷浑国都城，"发赤岭，西行二十三日，渡流沙，至吐谷浑国"。此"流沙"当指柴达木沙漠，中国第六大沙漠。周祖谟先生认为指敦煌西之流沙，[2] 误。从中原地区赴赤岭，不经敦煌西之流沙。国即国都，即吐谷浑国都伏俟城。伏俟城遗址位于今青海省海南藏族自治州共和县石乃亥乡铁卡加村西南，俗名"铁卡加古城"。在吐谷浑之路上是连接东西交通的枢纽。"伏俟"乃鲜卑语，意为"王城"。史载吐谷浑"夸吕立，始自号为可汗，居伏俟城，在青海西十五里"。[3] 宋云等经吐谷浑城时吐谷浑主为伏连筹，夸吕是其子，很可能伏连筹时吐谷浑已经以伏俟城为政治中心，夸吕承其遗业。其地"路中甚寒，多饶风雪，飞沙走砾，举目皆满，唯吐谷浑城左右暖于余处。其国有文字，况同魏。风俗政治，多为夷法"。[4] 吐谷浑之地呈现胡汉文化交融的局面。吐谷浑政权为鲜卑慕容氏所建，与北魏统治者同宗同族，因此双方长期保持友好关系，宋云等人作为大魏使节，便利用吐谷浑之路赴西域。

他们经过吐谷浑之地，便避开了传统的经河西走廊通西域的道路，直接到了鄯善城。鄯善，西域古国名，前身即著名的楼兰国，汉代时改名为鄯善国，其国都扜泥城（在今新疆若羌附近），扼丝绸之路之要冲，东通敦煌，西通且末、精绝、于阗，东北通车师，西北通焉耆。汉代时经河西走廊进入西域，如果走西域南道的话，鄯善乃必经之地。南北朝时当河西走廊不够畅通和吐谷浑征服了这一带时，经今青海之地到鄯善的道路便开通了。鄯善城距吐谷浑王城

1　周伟洲：《吐谷浑史》，第 138~139 页。

2　杨衒之撰，周祖谟校释《洛阳伽蓝记校释》卷五，第 170 页。

3　魏收：《魏书》卷一〇一《吐谷浑传》，第 2240 页。

4　杨衒之撰，周祖谟校释《洛阳伽蓝记校释》卷五，第 170 页。

3500 里。宋云等人到此地时，这里已被吐谷浑征服，吐谷浑主派次子宁西将军镇守此城，防御西部敌国的侵犯。宋云等人从今青海之地直接来到鄯善城，便进入了西域南道。西域南道乃塔克拉玛干沙漠南缘和昆仑山北麓西行的道路。沿西域南道西行，宋云一行经过了左末城和捍麼城。左末城即汉时且末国王城。据《宋云行纪》的描写，这两座城佛教兴盛。左末城中佛与菩萨画像"无胡貌"，乃汉地人形象。据当地长老所说，是前秦吕光远征西域时所画。捍麼城城南有大寺，有僧 300 多人，金像一躯，"举高丈六，仪容超绝"。传说此像"从南方腾空而来"，灵验异常。[1] 这可能也是宋云等人经行此地的重要原因。

从捍麼城西行 878 里，至于阗国（在今新疆和田一带）。于阗是西域大国，又是佛教兴盛的国家。宋云一行关心沿途各地的佛教状况，记载了佛教传入于阗的传说：

> 于阗王不信佛法。有商胡将一比丘名毗卢旃在城南杏树下，向王伏罪云："今辄将异国沙门来在城南杏树下。"王闻忽怒，即往看毗卢旃。旃语王曰："如来遣我来，令王造覆盆浮图一所，使王祚永隆。"王言："令我见佛，当即从命。"毗卢旃鸣钟告佛，即遣罗睺罗变形为佛，从空而现真容。王五体投地，即于杏树下置立寺舍，画作罗睺罗像，忽然自灭。于阗王更作精舍笼之。令覆瓮之影，恒出屋外，见之者无不回向。其中有辟支佛靴，于今不烂，非皮非彩，莫能审之。[2]

《大唐西域记》和传世的吐蕃文献中也记载了这个故事，细节略有不同。这个故事反映了佛教初传于阗的情况，据考其事当在公元前 1 世纪时。

1　杨衒之撰，周祖谟校释《洛阳伽蓝记校释》卷五，第 172 页。

2　杨衒之撰，周祖谟校释《洛阳伽蓝记校释》卷五，第 175 页。

第二年七月二十九日，宋云一行来到朱驹波国。这是葱岭山麓之
小国："人民山居，五谷甚丰，食则面麦，不立屠杀。食肉者，以自死
肉。风俗言音与于阗相似，文字与婆罗门同。其国疆界可五日行遍。"
朱驹波又作朱居、朱俱波、悉居半。《魏书・世宗纪》作"朱居槃"，
玄奘等《大唐西域记》作"斫句迦"，《新唐书・西域传》又名"朱俱
槃"，由汉时子合国合并西夜、蒲犁、依耐、得若等国而成。其地在
今新疆叶城。八月初，入汉盘陀国界，行六天，便登葱岭山，葱岭即
帕米尔高原。西行三日至钵盂城，又"三日至不可依山，其处甚寒，
冬夏积雪"。[1] 汉盘陀国王城在葱岭山顶，宋云描写从不可依山向西的
一路行程：

> 自此以西，山路歒侧，长坂千里，悬崖万仞，极天之阻，实
> 在于斯。太行孟门，匹兹非险；崤关陇坂，方此则夷。自发葱
> 岭，步步渐高，如此四日，乃得至岭。依约中下，实半天矣。汉
> 盘陀国正在山顶。[2]

汉盘陀国，又称揭盘陀国、渴盘陀国、渴饭檀国、喝盘陀国、喝啰
盘陀国、大石国。相传其开国者乃自日中而来，母为汉土之人，王
族自称汉日天种，其王族即后来的塔吉克族的祖先之一。其地位于
今新疆喀什塔什库尔干塔吉克自治县（Tush-kurghan，Sarikol，石
城），乃途经葱岭的要道，从此可通往北天竺、睹货罗、莎车、于
阗、疏勒等地。从汉盘陀国继续西行，下一站是钵和国，钵和国
在今阿富汗东北角兴都库什山北瓦罕地区，宋云一行至此便走出了
国门。

魏晋南北朝时从中原地区西行求法，主要有两条路线，一条如
上述从洛阳或长安出发，经吐谷浑之路进至西域，经西域南道越葱

1　杨衒之撰，周祖谟校释《洛阳伽蓝记校释》卷五，第 177 页。

2　杨衒之撰，周祖谟校释《洛阳伽蓝记校释》卷五，第 179 页。

岭，至今阿富汗，而后至北印度，这条道路可称为东道；另一条经河西走廊至西域，经西域北道西行，从疏勒（今新疆喀什）越葱岭，经中亚诸国南行，从兴都库什山西侧进入北印度，这条道路可称为西道。河西走廊仍是中原地区前往西域的主要通道之一，尤其是佛教的传播。即便政治局势或战争暂时造成沿线国家的对峙和交通的阻断，佛教却很容易突破政治和民族的隔阂得以传播。因此，虽然五胡十六国和南北朝时期河西走廊局势动荡，战事不断，但并没有阻碍佛教僧人的东来西往。鸠摩罗什就是一个典型的例子，他父亲鸠摩罗炎，天竺人，弃国相之位而信奉佛教，游历诸国，来到中国西域，在龟兹国与王妹成婚生鸠摩罗什。罗什曾至佛教圣地罽宾学佛，返龟兹。吕光伐西域获罗什，携至凉州，后被后秦迎入关中。[1]佛图澄是龟兹人，少年时出家学道，晋怀帝永嘉四年（310）来到洛阳。[2]经河西走廊进入中原地区的僧人为数不少，下文会论及。

二　佛传之路之东道

唐代以前，中印间陆上交通主要有两条路线，最早的一条通过喀喇昆仑山西麓的道路，兴盛于4世纪至6世纪中叶。这条道路汉通西域后即已开辟，最早开辟和利用这条道路的是汉与罽宾国之间的使节和商旅。魏晋南北朝时来自北印度的佛教僧徒和由中国内地去北印度的求法僧，他们的出发地和目的地有一个共同的地方，即罽宾。连接中印间交通的这条道路为"罽宾道"，也可以称为东道。[3]

1　释慧皎:《高僧传》卷二《鸠摩罗什传》，第45~54页。

2　房玄龄等:《晋书》卷九五《艺术传》，第2485页。按：佛图澄籍贯，《晋书》作天竺，《高僧传》作龟兹。其俗姓帛，以此而论，当为龟兹人。

3　这条通道后来在唐代道宣《释迦方志》描述中印交通的三条路线时被称为"中道"，因为由于文成公主入藏，出现了吐蕃－尼婆罗道，相对于被称为"东道"的吐蕃－尼婆罗道和被称为"北道"的雪山道。

从西域南道入天竺，还有经瓦罕走廊进入中亚，而后南行至天竺一路，宋云等人就是经过这条道路至北天竺的。

（一）南北朝时从西域南道至天竺的道路

中亚是中国与南亚、西亚和东罗马交通的中转之地，越葱岭西行进入中亚的路线从汉代以后就分为两条。南道以于阗、莎车为门户，北道以疏勒为门户。从西域南道上于阗、莎车经皮山（今新疆皮山南）西南行，越过帕米尔高原，进入瓦罕走廊，从此向南翻越兴都库什山，可到达北天竺乌苌；经瓦罕走廊继续西行至中亚，南北朝时这里是嚈哒称霸，从嚈哒再南行亦可至乌苌。

于阗是自西域南道越葱岭进入中亚、南亚的道路的起点，这条道路的开通时间应该很早。据于阗建国传说，公元前3世纪中叶时于阗尚为无人之地，东土移民1万人在王子瞿萨旦那率领下到达于阗河下游。不久，阿育王宰辅耶舍也率7000人越大雪山来到于阗。经过争执，双方决定联合建国。瞿萨旦那成为于阗王，耶舍居相位。两部移民起初划地而居，后来逐渐融合，兴建城市，世代相传。《大唐西域记》"瞿萨旦那国"条亦记于阗建国事，略有不同：

> （瞿萨旦那国）王甚骁武，敬重佛法，自云毗沙门天之祚胤也。昔者，此国虚旷无人，毗沙门天于此栖止。无忧王太子在呾叉始罗国（塔克西拉）被抉目已，无忧王（阿育王）怒谴辅佐，迁其豪族，出雪山北，居荒谷间。迁人逐牧，至此西界，推举首豪，尊立为王。当是时也，东土帝子蒙谴流徙，居此东界，群下劝进，又自称王。岁月已积，风教不通，各因田猎，遇会荒泽，更问宗绪，因而争长。忿形辞语，便欲交兵。或有谏曰："今何遽乎？因猎决战，未尽兵锋。宜归治兵，期而后集。"于是回驾而返，各归其国，校习戎马，督励士卒。至期兵会，旗鼓相望，旦日合战，西主不利，因而逐北，遂斩其首。东主乘胜，抚集亡

国，迁都中地，方建城郭。[1]

玄奘笔下的"瞿萨旦那国"即于阗国。《大慈恩寺三藏法师传》则云，
于阗王先祖是无忧王太子，来自怛叉始罗国，其游牧部落逐水草而
居。[2] 虽其说不同，但据以上记载，印度移民最初是经过大雪山的谷道
进入南疆，居住在于阗西部的子合（me-skar）。于阗境内部民以氏族
为主，《西藏纪》中称为 Li-yul，意即氏国。综合这些传说，于阗即氏
族与印度移民斗争融合以后共同建立的王国。于阗建国的历史说明，
早在中国的战国时期，于阗一道已经成为沟通中印间的一条通道。

根据僧人的行踪，南道从于阗或莎车出发，越葱岭西行至印度有
多条支线，魏晋南北朝时皆有东来西往之佛教僧侣的身影和踪迹。宋
云等人的行程是经朱俱波等国西行，过瓦罕走廊至中亚，而后往乌苌
国。乌苌是北天竺国家，到此，便到了佛教的故乡。《魏书·西域传》
记载于阗国"西去朱俱波千里"。[3] 这条路线上有朱俱波、汉盘陀国、
钵和国、嚈哒国、波斯（波知）国，从乌苌国又到乾陀罗国。[4] 宋云等
西行取经至天竺，经行此一路线。

如上所述，他们经朱俱波、汉盘陀国至钵和国。钵和国在今阿
富汗东北部兴都库什山北瓦罕走廊地区，由此西行可至中亚之地嚈
哒，而后向乌苌，或向南翻越兴都库什山至乌苌。《魏书·西域传》
记载，钵和国"在渴槃陁西。其土尤寒，人畜同居，穴地而处。又
有大雪山，望若银峰。其人唯食饼麨，饮麦酒，服毡裘。有二道，
一道西行向嚈哒，一道西南趣乌苌"。[5] 瓦罕走廊是今阿富汗巴达赫
尚省至中国新疆呈东西向的狭长地带，是位于帕米尔高原南端和兴

1　玄奘、辩机原著，季羡林等校注《大唐西域记校注》卷一二，中华书局，2000，第 1006 页。

2　慧立、彦悰：《大慈恩寺三藏法师传》卷五，孙毓棠、谢方点校，中华书局，2000，第 120 页。

3　魏收：《魏书》卷一〇二《西域传》，第 2262 页。

4　乾陀罗国，本名叶（一作业）波（罗）国，中天竺大国，《梁书》卷五四《诸夷传》"中天竺"条
云："左右嘉维、舍卫、叶波等十六大国，去天竺或二三千里。"《魏书·西域传》记载："乾陁国
在乌苌西，本名叶波。为嚈哒所破，因改焉。"

5　魏收：《魏书》卷一〇二《西域传》，第 2280 页。

都库什山脉北东段之间的一个山谷，西起阿姆河上游喷赤河及其支流帕米尔河，东接新疆塔什库尔干塔吉克自治县。东西长约 300 公里，南北最窄处仅 15 公里，最宽处约 75 公里。按照宋云的描写："九月中旬入钵和国。高山深谷，险道如常。国王所住，因山为城。人民服饰，惟有毡衣。地土甚寒，窟穴而居。风雪劲切，人畜相依。国之南界有大雪山，朝融夕结，望若玉峰。"[1] 所谓"大雪山"即兴都库什山。"望若玉峰"即《魏书》所云"望若银峰"。

　　宋云等人从钵和国出发沿瓦罕走廊西行的道路前进，就到了嚈哒国。嚈哒人是古代生活在欧亚大陆的游牧民族。据中国史书记载，他们原来游牧于长城以北，又称"滑国"。他们是中亚游牧民族塞种人与汉代月氏人的后裔，迁至中亚地区，征服贵霜王国，称霸中亚，西方史学界称其为"白匈奴"（匈奴西迁中的变种）。[2] 宋云等人至此之际，正是其强盛之时："十月之初，至嚈哒国。土田庶衍，山泽弥望，居无城郭，游军而治。以毡为屋，随逐水草，夏则迁凉，冬则就温。乡土不识文字，礼教俱阙。阴阳运转，莫知其度，年无盈闰，月无大小，周十二月为一岁。受诸国贡献，南至牒罗，北尽敕勒，东被于阗，西及波斯，四十余国皆来朝贡。"[3] 宋云作为大魏使节，向嚈哒王递交诏书，嚈哒王"见大魏使人，再拜跪受诏书"。据宋云记载，嚈哒离北魏首都洛阳 2 万余里。

　　离开嚈哒，经波知国、赊弥国、钵卢勒国至乌苌国，这些都是兴都库什山山区小国，道路十分艰险。"十一月中旬。入赊弥国。此国渐出葱岭，土田嶢峣，民多贫困。峻路危道，人马仅通，一直一道。从钵卢勒国向乌场国。铁锁为桥，悬虚而度，下不见底，旁无挽捉。倏忽之间，投躯万仞，是以行者望风谢路耳。"十二月初至乌苌国。乌苌国（梵文 Udyana，意为"花园"），故地在今巴基斯坦北部斯瓦特河（Swat/Svat）流域。《洛阳伽蓝记》作"乌场"，《新唐书》

1　杨衒之撰，周祖谟校释《洛阳伽蓝记校释》卷五，第 180 页。

2　关于嚈哒人的族名、族源和族属，学术界争议很大，参见余太山《嚈哒史研究》，第 10~52 页。

3　杨衒之撰，周祖谟校释《洛阳伽蓝记校释》卷五，第 181 页。

作"乌荼",《大唐西域记》作"乌仗那",《佛祖统纪》作"乌填曩"
或"优填曩",《文献通考》作"越底延",皆同名异译。自古即与
中国有交往,东晋时法显曾到此地。法显说"乌苌是正北天竺也"。[1]
乌苌地处斯瓦特河谷地,佛经中将很多有关佛陀生活的传说定位在
了斯瓦特河谷地。这种传说更常出现在北传佛典之中,因此中土僧
人往往跋山涉水,不辞辛苦,到此巡礼佛迹求法取经。据宋云的描
写,乌苌国"北接葱岭,南连天竺,土气和暖,地方数千里,民物
殷阜"。[2]乌苌国地处北天竺,因此到了乌苌便到了佛教故乡。《宋云
行纪》里对乌苌国有详细记载。这里是佛教本生故事鞞罗施儿、萨
埵投身饲虎之地。[3]乌苌国国王崇信佛教,社会太平。宋云等人在这
里一直待到至光元年四月中旬才离开,他们在此巡礼如来圣迹。国
中有河,河东有佛晒衣处。河西有池,池边有一寺,名龙王寺。王
城北80里有如来履石之迹,上建塔笼之,其地置寺,有僧70余人。
塔旁有佛嚼枝生杨处,今有大树名曰婆楼树。城北有陀罗寺,佛事
兴隆,宋云在此施舍两名奴婢,为寺院洒扫。萨埵投身饲虎的地方
离王城东南有八天的路程,山上有寺,名收骨寺,寺有300多名僧
人。宋云等人出资在山顶建了一座佛塔,并刻石纪念,文字用隶书
书写。宋云等人还来到离王城500里的善持山,时值春天,"鸟鸣春
树,蝶舞花丛",他在这里睹景思乡,愁肠不解,导致旧疾复发,得
婆罗门咒方才痊愈。[4]这里有众多佛祖遗迹。善持山山顶东南有太子
石室,室前十步有大方石,是释迦牟尼为太子时常坐处,阿育王在
此立塔纪念。塔南一里处有太子草庵,东北下山50步处有太子男女
绕树不去,婆罗门以杖鞭之流血洒地处,有天帝释化为狮子,当路
蹲坐遮嫚妮处,都有塔记。山中有五百罗汉床,有大寺,有僧200
人。有太子饮水泉,泉北有寺。隔山岭还有婆奸寺,有僧80人,北

---

1 法显撰,章巽校注《法显传校注》,中华书局,2008,第27页。

2 杨衒之撰,周祖谟校释《洛阳伽蓝记校释》卷五,第185页。

3 杨衒之撰,周祖谟校释《洛阳伽蓝记校释》卷五,第185~188页。

4 杨衒之撰,周祖谟校释《洛阳伽蓝记校释》卷五,第191页。

魏僧人道荣曾到此礼拜。

正光元年（520）四月中旬，他们从乌苌国到乾陀罗国。乾陀罗国是公元前 6 世纪已经存在的古国，为南亚列国时代十六大国之一，其国名在汉文文献中还有犍陀罗、犍陀卫国（《佛国记》）、健驮逻国（《大唐西域记》）、健驮逻、健陀罗、乾陀卫、乾陀等，意思是香遍国。其核心区域包括今巴基斯坦东北部和阿富汗东部，地处兴都库什山脉，居人多生活在喀布尔河、斯瓦特河、印度河等河流山谷中。此地是南亚次大陆文明发源地之一，地处欧亚大陆连接点，都城是塔克西拉（Takṣaśilā，或译作怛又始罗）。公元前 3 世纪，孔雀王朝把塔克西拉城归入摩揭陀国。阿育王信奉佛教，塔克西拉日益成为佛教圣地和宗教艺术中心，著名的犍陀罗艺术发祥于此。在宋云等人之前，法显曾到此巡礼，后来玄奘也曾到此参拜。当地法益太子（音译拘浪孥、拘那罗、鸠那罗等）塔遗迹至今犹存，城周边有诸多佛教遗迹。宋云等到乾陀罗国时，乾陀罗国被嚈哒征服，国王为嚈哒所立，不信佛法，多行杀戮，此时正征战在外。宋云等人到军中见国王，国王凶慢无礼。在乾陀罗国，他们瞻仰了如来舍头施人处，这里有塔寺，20余僧。西行至辛头大河（印度河），河西岸有如来作摩竭大鱼 12 年间以肉济人处。再西行三日，至佛沙伏城，其城内外皆有古寺。有寺名白象宫，寺前有白象树，相传佛法灭，此树亦灭。寺内图画有太子夫妻以男女乞婆罗门像。再西行一日，有如来挑眼施人处，有塔寺。再西行一日，乘船渡一深水，至乾陀罗城，即塔克西拉。《道荣传》记载，如来在世时曾与弟子游化此地。贵霜王迦腻色迦崇奉佛教，在此建塔纪念，名雀离浮图。宋云等人在此巡礼佛教圣迹，如如来为尸毗王救鸽之处、那迦罗阿国之佛顶骨、耆贺滥寺之佛袈裟、佛锡杖、瞿波罗窟之佛影、佛浣衣处、目连窟、六佛手作浮图等。宋云一行于正光二年二月归国。

（二）罽宾国与罽宾道的开辟

罽宾，魏晋南北朝时又称迦湿弥罗（梵文 Kaśmira），又作羯湿弭罗国、迦叶弥罗国、个失密国，是位于西北印度犍陀罗的东北、喜马拉雅山山麓古国，约在今克什米尔地区。西北与大月氏、西南与乌弋山离（今阿富汗赫拉特一带）相接。都循鲜城（今克什米尔斯利那加附近），"户口、胜兵多，大国也"。[1] 居民主要从事农业，金银铜锡器物制作精巧。罽宾与其西南的乌弋山离共同组成丝路南道的要冲，史称"罽宾—乌弋山离道"，是古代沟通东亚、西亚、南亚、中亚的交通要道。波斯阿赫门王朝、希腊亚历山大大帝都曾占有此地。巴克特里亚希腊王国（即大夏）和帕提亚王国（即安息）相继统治罽宾。后来，塞人赶走希腊统治者，在罽宾建立塞人王朝。《汉书·西域传》记载："昔匈奴破大月氏，大月氏西君大夏，而塞王南君罽宾。塞种分散，往往为数国。自疏勒以西北，休循、捐毒之属，皆故塞种也。"[2]

公元前 2 世纪中叶，受大月氏逼迫迁离伊犁河流域的塞人一部分进入此地，另一部分南迁大夏。当大月氏西迁至阿姆河流域时，西南方的塞人部落联盟受到威胁。公元前 127 年（汉武帝元朔二年），马萨革泰、萨卡拉瓦和帕喜等塞人越过安息北部边疆，从马里和赫拉特大道大举南侵安息，杀死安息王弗拉特二世（公元前 137~前 127 年在位），占据了德兰琴那和阿拉科西亚二郡。此后大部分塞人和安息人杂居，占据这块被称为锡斯坦的地方。另一部分塞人不愿受安息人控制，在公元前 120 年左右向东越过苏里曼山的木拉山口，到达印度河中游。二三十年后，这些塞人陆续南下占据了次大陆西海岸巴塔拉（一译伯达拉，印度旁遮普邦西北部城市）和苏拉斯特拉一带，建立若干塞人小国。还有一部分塞人溯印度河北上，由喀布尔河流域和旁遮普邦进入克什米尔。塞人于此立国，形成"大月氏西君大夏，而塞王南君罽宾"的局面。塞人立国的具体时间不能确知。据英国学者塔恩《巴克特里亚和印度的希腊人》的研究，罽宾在弗拿那统治时期，

1　班固：《汉书》卷九六《西域传上》，第 3884 页。

2　班固：《汉书》卷九六《西域传上》，第 3884 页。

阿拉科西亚和喀布尔由贵族斯帕立里斯（Spalyris）和斯帕拉卡达姆
（Spalagadama）父子掌权。《汉书》中的罽宾王乌头劳是斯帕立里斯统
治时期发行的钱币上铭刻的"王兄"或"王弟"的音讹，意思是"宰
辅"，大致是安德烈（Andrè）或安东尼（Antonius）的塞语读法。[1]

　　张骞出使西域后，此道始通，史载"自武帝始通罽宾"。[2] 汉武
帝遣使者至罽宾，汉与罽宾始有往来。罽宾地处交通要道，因此在世
界各古代文明之间的交流中有重要地位。不仅是重要的贸易路，也是
古代各种文化汇聚之地，又是佛教大乘派发源地，汉代以后不少僧人
由此入华译经传教。因为由缅甸可通印度，因此在今缅甸境内的掸国
也经由此道入华。《后汉书·陈禅传》记载永宁元年，西南夷掸国王
献乐及幻人，"明年元会，作之于庭，安帝与群臣共观，大奇之"。谏
议大夫陈禅认为"帝王之庭，不宜设夷狄之技"。尚书陈忠不同意他
的看法，说："古者合欢之乐舞于堂，四夷之乐陈于门……今掸国越
流沙，逾悬度，万里来献，非郑卫之声，佞人之比。"[3] 但这条道路不
是畅通无阻的，除了道途险远，罽宾统治者与汉朝的关系也一直很紧
张。西汉昭帝、宣帝时，罽宾王乌头劳"自以绝远"，"汉兵不能至"，
曾数次剽杀汉使，劫夺财物。乌头劳死，其子代立，遣使奉献。汉朝
派关都尉文忠送其使回国，罽宾王却欲加害文忠。文忠与容屈王子阴
末赴（Hermaeus）合谋杀之，立阴末赴为王，授以汉朝印绶。

　　阴末赴是巴克特里亚希腊统治者（Yonaki，城主）的后裔，公元
前50~前30年在汉人帮助下登上罽宾国王位。但不久阴末赴与汉使
失和，锁系军候赵德，杀副使以下70余人，却又遣使谢罪。汉元帝
为此与之绝而不通。[4] 汉成帝时，罽宾王又遣使谢罪，贡献方物。汉欲
遣杜钦报送其使。杜钦就此表示反对，他向大将军王凤阐述自己的意
见，他的理由有二。其一即罽宾国对汉朝的态度：

1　W. W. Tarn, *The Greeks in Bactria and India*, Chicago: Ares Publishers, Inc, 1985, p.108.

2　班固:《汉书》卷九六《西域传上》，第3885页。

3　范晔:《后汉书》卷五一《陈禅传》，第1685页。

4　班固:《汉书》卷九六《西域传上》，第3886页。

前罽宾王阴末赴本汉所立，后卒畔逆。夫德莫大于有国子民，罪莫大于执杀使者，所以不报恩，不惧诛者，自知绝远，兵不至也。有求则卑辞，无欲则娇嫚，终不可怀服。凡中国所以为通厚蛮夷，惬快其求者，为壤比而为寇也。今县度之扼，非罽宾所能越也。其向慕，不足以安西域；虽不附，不能危城郭。前亲逆节，恶暴西域，故绝而不通；今悔过来，而无亲属贵人，奉献者皆行贾贱人，欲通货市买，以献为名，故烦使者送至县度，恐失实见欺。

其二是路途上的艰辛，包括人为的劫掠和山道的险阻：

凡遣使送客者，欲为防护寇害也。起皮山南，更不属汉之国四五。斥候士百余人，五分夜击刀斗自守，尚时为所侵盗。驴畜负粮，须诸国禀食，得以自赡，国或贫小不能食，或桀黠不肯给，拥强汉之节，馁山谷之间，乞匃无所得，离一二旬则人畜弃捐旷野而不反。又历大头痛、小头痛之山，赤土、身热之阪，令人身热无色，头痛呕吐，驴畜尽然。又有三池、盘石阪，道狭者尺六七寸，长者径三十里。临峥嵘不测之深，行者骑步相持，绳索相引，二千余里乃到县度。畜队，未半坑谷尽靡碎；人堕，势不得相收视。险阻危害，不可胜言。

因此，他建议："圣王分九州，制五服，务盛内，不求外。今遣使者承至尊之命，送蛮夷之贾，劳吏士之众，涉危难之路，疲弊所恃以事无用，非久长计也。使者业已受节，可至皮山而还。"[1] 王凤奏于成帝，朝廷采纳了杜钦的建议，因越过县度过于艰险，命汉使止于皮

1　班固：《汉书》卷九六《西域传上》，第3886~3887页。

山。但"罽宾实利赏赐贾市，其使数年而一至"。[1] 阴末赴是在印度的最后一个希腊统治者赫尔梅奥斯，在世时占有整个帕拉帕米撒达（Paropamisadae），他死后，帕拉帕米撒达又归塞人统治。汉成帝鸿嘉二年（公元前 19 年）后，乌弋山离国占领了罽宾，至 1 世纪初，罽宾与高附国又被贵霜王朝吞并。但罽宾一直和中国保持着贸易方面的联系。

由于交往不断，汉对罽宾颇有了解。《汉书·西域传》对其地理位置、物产工艺、塞种兴衰、政治状况等均有记录，其中言其物产云："罽宾地平，温和，有目宿、杂草奇木，檀、槐、梓、竹、漆。种五谷、蒲陶诸果，粪治园田。地下湿，生稻，冬食生菜。其民巧，雕文刻镂，治宫室，织罽，刺文绣，好治食。有金银铜锡，以为器，市列。以金银为钱，文为骑马，幕为人面。出封牛、水牛、象、大狗、沐猴、孔爵、珠玑、珊瑚、虎魄、璧流离。它畜与诸国同。"[2] 中国文献中罗列的罽宾这些特产，汉时当曾作为贡品输入中国。魏晋南北朝时罽宾仍与中国来往不断。《魏书·西域传》云："罽宾国，都善见城，在波路西南，去代一万四千二百里，居在四山中。其地东西八百里，南北三百里。……每使朝献。"[3]《通典·边防》"罽宾"条云："罽宾实利赏赐贾市，其使数年而一至，自后无闻。至后魏始通之。"[4] 此言"自后无闻"云云并不确切，实际上罽宾一直是佛教僧侣经行之道。汉时已有僧人由此入华传教，此后自罽宾入华的僧人代不乏人，魏晋南北朝时罽宾在中印间交通特别是佛教传播方面一直发挥着重要作用。

1~3 世纪时，罽宾被兴起于中亚并取代大月氏王国的贵霜王国征服，贵霜王崇奉佛教，这里发展成佛教中心之一。由于佛教僧人的东来西往，罽宾成为中印间交通的重要连接点，罽宾道成为名副其实的

1　班固：《汉书》卷九六《西域传上》，第 3887 页。

2　班固：《汉书》卷九六《西域传上》，第 3885 页。

3　魏收：《魏书》卷一〇二《西域传》，第 2277 页。

4　杜佑：《通典》卷一九二《边防八》，第 5236 页。

"佛传之路"。根据中外学者的考证，罽宾汉时在今克什米尔一带，在魏晋时期指喀布尔河下游，主要是以白沙瓦为中心的犍陀罗地区。东晋南北朝时期称迦湿弥罗，即隋唐时之迦毕试。佛经故事和犍陀罗的浮雕艺术都表明犍陀罗是印度佛教中心，其地在今巴基斯坦与阿富汗北部，东起印度河，西至昆都士河。这里之所以成为佛教中心，还因为这里保存着佛教圣物——佛钵。佛钵又称佛钵盂，是佛陀生前所用之食钵。据《太子瑞应本起经》卷下，释迦牟尼初成道，四天王各献颇那山之石钵，佛受此四钵，置于左手中，右手按其上，以神力使合为一钵。释迦牟尼涅槃后，佛钵受到供养礼拜。据《马鸣菩萨传》、《付法藏因缘传》卷五，月氏国王（迦腻色迦王）攻破摩揭陀国华氏城，获佛钵及马鸣而还。可知迦腻色迦王（1世纪左右）以前，佛钵流传于北天竺，东晋时则在布路沙布逻国（即白沙瓦）。据说，佛钵曾为罽宾国寐吱曷罗俱逻王所碎，后移往北方，至波罗钵多国受大供养，因佛力之故，破钵遂得完好如初。[1] 由此，这里成为4~5世纪僧侣仰慕的佛教圣地。

（三）经罽宾往来佛传之路的僧侣

魏晋南北朝时，由西域南道经罽宾至乌苌是进入印度的经由道路之一，罽宾地处从西域南道入中亚丝路南道上的另一条重要支线上。如前所述，这是中国和北印度之间最早的一条陆路，魏晋南北朝时数量众多的求法僧和译经僧往返于这条道路，从事佛教经典的传播。

著名的"悬度"在此道上。悬度，一作"县度"，古代山名，据《通典·边防》，悬度山在渴盘陀，"溪谷不通，以绳索相引而度。其间四百里中往往有栈道，有的地方要悬绳而渡，因以为名"。[2] 自汉以后，为西域重要山道之一。考古发现中国使节西行有经此路线的足

---

1 关于佛钵的传说，可参《过去现在因果经》卷三，《大品般若经》卷一《奉钵品》，《四分律》卷三一、卷五二，《大智度论》卷二六、卷三五，《出三藏记集》卷一五《智猛传》，《大唐西域记》卷八，《法苑珠林》卷九八等的记载。

2 杜佑：《通典》卷一九三《边防九》，第5273页。

迹。在今巴基斯坦地古代"罽宾—悬度"的路线上，发现数以千计的
岩刻文字题词，其中有许多东来中国的粟特人的旅途题名，[1]也有几例
汉文行人题记。其中在哈勒德伊基什（Holdeikish）附近的"洪札灵
岩"（Sacred Rock of Hunza）二号岩刻群中，有北魏使节"大魏使谷
巍龙向迷密使去"的题刻，这一汉文题记可能就是北魏太平真君十年
（449）前北魏使节留下的遗迹。[2]从犍陀罗赴中国内地的僧徒自犍陀
罗北上，首先到达宿呵多，今喀布尔河支流斯瓦特河中下游地区，相
当于今巴基斯坦马拉坎德（巴基斯坦北部城市，位于斯瓦特河东部、
马尔丹东北）附近。而后至印度河畔的陀历（梵语 Darada 音译），今
巴基斯坦印度河上游达迪斯坦附近。法显等人入天竺之行程，即经此
道。从于阗至罽宾，中有渠莎国（莎车国）、阿钩羌国、波沦国（波
路国）、小月氏国。[3]中国求法僧有的经此道西行取经。智猛等西行
求经，经过此条路线。他们从于阗西南行 2000 里，登葱岭，至波沦
国（Bolor，今博罗尔）。翻兴都库什山，渡辛头河，到罽宾国。又至
奇沙国、迦维罗卫国、华氏国阿育王旧都。《高僧传·释智猛传》中
从于阗至罽宾的过程云："从于阗西南行二千里，始登葱岭，而九人
退还。猛与余伴进行千七百里，至波伦国。同侣竺道嵩又复无常。将
欲阇毗，忽失尸所在。猛悲叹惊异，于是自力而前。与余四人共度
雪山，渡辛头河，至罽宾国。"[4]释慧览，俗姓成，酒泉人。曾游西域，
在罽宾师从达摩比丘，"咨受禅要"。达摩以戒法授慧览，慧览回到于
阗，又以戒法授其地诸僧。[5]

　　罽宾多出高僧，魏晋南北朝时期不少罽宾僧人东来入华，从罽
宾入华的道路有时经西域北道，有时经西域南道。《高僧传》卷一记
载，僧伽跋澄，罽宾人，苻坚建元十七年（381）至长安。僧伽提婆，

1　A.H.Dani, *Human Records on Karakorum* Highway, Islamabad, 1983, pp.26-28.

2　马雍：《巴基斯坦北部所见"大魏"使者的岩刻题记》，《南亚研究》1984 年第 3 期。

3　魏收：《魏书》卷一〇二《西域记》，第 2264、2276、2277 页。

4　释慧皎：《高僧传》卷三《释智猛传》，第 125 页。

5　释慧皎：《高僧传》卷十一《释慧览传》，第 418 页。

罽宾人，符坚建元（365~385）中入长安，又至洛阳。东晋安帝隆安元年（397）又至京师建康。同书卷二记载，弗若多罗，罽宾人，后秦弘始（399~416）中入关，姚兴待以上宾之礼。卑摩罗叉，罽宾人，先在龟兹，弘阐律藏。及龟兹陷没，乃避地乌缠。听说鸠摩罗什在长安，杖锡流沙，冒险东渡，于后秦弘始八年至关中。佛陀耶舍，罽宾人，先至沙勒国。停十余年，乃东适龟兹，又至长安，后辞还外国，返回罽宾。同书卷三记载，昙摩密多，罽宾人，少好游方，誓志宣化，周历诸国，遂适龟兹。后度流沙，进入敦煌。不久，又到凉州。宋元嘉元年（424）至蜀，而后顺江东下，先后至荆州、建康。

有的天竺高僧经罽宾至中国。佛驮跋陀罗，本姓释氏，迦维罗卫国人，乃甘露饭王之苗裔。祖父达摩提婆，尝商旅于北天竺，定居于此，佛驮跋陀罗于此地那呵利城出生。他与同学僧伽达多共游罽宾，中国沙门智严西至罽宾，邀请他到汉地传教，于是"舍众辞师，裹粮东逝。步骤三载，绵历寒暑，既度葱岭，路经六国，国主矜其远化，并倾心资奉。至交趾，乃附舶循海而行……至青州东莱郡，闻鸠摩罗什在长安，即往从之"。[1] 昙无谶，中天竺人，北往罽宾，罽宾国多小乘，不信《涅槃经》，乃东适龟兹，复进入姑臧。[2]

罽宾是佛经盛传之地，汉地僧人西行求法，往往至罽宾或经此进入天竺各地。佛图澄"西域人也，本姓帛氏"，当为龟兹国人，从西域到洛阳，"志弘大法"。自言曾"再到罽宾，受诲名师，西域咸称得道"。[3] 4~5 世纪时，中印求法僧通常行经此道。鸠摩罗什 9 岁时从龟兹出发，随母渡辛头河，至罽宾，再从罽宾北返，入西域北道，经疏勒回龟兹。[4] 昙无竭，幽州黄龙人，于宋永初元年（420）招集同志沙门僧猛、昙朗之徒 25 人，远适西方。经河南国，出海西郡，涉流沙

1　释慧皎：《高僧传》卷二《译经中》，第 69~70 页。
2　释慧皎：《高僧传》卷二《译经中》，第 76~77 页。
3　释慧皎：《高僧传》卷九《神异上》，第 345 页。
4　释慧皎：《高僧传》卷二《译经中》，第 45~46 页。

到高昌郡。历龟兹、沙勒国，登葱岭，度雪山、大雪山，至罽宾国。[1]
智严，西凉州人，弱冠出家，每以本域丘墟，志欲博事名师，广求经
诰。遂周流西国，至罽宾，入摩天陀罗精舍。请到佛驮跋陀罗，遂共
东行，逾沙越险，达自关中。又往南朝，泛海到天竺，步归至罽宾。[2]
智猛，雍州京兆新丰人，后秦弘始六年从长安出发，一行 15 人，经
凉州，出阳关，西入流沙，历鄯善、龟兹、于阗诸国。从于阗西南行
2000 里，登葱岭，至波沦国。翻越雪山（兴都库什山），渡辛头河，
到罽宾。又至奇沙国、迦维罗卫国、华氏国阿育王旧都。[3]

从罽宾西南行可至天竺之乌苌、乾陀罗、迦维罗卫诸国，皆是由
罽宾入天竺后常至之北天竺诸国。罽宾高僧除了北上经陆路至中国北
朝外，亦有南行入天竺，然后经海路来中国者。昙摩耶舍，罽宾人，
"逾历名邦，履践郡国，以晋隆安（397~401）中初达广州，住白沙
寺"。[4] 佛驮什，罽宾人，以宋景平元年（423）七月届于扬州。[5] 求那
跋摩，本刹利种，累世为王，治在罽宾国。至年二十，出家受戒。后
避王位，辞师违众，遁迹人世。后到师子国，观风弘教。又至阇婆
国。邻国闻风，皆遣使要请。元嘉元年九月，京师名德沙门慧观、慧
聪等面启文帝，求迎请跋摩。文帝敕交州刺史，令泛舶延致。求那跋
摩先已随商人竺难提舶，欲向一小国。会值便风，遂至广州，经始兴
至建康。[6]

中土西行求法僧有的经罽宾进入天竺诸国，也有断续前行经海
路回国者。法显乃一显著的例子。又《高僧传》卷三记载，智猛等人
到罽宾国后，又至奇沙国、迦维罗卫国、华氏国阿育王旧都，从此返
国。昙无竭等进至罽宾国后，西行至辛头那提河，缘河西入月氏国。
后至檀特山南石留寺，复行向中天竺界，经舍卫国，渡恒河，后于南

---

1 释慧皎：《高僧传》卷三《译经下》，第 93~94 页。

2 释慧皎：《高僧传》卷三《译经下》，第 98~100 页。

3 释慧皎：《高僧传》卷三《译经下》，第 125~126 页。

4 释慧皎：《高僧传》卷一《昙摩耶舍传》，第 41~42 页。

5 释慧皎：《高僧传》卷三《译经下》，第 96 页。

6 释慧皎：《高僧传》卷三《译经下》，第 105~107 页。

天竺随舶泛海达广州。从这些僧人的行踪可知，罽宾确是 3~4 世纪时佛教传播的一个中心。

三　佛传之路之西道

上述从于阗、莎车越葱岭入北天竺，罽宾道距离较近。此道汉代已经走通，但罽宾道既有悬度那样翻越葱岭的自然险阻，不利于大规模的商队通过，又有罽宾统治者的剽劫，汉朝统治者不乐意经此道遣使与这样的国家交通，因此汉代中印间的贸易往来一是经南方的海道，二是经过塔什库尔干出明铁盖山口，沿喷赤河上游西行，至昆都士或巴尔克南后，向东南越兴都库什山，经过喀布尔（在今阿富汗）、白沙瓦（在今巴基斯坦），进至怛叉始罗（在今巴基斯坦沙德里西北之哈桑阿卜杜勒）、旁遮普（在今印度）。此道比罽宾道绕行较远，但道路较通畅，人为的障碍少。

从中国赴印度求法的道路，从西域北道经疏勒，越葱岭，经过中亚诸国，而后向南，经兴都库什山西侧，亦可至印度。当年马其顿国王由中亚侵入印度，便是行经此路。越兴都库什山而至印度的道路被称为"雪山道"，相对于罽宾道，可称为"西道"，在唐代释道宣的《释迦方志》中被称为"北道"。

雪山是古代印度人和中亚南部人对葱岭和兴都库什山诸山的总称，亦称大雪山。这条道路的起点是疏勒（今新疆喀什）。从疏勒出发，经竭叉西行，东晋时法显"从此西行向北天竺，在道一月，得度葱岭。葱岭冬夏有雪。又有毒龙，若失其意，则吐毒风，雨雪，飞沙砾石。遇此难者，万无一全。彼土人人即名为雪山人也"。[1] 玄奘等《大唐西域记》卷一"迦毕试国"记载，此地有大雪山龙池：

1　释法显撰，章巽校注《法显传校注》，第 21 页。按：竭叉地在何处，诸家说法不一，据章巽考证，以在今塔什库尔干塔吉克自治县最有说服力。见同书，第 18~19 页。

"王城西北二百余里至大雪山。"[1] 同书卷二 "滥波国" 又云："滥波国，周千余里，北背雪山，三垂黑岭。"[2]《高僧传·昙无竭传》描述了翻越雪山和大雪山的艰险。昙无竭等 25 人从疏勒出发，"登葱岭，度雪山，障气千重，层冰万里，下有大江，流急若箭。于东西两山之胁，系索为桥。十人一过，到彼岸已，举烟为帜。后人见烟，知前已度，方得更进。若久不见烟，则知暴风吹索，人堕江中。行经三日，复过大雪山。悬崖壁立，无安足处。石壁皆有故杙孔，处处相对。人各执四杙，先拔下杙，手攀上杙，展转相攀，经日方过。及过平地相待，料检同侣，失十二人。进至罽宾国……复西行至辛头那提河（印度河），汉言师子口。缘河西入月氏国……后至檀特山南石留寺……停夏坐三月日，复行向中天竺界"。[3]《高僧传》卷六《释道融传》记载，师子国有一婆罗门，乘驼负书，来到长安。此婆罗门当穿行天竺，经陆路至中国。《续高僧传》卷二记载，那连提黎耶舍，北天竺乌场国人。六人为伴，行化雪山之北，循路东指，到芮芮国。值突厥乱，远投齐境。芮芮即北方草原民族柔然。天保七年（556）至北齐京都邺城。[4] 耶舍南北奔波，其行迹南至师子国，东行至北齐国都。

　　雪山道经巴克特里亚，巴克特里亚既是汉代中印之间贸易往来的重要中转枢纽，也是印度河、两河流域和阿姆河流域交往的主要交通干道，汉文文献中称为 "大夏"。1 世纪初希腊佚名船长《厄立特里亚海航行记》记载中国的 "棉花、丝线和被称为 Sêrikon（意为丝国的）的纺织品，被商队陆行经大夏运至婆罗羯车（Barygaza，今巴罗哈港），或通过恒河运到利穆利（Damirike，今印度泰米尔纳德邦）"。[5] 希腊地理学家托勒密在成书于 150 年的《地理学》一书中，根据马利

1　玄奘、辩机原著，季羡林等校注《大唐西域记校注》卷一，第 149 页。

2　玄奘、辩机原著，季羡林等校注《大唐西域记校注》卷二，第 218 页。

3　释慧皎：《高僧传》卷三《昙无竭传》，第 93 页。

4　道宣：《续高僧传》卷二《那连提黎耶舍传》，第 33~34 页。

5　〔法〕戈岱司编《希腊拉丁作家远东古文献辑录》，第 18 页。

纽斯的材料，从由西方到过赛里斯国的人那里知道，"不只有一条路从那里（赛里斯国）途经石塔而至大夏，而且还有一条从该地取道华氏城（梵文 Pataliputra，希腊文 palimbothra，今巴特那）而通往印度的路"。[1] 这条不经大夏的路应该就是取道昆都士或巴尔克，越兴都库什山，由怛叉始罗南下的雪山道。

这条路线是张骞通西域后开通的。张骞第一次出使西域，寻找大月氏，就来到了大夏。第二次出使西域，张骞在乌孙遣副使至身毒当经此道。《史记·大宛列传》记载，张骞出使乌孙，"多持节副使，道可使，使遗之他旁国"。[2] 他的副使所至之国为"大宛、康居、大月氏、大夏、安息、身毒、于阗、扜罙及诸旁国"。[3] 从乌孙出发的汉使赴身毒（印度），很可能走的就是雪山道。东汉时由于贵霜王朝的兴起，中亚、南亚次大陆西北部和西亚一部分皆归属贵霜王国，此路在中印交通方面更为重要。据《后汉书·西域传》，"从月氏、高附国以西，南至西海，东至磐起国（孟加拉国），皆身毒之地"。[4] 高附国在大月氏西南，今阿富汗喀布尔一带，也是大国，风俗似印度，民善贾贩，内富于财，兵弱畏战，故容易征服，常附属别国。史载"天竺、罽宾、安息三国，强则得之，弱则失之，而未尝属月氏，《汉书》以为五翖侯数，非其实也。后属安息，及月氏破安息，始得高附"。[5] 1世纪中叶以后，贵霜王朝又征服身毒北部，"身毒有别城数百，城置长；别国数十，国置王。虽各小异，而俱以身毒为名。其时皆属月氏，月氏杀其王而置将，令统其人"，"西与大秦通，有大秦珍物"。[6] 贵霜西与罗马、东与中国交通频繁。在贵霜强盛陆路畅通时，天竺通过陆路与中国交通十分频繁，汉和帝时多次遣使贡献。

6世纪中叶以后，这条行经兴都库什山西侧的道路取代了传统的

1　〔法〕戈岱司编《希腊拉丁作家远东古文献辑录》，第30页。

2　司马迁：《史记》卷一二三《大宛列传》，第3168页。

3　司马迁：《史记》卷一二三《大宛列传》，第3169页。

4　范晔：《后汉书》卷八八《西域传》，第2921页。

5　范晔：《后汉书》卷八八《西域传》，第2921页。

6　范晔：《后汉书》卷八八《西域传》，第2921页。

喀喇昆仑山道路。原因是北印度政治形势的变化。传统的喀喇昆仑山
道路虽然自然条件比较险恶，但因为基本都通过嚈哒王朝控制的地
区，没有人为的危害，安全可以得到保证，因而过往旅行者很多。崛
起于中亚的突厥，联合波斯萨珊，共同打击嚈哒，使其迅速衰落。嚈
哒大约在 568 年灭亡，此后突厥势力进入阿姆河以南的吐火罗地区，
喀喇昆仑山的道路变得不再安全，很快衰败下去。新出现的兴都库什
山西侧道路的路线大致如下：自犍陀罗出发，西行迦毕试，翻越兴都
库什山（大雪山）的西段，进入吐火罗地区，而后到印度。隋代裴矩
《西域图记》一书中提到的穿过吐火罗地区，翻越兴都库什山西麓到
达北印度的交通路线就是这条道路。

　　裴矩《西域图记》中提到"帆延"（巴米扬）和迦毕试两个地
名，两地都是北道必经之地。[1] 帆延坐落在兴都库什山间，巴米扬河
横贯山间，构成一块山间小盆地。对于长途跋涉而来的旅行者和商
队来说，乃驻足小憩补充给养然后继续前行的好地方。迦毕试的位
置在兴都库什山东南今阿富汗喀布尔一带，从印度各地北上的僧徒
和商人来到这里，做好进山之前的准备工作；从吐火罗地区南下的
僧徒和商人，则在翻越兴都库什山后结束长途山地旅行，在此稍做
休整，这里成为他们恢复体力和精力的好地方。因此，巴米扬和迦
毕试作为新开辟的兴都库什山西侧道路的重要枢纽，于 6 世纪后半
期迅速兴起和繁荣。《续高僧传·达摩笈多传》记载达摩笈多从中天
竺至迦毕试国，"其国乃是北路之会，雪山北阴，商侣咸凑其境"。[2]
他在这里从来自中国的商队那里听到中国的消息，北行到沙勒（疏
勒，今新疆喀什），经西域北道龟兹、乌耆（焉耆）、高昌、伊吾，
来到中原地区。

　　兴都库什山西侧道路的兴盛，巴米扬大佛是一个明证。6 世纪中
期，中印交通间新出现的兴都库什山西侧路线迅速繁荣，与此相适

1　魏徵等：《隋书》卷六七《裴矩传》，第 1579 页。

2　道宣：《续高僧传》卷二《达摩笈多传》，第 43 页。

应，地处兴都库什山间的巴米扬成为新的佛教中心。《大唐西域记》卷二"梵衍那"条的记载反映了这里是商贸和佛教传播的要道，书中记载这里"商估往来者，天神现征祥，示崇变，求福德。伽蓝数十所，僧徒数千人，宗学小乘说出世部"。[1] 据他的记载，当地居民特别是那些往来过境的客商和朝拜弘法的僧侣，对各种天神地祇都表现出至为虔诚的膜拜。他们祀奉神明，祈祷贸易的兴隆和旅途的平安。随着巴米扬社会地位的提高，祭祀百神的各种宗教活动日益活跃。尽管当时在印度内地和犍陀罗地区，佛教已经处于明显的衰落境地，但在巴米扬，佛教仍保持着兴盛的局面，"淳信之心，特甚邻国。上自三宝，下至百神，莫不输诚竭心宗敬"。[2] 巴米扬作为交通要道和商旅贸易的枢纽，拥有丰厚的经济实力，为佛教提供了赖以生存的经济基础。在这种形势下，6 世纪后半期诞生了闻名世界的巴米扬大佛。玄奘是最早记述巴米扬大佛的中国人，《大唐西域记》卷一记载：

> 王城东北山阿，有立佛石像，高百四五十尺，金色晃耀，宝饰焕烂。东有伽蓝，此国先王之所建也。伽蓝东有鍮石释迦佛立像，高百余尺，分身别铸，总合成立。[3]

根据实地测量，巴米扬大佛的高度分别是：西大佛 55 米，东大佛 38 米。巴米扬是一个东西 1000 余公里、南北 150 公里的雪山小国，人力、物力和财力都很有限，却能塑造出如此巨大的石佛，实际上是佛教兴盛、中印交通发达、商业繁荣和文化交流频繁的表现。北印度犍陀罗高僧阇那崛多（572~604）一行，就是通过这条道路来到中国，他经过迦毕试国，"逾大雪山西足，固是天险之峻极也，至犾恒

1　玄奘、辩机原著，季羡林等校注《大唐西域记校注》卷一，第 129 页。
2　玄奘、辩机原著，季羡林等校注《大唐西域记校注》卷一，第 129 页。
3　玄奘、辩机原著，季羡林等校注《大唐西域记校注》卷一，第 130 页。

国……又经渴盘陀及于阗等国"。[1] 后来玄奘往印度取经也经过这条道路。他自怛密国（今乌兹别克斯坦与阿富汗接境处，政治中心在今铁尔梅兹）渡阿姆河，赴活国（今阿富汗东北部昆都士），西行缚喝国（今阿富汗北部马扎尔谢里夫），由此翻越兴都库什山到达巴米扬，东向迦毕试，再到那竭、犍陀罗等地。此时兴都库什山西侧道路已经取代了喀喇昆仑山道路，成为一条联系印度和西域塔里木盆地的主要交通线。

这条路线从疏勒越葱岭，过兴都库什山西侧，经陀历至乌苌和犍陀罗，而后入北天竺、西天竺。反之则自犍陀罗经乌苌、陀历过兴都库什山西侧入中亚，越葱岭至疏勒，或于阗。魏晋南北朝时期，这条路线为佛教朝圣求法者特别关注和利用。法显从竭叉（今新疆喀什）西行，度葱岭后到北天竺，始入其境。有一小国名陀历（今达丽尔），从陀历起，法显沿着狭窄的印度河河谷的崎岖小道前往乌苌国（乌仗那）。1906 年 4 月，斯坦因考察了这条路线，他沿着与当年法显相反的方向走过这条路线。斯坦因从白沙瓦启程，选择与古代交通充满联系的斯瓦特河河谷作为第一站。《梨俱吠陀》（*Rigveda*）及《摩诃婆罗多》（*Mahābhārata*）中有"苏瓦史图"（Suvāstu）河一名，其主要河流的流域演变出"斯瓦特河"这一名称。在麦加斯梯尼（Megasthenes）的《印度志》（*Indika*）以及托勒密《地理志》（*Geographia*）中，这一名称也出现过。自《摩诃婆罗多》以后，"乌仗那"（Udyāna，乌苌，一译"乌底亚那"）一地之古梵语名称常出现在典籍中。关于这个地区最早的信息，来自与亚历山大（Alexander）远征印度有关的记载。马其顿（Macedonian）远征军翻越喀布尔河北部的山地，进入斯瓦特河及其主要谷地。阿里安（Arrian）及库尔提乌斯（Curtius）的著作里都详细记载过。斯坦因指出，在法显以前的古代史籍中没有明确涉及乌仗那的资料。在那个时期，喀布尔河谷地及其周围地区经历了亚历山大的直接继承者——来自巴克特

---

[1]　道宣：《续高僧传》卷二《阇那崛多传》，第 38 页。

里亚（Bactria）的希腊国王们的帝国统治，以及短命的源于斯基泰
（Scythian）或帕提亚（Parthian）的王朝统治，直到最后变为由大月氏
（Great Yüeh-chih）人中的一支贵霜人（Kusana）或印度－斯基泰人建
立的强大王国的主要领土。[1]

　　贵霜王朝统治末期的 403 年前后，法显来到乌苌国，他的游记是
关于古代印度西北地区最早、最可信的地理资料，他的记载使我们第
一次得到了有关乌苌国的信息。他从竭叉出发，"从此西行向北天竺，
在道一月，得度葱岭。葱岭冬夏有雪。又有毒龙，若失其意，则吐毒
风，雨雪，飞沙砾石……彼土人人即名为雪山人也"，[2]"度岭已，到北
天竺，始入其境，有一小国名陀历，亦有众僧，皆小乘学"。[3] 葱岭即
帕米尔，自汉朝以后即有此称。斯坦因指出，"陀历"（T'o-lrih 或 T'o-
li）即后来玄奘称为"达丽罗川"（Ta-li-lo）的地方，位于印度河右岸，
奇拉斯（Chilās）的对面。[4] 陀历即达丽罗川的确定，是因为法显和玄
奘的行记中都明确提到该地有一尊木雕的弥勒佛像。

　　陀历曾为乌仗那的国都，玄奘时其国都已迁至瞢揭釐，该地位
于斯瓦特河边，即今门格劳尔一带。法显自陀历西南行抵乌仗那，
玄奘则自乌仗那国都瞢揭釐东北行至陀历。他们都描写了这段行程
的艰险景况。法显从陀历出发，沿着狭窄的印度河河谷的崎岖小道
前往乌仗那，其行记中的描述与现在这些峡谷的状况相比，既写实
又非常一致："顺岭西南行十五日，其道艰阻，崖岸险绝。其山唯
石，壁立千仞，临之目眩，欲进则投足无所。下有水，名新头河，
昔人有凿石通路施傍梯者，凡度七百，度梯已，蹑悬绠过河。河两
岸相去减八十步。"[5] 渡过河便到达乌苌国。玄奘描写自斯瓦特至达丽
罗川的道路：

1　〔英〕奥雷尔·斯坦因：《重返和田绿洲》，刘文锁译，广西师范大学出版社，2000，第 8 页。
2　法显撰，章巽校注《法显传校注》，第 21 页。
3　法显撰，章巽校注《法显传校注》，第 22 页。
4　〔英〕奥雷尔·斯坦因：《重返和田绿洲》，第 9 页。
5　法显撰，章巽校注《法显传校注》，第 22 页。

　　蕃揭鳌城东北，逾山越谷，逆上信度河。途路危险，山谷杳

冥，或絚绳索，或牵铁镍。栈道虚临，飞梁危构，椽杙蹴蹬，行

千余里，至达丽罗川，即乌仗那国旧都也。[1]

他们的描写可互相印证。斯坦因说，跨边界调查报告清楚地显示，

此路线是从斯瓦特河上游首府之门格劳尔，东北行翻越古尔班德

（Ghūrband）和根达（Kānda）的山地至印度河，然后再沿其曲折、狭

窄之山口至达丽尔。根据法显和玄奘的描写，这条经过印度河之科希

斯坦（Kōhistān）的道路由于其自然存在的巨大困难而著名。玄奘对

旅途里程所做的估算与有效的地图上的里程相一致。达丽尔以下印度

河部分，由于大河南流，山脉横隔阻断通道及其所形成的一连串深谷

大壑所带来的难度，与旅行者在介于奇拉斯与司喀多的困难一样大。

法显所说的"梯"可能是指那种狭窄的岩壁可用来作为路径，也可能

是指那种桦树枝做的绳桥，自河此岸搭到河彼岸。法显特别提到他在

抵达乌仗那境内之前所经过的绳桥。[2]

　　法显可能走过自帕米尔至达丽尔的路线。在戞库契（Gākuch）

与吉泽尔（Ghizar）之间，有若干相对易行的山道将达丽尔北部与

吉尔吉特河（Gilgit R.）上游连在了一起。这些翻越道达戞里山口

（Dodargali Pass）的通道中最短且便捷者，是自亚辛河口直抵古比斯

（Gūpis）的道路。这条道路一直是连接印度河流域与帕米尔高原的主

要路线。法显及其同伴曾经行这条自亚辛河谷至德尔果德（Darkōt）

山口，并由巴罗吉尔鞍形山部翻越兴都库什山主脉到达阿姆河上游之

萨尔哈德（Sarhad）的道路。他们自竭叉出发，"得度葱岭"，即至达

丽尔，"在道一月"。斯坦因沿着这条古代贸易路旅行，即自喀什噶尔

过塔克敦巴什帕米尔（Tāghdumbāsh Pamīr）至萨尔哈德，再经巴罗

1　玄奘、辩机原著，季羡林等校注《大唐西域记校注》卷三，第295页。

2　〔英〕奥雷尔·斯坦因：《重返和田绿洲》，第9~10页。

吉尔和德尔果德山口到达亚辛河源头，全程包括 24 个或 25 个普通
路段，其旅行条件自古以来没有变化。加上在德尔果德和曼奇亚尔
（Mankiāl）之间的五站里程，则正好走完法显所述路线之全部。在法
显行程两端之间，没有第二条同样短或实际的路线。

　　法显对乌仗那的总体描述虽然简单，但反映出在他访问时佛教
在当地的繁荣境况。据法显的记载，其人"尽作中天竺语"，"中天竺
（Central India），所谓中国（Middle Kingdom）"，俗人衣服、饮食亦
与"中国"（中天竺）同。乌苌佛法甚盛，人们称众僧住止处曰"僧
伽蓝"（Saṅghârâmas），计有 500 所僧伽蓝，而僧侣所修习者皆小乘
学。有少数几个法显提及的圣地，在后来玄奘有关乌仗那的记载中亦
被提及。如佛足印迹，法显写道："佛遗足迹于此，迹或长或短，在
人心念。"玄奘也写到佛足遗迹："水北岸大磐石上有如来足所履迹，
随人福力，量有短长。"[1] 他将此地定位在斯瓦特河北岸，阿波逻罗龙
泉（Nāga Apalāla）西南 30 余里处，该泉据说是斯瓦特河水源。佛迹
在瞢揭釐东北 250 里许。所谓佛迹，即斯瓦特科希斯坦边界处一个
叫蒂勒特（Tīrath）的村子附近有刻字的石头。它显示的是两个大鞋
（Pādukās）印，其下是一行简要的佉卢文题记，使用的是公元前 1 世
纪时的字体，指称此即佛祖释迦牟尼之足迹。蒂勒特的位置与格拉姆
（Kalām）有关。此地附近又有"如来濯衣石"。玄奘说，自佛迹所在
"顺流而下三十余里，至如来濯衣石，袈裟之文焕焉如缕"。

　　自乌苌国起，法显等"坐讫南下到宿呵多国"，"宿呵多"是斯瓦
特较古老的名称。宋云取经亦通过此路，后来的玄奘也通过这条路
线到印度。法显在此提及的唯一佛迹是佛本生故事中的"割肉贸鸽"
处。佛前生为了拯救一只被鹰追赶的鸽子，愿意割下自己身上的肉以
换取鸽子的生命。玄奘将"割肉贸鸽"处定位在门格劳尔西南的山
中，《大唐西域记》卷三对地形有准确的描述，该地位于布内尔最西端
吉拉莱（Girārai）村附近一处有一个大佛塔遗迹的遗址中。布内尔在

1　玄奘、辩机原著，季羡林等校注《大唐西域记校注》卷三，第 277 页。

佛教时期曾是乌仗那的一部分，这一点可以宋云和玄奘所记载过的乌仗那南部的一系列佛迹来证明。[1]

四　天竺佛传之路

在中国古代文献中，称南亚次大陆为"身毒""贤豆""天竺"等，这里是佛教的发源地。3~6 世纪中印间的交流，最重要的内容是佛教的传播。东来传教的印度高僧与中土求法僧奔波于两地间崎岖险要的道路上。这条路线又与传统的丝路商道重合，丝路沿线的商业都市又往往是佛教重镇，不仅寺院林立，也成为奔波道途的僧旅们歇脚的地方。在印度，各佛教圣地也都成为历史文化名城，当中土僧侣长途跋涉来到他们向往的佛教故乡时，朝拜佛教圣地的足迹走通了连接印度各文化名城的道路。

（一）善见城：中国禅思想的发源地

罽宾都城善见城是古代印度宗教学术中心之一，多高僧大德。如前所述，当地僧徒来中国传布佛教者甚多，中国僧徒亦多往罽宾参拜佛迹和求法取经。魏晋南北朝时中土僧人西行求法，往往来到罽宾，或经罽宾继续前行至天竺。天竺各地僧人往往经罽宾到西域，而后进入中国中原地区，罽宾成为东来西往的佛教高僧频繁经行的要道。岑仲勉指出："惟是佛之故乡，原在中天竺，自华赴印，以取道克什米尔为较捷，来往僧侣，多出其途。"[2] 罽宾是瑜伽圣地，瑜伽是相应、契合的意思。从广义上说，凡是止观相应的，身心、心境或理智相应的都可说是瑜伽。瑜伽身心相应的修持法叫作瑜伽行，通过修持以求实现特殊的宗教经验者名瑜伽师。所以瑜伽师为定慧修持者的通称。印

1　本节参考了〔英〕斯坦因《重返和田绿洲》，第 8~20 页。

2　岑仲勉：《汉书西域传地里校释》，中华书局，1981，第 151 页。

度佛教习用之"瑜伽"一词传入中国后，中国人依古说而称"禅"，或"禅那"（dhyâna），瑜伽师被称为禅师。佛陀重禅那，因此"专精禅思"成为古代佛弟子的日常行持。公元前3、4世纪，印度"瑜伽派"渐次形成，佛教可能受到其影响。由于经由罽宾东来西往的高僧人数众多，流行于罽宾的禅法在5世纪时传入中国。

佛学界详考中国禅法从西域之传入与流行，论证了罽宾在中国禅法传承中的重要地位。部派佛教中瑜伽各派、罽宾瑜伽师是与说一切有部有关的瑜伽师。说一切有部是从摩头罗（Mathurâ）向北弘化，以罽宾为中心而形成风气。有部论著在4世纪后期开始大量译成汉文，而译者大多来自罽宾。有部的禅法同时被译介过来，成为中国早期禅思想的主要来源。罽宾禅法推重摩诃迦叶（Mahâkâs/yapa）、阿难（Ananda）、商那和修（Sânavâsi）、优波鞠多（Upagupta）。阿难重经，但与禅也有关系，《分别功德论》说阿难的弟子都重于修禅。《阿育王传》记载，商那和修与优波鞠多都是禅师，优波鞠多"教授坐禅，最为第一"。这一重法与重禅的系统向北方传播，至罽宾而发扬光大。2世纪前后罽宾是以犍陀罗（Gandhâra）为中心，向北及东北、西北延伸的山地。此地的自然环境适宜修习禅观，《阿育王传》卷五云："佛记罽宾国，坐禅无诸妨难，床敷卧具最为第一，凉冷少病。"[1]这是适宜修行的地方。龙树《大智度论》说："北方地有雪山，雪山冷故，药草能杀诸毒，所食米谷，三毒不能大发。三毒不能大发故，众生柔软，信等五根皆得势力。如是等因缘，北方多行般若。"[2]般若在犍陀罗一带兴盛起来，这是因为罽宾清凉、安静，生活不太艰难，适宜禅思——瑜伽。北传佛教于修证特别着力便与此有关。

3、4世纪，罽宾瑜伽出现声闻乘瑜伽行、大乘瑜伽行、秘密瑜伽行等不同流派。5世纪时佛驮跋陀罗来到中国，他带来的禅法就是一重要禅系。据《高僧传·佛驮跋陀罗传》，佛驮跋陀罗少以禅律驰

1　〔日〕高楠顺次郎等纂修《大正新修大藏经》第五〇册，河北省佛教协会印行，2005，第120页中。
2　〔日〕高楠顺次郎等纂修《大正新修大藏经》第二五册，第531页中。

名，曾在罽宾受业于佛大先，应中土僧人智严邀请，从罽宾沿丝路东来，义熙四年（408）至长安，带来了说一切有部佛大先的禅法。[1]"时有佛驮跋陀罗比丘，亦是彼国禅匠，严乃要请东归。"[2]智严亦从佛大先学禅，《高僧传》卷三记载，智严在罽宾"入摩天陀罗精舍，从佛驮先比丘谘受禅法，渐染三年，功逾十载"。据《法显传》，弘始二年（400），智严与法显同在乌夷国（焉者）。智严再到罽宾，从佛大先学禅三年，请佛驮跋陀罗来中国。所以，佛大先在罽宾与智严相见在401~403 年。

4、5 世纪盛行于罽宾的禅法，属声闻乘中专修瑜伽的瑜伽师。这一禅系有顿禅与渐禅，由达摩多罗（Dharmatrâta）与佛大先综合弘传。佛大先是罽宾禅学大师，后至于阗。沮渠安阳侯亦曾师从佛大先学禅，史载沮渠安阳侯"少时尝度流沙，到于阗国，于瞿摩帝大寺遇天竺法师佛陀斯那，谘问道义。斯那本学大乘，天才秀出，诵半亿偈，明了禅法，西方诸国称为'人中师子'"。[3]安阳侯年少时到于阗学禅，后还河西，译出《禅要》。他从佛大先学禅，约在 410 年前，当时佛大先也到了于阗。慧观《修行地不净观经序》记载："佛陀斯那化行罽宾，为第三训首。有于彼来者，亲从其受法教诲，见其涅槃。"[4]所谓"于彼来者"，即从罽宾来到中国的高僧。

据佛驮跋陀罗译《达摩多罗禅经》卷上，这一禅法的传承："尊者优波崛，尊者婆须蜜，尊者僧伽罗又，尊者达摩多罗，乃至尊者不若蜜多罗，诸持法者，以此慧灯，次第传授。"[5]慧远《庐山出修行方便禅经统序》中云："今之所译，出自达摩多罗与佛大先。其人西域之俊，禅训之宗，搜集经要，劝发大乘，弘教不同，故有详略之异。"[6]同书同卷又引《修行地不净观经序》云："此一部典，名为《具足清净

1　释慧皎：《高僧传》卷二《佛驮跋陀罗传》，第 70 页。

2　释慧皎：《高僧传》卷三《释智严传》，第 98~99 页。

3　释僧祐：《出三藏记集》卷一四，中华书局，1995，第 551 页。

4　释僧祐：《出三藏记集》卷九，第 347~348 页。

5　〔日〕高楠顺次郎等纂修《大正新修大藏经》第一五册，第 301 页下。

6　释僧祐：《出三藏记集》卷九，第 345 页。

法场》。传此法至于罽宾，转至富若蜜罗。富若蜜罗亦尽诸漏，具足
六通。后至弟子富若罗，亦得应真。此二人于罽宾中为第一教首。富
若蜜罗去世已来五十余年，弟子去世二十余年，昙摩多罗菩萨与佛陀
斯那俱共谘得高胜，宣行法本。佛陀斯那化行罽宾，为第三训首。有
于彼来者，亲从其受法教诲，见其涅槃。……富若罗所训为教师者
十五六人。如今于西域中炽盛教化，受学者众。昙摩罗从天竺来，以
是法要传与婆陀罗，婆陀罗传与佛陀斯那。佛陀斯那愍此旃丹（震
旦、真旦，指中国——引者注）无真习可师，故传此法本流至东州。"[1]
佛驮跋陀罗所传的禅法是说一切有部的声闻瑜伽。他在长安表现出禅
师的风格，不务外事，与当地风气不同，所以引起长安僧众的反感，
受到摈斥。

（二）乌苌：北天竺的门户

乌苌地处北天竺，意译乃"苑囿"之义，亦译乌场、乌仗那，相
传贵霜王国时此地有迦腻色迦王的苑囿。其地在今印度河上游及斯瓦
特河沿岸地区。乌苌是北天竺门户，因此中土西行求法到此者颇多。
法显、宋云等人都曾到此。斯坦因指出，有关乌仗那更详尽的记述来
自宋云和惠生的行记，他们自和田至萨里库勒，于 519 年早秋时节启
程，翻越帕米尔经瓦罕走廊到达位于巴达克山中之嚈哒国，然后经波
知国、赊弥国到达赊弥以南的乌仗那。[2]

佛教传说佛陀曾至此传教，因此这里有许多关于释迦行化的故事
和遗迹，如著名的释迦度恶龙的传说。据《菩萨本行经》，恶龙大兴
风雨，致使释迦袈裟表里尽湿。雨止，释迦在石下坐晒袈裟。法显、
宋云、玄奘的著作中都记述了释迦遗足迹于此，宋云曾看到佛坐处和
晒衣处。乌苌国是北印度的大国，语言文字、衣食服饰皆与中天竺相
同。此地佛法甚盛，法显到时有 500 所僧伽蓝，习小乘学。其国接待

1　释僧祐：《出三藏记集》卷九，第 347~348 页。
2　〔英〕奥雷尔·斯坦因：《重返和田绿洲》，第 8~20 页。

游方僧众，一律供养三日，三日之外便令自理，而中土僧不在此限。法显在此地进行了第四次坐夏，自四月十六日至七月十五日三个月。宋云等人曾在此地游览佛迹。

天竺僧人，特别是乌苌的僧人亦有经丝路到中国者。道宣《续高僧传》卷二记载，那连提黎耶舍从家乡乌苌南至师子国，又返乌苌，而后自乌苌出发北行，复东向至柔然。"值突厥乱，西路不通，返乡意绝，乃随流转，北至泥海之旁。南岠突厥七千余里。彼既不安，远投齐境。天保七年届于京邺。……缘是文宣礼遇隆重，安置天平寺中。……未几授昭玄都，俄转为统。……又往突厥客馆，劝持六斋。羊料放生，受行素食。"[1] 他经过柔然和突厥之地到达北齐。

（三）富楼沙城：犍陀罗艺术的发祥地

富楼沙，犍陀罗国都城，又称弗楼沙、布路沙布罗，在今巴基斯坦白沙瓦。犍陀罗古国，又称犍陀卫国，位于南亚次大陆西北地区，孔雀王朝时传入佛教。1 世纪时成为贵霜帝国的中心地区，文化艺术很兴盛。1~2 世纪，在迦腻色迦王的统治下，贵霜帝国称雄于中亚和印度，与中国东汉王朝、西亚安息王朝、罗马并称为四大帝国。

2 世纪，迦腻色迦二世在位时，贵霜王国将统治中心从中亚移往印度，建都于富楼沙，因此富楼沙成为沟通中国与西亚、南亚的交通枢纽。贵霜帝国的历史由于资料欠缺，尚有许多不明之处。文献资料主要来自中国古籍以及佛教经典。中国古代文献中所记贵霜王朝诸国王名号，大多可从已出土的贵霜钱币中得到证实，因此是比较可靠的。佛教文献中的记载多出自传闻，常有夸大和牵强附会之处。关于贵霜王朝最重要的君王迦腻色迦，中国正史中却不曾提到他的名字，仅佛经中有所提及。目前有关迦腻色迦的情况全凭钱币和铭刻提供的材料，因此了解有限，连他在位的时间也众说纷纭。宋云等至犍陀罗时，贵霜为嚈哒所灭，《宋云行纪》记载："正光元年四月中旬，入乾

1　道宣:《续高僧传》卷二《那连提黎耶舍传》，第34~35页。

陀罗国。本名叶波罗国，为嚈哒所灭。"[1] 至超日王（Vikramaditya）始收复失地。

乾陀罗立国甚早，又是佛教圣地，因此富楼沙成为东来西往的佛教僧徒朝拜之处。在佛经和法显、玄奘等人的著作中，都有与此地有关的佛教本生故事的记载。《弥勒菩萨所问本愿经》记载佛为菩萨时，曾在这一带行化，曾自取两眼以施盲者。《撰集百缘经》中则有尸毗王（释迦前身）剜去双眼施与鹫鸟（帝释天化身）的传说。阿育王曾遣末阐提（Madhyantika）前往此地传教，从此佛教大行。迦腻色迦王时建都其地，为东西文化交流之枢纽。古代印度佛教论师如无著、世亲、胁尊者等，都是此地出生的人。考古学家在白沙瓦一带发掘出大量犍陀罗艺术的遗物。在阿育王时代，佛教流传于南方沿海一带，成为南传佛教。迦腻色迦王时佛教流传于中亚和中国，成为北传佛教，富楼沙便是佛教北传的重镇。法显、宋云、玄奘都在这里留下足迹，并在他们的著作中记录了此地不同时期的兴衰变化。著名的犍陀罗艺术通过丝绸之路东来，传入中国西域，并通过河西走廊传至中原地区，新疆地区的佛教石窟，以及敦煌莫高窟、麦积山石窟、云冈石窟的佛教造像具有强烈的犍陀罗艺术风格。

从西域南道越葱岭经瓦罕谷地，过兴都库什山，便到富楼沙。由富楼沙向东可至罽宾，再东南至天竺各地。从富楼沙向西有那竭国，是古代印度最西的地方。那竭国都醯罗城，那里有佛影、佛牙和佛顶骨等佛教圣物。法显便是从富楼沙国越过切伯口而至醯罗城，其经行路线，据足利喜六《〈法显传〉考证》，从今白沙瓦西 10.5 里切伯口东口而至 Jamrud，自此西北向，旅行山中约 33 里而至 Dakka，又西行 33 里而至 Kila，合计为 76.5 里。[2] 法显的著作中说从富楼沙西行"十六由延"而至醯罗城，一由延相当于 4.8 里。

1　杨衒之撰，范祥雍校注《洛阳伽蓝记校注》卷五，第 327 页。

2　〔日〕足利喜六：《〈法显传〉考证》，何健民、张小柳译，贵州大学出版社，2014，第 87 页。

（四）竺刹尸罗：尘封的古城

竺刹尸罗（Taksasila），犍陀罗古城，其城乃公元前 58 年贵霜王朝迦腻色迦一世建都的地方，《希腊古地志》作"塔克西拉"（Taxila），安法钦《阿育王传》作奢叉尸罗，法显《佛国记》作竺刹尸罗，僧伽婆罗译《孔雀王经》作卓叉始罗，玄奘等《大唐西域记》中称之为呾叉始罗，义净与不空译《孔雀王经》作得叉尸罗，《因果经》作德叉尸罗，《大唐慈恩寺三藏法师传》作怛叉尸罗。塔克西拉是古印度西北部的古城，遗址在今巴基斯坦拉瓦尔品第东南约 35 公里处，沙德里西北之哈桑阿卜杜勒。

据印度史诗《罗摩衍那》，该城由罗摩（毗湿奴神的化身）的弟弟婆罗多建立，以第一代统治者婆罗多之子的名字塔克沙（Taksa）命名，称塔克沙西拉。这个传说只能说明其历史悠久，其崛起实际上可能与雅利安部落有关。[1] 由于地处三条重要商道的交叉点，塔克西拉很早就繁盛起来。历史上塔克西拉多次易主，先后被波斯人、希腊人、斯基泰人、安息人、大月氏人所占领，曾为王朝或王国的都城、省会、学术中心和佛教中心。在印度、希腊－罗马文献、佛教和基督教传说以及高僧法显、玄奘的游记中均有记载。5 世纪初法显到达此地，发现这里是一个佛教中心。后来由于此地在东西方交通和交流中失去了往日的重要性，城市日益衰落。5 世纪时遭嚈哒人摧毁，其后再未恢复。7 世纪玄奘路经此地时，该城已成废墟，《大唐西域记》中有对此城的描述。此后，塔克西拉便未见诸史料。

在漫长的历史岁月中，塔克西拉古城被埋藏于地下，连名字也被遗忘。1863~1864 年和 1872~1873 年，印度考古学家 A. 甘宁汉开始进行考古发掘，探明古城遗址。随后英国考古学家约翰·马歇尔继续这项工作，持续 20 多年（1913~1934）的发掘研究，揭开了这座古城的历史面纱。马歇尔撰成三卷本考古调查报告《塔克西拉》，另有《塔

---

1 〔巴基斯坦〕艾哈默德·哈桑·达尼：《历史之城塔克西拉》，刘丽敏译，中国人民大学出版社，2005，第 40 页。

克西拉指南》一书，成为塔克西拉古城考古和研究的奠基性成果。[1]
1979 年，联合国教科文组织启动对亚洲历史城市进行研究的计划，对
塔克西拉的研究是这项计划的一部分。巴基斯坦历史学家、考古学家
艾哈默德·哈桑·达尼参与并组织了这个项目。达尼教授及其研究小
组搜集了大量资料，包括许多最新的考古发掘成果，并再次对相关遗
址进行实地考察，然后将塔克西拉置于亚洲历史和东西方交流的广阔
背景之中，从地理、历史、宗教、文化、经济等多个角度进行全方位
的审视和考察，从而为塔克西拉的兴起、繁荣和衰落提供了一幅最新
的全景图。

　　公元前 90 年至公元 60 年，塔克西拉在西徐亚人和帕提亚人的
统治之下。帕提亚人统治塔克西拉的时间分为两个阶段，阿泽斯一
世在塔克西拉建立起帕提亚人第一阶段的统治，第二个阶段的重要
统治者是冈多法勒斯。60 年至 2 世纪末，贵霜人彻底消灭了希腊人
和帕提亚人的残余势力，建立了强大的贵霜帝国，帝国的版图延伸
至亚洲的三大河流乌浒河（阿姆河）、印度河和恒河流域，塔克西拉
进入贵霜帝国的版图。2 世纪迦腻色迦二世在位时，犍陀罗佛教达
于全盛。贵霜王朝的政治中心移至富楼沙，塔克西拉的地位有所下
降。3 世纪时，萨珊王朝崛起，塔克西拉进入萨珊王朝的版图。5 世
纪中叶，嚈哒人从为萨珊王朝统治塔克西拉的寄多罗贵霜人手中夺
取了中亚地区，从而征服了整个乌浒河流域，一直到犍陀罗。塔克
西拉佛教宗庙的被毁可能是嚈哒人入侵造成的。[2] 北魏宋云、惠生等
来到此地时，犍陀罗已被嚈哒人所灭，犍陀罗失去了佛教中心的地
位。7 世纪上半叶玄奘西行至此，看到的景象是"邑里空荒，居人
稀少"，[3]"伽蓝虽多，荒芜已甚，僧徒寡少"。[4] 唐代慧超往五天竺时，

1　〔英〕约翰·马歇尔：《塔克西拉》，秦立彦译，云南人民出版社，2002，译者的话，第 1~3 页。
2　〔巴基斯坦〕艾哈默德·哈桑·达尼：《历史之城塔克西拉》，第 113~120 页。
3　玄奘、辩机原著，季羡林等校注《大唐西域记校注》卷三，第 233 页。
4　玄奘、辩机原著，季羡林等校注《大唐西域记校注》卷三，第 300 页。

犍陀罗已从属于突厥。[1]

甘宁汉、约翰·马歇尔、达尼等著名考古学家的考古发现,证明了塔克西拉不愧为东西方文化的交汇之地,出土的大量文物体现了东西方各地不同文化的内涵。这里是历史上著名的佛教中心,与富楼沙并称为佛教文化与历史名城,这里有舍身饲虎、以头施人等著名的佛教圣迹。犍陀罗艺术在这里发展起来,佛教石雕造像举世闻名,是犍陀罗艺术中心之一。

(五)巴连弗邑:百贾交会之城

巴连弗邑是佛教史上著名古国摩揭陀国的都城,又名华氏城(今巴特那),法显《佛国记》作"巴连弗邑",玄奘等《大唐西域记》作"波吒釐子城",又称"拘苏摩补罗城","拘苏摩"意为香花,"补罗"意为都城,故又名香花宫城,原为阿育王旧都。摩揭陀国是古代印度最初兴起的大国。公元前6世纪,沙松那迦王朝第五世频毗裟罗王在位,释迦来到此地,当时巴连弗邑乃一聚落。释迦在菩提迦耶成道后至鹿野苑,度憍陈如等五人到此。频毗裟罗王隆加礼遇,优于供养,使弘佛法,释迦乃在此初转法轮。

当贵霜王朝和安达罗王朝衰落时,印度陷入分裂割据,境内王国林立达百年之久。4世纪初,中印度小国摩揭陀室利笈多王及儿子迦达克迦相继在位,至第三代旃陀罗笈多王时,印度的政治、经济和文化各方面都得到迅速发展。320年以后,旃陀罗笈多征服附近的大小王国,自称王中之王,定都于巴连弗邑。340年,旃陀罗笈多死,三摩陀罗笈多继位,统一中印北部,孟加拉国、尼泊尔、阿萨姆都进入他的势力范围。向西征服摩腊婆、犍陀罗、摩头罗(即秣菟罗)、阿伯剌等,北至今阿富汗,南至南印度东西海岸线的干贾门、果达乌利河流域及刚启等地,版图空前广大。继三摩陀罗笈多之后,旃陀罗笈多二世(戒日王)远征西北印度,驱逐了侵入此地的塞种,并与埃及

---

1 慧超原著,张毅笺释《往五天竺国传笺释》,中华书局,2000,第71~72页。

等西方诸国贸易，发展了海上交通，建立起阿育王以后版图最大的帝国。当时印度工商业发达，城市随之繁荣，佛典中常提到的瞻波、沙祇多、巴连弗邑等都是工商业中心城市。

华氏城是佛教圣地之一。从华氏城南渡恒河，来到比哈尔邦伽耶城，有释迦成道的菩提树。《梁书·诸夷传》"中天竺"条记载其王都即华氏城："所都城郭，水泉分流，绕于渠堑，下注大江。其宫殿皆雕文镂刻，街曲市里，屋舍楼观，钟鼓音乐，服饰香华，水陆通流，百贾交会，奇玩珍玮，恣心所欲。"[1]华氏城位于恒河北岸，是连接水陆交通的枢纽城市，故言"水陆通流，百贾交会"。法显经乌苌、犍陀罗、富楼沙、那竭、毗荼、摩头罗等国至巴连弗邑。其时正是笈陀罗笈多二世时，经济繁荣，佛法兴隆。他在《佛国记》中记载了这个城市。法显之所以来到这个中天竺国家："本求戒律，而北天竺诸国，皆师师口传，无本可写，是以远涉，乃至中天竺。"[2]法显在巴连弗邑阿育王塔南天王寺，获得了他此次西行所希望得到的六部梵文戒律和经本。法显在巴连弗邑学梵语梵书，抄写律藏，"本心欲令戒律流通汉地，于是独还"。[3]巴连弗邑"水陆通流"，顺恒河而下入海，与中印间海上丝路相接。为了尽快将这些戒律和经本带回中国，法显决定舍弃行走艰难的陆路，而改乘海船回国。407年，他离开中天竺巴连弗邑顺恒河东下，至瞻波国（一作占波，在恒河南岸，即今巴浦地方）。此地在加尔各答附近，传说佛陀曾到此说法。从此南下至多摩梨帝国，其地在距恒河河口60哩的支流胡里河西岸的耽摩鲁地方，这里便是海口。此地佛教兴盛，又是一个与海上交通连接的重要港口。两年后法显海行至师子国，从师子国踏上东行的归程。

法显之后，智猛一行也到了这里。雍州京兆新丰人智猛，在后秦弘始六年（440），与同志沙门15人，从长安出发，经凉州，出阳关，

1　姚思廉：《梁书》卷五四《诸夷传》，第798~799页。

2　法显撰，章巽校注《法显传校注》，第119~120页。

3　法显撰，章巽校注《法显传校注》，第120页。

西入流沙，遂历鄯善、龟兹、于阗，越葱岭，至波沦国。而后与其余四人共度雪山（兴都库什山），渡辛头河（印度河），到罽宾国。又至奇沙国、迦维罗卫国，而后至华氏城。[1]

（六）佛教六大圣地：佛教摇篮与朝圣之路

佛教圣地与佛陀的行迹有关，佛陀的诞生地和涅槃处以及传说中佛陀传教留下足迹之处，都成为佛教徒瞻仰的圣地。在佛陀传教的45年中，他的主要活动地区在摩揭陀、拘萨罗和跋耆三国，东面最远到过瞻波，西到摩头罗。佛陀传教所走的道路基本上是沿着传统的商道。《长阿含经·游行经》记载了佛陀成道前由北向南所走的路，以及入灭前由南向北走的路，这两条路很少偏离当时的商道。佛陀传教一直得到商人和王族的支持，舍卫城南的祇园精舍和王舍城的竹林精舍是他一生中最重要的两个说法处。前者为拘萨罗国富商须达多（给孤独长者）所布施，后者竹林是迦兰陀长者所赠，所谓"长者"泛指富有者，精舍则是频毗沙罗王出资建造。据说佛陀悟道时，当他从菩提树下站起，首先向他奉献食物的是两位商人。佛教圣地与商道存在密切关系，东来传教和西行求法的高僧曾沿商道穿行往来于各佛教圣地。

1. 迦毗罗卫城：圣诞之地

迦毗罗卫城（Kapilavastu），在今尼泊尔靠近印度的边境地区塔雷（Talai），乃释迦诞生地，佛教最重要的圣地之一。遗址有净饭王故宫，附近拉布蒂河上游塔林华村北二里是释迦诞生处，有精舍供奉释迦诞生像。有太子见老者、病者、死者处，有佛与阿难等弯弓、相扑、掷象竞技处。《魏略·西戎传》中称"临儿国"，[2]而且记载是佛祖出生地。

据《高僧传》卷二，佛驮跋陀罗，迦维罗卫人，出生于天竺那

1　释慧皎:《高僧传》卷三《释智猛传》，第125~126页。

2　陈寿:《三国志》卷三〇《乌丸鲜卑东夷传》，裴注引《魏略·西戎传》，第859页。

呵梨城，乃甘露饭王后裔。与同学僧加达多北游罽宾，适遇中国沙门智严在此访求问道。智严咨询其国人，众人推重佛驮跋陀罗。在智严苦求之下，佛驮跋陀罗答应东来，遂度葱岭，凡历三年。其时中国正值分裂动乱之时，佛驮跋陀罗历经各割据政权，大约经当时比较畅通的吐谷浑之路至中国南方。"路经六国，国主矜其远化，并倾心资奉。至交趾，乃附舶循海而行……至青州东莱郡。闻鸠摩罗什在长安，即往从之。"[1]

中土高僧至天竺取经，华氏城是瞻仰圣迹之处。法显历访中天竺与东天竺，与道整先后经过摩头罗国（即秣菟罗，位于今印度西北部恒河上游，都城在今北方邦的默霍利）、僧伽施国（位于今印度北方邦西部一带，都城在今法鲁卡巴德区的桑吉沙村）、[2] 罽饶夷城（又称曲女城，即今印度北方邦西部的根瑙杰）、沙祇大国（在今印度北方邦中部）、拘萨罗国舍卫城（在今印度北方邦北部拉布蒂河南岸的沙海特-马赫特）、迦维罗卫城（在今尼泊尔中西部省迦毗罗伐斯堵县）、拘夷那竭城（在今尼泊尔南境小拉布蒂河及根德格河合流处的南部，释迦牟尼涅槃处）、毗舍离城（在今印度比哈尔邦北部穆扎法尔布尔地区的比沙尔）、摩揭陀（一作摩揭提）国巴连弗邑（即今印度比哈尔邦的巴特那）。论民园是佛诞生处，有阿育王时建立的纪念性石柱，法显来时，已经荒凉至极，路上有白象、狮子伤人。智猛一行也到了这里，他和另外四人度雪山，渡辛头河，经罽宾国、奇沙国到迦维罗卫国。

由于迦毗罗卫城是佛教圣地，并与中土佛教关系密切，因此出现迦毗罗卫神护送西域僧人东来的传说。《高僧传》卷三记载：昙摩密多，罽宾人。"罽宾多出圣达，屡值明师，博贯群经，特深禅法"，"少好游方，誓志宣化。周历诸国，遂适龟兹"。又度流沙，进入敦煌。

---

1 释慧皎：《高僧传》卷二《佛驮跋陀罗传》，第 70 页。

2 张星烺云："僧迦施国，梵语原音为 Sankasya。今代罽饶夷城（Canouge）西北四十五英里，仍有村庄曰桑喀桑（Samkassam），即僧伽施城旧址也。其地在北纬二十七度三分，东经七十九度五十分。"《中西交通史料汇编》第六册《古代中国与印度之交通》，第 281 页。

顷之，复适凉州。"常以江左王畿，志欲传法，以宋元嘉元年（公元四二四年）展转至蜀。俄而出峡，止荆州。"又沿江东下，至于京师。"初密多之发于罽宾也，有迦毗罗神王卫送，遂至龟兹，于中路欲反，乃现形告辞密多。"[1]

2. 菩提伽耶：释迦苦行成道处

菩提伽耶是释迦苦行成道处，在佛教史上著名的古国摩揭陀国，是佛教圣地之一。据说乔达摩出家后，先学习禅定，又想通过苦行寻求解脱。他苦行六年，悟出苦行不足以成道。对苦行感到失望后，又开始净身进食，有村女携乳糜供奉。释迦食后便进入钵罗笈菩提石窟，这是他初欲成道处。他渡过尼连禅河，来到伽耶（今菩提伽耶），坐在菩提树下沉思默想，终于在七天七夜后悟道成佛。此后他就一心转向传教活动。菩提伽耶不仅是佛教圣地，也是交通上的重镇。法显由巴连弗邑西行"四由延"到伽耶城，瞻仰了附近的释迦牟尼"苦行六年处"、牧羊女奉佛乳糜处、释迦结跏趺坐处，还看到了释迦初欲成道的石窟，并说看到了石壁上的佛影。[2]从华氏城南渡恒河，来到比哈尔邦伽耶城，有释迦成道的菩提树。唐代玄奘至印度取经，曾在菩提树处巡礼十天。据他的记载，金刚座已经荡然无存，菩提树仍枝繁叶茂。

3. 鹿野苑：释迦初转法轮处

鹿野苑，又称"仙人论处""仙人住处""仙人鹿园"等，在今瓦腊纳西城西北约十公里处的萨尔那特。据佛教本生故事，古时这里有一座苑囿叫鹿苑，释迦前世为鹿王，救过一位落水人。落水人忘恩负义，出卖鹿王，结果遭到恶报。另一种传说是，释迦为鹿王时，曾自愿代怀孕的牝鹿去死，感动了食鹿的国王，下令不再杀鹿。因为佛曾为鹿王，鹿王在印度古代语言里为"沙郎那"，后遂简称为沙那，相沿至今。

1　释慧皎：《高僧传》卷三《昙摩密多传》，第120~122页。

2　法显撰，章巽校注《法显传校注》，第103页。

鹿野苑又是佛祖成道后最初说法的地方。据说佛陀成道后，首先赶往迦尸国波罗奈城郊的鹿野苑，寻找曾随他一道出家的五个侍从，向他们讲述"四谛"要义，称"初转法轮"。由于从不同角度讲了三遍，佛史称作"三转法轮"。佛陀还阐述了"中道"原则，认为中道才是解脱的"正道"，既要避免极端苦行，又反对任情纵欲。憍陈如等人信仰了佛陀教义，成为首批僧侣，称为"五比丘"。

法显从巴连弗邑出发，顺恒河西行"十二由延"至迦尸国波罗奈城，到了著名的鹿野苑。当时只有 2 座僧伽蓝。此后佛教在这里逐渐兴盛起来。6 世纪时嚈哒侵入此地，佛教建筑一度受到摧残，但后来又有所恢复。玄奘到这里时，有佛寺 30 多所，小乘僧侣 1500 人，佛法兴盛。但这里又有"天祠百余所"，说明佛教已经受到婆罗门教的挑战。

11 世纪时伊斯兰教侵入此地，佛教建筑遭到毁灭性打击。19 世纪，英国考古学家伽林罕等进行了发掘，发现孔雀王朝阿育王时立的石柱以及贵霜王朝时的红石佛像、古佛塔和寺院遗址等许多佛教遗迹。法显从鹿野苑西行"十三由延"到拘睒弥国，释迦曾在这里的瞿师罗园说法数年。[1] 这里又是世亲菩萨作《唯识论》、无著菩萨作《显扬圣教论》的地方，所以闻名。

4. 舍卫城: 释迦常住说法处

舍卫城，亦作舍婆提，《佛说十二游经》作"无物不有国"，古印度拘萨罗国都城，玄奘等《大唐西域记》作室罗伐悉底国（Sravasti），[2] 即今印度北方邦巴尔拉姆普西北 12 哩，腊普提河南岸的沙海特（Saheth）。其是与佛陀同时的拘萨罗国国王波斯匿王（胜军王）、胜光王的故城，城南五六里有逝多林给孤独园，祇园精舍是释迦常住的地方，乃胜军王大臣善施为释迦所建精舍。《梁书·诸夷传》称中天竺旁有"左右嘉维、舍卫、叶波等十六大国"，[3] 舍卫是其一。

1　法显撰，章巽校注《法显传校注》，第 116 页。

2　玄奘、辩机原著，季羡林等校注《大唐西域记校注》卷六，第 481 页。

3　姚思廉：《梁书》卷五四《诸夷传》，第 799 页。

法显到过舍卫城。据《佛国记》，法显自北天竺至中天竺，与道整先后经过摩头罗国、僧伽施国、罽饶夷城、沙祇大国，至拘萨罗国舍卫城。从摩头罗东南行"十八由延"至僧伽施国，这里有名的圣迹是佛陀上天为母说法下降处，阿育王建有纪念性的石柱。从僧伽施国东南行"七由延"，约35哩，至罽饶夷城，即曲女城，今根瑙杰，是戒日王的居住处。从此东南行"十由延"，约50哩，到沙祇国。传说佛嚼杨枝（净齿），弃其遗枝，因生根繁茂，诸外道嫉妒，时加斫伐，其树复生如故。法显在这里见其树"高七尺"。[1]从沙祇国北行"八由延"，约40哩，至拘萨罗国舍卫城。

法显之后，昙无竭等也来到舍卫城。据《高僧传·昙无竭传》，昙无竭，幽州黄龙人。宋永初元年（420）与僧猛、昙朗等25人西行取经，进入罽宾国。又西行至辛头那提河（印度河），缘河西入月氏国。后至檀特山南石留寺，停夏坐三月，复行向中天竺界，至舍卫城。后经南天竺随舶泛海达广州。[2]

5. 王舍城：释迦常住说法处

王舍城（Rajagrha），亦作罗阅、罗阅祇，古代中印度摩揭陀国都城，频婆娑罗王曾在此建都。郦道元《水经注》卷一引支僧载《外国事》作"罗阅祇瓶沙国"，《增壹阿含经音义》作"罗阅祇伽罗"，玄奘等《大唐西域记》作"曷罗阇姞利呬"，玄应《一切经音义》作"罗阅揭梨醯"，释云："罗阅义是料理，以王代之，谓能料理人民也。揭梨醯，此云舍中，总名王舍城。"[3]在印度北部，今比哈尔（Behar）西南之拉杰吉尔（Rajgir）。

佛祖乔达摩出家后，先到王舍城郊外漫游，跟随数论派先驱阿罗逻迦罗摩和郁陀迦罗摩子学习禅定。他悟道后，接受了迦兰陀长者赠送的王舍城竹林精舍，此精舍是佛陀一生中最重要的说法处，释迦

1　法显撰，章巽校注《法显传校注》，第60页。

2　释慧皎：《高僧传》卷三《昙无竭传》，第93~94页。

3　《玄应音义》卷三，徐时仪校注《一切经音义（三种校本合刊）》，上海古籍出版社，2008，第61~62页。

逝世后第一次结集也在此举行。法显到时城中空荒，无人居住。王舍城周围有五山，东北有释迦说教 50 年的赛拉山（Sailagiri），一名耆阇崛山，或译姞栗陀罗矩吒山。此山山峰凸起，上栖鹫鸟，因名灵鹫山。释迦牟尼在此居住和说法多年。法显到了灵鹫山，住了一个晚上，感慨良多。"法显于新城中买香、华、油、灯，倩二旧比丘送法显上耆阇崛山。华、香供养，燃灯续明，慨然悲伤。收泪而言：佛昔于此住，说《首楞严》，法显生不值佛，但见遗迹处所而已。即于石窟前诵《首楞严》，停止一宿。"[1]

王舍城有那烂陀寺，"那烂陀"是梵文 Nalanda 的音译，意译"施无厌"。那烂陀寺是古代印度摩揭陀国的著名寺院，在今巴腊贡（Baragaon）。5 至 6 世纪初笈多王朝历代国王相继建造，有八大院，僧徒主客常至万人，学习大乘、小乘并吠陀、因明、声明、医方等，为古印度佛教的最高学府。玄奘在菩提树处巡礼十天后，被那烂陀寺僧慕名迎去，从此在那烂陀寺研习佛学。玄奘在那烂陀寺五年，师从方丈戒贤法师。戒贤 90 多岁，继承无著、世亲、护法的学说，精通瑜伽、唯识、因明、声明等学理，是印度佛学权威。玄奘请戒贤开讲《瑜伽论》，历时 15 个月才毕。玄奘师从的还有一位叫胜军的高僧。在这里，他遍览一切佛教经典，兼通婆罗门教和梵书，后去王舍城。

6. 拘尸那揭城：释迦涅槃处

拘尸那揭城（Kusinagara），旧译作拘尸那、拘尸那竭婆罗、拘尸那迦等，相传为释迦牟尼在世时的摩罗国城邑。《增壹阿含经》作拘尸城，《长阿含经》作拘尸那竭国，法显《佛国记》作拘夷那竭城，《太平御览》卷七九七引支僧载《外国事》作拘私那竭，道安《西域志》作拘夷国，《大唐西域记》作拘尸那揭罗国，《大唐西域求法高僧传》作俱尸国，《南海寄归内法传》作俱尸那，玄应《一切经音义》作拘夷那竭，又作究施那城，译言上茅城。

1　法显撰，章巽校注《法显传校注》，第 96 页。

公元前 485 年，佛陀逝世，据说他寂灭于拘尸那揭城附近的希拉尼耶伐底河边的娑罗林中。拘尸那揭城的地理位置异说很多，一说在今印度和尼泊尔交界处卡西亚（Kasia），在印度北部戈拉克普尔（Gorakhpur）东。一说在今尼泊尔首都加德满都东。还有其他说法。法显至天竺取经，《佛国记》中提到他所至"拘夷那竭城"即此城。[1]他从佛诞生处东行"三由延"，到蓝莫（一作罗摩），此地有太子遣车匿、白马还处。从蓝莫东行"十二由延"到拘夷那竭城。玄奘到时已是一座荒城，城西北三四里有释迦涅槃的娑罗林，有娑罗八株，青皮白叶，光润可爱，附近精舍有释迦北首而卧的涅槃塑像。

（七）曲女城：西天竺终端

曲女城，法显《佛国记》作罽饶夷，即今印度北方邦西部的根瑙杰（Kanauj）。法显历访中天竺与东天竺，经摩头罗国、僧伽施国至罽饶夷城，即曲女城。据《续高僧传》，达摩笈多，南贤豆罗啰国人。[2]达摩笈多 23 岁时，往中贤豆界鞬拿究拨阇城（Kanyakubja）。玄奘等《大唐西域记》卷五作羯若鞠阇国，唐言"曲女城"。城临恒河，即今恒河西岸之根瑙杰。达摩笈多经此东行，路遇商人，听说东域有大支那国，旧名真旦、震旦，遂往迦毕试国。其国乃是北路之会，雪山北阴，商旅咸凑其境。于迦毕试商客居处，达摩笈多又闻"支那大国三宝兴盛，同侣一心属意来此，非惟观其风化，愿在利物弘经"，便逾雪山，经薄佉罗国、波多叉拿国、达摩悉鬓多国东来，"此诸国中，并不久住"，足知风土、诸寺仪式。又至渴盘陀国，停住一年，又至沙勒国，从而进入中国之境。[3]

丝绸之路不仅是贸易之路，也是文化交流之路和文明互动之路，魏晋南北朝时期中印之间的佛教传播是主要内容。考察其时东来传教

1　法显撰，章巽校注《法显传校注》，第 76 页。
2　张星烺先生认为，罗啰即 "Lar" 之异译，乃胡茶辣国（Guzarat）别名，在印度西部，此云南贤豆，可能是传闻之误。参见《中西交通史料汇编》第六册《古代中国与印度之交通》，第 220 页。
3　道宣：《续高僧传》卷二《达摩笈多传》，第 42~44 页。

的天竺、西域僧人和西行求法的中土僧人的行踪，可以发现商旅和僧侣的活动是互相促进的。东来的僧人从商队那里获得东方大国震旦的消息，僧侣的求法活动常常有赖商队的资助。商旅和僧侣的活动推动了中印之间交通的发展，中印之间的交通条件为这种经济和文化交流提供了客观保证。

第六章 朱应、康泰出使扶南
与海上丝路交通

中国人很早就开始了征服海洋的活动，考古发现的中国大陆东南地区、台湾和菲律宾群岛的有段石锛，揭示了早在新石器时代各地的文化联系。马来半岛、印度尼西亚发现的中国秦汉时期的陶器，反映了中国文化向南太平洋和印度洋的传播。汉武帝时代，中国商使已经到达印度东南沿海地区和斯里兰卡。魏晋南北朝时期，随着通过海上交通进行的贸易活动、佛教传播，中西间海上丝绸之路获得发展。

一　三国两晋海上丝路的盛衰

（一）三国吴时海上交通的发展及与南海诸国的交往

　　西汉时中国使节已经经南海进入印度洋，至印度和斯里兰卡。东汉时罗马人已经走通了经印度、扶南、日南而至洛阳的道路，南亚、东南亚诸国商旅亦经日南、交趾至洛阳。《南史·夷貊传》"海南诸国"条记载："汉元鼎中，遣伏波将军路博德开百越，置日南郡。其微外诸国，自武帝以来皆朝贡。后汉桓帝世，大秦、天竺皆由此道遣使贡献。"[1] 东汉末年，西域反叛，原来经陆路与中国交往的天竺等国则改道走海路东来，海道的利用频繁起来，"汉和帝时，天竺数遣使贡献，后西域反叛遂绝。至桓帝延熹三年、四年，频从日南微外来献"。[2] 魏晋间鱼豢《魏略·西戎传》的有关记载，反映了东汉以后这条海上交通线的发展和利用：

> 　　大秦道既从海北陆通，又循海而南，与交趾七郡外夷比，又有水道通益州、永昌，故永昌出异物。前世但论有水道，不知有陆道，今其略如此，其民人户数不能备详也。自葱领［岭］西，此国最大。[3]

前人但知有水道，因为汉与罗马之间的交通最早是由罗马人经过海道走通的。至鱼豢的时代，陆道亦已走通，所以鱼豢在书中便详述了陆道经行路线，但他也没有忘记大秦至中国的两条海上交通线。吴国由于地处东南沿海，继承了汉代海外交通发展的遗产。黄初二年（221），魏文帝曹丕遣使至吴，"求雀头香、大贝、明珠、象牙、犀角、玳瑁、孔雀、翡翠、斗鸭、长鸣鸡"，孙吴官员认为不该应其所求。

1　李延寿：《南史》卷七八《夷貊传上》，第 1947 页。

2　李延寿：《南史》卷七八《夷貊传上》，第 1962 页。

3　陈寿：《三国志》卷三〇《乌丸鲜卑东夷传》，裴注引《魏略·西戎传》，第 861~862 页。

孙权说："彼所求者，于我瓦石耳，孤何惜焉？"[1] 魏文帝所求诸海外舶来品，在孙吴看来如"瓦石"，说明孙吴与南海诸国保持着密切联系。孙吴还利用海上交通的优势与辽东交往和贸易，共拒曹魏，因此遭曹魏指斥："比年已来，复远遣船，越渡大海，多持货物，诳诱边民，边民无知，与之交关……周贺浮舟百艘，沉滞津岸，贸迁有无。"[2]

南海、西域诸国从海道来中国交往和贸易。士燮为交趾太守，每有出入，"胡人夹毂焚烧香者常有数十"，可见南海、西域诸国至中国南方者人数之多。"燮每遣使诣（孙）权，致杂香细葛，辄以千数，明珠、大贝、流离、翡翠、玳瑁、犀、象之珍，奇物异果，蕉、邪、龙眼之属，无岁不至。（士燮弟士）壹时贡马凡数百匹。"[3] 在士燮兄弟献送孙权诸物中有大量海外舶来品。《吴历》记载，孙权黄武四年（225），"扶南诸外国来献琉璃"，[4] 透露出这些舶来品的来历。从天竺国王赠送扶南国国使月氏马四匹和《吴时外国传》中"加营国王好马，月支贾人常以舶载马到加营国，国王悉为售之"[5] 的记载来看，士壹的贡马可能也是来自西域，可能就是月氏马。吴国遣至扶南的使节知道"月氏马众"，[6] 也透露出这一信息。西域、南海诸国通过海上丝路与中国南方地区存在文化交流。

孙吴东南濒海，北限长江，注意发展水路交通和水军力量，因此具有较高的造船技术和较强的航海能力。黄龙二年（230），孙权"遣将军卫温、诸葛直将甲士万人浮海求夷洲及亶洲"。亶洲当即日本，夷洲即台湾。据说当时亶洲和会稽之间经常有海船往来，"亶洲在海中，长老传言秦始皇帝遣方士徐福将童男童女数千人入海，求蓬莱神山及仙药，止此洲不还。世相承有数万家，其上人民，时有至会稽货

1　陈寿：《三国志》卷四七《吴主传》，裴注引《江表传》，第 1124 页。

2　陈寿：《三国志》卷八《公孙度传》，裴注引《魏略》，第 255 页。

3　陈寿：《三国志》卷四九《士燮传》，第 1192~1193 页。

4　欧阳询：《艺文类聚》卷八四《宝玉部下》，第 1441 页。

5　李昉等：《太平御览》卷三五九《兵部》，中华书局，1960，第 1650 页。加营，一般认为即今印度东南海岸的珠利耶（Colya）。

6　司马迁：《史记》卷一二三《大宛列传》，第 3160 页注 1。

布，会稽东县人海行，亦有遭风流移至亶洲者。所在绝远，卒不可得至"。卫温等"但得夷洲数千人还"。[1] 孙吴能凭借其航海技术交通海外。

在这样的背景下，3世纪初便有第一位留下姓名的罗马人秦论来到三国时吴国的都城。《南史·夷貊传》记载：

> 汉桓帝延熹九年，大秦王安敦遣使自日南徼外来献，汉世唯一通焉。其国人行贾往往至扶南、日南、交阯。其南徼诸国人少有到大秦者。孙权黄武五年，有大秦贾人字秦论来到交阯，太守吴邈遣送诣权。权问论方土风俗，论具以事对。时诸葛恪讨丹阳，获黝、歙短人。论见之曰："大秦希见此人。"权以男女各十人，差吏会稽刘咸送论，咸于道物故，乃径还本国也。[2]

大秦商人从海道经天竺、扶南、日南等至中国交易，当时交阯往往是他们来华贸易的终点。交阯在东吴辖境。吴黄武五年，交阯太守士燮病逝，其子士徽欲代父自立，吕岱奉诏率兵讨平之，孙权以吴邈为太守，孙吴取得了交州的实际控制权。就在这一年，大秦商人秦论来到交阯，吴邈遣送秦论往武昌（今湖北鄂城），秦论受到孙权的礼遇。吴邈遣送秦论之举，当是出于孙权事先已有的嘱托和安排，这件事表明了孙权通过海路交通海南和西域各国的意向。孙权向秦论询问大秦的"方土风俗"，其交通大秦的意向非常明显。秦论"具以事对"，说明这次相见使东吴掌握了不少大秦的知识和从大秦到东吴沿途各地的情况，为后来孙权遣使南海诸国提供了必要的条件和信息。秦论到东吴是罗马与中国交往的重要事件。

孙权重视航海事业，曾派使者经海道西去联络各国。秦论离开中国以后，孙权开始派使者到南海诸国进行外交活动。吕岱为广州刺

1　陈寿:《三国志》卷四七《吴主传》，第1136页。
2　李延寿:《南史》卷七九《夷貊传下》，第1961页。

史，"既定交州，复进讨九真，斩获以万数。又遣从事南宣国化，暨徼外扶南、林邑、堂明诸王，各遣使奉贡。（孙）权嘉其功，进拜镇南将军"。[1] 但有关与扶南、林邑等之交往语焉不详，其中包括史籍上有具体记载的朱应和康泰出使扶南。《梁书·诸夷传》记载：

> 海南诸国，大抵在交州南及西南大海洲上，相去近者三五千里，远者二三万里，其西与西域诸国接。汉元鼎中，遣伏波将军路博德开百越，置日南郡。其徼外诸国，自武帝以来皆朝贡。后汉桓帝世，大秦、天竺皆由此道遣使贡献。及吴孙权时，遣宣化从事朱应、中郎康泰通焉。其所经及传闻，则有百数十国。[2]

黄武五年（226）吕岱平交州，黄龙三年（231）孙权召吕岱还朝，孙吴遣使"南宣国化"，应在此六年间。朱应、康泰等所到之处，有林邑（今越南中南部）、扶南以及东南亚和南亚其他一些地方。"扶南"于1世纪建国，其领土约包括今柬埔寨、老挝南部、越南南部和泰国东南部一带，强盛时达泰国西部，直到马来半岛南端。朱应、康泰到扶南时，其国王为范旃（约245~251年在位），范旃因内乱被范长所杀，大将范寻又杀范长自立。故《梁书·诸夷传》"扶南"条云："吴时，遣中郎康泰、宣化从事朱应使于（范）寻国。"他们在扶南进行实地考察，见其"国人犹裸，唯妇人著贯头。泰、应谓曰：'国中实佳，但人亵露可怪耳。'寻始令国内男子著横幅。横幅，今干漫也。大家乃截锦为之，贫者乃用布"。[3] 由此可知中国的丝绸已传入该地，并对扶南人的服装习俗有积极的影响。朱应、康泰在扶南还曾与中天竺使节会晤，询问中天竺土俗。《梁书·诸夷传》"中天竺"条记载：

> 吴时扶南王范旃遣亲人苏物使其国，从扶南发投拘利口，循

1　陈寿：《三国志》卷六〇《吕岱传》，第1385页。

2　姚思廉：《梁书》卷五四《诸夷传》，第783页。

3　姚思廉：《梁书》卷五四《诸夷传》，第789页。

海大湾中正西北入历湾边数国，可一年余到天竺江口，逆水行
七千里乃至焉。天竺王惊曰："海滨极远，犹有此人。"即呼令观
视国内，仍差陈、宋等二人以月支马四匹报贾，遣物等还，积四
年方至。其时吴遣中郎康泰使扶南，及见陈、宋等，具问天竺
土俗。[1]

陈、宋等详述天竺国情况，吴人始知佛教源自天竺。

　　朱应、康泰通使扶南，是历史上中国外交官员和文化使者首访柬
埔寨，在海上丝路发展和中外文化交流史上具有重要意义。此后，中
国与扶南来往频繁，直到 7 世纪中叶，扶南为其北方属国吉蔑所灭。
这次出使，扩大了中国人对东南亚和南亚地区的认识。在实地考察的
基础上，朱应著有《扶南异物志》一书，《隋书·经籍志》和《新唐
书·艺文志》均有著录，康泰撰有《吴时外国传》，但二书皆已亡佚，
后世文献多所征引。[2]据此二书的散见佚文，参考万震的书，可以考知
今天东南亚、南亚以及西亚数十个古代国家和地区。由于这些国家和
地区的情况本国文献缺乏记载，朱应和康泰的著作成为研究古代南海
交通和东南亚各国，特别是柬埔寨古代史不可多得的材料。

　　据康泰的书，"从迦那调州乘大伯舶，张七帆，时风一月余日，乃
入秦，大秦国也"。[3]又曰："从迦那调洲西南入大湾，可七八百里，乃
到枝扈黎大江口，渡江径西行，极大秦也。"[4]迦那调洲在今缅甸丹那

1　姚思廉：《梁书》卷五四《诸夷传》，第 798 页。
2　朱应、康泰的书在唐以后散佚。唐代以前的一些书引用过这两本书的材料，如北魏郦道元的
　　《水经注》、隋代虞世南的《北堂书钞》、唐初欧阳询的《艺文类聚》、徐坚的《初学记》、中唐
　　杜佑的《通典》、《六臣注文选》、《事类赋》、《史记正义》和《史记索引》。宋代的《太平御览》
　　等，也有征引。通过这些书，我们还可以看到一些断片引文。同时代的万震撰《南州异物志》、
　　稍后的郭义恭撰《广志》都采用了这两本书的材料。后来《南齐书》《梁书》《南史》中的海南
　　诸国传，也主要依据了这两本书的记述。上引《梁书》中有所谓"因立记传"就说明了这个问
　　题。康泰的书，诸家著录或引述又作《吴时外国志》（见《太平御览》《艺文类聚》）、《扶南土俗》
　　（见《太平御览》）、《扶南记》（见《艺文类聚》）、《扶南传》（见《通典》《水经注》）、《康泰扶南
　　记》（见《水经注》）等。
3　李昉等：《太平御览》卷七七一《舟部》，第 3419 页。
4　郦道元著，陈桥驿校证《水经注校证》卷一，第 10 页。

沙林，在枝扈黎大江（即恒河）以北七八百里，由此向西航行四五十天，可到达大秦。[1] 这些材料透露出朱应、康泰出使扶南时或在此之前，中国商舶可能已经到达过波斯湾。印度和罗马海上贸易的繁荣使得那些到达南印度东南海岸黄支（甘吉布勒姆，Kānchipuram）和已程不国（斯里兰卡）的中国商船可能越过印度，西行进入波斯湾沿岸进行贸易。3 世纪中叶吴国万震的《南州异物志》记述歌营国西南有个加陈国，有学者认为该国在古波斯铭文中叫 Kuśa，指古代居住在埃塞俄比亚和努比亚的库施民族。[2] 库施领土中最大的港口是阿杜利，在现在马萨瓦港附近。[3] 自 1 世纪起它就成了阿克苏姆王国的对外贸易中心，3 世纪进入盛时。

（二）两晋海上交通与中西方文化交流

西晋初，中国仍与南海诸国频繁交往。林邑国"自孙权以来，不朝中国。至武帝太康中，始来贡献"。[4] 扶南国"武帝泰始初，遣使贡献。太康中，又频来"。[5] 甚至大秦国亦通过海路入贡，经广州至洛阳。据晋殷巨奇《布赋序》，晋太康二年（281）"大秦国奉献琛，来经于（广）州，众宝既丽，火布尤奇"。其赋云："伊荒服之外国，逮大秦以为名，仰皇风而悦化，超重译而来庭。贡方物之绮丽，亦受气于妙灵。"[6] 惠帝元康六年（296）天竺高僧耆域由海路到达广州，光熙年间又前往京师洛阳。除了官方和佛教的交往之外，彼此间的贸易仍然存在。《晋书·南蛮传》"林邑"条记载，范文"随商贾往来，见上国制

1　迦那调洲之地望，有各种不同的说法，有爪哇、缅甸、斯里兰卡、红海西岸阿杜利港诸说。韩振华先生认为迦那调洲又称姑奴斯调、姑奴、古奴，皆为羯罗孥苏伐刺那［Karna Su（varmadvi（pa）］的省译，在印度恒河河口附近。大秦，指两河流域的报答，即今伊拉克的巴格达。参见韩振华《魏晋南北朝海上丝绸之路的航线研究——兼论横越泰国、马来半岛的路线》，《中国与海上丝绸之路》，第 235~245 页。

2　Buddha Prakash, *India and the World*, Hoshiarpur, 1964, p. 241.

3　沈福伟：《中国与非洲文化交流研究》，新疆人民出版社，2010，第 55 页。

4　房玄龄等：《晋书》卷九七《南蛮传》，第 2545 页。

5　房玄龄等：《晋书》卷九七《南蛮传》，第 2547 页。

6　欧阳询：《艺文类聚》卷八五《布帛部》，第 1463 页。

度，至林邑，遂教（范）逸作宫室、城邑及器械"，[1] 反映了林邑与中国之间有商贾活动。

西晋立国时间甚短，通过海上交通与西域各国交往的材料很少，尤其惠帝以后，这种交往活动顿然衰落。东晋立国江南，仅百余年，有关彼此间交通的记载也很少。《南史·夷貊传》记载海南诸国"晋代通中国者盖鲜，故不载史官"。[2] 这与西晋后期的战乱有关，《晋书·四夷传》云：

> 武帝受终衰魏，廓境全吴，威略既申，招携斯广，迷乱华之议，矜来远之名，抚旧怀新，岁时无忒，凡四夷入贡者，有二十三国。既而惠皇失德，中宗迁播，凶徒分据，天邑倾沦，朝化所覃，江外而已，睟贡之礼，于兹殆绝，殊风异俗，所未能详。[3]

也由于两晋南方沿海地区官吏的贪腐与对外商的侵渔。同书同卷"林邑"条记载：

> 初，徼外诸国尝赍宝物自海路来贸货，而交州刺史、日南太守多贪利侵侮，十折二三。至刺史姜壮时，使韩戢领日南太守，戢估较太半，又伐［发］船调枪［炮］，声云征伐，由是诸国恚愤。且林邑少田，贪日南之地，戢死绝（衍字——引者注），继以谢擢，侵刻如初。[4]

由于两晋官吏的侵刻，林邑国又贪日南之地，两晋与林邑经常发生战事，这些因素造成海上交通和海外贸易势减。除了两晋交州官吏贪残引发双方的战争之外，林邑国内的动乱也是晋时海上交通衰落的

1　房玄龄等：《晋书》卷九七《南蛮传》，第 2546 页。

2　李延寿：《南史》卷七八《夷貊传上》，第 1947 页。

3　房玄龄等：《晋书》卷九七《四夷传》，第 2531 页。

4　房玄龄等：《晋书》卷九七《四夷传》，第 2546 页。

原因：

> 汉末大乱，功曹区连杀县令，自立为王。数世，其后王无嗣，外甥范熊代立，死，子逸嗣。晋成帝咸康三年，逸死，奴文篡立。文本日南西卷县夷帅范幼家奴……范幼尝使之商贾至林邑……遂胁国人自立。时交州刺史姜庄使所亲韩戢、谢幼前后监日南郡，并贪残，诸国患之。穆帝永和三年，台遣夏侯览为太守，侵刻尤盛。林邑素无田土，贪日南地肥沃，常欲略有之。至是因人之怨，袭杀览，以其尸祭天。留日南三年，乃还林邑。交州刺史朱藩后遣都护刘雄戍日南，文复灭之，进寇九德郡，害吏人。遣使告藩，愿以日南北境横山为界。藩不许。文归林邑，寻复屯日南。文死，子佛立，犹屯日南。征西将军桓温遣督护滕畯、九真太守灌邃讨之，追至林邑，佛乃请降。安帝隆安三年，佛孙须达复寇日南、九德诸郡，无岁不至，杀伤甚多，交州遂至虚弱。须达死，子敌真立，其弟敌铠携母出奔。敌真追恨不能容其母弟，舍国而之天竺，禅位于其甥。国相藏驎固谏不从。其甥立而杀藏驎，藏驎子又攻杀之，而立敌铠同母异父弟曰文敌。文敌复为扶南王子当根纯所杀，大臣范诸农平其乱，自立为王。诸农死，子阳迈立。[1]

可知其时林邑一直政局动荡，不仅内部篡夺频仍，又与南朝战争不断，还与扶南矛盾重重。林邑地当中西海上交通要道，显然这些都会直接影响到彼此间的往来和贸易。

但如果认为晋时海外交通和贸易"因而中断"，[2] 则未免不符合史实。即便在西晋后期和东晋时，彼此间的交通仍然是存在的。东晋成帝咸康年间，林邑王范文"遣使通表入贡于帝，其书皆胡字"。

1　李延寿：《南史》卷七八《夷貃传上》，第 1948~1949 页。

2　方豪：《中西交通史》，第 198 页。按："国外贸易，因而中断"系该书作者语，书中引号标错，作《晋书》语误。上海人民出版社 2008 年版亦同此误。

不久，双方就发生战争，范文率众攻陷日南。[1] 扶南国"穆帝升平初，复有竺旃檀称王，遣使贡驯象。帝以殊方异兽，恐为人患，诏还之"。[2] 晋之南海官吏侵侮外商本身便是建立在外商来华贸易的基础之上。干宝《搜神记》云："晋永嘉中，有天竺胡人，来渡江南。"[3] 此天竺胡人当经海路而来。高僧法显于东晋义熙六年至七年（410~411）自天竺至师子国，在师子国见到佛像边"商人以晋地一白绢扇"供养，[4] 说明此时中国商人远至师子国从事贸易。法显自师子国乘商船回国，从海道东返，说明当时师子国与东晋间不仅存在使节通交，而且有商舶往还。法显自耶婆提（今爪哇或苏门答腊）至广州，"复随他商人大船"，"商人议言，常行时正可五十日便到"，说明两地之间频有商舶往来。晋安帝义熙初，师子国始遣使来"献玉像，经十载乃至。像高四尺二寸，玉色洁润，形制殊特，殆非人工"。[5] 义熙年间，师子国国王为优婆帝沙一世，其遣使为沙门昙摩抑，所携为玉质佛像。[6] 其使者通过海路来到东晋都城。西域僧人也有经海路来华者。安帝隆安三年至五年（399~401），罽宾僧人昙摩耶舍在广州王园寺译经传教，后又往江陵、长安。[7] 佛教传播也推动了其时海上交通的发展。

二　南朝海上交通的盛衰

（一）刘宋时海上交通的复兴

东晋灭亡以后，继之而起的南朝刘宋王朝利用海上交通进行对外

1　房玄龄等：《晋书》卷九七《南蛮传》，第 2546 页。

2　房玄龄等：《晋书》卷九七《南蛮传》，第 2547 页。

3　干宝：《搜神记》卷二，中华书局，1979，第 23 页。

4　法显撰，章巽校注《法显传校注》，第 128 页。

5　姚思廉：《梁书》卷五四《诸夷传》，第 800 页。

6　耿引曾：《以佛教为中心的中斯文化交流》，周一良主编《中外文化交流史》，第 475 页。

7　释慧皎：《高僧传》卷一《昙摩耶舍传》，第 42 页。

交往的活动又频繁起来。《梁书·诸夷传》云："晋代通中国者盖鲜，故不载史官。及宋、齐，至者有十余国，始为之传。"[1] 刘宋时疆界延及今越南中部，与东南亚和印度洋诸国关系十分密切。据《宋书·夷蛮传》，与刘宋政权交往的南海诸国有林邑、扶南、诃罗陀、婆皇、婆达、阇婆婆达、师子国、迦毗黎国、盘盘。

　　林邑地处中国与南海诸国交通要冲，林邑国与中国南方政权的关系对中西间海上交通有重大影响。[2] 刘宋建立之初与林邑关系有所改善，宋永初二年（421），林邑王范阳迈"遣使贡献"，宋武帝则以阳迈为林邑王。后阳迈死，其子咄篡其名号自立。自宋文帝元嘉初，刘宋与林邑关系开始恶化。阳迈屡犯宋之日南、九德诸郡，元嘉十二年、十五年、十六年、十八年，林邑一边遣使贡献，一边"寇盗不已，所贡亦陋薄"，元嘉后期发生刘宋大举攻伐林邑的战争。在刘宋的军事打击下，林邑于孝武帝孝建二年（455）遣长史范龙跋贡献，刘宋封范龙跋为扬武将军，两国关系得到改善。《梁书·诸夷传》云："孝武孝建、大明中，林邑王范神成累遣长史奉表贡献。明帝泰豫元年，又遣使献方物。"[3] 受刘宋与林邑关系的影响，元嘉十八年至二十六年是中西间海上交通的衰落时期，以此为界，刘宋与海南诸国的交通往来大致可分为此前和此后两个时期。

　　刘宋建立，通过海上交通与海南诸国建立起密切联系，南亚天竺、师子国频遣使奉献。元嘉五年（428），天竺国迦毗黎国王月爱遣使奉表，其表有云："大王若有所须，珍奇异物，悉当奉送，此之境土，便是王国，王之法令，治国善道，悉当承用。愿二国信使往来不绝，此反使还，愿赐一使，具宣圣命，备敕所宜。款至之诚，望不空反，所白如是，愿加哀愍。奉献金刚指环、摩勒金环诸宝物、赤白鹦

1　姚思廉:《梁书》卷五四《诸夷传》，第 783 页。

2　刘淑芬:《六朝南海贸易的开展》,《食货复刊》（台北）第 15 卷第 9~10 期，1986 年。

3　姚思廉:《梁书》卷五四《诸夷传》，第 786 页。

鹉各一头。"[1] 元嘉十八年，天竺苏摩黎国王那邻那罗跋摩遣使献方物。[2]
元嘉五年，师子国国王刹利摩诃南遣使奉表曰："谨白大宋明主，虽山
海殊隔，而音信时通。伏承皇帝道德高远，覆载同于天地，明照齐乎
日月，四海之外，无往不伏，方国诸王，莫不遣信［使］奉献，以表
归德之诚，或泛海三年，陆行千日，畏威怀德，无远不至。我先王以
来，唯以修德为正，不严而治，奉事三宝，道济天下，欣人为善，庆
若在己，欲与天子共弘正法，以度难化。故托四道人遣二白衣送牙台
像以为信誓，信还，愿垂音告。"[3] 从"山海殊隔，而音信时通"之语可
知两国间保持着密切的官方联系。宋文帝回书提出"此小乘经甚少，
彼国所有，皆可写送"。[4] 元嘉七年秋七月"甲寅，林邑国、诃罗陁国、
师子国遣使献方物"。[5] 元嘉十二年六月，师子国又"遣使献方物"。[6]
据《高僧传·求那跋摩传》《比丘尼传·僧果尼传》，元嘉元年、六年，
师子国商舶两次来到刘宋都城建康。[7]

　　由于海道的通畅和佛教兴盛，僧人亦经海道往还。生活在 4 世纪
后半叶和 5 世纪上半叶的希腊作家巴拉迪尤斯到过印度，其在《论婆
罗门教》中说："沿恒河两岸居住有来自印度和赛里斯国的婆罗门。"[8]
他所谓"赛里斯国的婆罗门"大约指从中国来印度的佛教徒。《高僧
传》卷二记载，慧观法师"志欲重寻《涅槃后分》，乃启宋太祖资给，
遣沙门道普，将书吏十人，西行寻经。至长广郡，舶破伤足，因疾而
卒"。同书卷三记载，智严"入道受具足，常疑不得戒，每以为惧。

1　沈约：《宋书》卷九七《夷蛮传》，第 2385~2386 页。月爱王即笈多王朝旃陀罗（月）笈多（爱）
　（Chandragupta）二世。《梁书》卷五四亦录此表文，迦毗黎国王改称"屈多王"，即笈多（爱）
　之异译；使臣名竺罗达。表文亦略有不同。文末所列贡献方物亦不同，为"琉璃唾壶、杂香、
　古贝等物"。

2　沈约：《宋书》卷九七《夷蛮传》，第 2386 页。

3　沈约：《宋书》卷九七《夷蛮传》，第 2384 页。

4　欧阳询：《艺文类聚》卷七六《内典部上》，第 1294 页。

5　沈约：《宋书》卷五《文帝本纪》，第 79 页。

6　沈约：《宋书》卷五《文帝本纪》，第 83 页。

7　释慧皎：《高僧传》卷三《求那跋摩传》，第 107 页；释宝唱：《比丘尼传》卷二《僧果尼传》，王
　孺童校注，中华书局，2006，第 88 页。

8　〔法〕戈岱司编《希腊拉丁作家远东古文献辑录》，第 74 页。

积年禅观而不能自了，遂更泛海，重到天竺，咨诸明达"。同卷记载，昙无竭等 25 人于宋永初元年经陆路往天竺求法，"后于南天竺随舶泛海达广州"。求那跋摩自西域至师子国，自师子国泛海至阇婆[1]。求那跋摩"先已随商人竺难提舶，欲向一小国，会值便风，遂至广州"。求那跋陀罗，中天竺人，先至师子国，元嘉十二年乘船至广州。

　　刘宋时期，中国商船西行可能已至波斯湾。阿拉伯古代旅行家马苏第在《黄金草原和宝石宝藏》一书中说："在 5 世纪上半叶，幼发拉底河还可上航至巴比伦西南的希拉时，经常有人看见印度的船舶和中国的船舶停泊在该城的房屋前面。"[2] "中国和印度船只溯流而上去见希拉王。"[3] 希拉国是 3 世纪至 7 世纪初的阿拉伯古国，首都希拉城在距古巴比伦废墟三公里处。希拉国极盛时的拉克米德王朝在五六世纪之交，当时幼发拉底河的支流阿蒂河流经希拉城，由于海道的畅通，中国的商船远航至此。中国与东南亚各国通过海上丝路进行交往的活动也屡见载籍，地处今爪哇岛的诸王国频遣使贡献。诃罗陁国"元嘉七年，遣使奉表"。[4] "呵罗单国治阇婆洲。元嘉七年，遣使献金刚指环、赤鹦鹉鸟、天竺国白叠古贝、叶波国古贝等物。十年（433），呵罗单国王毗沙跋摩奉表……十三年，又上表。"[5]《宋元嘉起居注》记载："诃罗单国奉孔雀盖一具。"[6] 元嘉十二年，阇婆婆达国王师黎婆达陁阿罗跋摩遣使奉表，有"虽隔巨海，常遥臣属"之语。[7] 阇婆婆达国在今爪哇。[8] 扶南国"太祖元嘉十一、十二、十五年，国王持黎跋摩遣使奉

1　冯承钧疑即苏门答腊，见《中国南洋交通史》，商务印书馆，1998，第 36 页。

2　邓端本：《广州与海上"丝绸之路"的兴起与发展》，《论广州与海上丝绸之路》，中山大学出版社，1993，第 13 页。

3　孙光圻：《中国航海技术的发展与"海上丝绸之路"的演进》，《中国与海上丝绸之路》，第 211 页。

4　沈约：《宋书》卷九七《夷蛮传》，第 2380 页。

5　沈约：《宋书》卷九七《夷蛮传》，第 2381 页。

6　虞世南：《北堂书钞》卷一三四《服饰部二》，学苑出版社，2003，第 375 页。

7　沈约：《宋书》卷九七《夷蛮传》，第 2384 页。

8　冯承钧以为"南海诸洲与中国通，以此岛为最古"。即《后汉书》中所谓"叶调国"。参见氏著《中国南洋交通史》，第 3 页。

献"。[1] 扶南王㤭陈如死,"后王持梨陁跋摩,宋文帝世奉表献方物"。[2] 地处今苏门答腊岛的诸王国亦有通贡之举,"元嘉十八年,苏摩黎国王那罗跋摩遣使献方物"。[3]

经历了一段低潮期之后,元嘉后期,随着刘宋与林邑关系的改善,中国与海南诸国的关系又活跃起来。盘盘国、诃罗单、婆皇、婆达、干陁利、师子国、天竺、婆利等复与刘宋通交。

盘盘国,一般认为在今泰国南部万伦湾一带。"盘盘国,宋文帝元嘉,孝武孝建、大明中,并遣使贡献。"[4] 诃罗单、婆皇、婆达地处爪哇,元嘉二十六年太祖诏曰:"诃罗单、婆皇、婆达三国,频越遐海,款化纳贡,远诚宜甄,可并加除授。"并遣使策命曰:"惟尔慕义款化,效诚荒遐,恩之所洽,殊远必甄,用敷典章,显兹策授。尔其钦奉凝命,永固厥职,可不慎欤。"[5] 表明刘宋与地处今爪哇的诸王国重新建立起友好关系。婆皇国于元嘉二十六年遣使献方物 41 种,元嘉二十八年复贡献;孝建三年又献方物,大明三年、八年,泰始二年皆遣使贡献。婆达国于元嘉二十六年两次遣使献方物,元嘉二十八年又来。诃罗单国于元嘉二十六年遣使贡献,元嘉二十九年又遣长史婆和沙弥献方物。宋孝武之世,干(一作"斤")陁利国王释婆罗邥怜陁遣长史竺留陁献金银宝器。[6] 据《宋书·夷蛮传》,其事在孝建二年(455),干陁利在今马来西亚吉打。后废帝元徽元年(473),"婆黎国遣使贡献"。"婆黎",一作"婆利",[7] 在今加里曼丹岛。《宋书·夷蛮传》记载,明帝泰始二年(466),天竺迦毗黎国"又遣使贡献,以其使主竺扶大、竺阿弥并为建威将军"。[8]

1　沈约:《宋书》卷九七《夷蛮传》,第 2379 页。

2　姚思廉:《梁书》卷五四《诸夷传》,第 789 页。

3　李延寿:《南史》卷七八《夷貊传上》,第 1962 页。

4　姚思廉:《梁书》卷五四《诸夷传》,第 793 页。

5　沈约:《宋书》卷九七《夷蛮传》,第 2382 页。

6　沈约:《梁书》卷五四《诸夷传》,第 794 页。

7　婆利,一说在苏门答腊北之萨马朗加,见方豪《中西交通史》;一说即婆罗洲,见刘迎胜《丝路文化·海上卷》,浙江人民出版社,1995,第 31 页。当以后说为是。

8　沈约:《宋书》卷九七《夷蛮传》,第 2386 页。《南史·夷貊传》中作中天竺国。

关于其时海上交通的发展,《宋书·夷蛮传》评述云:"若夫大秦、天竺,迥出西溟,二汉衔役,特艰斯路,而商货所资,或出交部,泛海陵波,因风远至。又重峻参差,氏众非一,殊名诡号,种别类殊,山琛水宝,由兹自出,通犀翠羽之珍,蛇珠火布之异,千名万品,并世主之所虚心,故舟舶继路,商使交属。"[1] 从这段评述可知,当时刘宋通过海上丝路已与"大秦、天竺"相交通,此"大秦"大概指阿拉伯海和波斯湾临海国家和地区。刘宋时的竺枝撰《扶南记》提到"安息国去私诃条国二万里,国土临海上,即《汉书》天竺、安息国也"。[2]安息即指今伊朗,私诃条即斯调,今斯里兰卡。可见刘宋时中西间海上交通相当兴盛。

(二)萧齐时海上丝路的衰落

南齐时通过海路的交往,比刘宋时有所衰退,这种衰退是从刘宋末年开始的。南齐武帝给扶南国王的报书云,林邑"旧修藩贡,自宋季多难,海译致壅"。[3]见于记载,南海之国与南齐通使者仅有扶南和林邑。《梁书·诸夷传》记载:"齐永明中,(林邑王)范文赞累遣使贡献。"[4]印度僧人亦经海道至齐。中天竺高僧求那毗地于齐建元初,"来至京师,止毗耶离寺"。[5]扶南僧人僧伽婆罗"闻齐国弘法,随舶至都,住正观寺"。[6]南齐初年,南海国家也有商舶至齐,高帝建元年间太子萧赜"度丝锦与昆仑舶营货"。[7]这种昆仑舶是来自马来半岛一带的商船,说明当时南齐与海南诸国保持着贸易方面的联系。

1　沈约:《宋书》卷九七《夷蛮传》,第2399页。
2　郦道元著,陈桥驿校证《水经注校证》卷二,第33页。
3　萧子显:《南齐书》卷五八《南夷传》,第1016页。
4　姚思廉:《梁书》卷五四《诸夷传》,第786页。
5　释慧皎:《高僧传》卷三《求那毗地传》,第138页。
6　道宣:《续高僧传》卷一《僧伽婆罗传》,第5页。
7　萧子显:《南齐书》卷三一《荀伯玉传》,第635页。按:昆仑,泛指中南半岛南部及南洋诸岛各国或其国人。郦道元《水经注·温水》记载:"暗中大战,谦之手射阳迈柁工,船败纵横,昆仑单舸得奔阳迈。"唐代诗人张籍《昆仑儿》诗云:"昆仑家住海中洲,蛮客将来汉地游。"《旧唐书·南蛮传》记载:"自林邑以南,皆卷发黑身,通号为昆仑。"

但总的趋势是呈衰落之状，这与刘宋和林邑的战事、林邑的内乱、刘宋末年以后扶南与林邑的战争以及交州的叛乱有关。刘宋元嘉年间，由于林邑侵扰刘宋南境，双方关系紧张，交州刺史檀和之曾发兵征伐。孝武帝孝建二年（455），以林邑长史范龙跋为扬武将军，而以林邑故王范阳迈之子孙相传为王。此后林邑发生范当根纯之乱，其夺得王位。南齐永明九年（491），遣使入南齐贡献，南齐以范当根纯为持节、都督缘海诸军事、安南将军、林邑王。范阳迈后人范诸农率族人攻范当根纯，复国。永明十年，南齐又以范诸农为持节、都督缘海诸军事、安南将军、林邑王。齐明帝建武二年（495）进号镇南将军。永泰元年（498）范诸农入朝南齐，但海中遭风溺死，以其子嗣其位。林邑人通商至齐，从南齐学习到宫室制度，"教林邑王范逸起城池楼殿"。

扶南自孙吴、两晋、刘宋时便与中国交通，南齐"永明中，王阇耶跋摩遣使贡献"。[1] 但扶南与中国地隔林邑，与中国的交通受到林邑的阻隔。"宋末，扶南王姓侨陈如，名阇耶跋摩，遣商货至广州。天竺道人那伽仙附载欲归国，遭风至林邑，掠其财物皆尽。那伽仙间道得达扶南，具说中国有圣主受命。"于是齐永明二年，扶南王阇耶跋摩遣那伽仙至南齐上表，请南齐发兵助讨林邑。南齐武帝曾"诏交部随宜应接"。[2] 自刘宋末年起，林邑与扶南不断发生战争，交州所在悬远，常常发生叛乱，扶南与南齐夹击林邑的计划并没有实现。扶南人"性善，不便战，常为林邑所侵击，不得与交州通，故其使罕至"。"交州斗绝海岛，控带外国，故恃险数不宾。"[3] 宋泰始初年，交州又发生李长仁之乱，李长仁卒，其弟李叔献继之。萧齐建立，任命李叔献为交州刺史，李叔献却"断割外国，贡献寡少"。[4] 齐武帝永明元年，南齐以刘楷为交州刺史，统兵征讨，李叔献被迫贡献，武帝不纳。继

1　姚思廉：《梁书》卷五四《诸夷传》，第789页。

2　萧子显：《南齐书》卷五八《南夷传》，第1014~1015页。

3　萧子显：《南齐书》卷五八《南夷传》，第1017页。

4　萧子显：《南齐书》卷五八《南夷传》，第1018页。

而刘楷复叛，南齐又委法乘讨伐，法乘又被部将伏登之所囚。这些情况一度造成南朝萧齐与扶南及南海诸国交通的衰落。

南齐时中西间海上交通的衰落，也与海道西端的政治形势以及中国中原地区与西域交通的开展有关。当时中西间取道红海的海上交通由阿克苏姆王国控制，阿克苏姆王国是非洲东北部古国，1世纪前后建国，其红海沿岸的阿杜利港是出入亚丁湾东西方海上交通的枢纽。3世纪后半叶，处于极盛时期的阿克苏姆国还统治着阿拉伯西部的部分地区，控制了红海的航运。4~6世纪，阿克苏姆王国一直保持着强盛国势。罗马和后来的拜占庭人经海道进行东方贸易必须经阿克苏姆人转手，阿克苏姆人还常攻劫商船，造成红海航线海盗猖獗。但在东罗马与安息长期的战争中，陆上与东方的交往受到阻碍，罗马人不得不以阿克苏姆为中介。至5世纪中叶，贯通西亚的陆路出现了转机，经过两个世纪的战争和对抗，东罗马和波斯萨珊终于达成了和平协议，东罗马与中国加强了经过丝绸之路的陆上贸易关系。当罗马人走通了沟通东方的陆上丝路时，对于他们来说，西端和东端都充满危机的海上交通线就不那么重要了。5世纪中叶以后，中国中原地区的北魏政权与普岚即拜占庭还有频繁的外交往来。

（三）梁陈时海上丝路的盛衰与中西文化之交流

梁时海上交通呈现出前所未有的兴盛局面，前来通交的国家更多，除了东亚高句丽、百济、新罗、倭国等，东南亚林邑、扶南、盘盘、丹丹、干陀利、婆利，南亚中天竺国、师子国等都与梁有频繁交往。《梁书·诸夷传》云："自梁革运，其奉正朔，修贡职，航海岁至，逾于前代矣。"[1]

林邑　梁朝建立后，林邑与梁保持着自萧齐之后的友好交往。《梁书·诸夷传》记载，梁武帝"天监九年，（范）文赞子（林邑王）天凯奉献白猴"。武帝下诏册封褒奖云："林邑王范天凯介在海表，乃

1　姚思廉：《梁书》卷五四《诸夷传》，第783页。

心款至，远修职贡，良有可嘉。宜班爵号，被以荣泽。可持节、督缘海诸军事、威南将军、林邑王。"天监十年、十三年，范天凯多次"遣使献方物"。[1] 同书卷三《武帝纪》记载，大通元年三月，林邑遣使献方物。此后至中大通六年（534），林邑诸王皆频遣使贡献。梁与林邑的友好关系保证了梁与林邑以远诸国关系的进一步发展，与梁通交的海南国家如下。

扶南　梁天监二年（503），扶南王跋摩"复遣使送珊瑚佛像，并献方物"，梁武帝下诏封赠。[2] "十年、十三年，跋摩累遣使贡献。其年死，庶子留陁跋摩杀其嫡弟自立。十六年，遣使竺当抱老奉表贡献。十八年，复遣使送天竺旃檀瑞像、婆罗树叶，并献火齐珠、郁金、苏合等香。普通元年、中大通二年、大同元年，累遣使献方物。五年，复遣使献生犀。又言其国有佛发，长一丈二尺，诏遣沙门释云宝随使往迎之。"[3]

顿逊　扶南之属国，当在今马来半岛南端，地处海上交通中转之地，"梁时闻焉，一曰典逊。在海崎上，地方千里。有五王，并羁属扶南，北去扶南可三千余里。其国之东界通交州，其西界接天竺、安息徼外诸国，贾人多至其国市焉。所以然者，顿逊回入海中千余里，涨海无涯岸，船舶未曾得径过也。其市东西交会，日有万余人，珍物宝货无种不有。又有酒树，似安石榴，采其花汁，停酒瓮中，数日成酒"。[4] 新加坡古名 Tamasak，与顿逊音相近。[5]

干陁利　一般认为在今苏门答腊岛的巨港一带，梁时始与中国交通。《梁书·诸夷传》记载，天监元年（502），干陁利国王瞿昙修跋陀罗遣使并画工，奉献玉盘等物，摹写高祖形象。天监十七年，子毗邪跋摩遣长史毗员跋摩奉表，献金芙蓉、杂香、药等。普通元年

1　姚思廉：《梁书》卷五四《诸夷传》，第786页。

2　姚思廉：《梁书》卷五四《诸夷传》，第789页。

3　姚思廉：《梁书》卷五四《诸夷传》，第790页。

4　杜佑：《通典》卷一八八《边防四》，第5095页。

5　方豪：《中西交通史》，第189页。

（520），复遣使献方物。《通典·边防》云："干陁利国，梁时通焉，在南海洲上。其俗与林邑、扶南略同。出斑布、古贝、槟榔。槟榔特精好，为诸国之极。武帝天监中，遣使贡方物。"[1]

狼牙修　在今泰国南部北大年一带。据《梁书·诸夷传》，天监十四年，遣使阿撤多奉表贡献。《通典·边防》"狼牙修"条云："梁时通焉，在南海中。……武帝天监中，遣使献方物。其使云，立国以来四百余年。"[2]

婆利　在今加里曼丹的文莱。《宋书》作"婆黎"，《北史》记载："自交趾浮海，南过赤土、丹丹而至其国。"[3]据《梁书·诸夷传》，天监十六年，遣使奉表，并献金席。普通三年又献白鹦鹉、青虫、兜鍪、琉璃器、古贝、螺杯、杂香、药等方物数十种。《通典·边防》云："婆利国，梁时通焉，在广州东南海中洲上。……自古未通中国。武帝天监中来贡。"[4]

丹丹　一般认为在今马来西亚的吉兰丹一带。据《梁书·诸夷传》，中大通二年（530），其王遣使奉表，奉牙像及塔各二躯，并献火齐珠、古贝、杂香、药等。大同元年（535）又遣使献金银、琉璃、杂宝、香药等物。[5]《通典·边防》说丹丹国"隋时闻焉"，[6]误。

盘盘　"在林邑西南海曲中，北与林邑隔小海，自交州船行四十日乃至。其国与狼牙修为邻。"[7]南朝刘宋时，频来入贡。梁时又来。《梁书·诸夷传》云："大通元年，其王使使奉表曰：'……今奉薄献，愿垂哀受。'中大通元年五月，累遣使贡牙像及塔，并献沉檀等香数十种。六年八月，复使送菩提国真舍利及画塔，并献菩提树叶、詹糖

1　杜佑：《通典》卷一八八《边防四》，第 5096 页。

2　杜佑：《通典》卷一八八《边防四》，第 5096 页。

3　李延寿：《北史》卷九五《婆利传》，第 3164 页。

4　杜佑：《通典》卷一八八《边防四》，第 5097 页。

5　姚思廉：《梁书》卷五四《诸夷传》，第 794 页。

6　杜佑：《通典》卷一八八《边防四》，第 5102 页。

7　刘昫等：《旧唐书》卷一九七《南蛮西南蛮传》，中华书局，1975，第 5271 页。

等香。"[1]《通典·边防》说盘盘国"隋时通焉",[2] 误。

中天竺　据《梁书·武帝纪》,天监二年七月"扶南、龟兹、中天竺国各遣使献方物"。[3]《梁书·诸夷传》记载,天监初,其王屈多遣长史竺罗达奉表,并献琉璃唾壶、杂香、古贝等物。[4]《南史》卷七八记载与《梁书》同,但将中天竺与迦毗黎误为两国,国王屈多与月爱亦被误为两王。[5]

北天竺　古印度五天竺之一,相当于印度西北方诸国,约为今之旁遮普、克什米尔、西北境州等地。《梁书·武帝纪》记载,天监三年九月壬子"北天竺国遣使献方物"。[6]

师子国　今斯里兰卡,据《梁书·武帝纪》,大通元年三月,师子国遣使献方物。[7] 同书《诸夷传》记载,大通元年,师子国"后王伽叶伽罗诃梨邪使奉表",表文有云:"欲与大梁共弘三宝,以度难化。信还,伏听告敕。今奉薄献,愿垂纳受。"[8]

还有一些国家虽然不曾与梁朝交往,却是梁时才听闻的国家,反映了梁时对海外国家认识的扩大。如毗骞国,"梁时闻焉,在顿逊之外大海洲中,去扶南八千里"。[9] 揆其方位,当在今印度尼西亚苏门答腊一带。

萧梁时南方地方官员的廉洁推动了海外贸易的发展。南海诸国朝贡多经广州,因此广州成为舶商番货云集之处。《南史·萧劢传》记载,梁时由于"外国舶至,多为刺史所侵,每年舶至不过三数",后来萧劢任广州刺史,"纤毫不犯",于是每年至广州之外国船舶多至十余艘。"劢征讨所获生口宝物,军资之外,悉送还台。前后刺史皆营

1　姚思廉:《梁书》卷五四《诸夷传》,第 793 页。

2　杜佑:《通典》卷一八八《边防四》,第 5097 页。

3　姚思廉:《梁书》卷二《武帝纪中》,第 40 页。

4　姚思廉:《梁书》卷五四《诸夷传》,第 799 页。

5　方豪:《中西交通史》,第 191 页。

6　姚思廉:《梁书》卷二《武帝纪中》,第 41 页。

7　姚思廉:《梁书》卷三《武帝纪中》,第 71 页。

8　姚思廉:《梁书》卷五四《诸夷传》,第 800 页。

9　杜佑:《通典》卷一八八《边防四》,第 5095 页。

私蓄，方物之贡，少登天府。自劢在州，岁中数献，军国所须，相继不绝。武帝叹曰：'朝廷便是更有广州。'"[1]《梁书·王僧孺传》记载："天监初，除临川王后军记室参军，待诏文德省。寻出为南海太守。郡常有高凉生口及海舶每岁数至，外国贾人以通货易，旧时州郡以半价就市，又买而即卖，其利数倍，历政以为常。僧孺乃叹曰：'昔人为蜀部长史，终身无蜀物，吾欲遗子孙者，不在越装。'并无所取。"[2]这些记载反映了外国商人通过海路来华之盛况。《南齐书·蛮东南夷传》史臣曰："书称'蛮夷猾夏'，盖总而为言矣。至于南夷杂种，分屿建国，四方珍怪，莫此为先，藏山隐海，瑰宝溢目。商舶远届，委输南州，故交、广富实，牣积王府。"[3]海外贸易的发展直接促成了交州和广州的经济繁荣。

梁武帝崇奉佛教，推动了海上丝路与文化交流的发展。在梁朝中西间海上交通与佛教兴盛之时，域外僧人经海道来中国。扶南僧人曼陀罗"大赍梵本，远来贡献"。[4]西天竺优禅尼国僧人拘那罗陀（真谛）于大同十二年八月十五日达南海。[5]普通元年，南天竺香至国国王第三子菩提达摩来到广州传教。当时与南海诸国交换的物品不少是佛事用品，如扶南进贡珊瑚佛像，天竺献旃檀佛像、娑罗树叶等。

由于梁时通过海道与海南诸国交往频繁，西方世界对中国的了解进一步深入。希腊人科斯马斯年轻时经商至波斯、印度西海滨和锡兰岛等地，年老时信仰基督教，居埃及亚历山大，于545年（梁大同十一年）著《基督教国家风土记》，其中讲到中国，称之为秦尼斯坦（Tzinista），说秦尼斯坦与锡兰相去甚远，由秦尼斯坦和其他地区运至锡兰之货物有丝绸、芦荟、丁子花香蕾、檀香木等。[6]张星烺说其书"记述中国由于真正事实，脱离古代半神话之风者也。记载虽不详，

1　李延寿：《南史》卷五一《吴平侯景传附子萧劢传》，第1262页。

2　姚思廉：《梁书》卷三三《王僧孺传》，第470页。

3　萧子显：《南齐书》卷五八《蛮东南夷传》，第1018页。

4　道宣：《续高僧传》卷一《僧伽婆罗传》，第6页。

5　道宣：《续高僧传》卷一《拘那罗陀传》，第19页。

6　〔法〕戈岱司编《希腊拉丁作家远东古文献辑录》，第100~101页。

然已示大进步矣"。[1] 这种对中国了解的进一步真实，应当与当时中西间海道的通畅有关。

南朝陈时海外交通仍然存在，陈朝与干陁利、扶南、林邑、狼牙修、丹丹、盘盘、头和、天竺等国仍有往来。天嘉四年"正月景（讳丙）子，干陁利国遣使献方物"。[2] 光大二年（568）"九月甲辰，林邑国遣使献方物。景（讳丙）午，狼牙修国遣使献方物"。[3] 太建十三年（581）十月"壬寅，丹丹国遣使献方物"。[4] 至德元年（583）"十二月景（讳丙）辰，头和国遣使献方物"。[5] 据《通典·边防》，头和国"在海南大洲中，真腊之南"。[6] 至德二年十一月"壬申，盘盘国遣使献方物"。[7] 但经侯景之乱，中西间海上交通呈衰退局面，境况大不如前。《南史·夷貊传》追述南朝海外交通的发展云："自晋氏南度，介居江左，北荒西裔，隔碍莫通。至于南徼东边，界壤所接，泊宋元嘉抚运，爰命干戈，象浦之捷，威震冥海。于是鞮译相系，无绝岁时。以泊齐、梁，职贡有序。及侯景之乱，边鄙日蹙，陈氏基命，衰微已甚，救首救尾，身其几何。故西赆南琛，无闻竹素，岂所谓有德则来，无道则去者也。"[8]

根据上述考察，魏晋南北朝时海上交通相当活跃，特别是东吴、刘宋和萧梁等朝，彼此间的交往和交流主要表现在派遣使节、进行贸易和传播佛教等三个方面。在政治上，南海诸国皆以中国南朝诸朝为宗主国，所谓"奉正朔，修贡职"，反映了当时中国在东南亚和南亚等地区的广泛影响。其时海上交通贸易和文化交流比两汉时期有新的发展，但这种发展是时有盛衰断续进行的，而且在有所发展的同时，

---

1 张星烺：《中西交通史料汇编》第一册《古代中国与欧洲之交通》，第79页。

2 姚思廉：《陈书》卷三《世祖纪》，第55页。

3 姚思廉：《陈书》卷四《废帝纪》，第69页。

4 姚思廉：《陈书》卷五《宣帝纪》，第99页。

5 姚思廉：《陈书》卷六《后主纪》，第110页。

6 杜佑：《通典》卷一八八《边防四》，第5101页。

7 姚思廉：《陈书》卷六《后主纪》，第111页。

8 李延寿：《南史》卷七九《夷貊传下》，第1987页。

又存在某种衰退。其发展表现为比汉代以后交通的海南之国数量上大为增加，与东南亚诸国的交往比前代更加频繁；其衰退则表现在空间上，由交通遥远的大秦收缩为西止天竺的南亚，西方文献中虽有中国船只至波斯湾的记录，但中国文献中有"少有到大秦者"的明确记载。尽管东汉时自大秦至洛阳的商路已经为罗马人所走通，但两晋以后少有中国与罗马或拜占庭之间海上交通的记录，据前文考察，南朝诸朝交往的海南国家最远的便是天竺、师子国。3~6世纪中西间海上交通的盛衰与东西方政治形势密切相关，又与中西间陆上交通的盛衰遥相呼应，呈此起彼伏之态势。

三　中西间海上交通条件的变化

魏晋南北朝中西间海上交通的发展，得益于造船技术和航海水平的提高。这一时期，由于各国航海水平的提高和造船技术的进步，海上交通的条件有了很大改善，中西间海上交通比两汉时有所发展是以此为基础的。

（一）造船技术的提高

三国吴、两晋及南朝各朝比两汉，造船技术和航海水平进一步提高。当时造船场所几乎遍及江浙闽粤沿江濒海各地，航海技术方面有许多新的发明。

吴国立国江南，北临长江，东南环海，交通运输和军事攻防都需要发展造船业。《魏略》称"吴人以舟楫为舆马，以巨海为夷庚（平坦大道）也"。[1] 吴国在侯官（今福州市）设典船校尉，管理和监督造

1　李昉等：《太平御览》卷七六八《舟部》，第3407页。

船事务，在温麻（今福建连江）[1]、横阳（今浙江平阳）、永宁（今浙江温州）等地设"船屯"，负责建造海船。吴国拥有强大的水军，曾利用东海航线联合辽东公孙渊共同抗曹。孙权曾派兵探寻亶洲（当即日本列岛）、夷洲（即今台湾）之地，还曾以水军"三万讨珠崖、儋耳"。这些活动皆需海船。东吴号称海上无敌强国，所造之船种类多，结构精良，船体和载重量亦大。《武昌记》记载，孙权制大船"容战士三千人，与群臣泛舟中流"。[2] 拥有的船只数量也极为可观，"浮江万艘，带甲百万"。[3] 西晋灭吴，在建业一地便获"舟船五千余艘"。[4] 吴船种类繁多，左思《三都赋·吴都赋》云："泛舟航于彭蠡，浑万艘而既同。弘舸连舳，巨槛接舻。飞云盖海，制非常模。叠华楼而岛跱，时仿于方壶。"《文选·吴都赋》注引扬雄《方言》云："飞云、盖海，吴楼船之有名者。"[5] 吴船中以快捷著称的还有凌波、舴艋等。吴将贺齐的战船高大，"蒙冲、斗舰之属，望之若山"。[6] 考古资料也揭示了吴国造船技术的发达。标号为1384的走马楼"舟船属具简"显示这艘帆船"大檣"（主桅杆）"长七丈"，檣桅上有加固布质或席质风帆的上下横杠（即上刚、下刚），"长六丈"。有船舵（大柁）、石锚（碇石）和粗大的竹缆绳（大绁）。王子今根据三国吴尺与今天尺寸的换算以及中国古代帆船主桅长度约等于或小于船长、主帆宽度超过船宽2倍等原则，推算出这枚吴简提到的这艘木帆船船长应超过16.75米，宽度约为7.2米；根据三国时船帆为四角形方帆及其与船的满载排水量的比例关系，推算出这枚吴简中的大帆船船帆总面积约为206.21平方米，排水量应达到70~100吨，满载排水量可能达到103吨。[7] 显然这

1　西晋太康四年（283），以温麻船屯置县，属晋安郡。明弘治《八闽通志》记载："温麻，晋以温麻船屯置县，因名。"治所在今福建霞浦县南古县。隋开皇九年（589）废，唐武德六年（623）复置，移治连江北，在今福建连江县，属泉州。

2　李昉等：《太平御览》卷七七〇《舟部》，第3413页。

3　陈寿：《三国志》卷四七《吴主传》，裴注引《吴书》，第1123页。

4　陈寿：《三国志》卷四八《三嗣主传》，裴注引《晋阳秋》，第1177页。

5　萧统编《文选》卷五，上海书店出版社，1988，第74页。

6　陈寿：《三国志》卷六〇《贺齐传》，第1380页。

7　王子今：《走马楼舟船属具简与中国帆船史的新认识》，《文物》2005年第1期。

是一艘运载量极其可观的大型运输船。这枚吴简刷新了我们对三国时期帆船运载量的认识。嘉禾二年（233）正月，孙权封公孙渊为燕王，并拟三月派太常张弥、执金吾许晏、将军贺达等携长诏，率兵万人及"金宝珍贺，九锡备物，乘海授渊"，又护送公孙渊属下宿舒等回辽东。这枚"舟船属具简"上注明的时间是"嘉禾二年二月廿八日"，很可能与孙吴的这次"航海行动"有关系。

　　两晋造船业也很发达。当时湘州一带是造船基地，西晋《荆州记》记载："湘州七郡，大艑之所出，皆受万斛。"[1] 一斛相当于现在的重量 110 斤，万斛大船载重量在 550 吨左右。《晋书·王濬传》记载："武帝谋伐吴，诏濬修舟舰。濬乃作大船连舫，方百二十步，受二千余人。以木为城，起楼橹，开四出门，其上皆得驰马来往。……舟楫之盛，自古未有。"[2] 同书《孙楚传》记载，孙楚作书遗孙皓云："自顷国家整修器械，兴造舟楫，简习水战，楼船万艘，千里相望，刳木以来，舟车之用未有如今之殷盛者也。"[3]《义熙起居注》记载，卢循叛晋，"新作八槽舰九枚，起四层，高十余丈"。[4] 所谓"八槽舰"被认为是"用水密舱壁将船体分隔成八个舱的舰船"。[5] 即便有一舱破漏，舰船也不会沉没，这是造船史上的一项重要发明。晋船像吴船一样船体庞大，《玄应音义》卷一引服虔《通俗文》云："吴船曰艑，晋船曰舶，大者长二十丈，载六七百人者是也。"[6]《玄应音义》卷一〇引吕忱《字林》云："船舶，大船也，今江南凡泛海船谓之舶，昆仑及高丽皆乘之，大者受万斛也。"[7]《宋书·礼志》记载晋代有"指南舟"。[8] 葛洪《抱朴子外篇》卷一云："失群迷乎云梦者，必须指南以知道。"[9]《晋宫

1　李昉等：《太平御览》卷七七〇《舟部》，第 3415 页。

2　房玄龄等：《晋书》卷四二《王濬传》，第 1208 页。

3　房玄龄等：《晋书》卷五六《孙楚传》，第 1541 页。

4　欧阳询：《艺文类聚》卷七一《舟车部》，第 1234 页。

5　章巽主编《中国航海科技史》，海洋出版社，1991，第 35 页。

6　徐时仪校注《一切经音义（三种校本合刊）》，第 12 页。

7　徐时仪校注《一切经音义（三种校本合刊）》，第 217 页。

8　沈约：《宋书》卷一八《礼志五》，第 496 页。

9　葛洪：《抱朴子外篇》卷一，上海古籍出版社，1990，第 166 页。

阁记》云:"灵芝池有鸣鹤舟、指南舟。"[1] 则晋时有"指南舟"当无疑义。那时已发明指南车,将这种技术应用于行船是自然的事。但当时指南舟似乎并没有得到推广,也没有看到将其应用于航海的记载。

东晋以后,建康已成为商业中心,这里"贡使商旅,方舟万计"。[2] 刘宋造船业亦很发达,"孝武帝渡六合,龙舟翔凤以下,三千四十五艘,舟航之盛,三代二京无比"。[3] 谢晦反宋,檀道济领水军三万、战船千艘往江陵进讨。为防北魏进攻,刘宋在建康江面遍布战船,"缘江六七百里,舳舻相接"。[4] 祖冲之"造千里船,于新亭江试之,日行百余里",[5] 此即所谓"车轮舟"。梁时已有两万斛巨舶,水军将领徐世谱造"水车",[6] 实际就是轮船,船的动力装置进一步改进。陈朝华皎曾在湘州造名为"金翅"的大舰。《陈书·华皎传》记载:"文帝以湘州出杉木舟,使皎营造大舰金翅等二百余艘,并诸水战之具。"[7]《隋书·杨素传》记杨素为信州总管,"居永安,造大舰,名曰五牙,上起楼五层,高百余尺,左右前后置六拍竿,并高五十尺,容战士八百人,旗帜加于上。次曰黄龙(舰),置兵百人。自余平乘、舴艋等各有差"。[8] 南朝陈时的荆州、湘州、江州、扬州和交广闽越等沿江沿海地区,民间造船业亦很兴盛。隋文帝曾有诏云:"吴、越之人,往承弊俗,所在之处,私造大船,因相聚结,致有侵害。其江南诸州,人间有船长三丈已上,悉括入官。"[9] 南朝已能建造二万斛大船,大得令北朝人不能信其有,但却是实际情况。颜之推记载南北方互不了解:"昔在江南,不信有千人毡帐;及来河北,不信有二万斛船,皆

1　徐坚等:《初学记》卷二五,中华书局,1962,第610页。
2　沈约:《宋书》卷三三《五行志四》,第956页。
3　徐坚等:《初学记》卷二五引《西巡记》,第610页。
4　李延寿:《南史》卷二《宋本纪》,第52页。
5　萧子显:《南齐书》卷五二《祖冲之传》,第998页。
6　姚思廉:《陈书》卷一三《徐世谱传》,第197页。
7　姚思廉:《陈书》卷二〇《华皎传》,第271页。
8　魏徵等:《隋书》卷四八《杨素传》,第1283页。
9　魏徵等:《隋书》卷二《高祖纪下》,第43页。

实验也。"[1]

　　南海各国也都发展了自己的造船技术。上文提到萧赜"度丝锦与昆仑舶营货"，这种"昆仑舶"是来自马来半岛一带的商船。扶南国"为船八九丈，广裁六七尺，头尾似鱼"，[2] 这种船特别受到中国人关注。康泰《吴时外国传》云："扶南国伐木为舡，长者十二寻，广肘六尺，头尾似鱼。皆以铁镊露装。大者载百人，人有长短桡及篙各一，从头至尾，面有五十人作，或四十二人，随舡大小，立则用长桡，坐则用短桡，水浅乃用篙，皆当上，应声如一。"[3] 同书另有一则记载："从加那调州乘大伯舶，张七帆，时风一月余日乃入大秦，大秦国。"[4] 这种张七帆的大船，载重量应当不小。这是康泰、朱应出使扶南时的见闻，未明言是中国船，抑或外国船，最有可能是扶南船。三国时吴国丹阳太守万震著《南州异物志》云："外徼人名舡曰夏，大者长四十余丈，载物万斛。"又云："外域大船长四十余丈，高去水二三丈，望之如阁道然。"[5] "外徼人随舟大小，作四帆或三帆，前后沓载之。张帆取风气，而无高危之虑。故行不避迅风激波，安而能疾也。"[6] 这当然包括扶南船。林邑近海，造船技术和海军也有很大发展。刘宋元嘉八年（431），林邑"遣楼船百余寇九德，入四会浦口"。[7] 郦道元《水经注·温水》记载南朝刘宋阮谦之与林邑的水战曰："于寿泠浦里相遇，暗中大战，谦之手射阳迈柂工，船败纵横，昆仑单舸接得阳迈。"[8] 在中国与印度、斯里兰卡、印度尼西亚之间，有从事远洋贸易的商船。法显自师子国附商舶东返，其船载 200 余人。[9] 自耶婆提国（在今印度尼西亚）往广州，附乘当地之商舶亦可载 200 余人，正常船速 50 日

1　颜之推：《颜氏家训》卷下，吉林大学出版社，1992，第 597 页。

2　萧子显：《南齐书》卷五八《南夷传》，第 1017 页。

3　李昉等：《太平御览》卷七六九《舟部》，第 3411 页。

4　李昉等：《太平御览》卷七七一《舟部》，第 3419 页。

5　虞世南：《北堂书钞》卷一三七《舟部上》，第 408 页。

6　虞世南：《北堂书钞》卷一三八《舟部下》，第 417 页。

7　沈约：《宋书》卷九七《夷蛮传》，第 2377 页。

8　郦道元撰，陈桥驿校证《水经注校证》卷三六，第 800 页。

9　法显撰，章巽校注《法显传校注》，第 142 页。

可至广州。[1]这些被称为商人大舶的船都经历了海上风浪的考验，成功地进行了远洋航行。

（二）航海水平的提高

古时远洋航海的动力主要是自然力即风力和洋流，因而船舶的航速和航线不能完全由舟人主观意愿决定。依靠风力，需要掌握风向及其规律，中国古代先民很早就注意到辨别风向。东晋王子年《拾遗记》记载，舜帝与娥皇泛海时曾用"相风"的方法来测知四时之风。此乃后世记载的传说，未必可信，但反映出至迟东晋时舟人已经在海上测风。利用风力加速航行的方法是帆的使用，刘熙《释名》云："随风张幔曰帆。帆，泛也，使舟疾泛泛然也。"[2]说明至迟东汉时已经使用船帆行舟，借助风力推进船只前行。海洋风随季节不同而呈有规律的变化，至迟在东汉时中国舟人已经发现了海洋季风的特点。东汉崔寔《农家谚》云："舶棹风云起，旱魃深欢喜。"[3]船棹回程是根据梅雨季节后的风向确定的，"舶棹风"即梅雨季节后的行船风，中国东南沿海地区的季风。《太平御览》卷二引《吴录》云，三国时吴国大臣吴范"善占候，知风气"。

魏晋南北朝时，印度洋季风规律已经为世界各地舟人所掌握。每年 10 月至来年 3~4 月，亚洲大陆被强大的高压所笼罩，在北印度洋海面盛行东北季风，孟加拉湾海水流向西南，南绕斯里兰卡，与阿拉伯海流向西南的海水一道，形成东北季风洋流。随后，它沿索马里半岛沿岸南流，形成索马里暖流，并汇合北赤道暖流，在赤道附近转折，沿赤道东流至苏门答腊岛，形成相当明显的赤道逆流。在北印度洋，海水呈逆时针方向流动，为气旋型的大洋环流。从 5 月到 9 月，西南季风盛行，海水运动的方向大致与冬季相反，向东或东北流动，南赤道暖流的北分支在季风作用下越过赤道，进入北印度洋，沿索马

1　法显撰，章巽校注《法显传校注》，第 145 页。
2　刘熙撰，毕沅疏证，王先谦补《释名疏证补》卷八，中华书局，2008，第 265 页。
3　陶宗仪等编《说郛三种》卷七四，上海古籍出版社，2012，第 3478 页。

里海岸向东北流动，形成索马里寒流。海水从阿拉伯海向东绕过斯里兰卡西海岸南下，与南赤道暖流汇合，使其得到加强，赤道逆流不复存在。在北印度洋，海水沿顺时针方向流动，为反气旋型的大洋环流。在公元前后一个世纪间，有一位名叫希帕鲁斯的希腊海员发现了印度洋季风的规律，魏晋南北朝时中国与南海诸国的交通利用了这一规律。《法显传》记载法显从印度到斯里兰卡："载商人大舶，泛海西南行，得冬初信风，昼夜十四日到狮子国。"[1]此"冬初信风"即印度洋季风。《宋书·夷蛮传》记载，南朝刘宋时各国商舶"泛海陵波，因风远至"。[2]说明那时东南亚、印度洋诸国商贾已经广泛利用信风航海东来。

利用风力推动船只前行，魏晋时人们掌握了利用不同风向的"打偏"和"掉戗"技术。万震《南州异物志》云："外徼人随舟大小，或作四帆，前后沓载之。有卢头木，叶如牖形，长丈余，织以为帆。其四帆不正前向，皆使邪移相聚以取风吹。风后者激而相射，亦并得风力；若急，则随宜城成（一作增减）之，邪张相取风气，而无高危之虑，故行不避迅风激波，所以能疾。"[3]这种风帆的改进和操纵技术是航海史上的一个重大进步。根据他的见闻，外国人用卢头木叶编织成帆，这种帆的使用颇具科学性，船员们常常并不把帆面正前向布置，因为航行中并不总是遭遇正顺风，而是偏风。他们总是随风向调整帆的角度，使之斜移，利用侧风吹在帆面上产生的推进分力，加之舵的配合，使船在风向偏斜时能够克服横向漂力，依然按预定航向推进。[4]当遇到横向风时，四帆中之后置者侧转斜面迎风，"激而相射"，将风力转移到前帆，推动船只前行。四帆又可根据需要增减，欲速则张满四帆，欲缓则减少使用。这样船行不避"迅风激波"，无论什么情况下都能持续前进，从而大大缩短了航期。

1　法显撰，章巽校注《法显传校注》，第 125 页。

2　沈约：《宋书》卷九七《夷蛮传》，第 2399 页。

3　李昉等：《太平御览》卷七七一《舟部》，第 3419 页。

4　孙光圻：《中国古代航海史》，海洋出版社，2005，第 185 页。

　　李约瑟认为，"在船舶推进方面，中国的航海技术要比欧洲领先一千多年"。在"中国文明中根本不曾有过由奴隶或自由民作桨工的排桨船，其部分原因可以说是由于创制了比较先进的帆及其索具"。他介绍了中国风帆传入欧洲的过程。他说"至少 3 世纪以后中华文化圈的船舶就装有多根桅杆"，这可能是"有隔舱壁，船体具有很强的抗变形能力"的必然结果。"13 世纪及其以后的欧洲人，对中国航海帆船之大，桅杆之多印象极深，到 15 世纪，欧洲人才采用了三桅帆船，后来又发展成为全装备帆船"；"中国人还将桅杆向左右舷交错安装，以避免帆篷之间相互挡风。现代帆船设计师都对此表示赞许。但这种方法即使在帆船发达的时期也未被欧洲人采用过。中国人按照扇骨的样子使桅杆向外倾斜成辐射状，这种做法也没有为世界其他地区所采纳"；"最早解决大帆船逆风航行问题的应该说是 2 世纪到 3 世纪的中国人，或是处于中印文化交往区的中国近邻——马来人和印度尼西亚人，这涉及纵帆的发展"。"此后的欧洲斜桁四角帆可能是来源于中国的平衡四角帆"；"最早的绷得很紧的机翼形硬帆是自汉代以后在中国发展起来的撑条席帆"，但是"在帆船发达的时期西方也未曾采用过这种帆，当今的赛艇已采用中国帆具的某些重要部分"。[1]

　　由于风帆的使用和航海技术的提高，船只航行速度相应加快了。关于魏晋时船只航行的速度，东晋时的《太清金液神丹经》云，自日南寿灵浦口，"调风昼夜不解帆十五日，乃到典逊，一日一夕，帆行二千里"。[2] 有人对此提出质疑："吾子今陈海行昼夜一二千里，岂不虚哉？"《法显传》则云自多摩梨底海行 14 日或"七百由旬"至师子国，平均一日为"五十由延"或 2000 里。《那先比丘经》记载那先与大秦王的对话，云阿荔散至印度"二千由旬，合八万里"。由延，梵语 **yojiana** 的音译，又译为由旬、逾缮那等，古代印度计算里程的单位，

1　李约瑟著，王铃、鲁桂珍协助《中国科学技术史》第四卷《物理学及相关技术》第三分册《土木工程与航海技术》，汪受琪等译，科学出版社、上海古籍出版社，2008，第 760~761 页。

2　《道藏》第一八册，洞神部众术类，文物出版社、上海书店、天津古籍出版社，1988，第 759 页。寿灵浦，在今越南中部岘港。

"由旬者，晋言四十里"。[1] "一日一夕，帆行二千里"或"昼夜一二千里"的说法，"里数有夸大之词，不可以把它作为实际里数看待"。《太清金液神丹经》有云："今长江舟船，高樯广帆，因流顺风而下，日才行三百里耳"；自日南寿灵浦，"昼夜不住十余日，乃到扶南"。日南寿灵浦曾被林邑占领，林邑至扶南原先为"三千里"，至此，扩大为"三千七八百里"。十余日三千七八百里，则一日三百里，一日一夕六百里，这是比较接近实际情况的算法。[2] 联系上述祖冲之造船"日行百余里"，已经令当时的人感到快得惊人，笔者认为《太清金液神丹经》所谓"日才行三百里"可能是一日一夕之路程，则一日百余里可能是当时正常的船速。

　　在长期的航海活动中人们积累了丰富的经验，天文导航就是其中一项重要成果。西汉舟人已经利用观测星象以确定航向。《淮南子·齐俗训》云："夫乘舟而惑者，不知东西，见斗极则寤矣。"[3] 东晋葛洪《抱朴子外篇》云："并乎沧海者，必仰辰极以得反。"[4] 就是说航海要靠观测北极星方能返回。他所著的《太清金液神丹经》中又指出，从日南寿灵浦出发沿海南行时，逆北辰所指方向，朝箕星而行，昼夜不息十余日可到扶南。《法显传》记载法显自师子国东返："大海弥漫无边，不识东西，唯望日、月、星宿而进。若阴雨时，为逐风去，亦无准。"[5] 说明当时往来于中国南海的商船已经脱离了单纯依靠沿海陆标导航的阶段，而能凭借天文导航在不见海岸的较远的洋面上航行。由于上述航海条件的进步，航船在中国与东南亚诸国间航行时已经不必紧靠海岸。在途经南海时，人们注意到了南海诸岛。朱应、康泰所著书中云："涨海中，倒珊瑚洲，洲底有盘石，珊瑚生

1　欧阳询：《艺文类聚》卷七六《内典部上》，第1293页。

2　韩振华：《魏晋南北朝海上丝绸之路的航线研究——兼论横越泰国、马来半岛的路线》，《中国与海上丝绸之路》，第235~245页。

3　刘安：《淮南子》卷一一，上海古籍出版社，1986，第1253页。

4　葛洪：《抱朴子外篇》卷一，第166页。

5　法显撰，章巽校注《法显传校注》，第142页。

其上也。"[1] 此涨海即今之南海，南海诸岛如南沙群岛和西沙群岛皆由珊瑚礁构成。1957 年广东省博物馆在西沙群岛进行考古，采集到南朝时的六耳罐、陶环等物，说明当时这里已经成为商舶经行之处。

四　中西间的海上航线与文化交流

（一）中国南海国际贸易港的变迁

汉武帝平南越，置九郡，其中交趾、九真、日南三郡皆在今越南境内。汉时徐闻、合浦曾为中国使节和商舶的始发港，后来交趾（交州）之龙编和广州之番禺、日南作为国际贸易港在中西间海上交通的地位日益重要。

交趾一直是南海交通的重要港口，"自汉武已来朝贡，必由交阯之道"。[2] 后交趾进入中国版图，加快了汉化进程，促进了经济文化的发展。三国时士燮任交趾太守 40 年，在汉末动乱的年代里"保全一郡"，"疆场无事"，民皆乐业，"羁旅之徒，皆蒙其庆"。交趾成为当时中原人士的避难地，士人南避者以百数。交趾从原来的"炎荒""徼外"之地发展为财货充盈的文明昌盛之地。吴黄武五年（226）士燮死，吴以交州悬远，始分合浦以北属广州，以南属交州，进一步加强了对交州的控制，密切了交州与内地的联系。交州治龙编，龙编成为重要的国际贸易港。据法国马司帛洛《唐代安南都护府疆域考》，汉唐之龙编在今越南首都河内市东北 26 公里处。[3] 史书记载南朝与海南诸国海路里程有时以交州为坐标，如《南齐书·南夷传》云："南夷林邑国，在交州南，海行三千里。"[4] 交州可以通过扶南属国顿逊与天竺、安息等徼外诸国进行交通贸易。正如《梁书·诸夷传》所云，扶

1　李昉等：《太平御览》卷六九《地部》，第 327 页。

2　刘昫等：《旧唐书》卷四一《地理志四》，第 1750 页。

3　冯承钧译《西域南海史地考证译丛》第一卷，商务印书馆，1995，第 83 页。

4　萧子显：《南齐书》卷五八《南夷传》，第 1012 页。

南"南界三千余里有顿逊国，在海崎上，地方千里，城去海十里，有五王，并羁属扶南。顿逊之东界通交州，其西界接天竺、安息徼外诸国，往还交市。所以然者，顿逊回入海中千余里，涨海无涯岸，船舶未曾得径过也。其市，东西交会，日有万余人。珍物宝货，无所不有"。[1]顿逊在交州与海外诸国交通中具有重要地位，西域各国商人经顿逊至中国，云集交州，所以《宋书·夷蛮传》史臣论赞云："商货所资，或出交部，泛海陵波，因风远至。又重峻参差，氏众非一，殊名诡号，种别类殊，山琛水宝，由兹自出。"[2]

由于海上交通的发展，广州在对外通商方面日益取得与交州相同的地位。广州之治在番禺（今广州市），番禺成为与龙编并立的重要港口。番禺、龙编取代了两汉时的徐闻、合浦。广州对外通商始于秦，魏晋以后尤为外国商货之所聚。《晋书·吴隐之传》云："广州包带山海，珍异所出，一箧之宝，可资数世。"[3]《南齐书·南夷传》记载："宋末，扶南王姓侨陈如，名阇耶跋摩，遣商货至广州。"[4]同书《王琨传》记载："南土沃实，在任者常致巨富，世云：'广州刺史，但经城门一过，便得三千万也。'"[5]在对外贸易方面，广州经常被与交州并提，《南齐书·蛮夷传》云："藏山隐海，瑰宝溢目，商舶远届，委输南州，故交、广富实，牣积王府。"《晋书·义阳城王望传》云："（司马）奇（望之孙）亦好畜聚，不知纪极，遣三部使，到交、广商货，为有司所奏。"《梁书·王僧孺传》记载："海舶每岁数至，外国贾人以通货易，旧时州郡以半价就市，又买而即卖，其利数倍。"《南史·萧劢传》记载，梁时由于"外国舶至，多为刺史所侵，每年舶至不过三数"，后来萧劢任广州刺史，"纤毫不犯"，于是每年至广州之外国船舶多至十余艘。番禺和龙编作为国际贸易港之兴盛局面一直相沿至

1　姚思廉：《梁书》卷五四《诸夷传》，第787页。

2　沈约：《宋书》卷九七《夷蛮传》，第2399页。

3　房玄龄等：《晋书》卷九〇《吴隐之传》，第2341页。

4　萧子显：《南齐书》卷五八《南夷传》，第1014页。

5　萧子显：《南齐书》卷三二《王琨传》，第640页。

宋，周去非《岭外代答》云："至今八桂、番禺、龙编，鼎峙而立，复秦之故。"[1]

交趾、九真、日南等郡不仅与两广地区和内地有着水陆交通线，而且地当南海交通要冲。汉时便"交趾七郡贡献，皆从涨海出入"。[2]"后汉桓帝世，大秦、天竺皆由此道遣使贡献。"[3]日南在汉代就是重要的国际贸易港，魏晋南朝时仍然是对外交通的门户，文献中言南海诸国之距离，常以日南为坐标。《南齐书·蛮传》云："扶南国，在日南之南大海西蛮湾中。"《梁书·诸夷传》云：林邑"去日南界四百余里"；扶南"在日南郡之南海西大湾中，去日南可七千里"。除了上述诸港，还有山东半岛北岸之东莱、南岸之长广，但其地位皆不及交、广二州。南朝时，自扶南、天竺、师子诸国来华僧人大多止泊于广州，如求那跋摩、拘那陀罗等。由于海上交通的发展，中国内河中亦有外国商舶的帆影。冯承钧指出："顾外国船舶所苞，且溯江而上至于江陵。《高僧传》卷二《佛驮跋陀罗传》载跋陀（罗）在长安预言本乡有五舶俱发。后适江陵，遇外国舶主，既而讯访，果是天竺五舶。虽预言之偶合，要足证长江中有外国船舶往来。"[4]

除了交州和广州之外，魏晋南北朝时的晋安（今福建福州）、梁安（今福建泉州）、建康（今江苏南京）、长广（在今山东崂山北）、鄮县（今浙江宁波）等地也具有国际贸易港性质，文献上有相关活动的记载。

（二）中西间海上航线的变化与文明的交往

据孙吴时期康泰《吴时外国传》、朱应《扶南异物志》、万震《南州异物志》和东晋葛洪《太清金液神丹经》等文献记载，[5]魏晋时与南

1　周去非著，杨武泉校注《岭外代答校注》卷一，中华书局，1999，第1页。

2　谢承：《后汉书》，徐坚等：《初学记》卷六，第115页。

3　李延寿：《南史》卷七八《夷貊传上》，第1947页。

4　冯承钧：《中国南洋交通史》，第35页。

5　《南州异物志》一书已佚，其中不少材料被《太平御览》《初学记》《艺文类聚》等书所引，而保存于《道藏》洞神部中之《太清金液神丹经》一书亦摘录有《南州异物志》的材料。

海诸国海上往来的主要路线仍是逐段航行，可分为三段。

　　第一段，从日南至典逊或句稚。沿线有三个著名海港，包括考古发现的奥埃奥港、文献记载中的典逊和句稚，皆在扶南国境内。冯承钧《中国南洋交通史》云："今所录诸国，首扶南，因其为唐以前东西往来之要冲也。"[1]《太清金液神丹经》卷下云："出日南寿灵浦，由海正南行，故背辰星而向箕星也，昼夜不住十余日，乃到扶南。"[2] 又自日南寿灵浦出发，"调风昼夜不解帆十五日，乃到典逊"。典逊又作顿逊，一般认为在今马来半岛北部泰国境内。由典逊陆行十余日，横越马来半岛地峡，即抵达西端的句稚（一般认为在今马来西亚西部海岸的吉打），典逊与句稚距离"八百里"。句稚与典逊都是当时东西方贸易的重要转运港口。

　　顿逊在沟通中西间海上交通方面具有重要作用，"顿逊之东界通交州，其西界接天竺、安息徼外诸国，往还交市"。[3] 西太平洋与北印度洋水域以今马来半岛为界，马来半岛深入海中，其东面的暹罗湾属于太平洋水系，其西面的缅甸海属印度洋水系。半岛最窄处仅数十公里。在以信风为主要动力的时代，绕过马来半岛的航程是漫长的，而在半岛边卸货转运则成为一种节省运力的办法。据《汉书·地理志》"粤地"条，汉武帝以后，汉使沿海西行至黄支国便是利用这种海—陆—海的联运方式。[4] 魏晋南朝时，许多从中国出洋的海舶仍把目的港定在马来半岛以东的暹罗湾。在暹罗湾边的小河湾，来自中国的商人把货物过驳到当地的小船上，然后开始采购回头货，装船后等信风回乡。这些小船沿小河驶抵马来山脊脚下，用人力或畜力运过山岭，在山脊另一侧的小河边再装上小船，运至缅甸海边。这里有许多来自印度、西亚、东非、大秦的商人，他们也卸下自己运来的货品，等待

1　冯承钧：《中国南洋交通史》，序例，第3页。

2　《道藏》第一八册，第758~759页。

3　姚思廉：《梁书》卷五四《诸夷传》，第787页。

4　韩振华：《魏晋南北朝海上丝绸之路的航线研究——兼论横越泰国、马来半岛的路线》，《中国与海上丝绸之路》，第235~245页。

购买从山岭那边运来的中国货。他们的货物被当地商人贩运过马来半岛，转售给来自中国的商人。[1]

扶南国境内的奥埃奥（Oc-èo，又译奥高，在今越南境内）海港地处中国与马来半岛之间。1942~1944 年，法国考古学家马勒尔（L. Malleret）率领的考古队在越南南部湄公河三角洲金瓯角发掘了这处 2~6 世纪的海港遗址。港口由无数个干栏式建筑组成一大片城市房屋区，并被相互连通的小运河细细分割，小运河连接着海洋。这是一个工商业中心，其中发现有地中海地区的凹雕石刻；两枚罗马徽章，其上有罗马皇帝头像，时间在 152 年；一些刻有梵文的印章，时间为 2 世纪；已破碎的中国东汉时期的铜镜，是公元一二世纪的产品；小铜佛像，多数为南印度式，也有个别犍陀罗式，还有颇似中国南北朝时期的佛像；流行于中国魏晋南北朝时期的汉式菩萨像；念珠四枚。这里发现的波斯制品有玻璃质圆片一枚，上有半身人像，就其服装而言当为 4 世纪中叶之物。这些说明奥高海港在中西之间海上交通线上的重要地位。金瓯角当时属于扶南国，在长达四五百年的时间里，奥高海港必然是东来西往船只停泊的重要港口，至 6 世纪中为湄公河洪水所淹没。[2]

马来半岛在海上交通线上具有重要的中转作用。陈高华、陈尚胜先生推测，当时南海存在两条主要航线，"一条经过现在的马六甲海峡，来往于南中国海与印度洋之间。另一条则经过马来半岛的克拉地峡，即在地峡两边的港口登陆，再上船入海"。[3] 在东西方文献中，都有马来半岛地峡东西两头的海中有磁石，带铁钉之船只无法通过的传说。2 世纪托勒密《地理志》中说，马尼奥莱群岛有 10 个相互毗连的岛屿，凡是"装有铁钉的船只都要被吸住难行，也许是由于岛屿中

1　刘迎胜：《丝路文化·海上卷》，第 32 页。

2　Louis Malleret《湄公河三角洲的考古》卷一、卷二，巴黎，1959~1960；林梅村：《中国与罗马的海上交通》，《汉唐西域与中国文明》，第 315~316 页；汪大渊著，苏继庼校释《岛夷志略校释》，中华书局，1981，第 74 页。

3　陈高华、陈尚胜：《中国海外交通史》，中国社会科学出版社，2017，第 25~26 页。

出产大磁石的缘故"。[1] 生活在 4 世纪的圣·安布卢瓦兹的著作和生活
在四五世纪之交的巴拉迪尤斯《论婆罗门教》一书中有同样的说法。[2]
《太清金液神丹经》中说，在句稚附近的海中，"外徼人乘舶船，皆铁
牒，至此崎头，阂磁石，不得过，皆止句稚，货易而还也"。中国文
献中也有顿逊国船只不得经过的说法，《梁书·诸夷传》记载，"顿逊
回入海中千余里，涨海无涯岸，船舶未曾得径过也"。[3] 联系东汉时班
超遣甘英使大秦，安息西界船人吓以"海水广大……数有死亡者"云
云，这种传说的产生，大概也与顿逊、句稚国人欲专擅海上丝路之利
有关，目的是诱使东来西往的商贾舍舟登陆，从而在这种"海—陆—
海"的中转贸易中牟取利益。

　　在从中国至扶南的海路上，魏晋六朝时开辟了从广州出发，经海
南岛东南进入西沙群岛，直达南海的航线，由此穿过马六甲海峡，抵
扶南句稚港。吴赤乌五年（242）七月，孙权"遣将军聂友、校尉陆
凯以兵三万讨珠崖、儋耳"。[4] 此后，朱应、康泰出使扶南，途经百数
十国，走的便是这条航线。1957 年，广东省博物馆考古队在西沙群岛
的考察中，在北礁地带发掘出六朝时期的六耳罐和陶环，为这一古航
线的开辟提供了实物证据。这条航线的开辟比两汉时商舶傍岸航行，
大大缩短了航程。

　　第二段，自句稚或典逊至歌营国或斯调国。自句稚西行一月至歌
营国，也可从句稚西行至斯调国，然后再从此往西北航行 3000 里前
往歌营。歌营国，一般认为在今印度尼西亚苏门答腊岛西北部（一说
即今印度东南海岸的 Colya，今译"珠利耶"）。《南州异物志》和《太
清金液神丹经》都说"歌营国在句稚南，可一月行"，乃到其国。《洛
阳伽蓝记》记载：

————————

1　〔法〕戈岱司编《希腊拉丁作家远东古文献辑录》，第 43~44 页。

2　〔法〕戈岱司编《希腊拉丁作家远东古文献辑录》，第 74~75 页。

3　姚思廉：《梁书》卷五四《诸夷传》，第 787 页。

4　陈寿：《三国志》卷四七《吴主传》，第 1145 页。

南中有歌营国，去京师甚远，风土隔绝，世不与中国交通。虽二汉及魏亦未曾至也。今始有沙门焉子（二字衍——引者注）菩提拔陀至焉。自云："北行一月日，至勾稚国。北行十一日，至孙典国（即典逊国——引者注）。从孙典国北行三十日，至扶南国，方五千里，南夷之国，最为强大。……从扶南北行一月，至林邑国。出林邑，入萧衍国。"[1]

韩振华先生说："由句稚南（西南）行一月至歌营，或由歌北（东北）行一月至句稚，这是二地之间横渡印度洋孟加（拉）湾所需的时日。"[2]斯调国又称师子国，即今斯里兰卡，自汉代以后就是东西贸易和交通的一个中心。《梁书·诸夷传》"中天竺"条云："从扶南发投拘利口（似今马六甲海峡东口），循海大湾（今暹罗湾）中正西北入历湾（今孟加拉湾）边数国，可一年余到天竺江口（今恒河口）。"[3]由天竺江口继续沿海岸西南行，则至斯调国。《南州异物志》云："斯调，海中洲名也，在歌营东南可三千里。"[4]据朱应、康泰的书，自句稚或典逊至歌营国或斯调国，其间有杜薄、无伦。杜薄当在今印度尼西亚爪哇岛，无伦在缅甸境内。[5]故《太清金液神丹经》卷下云，扶南"北款林邑，南函典逊；左牵杜薄，右接无伦"。[6]

第三段，自印度东海岸或斯里兰卡西行，至波斯湾或东非、埃及。据康泰《扶南传》，自迦那调洲西南行七八百里至枝扈黎大江口（即恒河入海口），[7]"乘大船载五六百人，张七帆，时风一月余，乃到大秦"。[8]据《太清金液神丹经》，也可从斯调国"西行三四十日至隐

1　杨衒之撰，范祥雍校注《洛阳伽蓝记校注》卷四，第236页。

2　韩振华：《魏晋南北朝海上丝绸之路的航线研究——兼论横越泰国、马来半岛的路线》，《中国与海上丝绸之路》，第235~245页。

3　姚思廉：《梁书》卷五四《诸夷传》，第798页。

4　李昉等：《太平御览》卷七八七《四夷部》，第3485页。

5　参饶宗颐《〈太清金液神丹经〉（卷下）与南海地理》，《饶宗颐二十世纪学术文集·中外关系史》。

6　《道藏》第一八册，第758页。

7　郦道元著，陈桥驿校证《水经注校证》卷一，第10页。

8　葛洪：《太清金液神丹经》，《道藏》第一八册，第759页。

章"，隐章"去斯调当三四万里"。隐章，一般认为在今沙特阿拉伯的汉志。当时中国已有至阿拉伯海诸地者，但数量极少。至阿拉伯海诸地者主要是印度和斯里兰卡商人，所以《太清金液神丹经》云："隐章国，去斯调当三四万里，希有至其处者。数十年中，炎洲人时乘舶船往斯调耳，云火珠是此国之所卖有也。故斯调人买得之耳。"可知3世纪初，中国舟人对印度地处中国与大秦之间的地理位置已经有了新的认识，同时了解到从印度前往阿拉伯海诸地的海道。刘宋时僧人竺枝以自己亲历见闻为据写成的《扶南记》云："安息国去私诃条国二万里，国土临海上，即《汉书》天竺、安息国也。户近百万，最大国也。"[1]此安息即指地处西亚的萨珊王朝。私诃条即三国时万震《南州异物志》中提到的海中洲名"斯调"，乃巴利语"师子国"的音译。说明这时中国人已经了解从印度前往波斯湾的海路，[2]甚至已经驶往波斯湾。1984年，在广东遂溪县附城边湾村发现一处南朝窖藏，出土一批金银器和波斯银币，有波斯银碗、银簪、鎏金器、银镯，银币20枚，属4~5世纪的产品，[3]反映了中国南方沿海地区与西亚地区文化上的联系。《太清金液神丹经》卷下记载中国人因风漂至大秦的故事："昔中国人往扶南，复从扶南乘船入海，欲至古奴国，而风转不得达，乃他去。昼夜帆行不得息，经六十日乃到岸边，不知何处也。上岸索人问之，云是大秦国。"[4]波斯湾以西的地区方称大秦，属罗马或东罗马。这则故事恐非空穴来风，它是中国人偶至印度以西海域的反映。

印度与埃及之间自古就有交通，埃及属大秦（罗马或东罗马）。《那先比丘经》卷下记载：

> 那先问王："王本生何国？"王言："我本生大秦国，国名阿荔散。"那先问王："阿荔散去是间几里？"王言："去是二千由

1　郦道元著，陈桥驿校证《水经注校证》卷二，第33页。

2　刘迎胜：《丝路文化·海上卷》，第32页。

3　李庆新：《海上丝绸之路》，第38~41页。

4　《道藏》第一八册，第760页。

旬，合八万里。"那先问王："曾颇于此遥念本国中事不？"王言："然，恒念本国中事耳。"那先言："王试复更念本国中事，曾有所作为者。"王言："我即念已。"那先言："王行八万里，反复何以疾！"[1]

《那先比丘经》成书于 1 世纪，译者失名，译于何时亦不可知。《大正藏经》附入东晋录内。阿荔散，一般认为即埃及亚历山大。那先（梵文 Nāgasenā），印度僧人，意译为"龙军"，修证阿罗汉果，前往古印度西北舍羯国（在今巴基斯坦白沙瓦一带），见到国王弥兰陀。这位来自大夏国的舍羯王却出生于亚历山大，反映了现实社会中古代印度与埃及之间的联系。魏晋南北朝时这种交通仍然存在。530 年（中国南朝梁武帝时），《基督教国家风土记》的作者埃及人科斯麻士曾至印度西海滨及锡兰岛（斯里兰卡）经商，后归国而为僧人。[2]《洛阳伽蓝记》卷四也记载了斯调国与西域各国的交通："与西域大秦、安息、身毒诸国交通往来，或三方四方，浮浪乘风，百日便至。"[3]张星烺说："大秦国之名，实为总名，其境内有无数属国、部落、郡邑之名。"[4]故大秦有时指西亚，有时则指埃及。3 世纪中叶吴国万震的《南州异物志》记述歌营国西南有个加陈国，有学者认为该国在古波斯铭文中叫 Kuśa，指古代居住在埃塞俄比亚和努比亚的库施民族。[5]库施领土中最大的港口是阿杜利，在现在的马萨瓦港附近。自 1 世纪起，它就成了阿克苏姆王国的对外贸易中心，3 世纪进入盛时。由于海上交通的开展，中国帆船可能有到达此处进行贸易者。中国器物有西传至东非的迹象，在麦罗埃出土的中国式三足烹饪器（现藏苏丹共和国喀土穆博物馆），大致是 3 世纪时的铸品。麦

1　高楠顺次郎主编《大正新修大藏经》第三二册，第 717 页。

2　张星烺：《中西交通史料汇编》第一册《古代中国与欧洲之交通》，第 68、79 页。

3　杨衒之撰，范祥雍校注《洛阳伽蓝记校注》卷四，第 237 页。

4　张星烺：《中西交通史料汇编》第一册《古代中国与欧洲之交通》，第 68、79 页。

5　Buddha Prakash, *India and the World*, p. 241.

罗埃的陶器也模仿中国的格调。[1]

在魏晋南北朝时期，自建康（今南京）出海远航，取道菲律宾、文莱至马来西亚的航线也得以开辟，菲律宾成为中国南海至马来半岛航线的中转站。有历史学家认为中菲关系起源于 3 世纪，即中国汉末、三国和西晋初年。吴国孙权，遣将军卫温、诸葛直将甲士万人浮海求夷洲及亶洲。有学者认为亶洲即菲律宾。[2]矿学工程师麦基（C. A. Mitke）在所著《菲岛开矿史》一书中写道："第三、四世纪时，中国人已经到菲岛来了。他们在菲岛多从事于开采黄金的工作。他们当时采金的方法怎样，现在已不可考，我们只知道他们在矿脉的周围遍植竹林，如此不但可以给采金的工作人员在烈日之下遮荫休息，还可以供给他们造屋、造梯，及其他采金用具的材料。"[3]菲律宾大学前历史学教授奥斯汀·克莱格（Austin Craig）也说，菲律宾黄金在 3 世纪时已开始运往中国。[4]在这样的背景下，菲律宾已经成为中西间海上交通的经行之处。3 世纪时，扶南是东南亚一大强国，称霸东南亚，曾攻伐南洋诸国，其势力远及菲律宾群岛、婆罗洲（文莱）、爪哇和苏门答腊。与此同时，菲律宾人也已横越南中国海同扶南进行贸易。[5]中国、菲律宾与扶南之间的海上航线应该存在。由于菲律宾—马六甲海峡通道为东西交通所利用，印度尼西亚、文莱与马来西亚成为中西海上交通的中转站。中国和婆罗洲的历史关系起始于何时，目前尚无定论。从考古文物和学者的考证来看，大致可以说始于汉代。[6]《梁书》中出现的"婆利国"，一般认为位于婆

1　沈福伟：《中西文化交流史》，上海人民出版社，1985，第 55 页。

2　周南京：《中国和菲律宾文化交流的历史》，周一良主编《中外文化交流史》，第 440~441 页。

3　转引自刘芝田《中菲关系史》，台北，正中书局，1964，第 20~21 页；Chen Ching-Ho, The Chinese Community in the Sixteent Century Philippines, Tokyo, 1968, p.1.

4　刘芝田：《菲律宾伊戈律族》，香港东南亚研究所印行，1971，第 6 页。

5　陈序经：《扶南史初探——古代柬埔寨与其有关的东南亚诸国史》，香港（自印本），第 129、140~141、148~150、172~173 页；O. W. Wolters, Early Indonesian Commerce: A Study of the Origins of Srivijaya, Ithaca, New York: Cornell University Press, 1967, p. 154.

6　刘子政：《婆罗洲史话》，诗巫：拉让书局，1964，第 2 页；林家劲《中婆关系与华侨》，《东南亚历史学刊》1983 年第 1 期，第 136 页；季士家：《关于浡泥国王墓和墓碑碑文问题——与史原同志商榷》，《福建论坛》1984 年第 5 期。

罗洲西北部（今东马来西亚）和文莱素丹国一带。[1]如果这个结论成立，那么中国和婆罗洲之间的正式关系可以上溯到南朝。

尽管魏晋南朝中西间造船技术有所发展，航海能力有所提高，但当时航海水平仍然非常有限，远航艰险众所周知。首先是遇大风浪，便有被大海吞噬之可能。法显自师子国附商舶回国，"东下二日，便值大风，船漏水入"，满船人惊恐万状。从耶婆提至广州，一般情况下50日可到，结果遇风浪百余日漂往青州长广郡。卢循曾作八槽舰，但在攻建康城时，"船舰为暴风所倾，人有死者"。[2]说明当时船只抗风浪的能力还很差，船员尚不能完全掌握船只的航向。除了风波之虞，还有触礁之险，《法显传》云："若值伏石，则无活路。"[3]如果因故耽误了行程，则淡水食粮供应不足，也会造成意想不到的困难。除了自然因素之外，又有人为的祸患。史书上有不少航海中发生天灾人祸的记载，如慧观法师"志欲重寻《涅槃后分》，乃启宋太祖资给，遣沙门道普，将书吏十人，西行寻经。至长广郡，舶破伤足，因疾而卒"。[4]觉贤至交趾，"乃附舶循海而行"，中途忽遇大风，将船吹回200余里。"后遇便风，同侣皆发，贤曰：'不可动。'舶主乃止，既而先发者一时覆败。后于暗夜之中，忽令众舶俱发，无肯从者，贤自起收缆，一舶独发，俄而贼至，留者悉被抄害。"[5]求那跋陀罗到师子国，"有缘东方，及随舶泛海。中途风止，淡水复竭，举舶忧惶"。幸而天降大雨，一船人才免于渴死。[6]《南齐书·南夷传》记载，天竺道人那伽仙从广州乘扶南舶归国，途遇大风，至林邑又遭劫。永泰元年（498），林邑王"（范）诸农入朝，海中遭风溺死"。《法显传》云："海中多有抄贼，遇辄无全。"[7]当船只不能深海航行时，沿途各地的政治形势和

1　刘子政：《婆罗洲史话》，第98~101、108~110页。

2　房玄龄等：《晋书》卷一〇〇《卢循传》，第2635页。

3　法显撰，章巽校注《法显传校注》，第143页。

4　释慧皎：《高僧传》卷二《昙无谶传》，第80页。

5　释慧皎：《高僧传》卷二《佛驮跋陀罗传》，第70页。

6　释慧皎：《高僧传》卷三《求那跋陀罗传》，第131页。

7　法显撰，章巽校注《法显传校注》，第142页。

治安状况便会对远洋航行者造成影响。如南朝刘宋与林邑发生战争、林邑与扶南发生战争和林邑发生内乱，都直接导致海上交通的衰落。只有人类的航海能力达到一定水平时，通过海上进行交通才有可能取代陆上交通的优势地位，魏晋南北朝时人类航海能力还没有达到这样的水平。

第七章　域外器物的输入与中古社会

　　魏晋南北朝时更多域外器物传入中国，这是中外交流和胡汉交融在社会生活中的反映。有关古代域外器物的研究成果已经相当丰富，尤其考古学界对于中国境内发现的域外器物多有考证。但过去研究者多关注这些器物的原产地、质地、器型、纹饰图案和传播路径等，对外来器物在中古社会的影响较少深入系统地探讨。关于域外器物传入中国的途径更多关注丝绸之路沿线的考古发现，而忽略古代文献中的丰富记载。本章拟把外来器物与中古社会生活联系起来，揭示外来文明对中古社会生活的影响。

一　魏晋南北朝时期的外来器物

这些外来器物在某种程度上反映了魏晋南北朝时期文化交流的盛况。这一时期中国通过丝绸之路和对外交流获得大量域外器物，其中影响最大的是胡床、玻璃器和金银器，另外还有不少其他珍贵奇异的器物。

胡床起源于古埃及文明，东汉时已经传入中国。山东长清孝堂山石祠画像石上有胡床图像，孝堂山石祠是东汉章帝、和帝时的建筑物。汉末灵帝"好胡床"引领了京师洛阳的胡化风气。魏晋南北朝时胡床在社会上普遍流行。胡床之所以流行，是因为其轻便灵活，垂坐舒适，又可开可合，携带方便，可佩带于马鞍，可挂于车辕，可挂于墙壁或廊柱。朱大渭先生详考汉魏南北朝时社会上风行胡床的情况，发现胡床的使用人群和使用范围非常广，从使用胡床的人群来看，"有皇帝、权臣、官僚、将帅、讲学者、反叛者、行劫者、村妇等，其中包括汉人和少数民族在内；从胡床的使用范围来说，指挥战争、观察敌情、皇帝宫室、官府公堂、舟车行旅携带备用、庭院休息、接客、狩猎、竞射、聚会、讲学、吹笛、弹琴、行劫等等，都有使用胡床的。胡床使用的地域，几乎遍布南北各地，可见胡床为人们进行各种活动的常用坐具"。[1]

玻璃在中国古代早期文献中写作"颇黎""颇梨"，为梵语音。在佛典中玻璃是"七宝"之一，"颇黎"一词伴随佛经翻译传入中土。古代印度和中国不明其制成原理，将其视为天然的玉石水晶，又常与琉璃相混。[2] 世界上最早的玻璃制造者为古埃及人，在4000年前的埃及和两河流域遗址有小玻璃珠出土，后传入波斯、罗马。域外玻璃器汉代时已传入中国，因为来自域外极其珍贵。玻璃器有的来自西域。潘

1　朱大渭：《中古汉人由跪坐到垂脚高坐》，《中国史研究》1994年第4期。
2　葛洪撰，王明校释《抱朴子内篇校释》卷二，中华书局，1980，第21页。

尼《琉璃碗赋》:"览方贡之彼珍,玮兹碗之独奇。济流沙之绝险,越葱岭之峻危。其由来也阻远,其所托也幽深。"[1]中古时的西方玻璃器主要是从波斯萨珊王朝输入。《周书·异域传》《北史·西域传》中都说波斯出"颇黎",[2]或"颇梨"。[3]《梁书·诸夷传》载:"于阗国,西域之属也。……天监九年,遣使献方物。……十八年,又献琉璃罂。"[4]于阗国所献玻璃器并非本国所产,来自更远的西方。南朝刘敬叔《异苑》曰:"月支国有佛发,盛以琉璃罂。"[5]罂本来是陶制容器,当域外功能相同且形状相似的玻璃器传入,便被称为"琉璃罂"。玻璃器皿也通过海上丝路传入。三国时交趾太守士燮"每遣使诣(孙)权,致杂香细葛,辄以千数,明珠、大贝、流离、翡翠、玳瑁、犀、象之珍……无岁不至"。[6]薛综上疏孙权,言日南郡"县官羁縻,示令威服……贵致远珍名珠、香药、象牙、犀角、玳瑁、珊瑚、琉璃、鹦鹉、翡翠、孔雀、奇物,充备宝玩"。[7]其中的"琉璃"即玻璃器。晋刘欣期《交州杂事》云:"太康四年,刺史陶璜表送林邑王范熊所献缥绀、水精槃各一枚。"[8]又曰:"太康四年,刺史陶璜表送林邑王范熊所献青白石碗一口、白水精碗二口。"[9]中国古代文献中往往水晶、玻璃、琉璃不分,这里的水精盘、水精碗乃玻璃器。成书于东晋安帝义熙年间之后的《林邑记》一书记载:"林邑王范明达献琉璃苏钲二口。"[10]《梁书·诸夷传》记载婆利国"普通三年,其王频伽复遣使珠贝智贡白鹦鹉、青虫、兜銮、琉璃器、古贝、螺杯、杂香、药等数十种"。[11]

1　欧阳询:《艺文类聚》卷七三《杂器物部》,第1262页。

2　令狐德棻等:《周书》卷五〇《异域传下》,第920页。

3　李延寿:《北史》卷九七《西域传》,第3222页。

4　姚思廉:《梁书》卷五四《诸夷传》,第813~814页。

5　李昉等:《太平御览》卷七五八《器物部》,第3364页。

6　陈寿:《三国志》卷四九《士燮传》,第1192~1193页。

7　陈寿:《三国志》卷五三《薛综传》,第1252页。

8　李昉等:《太平御览》卷七五八《器物部》,第3366页。

9　李昉等:《太平御览》卷七六〇《器物部》,第3372页。

10　李昉等:《太平御览》卷七六〇《器物部》,第3373页。苏钲,音苏立,吕静云:"胡食器也。"

11　姚思廉:《梁书》卷五四《诸夷传》,第797页。

《南齐书·南夷传》记载永明二年（484）扶南王遣天竺道人释那伽仙上表，"献金镂龙王坐像一躯、白檀像一躯、牙塔二躯、古贝二双、琉璃苏钲二口、玟瑁槟榔柈一枚"。[1]《梁书·诸夷传》记载丹丹国"大同元年，复遣使献金、银、琉璃、杂宝、香药等物"。[2] 中天竺国"天监初，其王屈多遣长史竺罗达奉表……奉献琉璃唾壶、杂香、古贝等物"。[3] 这些玻璃器从东南亚、南亚国家经海路输入，但这些玻璃器来自更远的西方，东南亚和南亚都只是其中转之地。东罗马和波斯萨珊王朝是其主要来源地。

广义的金银器包括金银饰品、金币和金银器皿，本章专论金银器皿。考古发现最早的黄金制品出现在公元前 5000 年的埃及，最早的银器出现在公元前 4000 年左右的两河流域，其后希腊、罗马、波斯等地都广泛使用金银器皿。中国金银器皿出现较晚，汉代以后逐渐盛行。金银器皿战国时虽有制造，但仅见于楚地。湖北随县战国早期大墓出土了金制杯、勺、盏、器盖等，[4] 故宫博物院收藏有传世的楚国银匜，[5] 长沙附近出土楚怀王二十九年题铭的银器。[6] 至迟战国秦汉时已有域外金银器皿传入中国，广州南越王墓出土的波斯银盒，据考证来自安息。[7] 山东临淄大武窝托村西汉齐王刘襄墓一号陪葬坑出土的裂瓣纹银盒，与南越王墓出土银盒属同一类型，埋葬的年代为公元前 179 年。刘襄墓还出土鎏金花纹银盘一枚。山东青州西辛村战国齐王墓出土两件裂瓣纹银盒，也与南越王墓银盒属同一类型。汉代已有来自域外的商胡在中国经商，他们带来了域外的金银。汉末诗人辛延年《羽林郎》诗写酒家胡："金盘脍鲤鱼。"[8] 这家胡人开设的酒肆里使用的金盘

1　萧子显：《南齐书》卷五八《南夷传》，第 1016 页。

2　姚思廉：《梁书》卷五四《诸夷传》，第 794 页。

3　姚思廉：《梁书》卷五四《诸夷传》，第 799 页。

4　随县擂鼓墩一号墓考古发掘队：《湖北随县曾侯乙墓发掘简报》，《文物》1979 年第 7 期。

5　郑珉中：《朱碧山龙槎记》，《故宫博物院刊》1960 年。

6　李学勤：《战国题铭概述（下）》，《文物》1959 年第 9 期。

7　广州市文物管理委员会等编《西汉南越王墓》，文物出版社，1991，第 209~210 页。

8　徐陵编，吴兆宜注，程琰删补《玉台新咏笺注》卷一，中华书局，1985，第 25 页。

应是其故乡的产品。

魏晋南北朝时期更多的金银器从域外传入。东南亚、南亚各国盛产金银，并以金银为器，这一时期中国的金银和金银器有的经海上丝路来自东南亚、南亚国家。朝廷从外夷入贡中获得金银器。西晋时林邑国"上疏贡金盘、碗及金钲等物"。扶南国"食器多以银为之，贡赋以金银珠香。……武帝泰始初，遣使贡献。太康中，又频来"。[1]刘宋"大明二年，林邑王范神成又遣长史范流奉表献金银器及香布诸物"。[2]《义熙起居注》记："诏林邑王范明达献金碗一副、盖百副。"[3]萧梁时丹丹国"大同元年，复遣使献金、银、琉璃、杂宝、香药等物"。[4]干陁利国"宋孝武世，王释婆郍那怜陁遣长史竺留陁献金银宝器"。[5]婆利国日常用具中多金银器，梁天监十六年遣使奉表："山海阻远，无缘自达，今故遣使献金席等，表此丹诚。"[6]《交州杂事》记："太康四年，刺史陶璜表林邑王范熊所献银钵一口、白水精钵一口。"[7]从东南亚输入的金银器有时通过贸易获得。梁荆州刺史、庐陵威王萧续"素贪婪，临终，有启遣中录事参军谢宣融献金银器千余件"。[8]萧续任荆州刺史，荆州是南朝与西域交通的要道，西域各国使节商胡往来于此，萧续的金银器既然不是朝廷赏赐，应当从贸易获得，或得自胡商的贿赂。1984年，广东湛江遂溪县邹姓村民建房时挖出一个带盖的陶罐，盛有金银器。最珍贵的一件是十二瓣状银碗，银碗呈圆形，口沿刻有阿拉美铭文。这种文字在粟特和花剌子模地区使用。窖藏文物中还有20枚波斯萨珊王朝的银币，以及金银镯、金指环等。这是南朝时期的舶来品，关于其来历有三种推测：一是当地人劫掠商船所得，

1　房玄龄等：《晋书》卷九七《四夷传》，第2547页。

2　沈约：《宋书》卷九七《夷蛮传》，第2379页。

3　李昉等：《太平御览》卷七六〇《器物部》，第3372页。

4　姚思廉：《梁书》卷五四《诸夷传》，第794页。

5　姚思廉：《梁书》卷五四《诸夷传》，第794页。

6　姚思廉：《梁书》卷五四《诸夷传》，第797页。

7　李昉等：《太平御览》卷七五九《器物部》，第3369页。

8　司马光：《资治通鉴》卷一六〇，梁纪十六，第4947页。

二是当地酋长或豪强与波斯商人交换获得，三是当地商人从波斯人手里获得并收藏起来。这些虽属推断，但此地经海上丝路与域外存在商业联系是可以肯定的。[1]

　　金银器也经西北陆上丝路传入中国，主要来自入贡和贸易。《西域记》记载："疏勒王致魏文帝金胡瓶二枚、银胡瓶二枚。"[2]《前凉录》记载："张轨时，西胡致金胡瓶，皆拂菻作，奇状，并人高，二枚。"[3]拂菻即东罗马，罗马银瓶通过"西胡"之手输入地处丝绸之路要道的前凉政权。《宋书·鲜卑吐谷浑传》记载吐谷浑曾向刘宋遣使"献乌丸帽、女国金酒器、胡王金钏等物"。[4]吐谷浑之"金酒器"来自女国，而女国之金酒器可能来自更远的西域国家。北朝从西北民族和西域国家获得金银器。北魏时河间王元琛为秦州刺史，"遣使向西域求名马，远至波斯国……琛常会宗室，陈诸宝器，金瓶银瓮百余口，瓯檠盘盒称是。自余酒器，有水晶钵、玛瑙杯、琉璃碗、赤玉卮数十枚，作工奇妙，中土所无，皆从西域而来"。[5]在汉文文献中，波斯金杯音译为"叵罗"或"颇罗"。《北齐书·祖珽传》记载："神武宴僚属，于坐失金叵罗。窦泰令饮酒者皆脱帽，于珽髻上得之。"[6]罗马以珠宝众多闻名于世，包括金银珠玉。江淹《遂古篇》云："人迹所极，至大秦兮，珊瑚明珠，铜金银兮；琉璃马脑，来杂陈兮。"[7]《晋书·四夷传》载："大秦国……多出金玉宝物、明珠、大贝，有夜光璧、骇鸡犀及火浣布……武帝太康中，其王遣使贡献。"[8]在大秦人的贡献中当有"金玉宝物"。1997年，新疆昭苏县波马农场发现一座古墓，出土一批金银器，有金杯、金罐、金戒指、金面具、单耳银瓶等。其年代大致在

1　梁二平：《东去西来，遂溪的波斯金碗银钱》，《丝绸之路》2017年第7期。

2　李昉等：《太平御览》卷七五八《器物部》，第3365页。

3　李昉等：《太平御览》卷七五八《器物部》，第3365页。

4　沈约：《宋书》卷九六《鲜卑吐谷浑传》，第2372~2373页。

5　杨衒之撰，范祥雍校注《洛阳伽蓝记校注》卷四，第207页。

6　李百药：《北齐书》卷三九《祖珽传》，中华书局，1972，第514页。

7　道宣：《广弘明集》卷三，《中华大藏经》第六二册，中华书局，1993，第962页。

8　房玄龄等：《晋书》卷九七《四夷传》，第2544~2545页。

3~7 世纪，为欧亚草原民族遗物。金银器出于西方，其葬俗近于西亚，而金银器型及纹饰又带有希腊罗马文化的痕迹。[1]

除了胡床、玻璃器和金银器外，魏晋南北朝时还获得了其他珍奇器物。有的属饮食器，如玳瑁碗。潘尼《玳瑁碗赋》云："有玳瑁之奇宝……尔乃遐夷效珍，越裳贡职，横海万里，逾岭千亿。挺璞荒蛮，摛藻辰极。"[2] 又如螺杯，《晋太康起居注》云："齐王出藩，诏赐楹螺杯盘各有差。"[3]《陶侃故事》载："侃上杂物疏，有螺杯一枚。"[4] 宋孝武帝曾赠送北魏太武帝"螺杯杂物"。[5] 这种螺杯来自东南亚。《梁书·诸夷传》记载："婆利国，在广州东南海中洲上。……普通三年，其王频伽复遣使珠贝智贡白鹦鹉、青虫、兜鍪、琉璃器、古贝、螺杯、杂香、药等数十种。"[6] 又如车渠碗，崔豹《古今注》记载："魏帝以车渠石为酒碗。"[7]《凉州异物志》曰："方外殊珍、车渠、马瑙，器无常形，为时之宝（随其大小以作盂、碗、杯、槃也），视之目眩，希世之巧，罗刹所作，非人所造。"[8] 有的属日常用具，南朝梁陶弘景《授陆敬游十赉文》云："赉尔鍮石罐，手巾为副，可以登斋朝拜，出入盥漱。"[9] 释慧远《澡罐铭序》曰："得靡罗勒石澡罐一枚，故以此铭答之。"澡罐乃盛盥漱用水的器皿，来自中亚。《西域诸国志》云："月氏国有佛澡灌，受二升许，青石名罗勒。"[10] 鸠摩罗什《答慧远书》曰："今往常所用鍮石双口澡罐，可备法物之数也。"[11] 被称为大秦鲸鱼灯的罗马灯

---

1 安英新：《新疆伊犁昭苏县古墓葬出土金银器等珍贵文物》，《文物》1999 年第 9 期；安英新：《伊犁出土的金银器》，《东南文化》2000 年第 4 期；王炳华：《新疆波马金银器》，《西域考古历史论集》，中国人民大学出版社，2008，第 679~694 页。

2 欧阳询：《艺文类聚》卷八四《宝玉部下》，第 1443 页。

3 李昉等：《太平御览》卷七五九《器物部》，第 3368 页。

4 李昉等：《太平御览》卷七五九《器物部》，第 3371 页。

5 沈约：《宋书》卷四六《张畅传》，第 1398 页。

6 姚思廉：《梁书》卷五四《诸夷传》，第 796~797 页。

7 李昉等：《太平御览》卷七六〇《器物部》，第 3372 页。

8 李昉等：《太平御览》卷七五六《器物部》，第 3354 页。

9 严可均校辑《全上古三代秦汉三国六朝文》，中华书局，1958，第 3214 页。

10 虞世南：《北堂书钞》卷一三五《服饰部三》，第 386 页。

11 释慧皎：《高僧传》卷六《释慧远传》，第 217 页。

具传入中国，并得到文学家的赋咏。西晋殷巨《鲸鱼灯赋》进行了生动的描写："横海之鱼，厥号惟鲸。普彼鳞族，莫之与京。大秦美焉，乃观乃详，写载其形，托于金灯，隆脊矜尾，鬐甲舒张。垂首挽视，蟠于华房。"[1]

中原政权也从西北割据政权或周边民族获得器物。《梁书·诸夷传》记载于阗国天监十三年（514）"献波罗婆步鄣"。[2] 步鄣是用来遮蔽风尘或视线的屏风，从其名称看似是南亚产品。高昌国"大同中，子坚遣使献鸣盐枕、蒲陶、良马、氍毹等物"。[3]《晋书·吕光载记》记载，胡安据盗发张骏墓"得真珠簏、琉璃榼、白玉樽、赤玉箫、紫玉笛、珊瑚鞭、马脑钟，水陆奇珍不可胜纪"。[4]《北齐书·元韶传》记载："齐神武帝以孝武后配之，魏室奇宝多随后入韶家。有二玉钵相盛，可转而不可出；玛瑙榼容三升，玉缝之。皆称西域鬼作也。"[5] 榼乃古代盛酒器，原为木制或陶制，琉璃榼、玛瑙榼则来自域外。又有琥珀盂瓶，《凉州异物志》曰："琥珀作盂瓶。"[6] 这些来自边疆民族政权的器物有的是其本地所产，有的则是从域外传入，通过它们又传入内地。

二 中古时外来器物的使用

从史书记载来看，"据胡床"已然成为中古社会日常生活内容。曹操与马超交战，"将过河，前队适渡，超等奄至，公犹坐胡床不起"。[7]

---

1 欧阳询：《艺文类聚》卷八〇《火部》，第 1369 页。

2 姚思廉：《梁书》卷五四《诸夷传》，第 814 页。

3 姚思廉：《梁书》卷五四《诸夷传》，第 812 页。

4 房玄龄等：《晋书》卷一二二《吕光载记》，第 3067 页。

5 李百药：《北齐书》卷二八《元韶传》，第 388 页。

6 李昉等：《太平御览》卷七六〇《器物部》，第 3373 页。

7 陈寿：《三国志》卷一《武帝纪》，裴注引《曹瞒传》，第 35 页。

三国时，"又潜为兖州时，尝作一胡床，及其去也，留以挂柱"。[1] 魏文帝曹丕行猎失鹿，"踞胡床拔刀，悉收督吏，将斩之"。[2] 西晋时，戴渊在江淮间攻掠商旅，"据胡床，指麾左右，皆得其宜"。[3] 王君夫与王武子比射获胜，得王武子牛八百里驳，"却据胡床，叱左右速探牛心来"。[4] 东晋谢尚"着紫罗襦，据胡床，在大市佛图门楼上弹琵琶"。[5] 晋军追叛将张健，其部下韩晃"独出，带两步矟箭，却据胡床，弯弓射之，伤杀甚众"。[6] 王导之子王恬简傲，遇客不礼，"据胡床，在中庭晒头"。[7] 大臣庾亮"据胡床与浩等谈咏竟坐"。[8] 桓尹善吹笛，应王子猷之请，"踞胡床，为作三调"。[9] 十六国时前秦王猛少贫贱，鬻畚为事，入山取钱，"见一公据胡床"。[10] 前凉时谢艾"下车踞胡床，指挥处分"。[11] 南凉秃发辱檀与后凉吕纂交战，"下马据胡床而坐，士众心乃始安"。[12] 南朝刘宋时，南涧寺僧释道冏中夜受邀，乘车出京，"见一人在路坐胡床"。[13] 刘宋末年沈攸之反叛，"乘轻舸从数百人，先大军下住白螺洲，坐胡床以望其军"。[14] 南齐张景真受到皇上宠幸，"赏赐什物，皆御所服用"，"白服乘画舴艋，坐胡床，观者咸疑是太子"。[15] 颜延之心服张镜，张镜兄弟与友人交谈，延之"取胡床坐听"。[16] 儒者刘讞出游，有小童

1　陈寿：《三国志》卷二三《裴潜传》，裴注引《魏略》，第 673 页。

2　陈寿：《三国志》卷一六《苏则传》，第 493 页。

3　李天华：《世说新语新校》，岳麓书社，2004，第 36 页。

4　李天华：《世说新语新校》，第 499 页。

5　欧阳询：《艺文类聚》卷七〇《服饰部下》，第 1221 页。

6　房玄龄等：《晋书》卷一〇〇《苏峻传》，第 2631 页。

7　李天华：《世说新语新校》，第 435 页。

8　房玄龄等：《晋书》卷七三《庾亮传》，第 1924 页。

9　李天华：《世说新语新校》，第 427 页。

10　欧阳询：《艺文类聚》卷七〇《服饰部下》，第 1221 页。

11　房玄龄等：《晋书》卷八六《张重华传》，第 2242 页。

12　房玄龄等：《晋书》卷一二六《秃发利鹿孤载记》，第 3144 页。

13　释慧皎：《高僧传》卷一二《释道冏传》，第 462 页。

14　萧子显：《南齐书》卷二四《柳世隆传》，第 446 页。

15　萧子显：《南齐书》卷三一《荀伯玉传》，第 573 页。

16　萧子显：《南齐书》卷三二《张岱传》，第 580 页。

子持胡床随行。[1] 南齐末年萧衍率军攻建康，部将杨公则"登楼望战，城中遥见麾盖，纵神锋弩射之，矢贯胡床，左右皆失色"。[2] 南朝梁将韦放与北魏军作战，"免胄下马，据胡床处分"。[3] 王僧辩平陆纳，面对敌人的反攻，"据胡床，不为之动"。[4] 侯景"床上常设胡床及筌蹄，著靴垂脚坐"。[5] 北魏末年尔朱敞被高欢追杀，"遂入一村，见长孙氏媪踞胡床而坐"。[6] 东魏孝静帝与大臣议事发怒，"据胡床，拔剑作色"。[7] 北齐武成皇后胡氏"自武成崩后，数出诣佛寺，又与沙门昙献通，布金钱于席下，又挂宝装胡床于献屋壁，武成平生所御也"。[8]

再看玻璃器的使用。外国贡物本为皇家所有，玻璃器的使用首先在宫廷范围内。朝廷往往将之赏赐给达官贵人或功劳卓著者。晋元帝《诏答诸葛恢》云："今致琉璃碗一枚。"[9] 又云："今致琉璃枕一。"[10] 元帝赐诸葛恢之玻璃器物当是经海路传入中国南方沿海地区的产品。钭滔母《与从祖虞光禄书》曰："赐琉璃碗。"[11] 达官贵人之家以玻璃器招待客人，能够显示其身份、地位和豪富。《晋书·崔洪传》记载："汝南王亮常宴公卿，以琉璃钟行酒。"[12] 被崔洪视为奢侈违礼。前引潘尼《琉璃碗赋》中的玻璃器来自西域的入贡，但他所咏却是在同僚之家。晋人张隐《文士传》中记载这篇赋的写作缘起："潘尼与同僚饮，主人有琉璃碗，使客赋之，尼于座立成。"[13] 可见潘尼的同僚是从朝廷的赏赐中获得外国入贡的玻璃器。《世说新语·排调》记载："王公（王导）

---

1 萧子显：《南齐书》卷三九《刘巘传》，第 679 页。

2 姚思廉：《梁书》卷一〇《杨公则传》，第 196 页。

3 姚思廉：《梁书》卷二八《韦放传》，第 423 页。

4 姚思廉：《梁书》卷四五《王僧辩传》，第 630 页。

5 李延寿：《南史》卷八〇《侯景传》，第 2015 页。

6 魏徵等：《隋书》卷五五《尔朱敞传》，第 1375 页。

7 李延寿：《北史》卷二《神武帝纪下》，第 14 页。

8 李延寿：《北史》卷一四《后妃下·武成皇后胡氏》，第 522 页。

9 李昉等：《太平御览》卷七六〇《器物部》，第 3372 页。

10 李昉等：《太平御览》卷八〇八《珍宝部》，第 3591 页。

11 李昉等：《太平御览》卷七六〇《器物部》，第 3372 页。

12 房玄龄等：《晋书》卷四五《崔洪传》，第 1288 页。

13 李昉等：《太平御览》卷七六〇《器物部》，第 3372 页。

与朝士共饮酒，举琉璃碗谓伯仁曰：'此碗腹殊空，谓之宝器何邪？'"[1]
同书《纰漏》云："王敦初尚主，如厕，见漆箱盛干枣，本以塞鼻，王
谓厕上亦下果，食遂至尽。既还，婢擎金澡盘盛水，琉璃碗盛澡豆，
因倒著水中而饮之，谓是干饭。群婢莫不掩口而笑之。"[2] 王敦因成为
驸马而接触到皇室生活，生活器具中有玻璃器。《世说新语·汰侈》
记载："武帝尝降王武子家，武子供馔并用琉璃器。"[3] 可知王武子家中
玻璃器很多。王济字武子，晋武帝司马炎的女婿，娶常山公主。王武
子极度豪奢，使用玻璃器是其豪奢生活的重要内容。他的玻璃器可能
来自皇上嫁女的陪嫁和平日的赏赐。朝廷还以琉璃碗赐外国使臣，《晋
咸康起居注》记载："诏赐辽东段辽等琉璃碗。"[4] 因此西方玻璃器还通
过中国传入东北亚地区。在南北朝分裂对峙时期，北朝的贵族们更
有条件与西域进行交通，在对外贸易中获得域外珍品。《南齐书·魏
虏传》写北魏统治者"坐施氍毹毾㲪。前施金香炉、琉璃钵、金碗、盛
杂食器。设客长盘一尺，御馔圆盘广一丈"。[5]《洛阳伽蓝记》记载北
魏上层贵族的豪奢生活，河间王元琛最为豪首，"常会宗室，陈诸宝
器，金瓶银瓮百余口，瓯檠盘盒称是。自余酒器，有水晶碗、玛瑙琉
璃碗、赤玉卮数十枚，作工奇妙，中土所无，皆从西域而来"。[6] 元琛
之所以有这么多西域奇器，是因为他曾任秦州刺史。秦州地处丝绸之
路要道，有条件在丝路贸易中获得域外器物。他曾"遣使向西域求名
马，远至波斯国"。[7] 元琛遣人远至波斯，所购求的一定不仅仅是名
马，波斯玻璃器、金银器皆在其享乐生活的追求中，其宴会上大量的玻璃
器或即来源于此。

　　这些来自域外的贵重器物，拥有者临终时还会奉还或奉送朝廷。

1　李天华：《世说新语新校》，第 444 页。

2　李天华：《世说新语新校》，第 516 页。

3　李天华：《世说新语新校》，第 497 页。

4　李昉等：《太平御览》卷七六〇《器物部》，第 3372 页。

5　萧子显：《南齐书》卷五七《魏虏传》，第 986 页。

6　杨衒之撰，周祖谟校释《洛阳伽蓝记校释》卷四，第 150 页。

7　杨衒之撰，周祖谟校释《洛阳伽蓝记校释》卷四，第 149 页。

《陶侃故事》记载："侃上成帝水精碗一枚。"[1] 陶侃是东晋初期高官，仕至侍中、太尉，荆、江二州刺史，都督交州诸军事，封长沙郡公。他一生平杜弢、张昌起义，定陈敏、苏峻之乱，治下荆州太平安定。他又曾为广州刺史、平越中郎将，大兴元年（318），进号平南将军，又加都督交州诸军事。[2] 从其经历来看，他的水晶碗既有可能来自朝廷赏赐，也有可能从战争中获得，或在担任荆州、江州、广州等州刺史和都督交州诸军事时在对外贸易中获得。他以"忠顺勤劳"著称，临终把最珍贵的物品献给皇上，以表达最后的一份忠心。有的人会遗命陪葬，因为获得朝廷的赏赐是其一生中最荣耀的事情，值得纪念；或玻璃器贵重，舍不得遗落人间。考古发现这一时期贵族墓中有不少外来的玻璃器。

这种考古发现在南北方都有丰富资料。1955 年，南京光华门外石门坎附近的红毛山东晋早期墓，出土多枚玻璃残片。[3] 1972 年，南京象山王氏家族墓 7 号墓出土 1 对玻璃杯，其主要成分与古罗马玻璃化学成分接近，与当时中国本土产的铅钡玻璃完全不同。1973 年，南京大学北园东晋墓出土刻纹玻璃杯及碎片，墓主是东晋元、明、成三帝之一。与象山王氏墓出土玻璃杯器型工艺相同。[4] 1978 年，湖北鄂城五里墩西晋墓出土萨珊玻璃器残片，复原应为圜底钵。[5] 1981 年，在南京中央门外一座东晋大墓中发现一些彩色玻璃碎片。[6] 1985 年，江苏镇江句容南朝宋元嘉十六年墓出土 1 件完整的玻璃碗。[7] 1986 年，在广州市下塘狮带岗广州大学校园南部东晋早期墓 M5 后室内出土 1 枚玻璃器残片。[8] 1991 年，湖北鄂州市西山南麓鄂钢饮料厂施工

1　李昉等：《太平御览》卷七六〇《器物部》，第 3372 页。

2　房玄龄等：《晋书》卷六六《陶侃传》，第 1768~1778 页。

3　李鉴昭、屠思华：《南京石门坎外六朝墓清理记》，《考古通讯》1958 年第 9 期。

4　南京大学历史系考古组：《南京大学北园东晋墓》，《文物》1973 年第 4 期。

5　安家瑶：《北周李贤墓出土的玻璃碗——萨珊玻璃器的发现与研究》，《考古》1986 年第 2 期；南京大学历史系考古专业等编著《鄂城六朝墓》，科学出版社，2007，第 303~304 页。

6　南京市博物馆：《南京北郊东晋墓发掘简报》，《考古》1983 年第 4 期。

7　镇江博物馆、句容市博物馆：《江苏句容春城南朝宋元嘉十六年墓》，《东南文化》2010 年第 3 期。

8　广州市文物管理委员会：《广州市下塘狮带岗晋墓发掘简报》，《考古》1996 年第 1 期。

时发现一座孙吴时期的大墓，墓葬后室东南角出土 1 枚玻璃残片。[1]
1997 年，南京富贵山六朝墓地出土 1 件玻璃碗，承托在 1 件圈底银碗
中。[2] 1998 年，南京东郊仙鹤观东晋高崧家族墓出土 1 件玻璃碗，碗
底有漆托痕迹。[3] 这两件玻璃碗与象山王氏墓所出古罗马玻璃杯风格不
同，具有萨珊玻璃风格。在制造工艺上是用吹制法成型，可以断定这
两件出土于东晋早期墓葬中的玻璃碗属舶来品。2001 年，广东肇庆市
郊黄岗镇大路田村北岭南坡坪石岗工地发现一座东晋太宁三年（325）
砖室墓，出土 1 件完整的玻璃碗。据出土砖铭推测，墓主可能是苍梧
广信侯。[4] 2001 年，南京北郊郭家山发现东晋温峤家族墓地，编号为
M13 的东晋晚期墓出土数十枚玻璃残片。[5] 2005 年，安徽当涂新市镇
来陇村发现一座东晋早期墓，在后室出土 4 枚玻璃残片。[6] 2007 年，
南京东南郊上坊李村岩山南麓东晋早期墓，发现不少极碎的玻璃器残
片。残片皆为蓝色，应属同一件玻璃容器。[7] 以上发现有的是罗马玻
璃，有的是萨珊玻璃。

　　在北方使用域外输入的玻璃器皿，同样是皇室和达官贵人之家豪
富的表现。5 世纪波斯所出网纹玻璃杯见于中国北方。1948 年，河北
景县北魏祖氏墓出土 1 件侈口翻唇、杯侧下部有菱形网格的玻璃杯，
形制和同一时期即 5~7 世纪波斯萨珊制造的口广底窄的菱形网格凸纹
玻璃杯相仿。[8] 1965 年，北京八宝山西晋重臣王濬妻华芳墓出土萨珊

1　鄂州博物馆、湖北省文物考古研究所：《湖北鄂州鄂钢饮料厂一号墓发掘报告》，《考古学报》
　　1988 年第 1 期。

2　南京市博物馆、南京市玄武区文化局：《江苏南京市富贵山六朝墓地发掘简报》，《考古》1998 年
　　第 8 期。

3　南京市博物馆：《江苏南京仙鹤观东晋墓》，《文物》2001 年第 3 期。

4　广东省文物考古研究所、肇庆市博物馆：《广东肇庆市坪石岗东晋墓》，广东省文物局等编《广东
　　文物考古三十年》，暨南大学出版社，2009，第 428~436 页。

5　南京市博物馆：《南京市郭家山东晋温氏家族墓》，《考古》2008 年第 6 期。

6　当涂县文物事业管理所：《安徽当涂东晋墓发掘简报——兼论出土的玻璃碗残片类别和来源》，
　　《东南文化》2006 年第 2 期。

7　王志高：《六朝墓葬出土玻璃容器漫谈》，六朝历史文化与镇江地域发展学术研讨会会议论文，
　　2010 年。

8　东京国立博物馆：《东洋古代ガラス》，1980 年 3 月。

玻璃器碎片，经拼接复原成一件饰以乳突纹的圜底钵，符合萨珊前期的形制。[1] 1965 年，在辽宁北票北燕贵族冯素弗墓发现 5 件玻璃器皿，皆属舶来品。[2] 其中鸭形玻璃器引起世人的格外关注。这批玻璃器以吹塑法成型，成分更接近罗马玻璃器，其产地在罗马东北行省，其传入当经过草原之路。[3] 1988 年，山西大同南郊北魏墓群 107 号墓张女坟出土以直接磨出的凹面为饰之萨珊玻璃圜底钵 1 件，外壁磨出 35 个长椭圆形凹面，分四行间错排列，圜底上又磨出 7 个较大的圆凹面。[4] 这种类型的玻璃碗是波斯萨珊王朝的典型器皿。2014 年，内蒙古一座北魏墓出土蓝玻璃碗，化学成分为萨珊植物灰玻璃。[5] 1983 年，宁夏固原县南郊乡深沟村南的北周李贤夫妇合葬墓出土充满西亚风格、刻有人物故事的鎏金银壶、玻璃碗、银装铁刀和镶青金石金指环。[6] 李贤是北魏、西魏、北周时重臣，皇帝亲信，北周武帝宇文邕兄弟小时寄养于李贤家。[7] 李贤一直在原州、瓜州、河州等西北边塞任职，他既有条件获得朝廷的赏赐，也有可能通过丝路贸易获得域外产品。

　　域外传入的玻璃器除常见的杯、盘、碗之外，还有一些罕见的器物。陆云《与兄平原书》中提到曹操的器物有"琉璃笔一枚，所希闻"。[8] 汉代以前有一种盛酒容器叫"卮"，通常为玉质。三国后出现了琉璃卮。魏文帝《答杨修书》云："重惠琉璃卮昭厚意。"[9] 这种琉璃卮来自域外。傅咸《污卮赋》序云："人有遗余琉璃卮者，小儿窃弄堕之，不洁。意既惜之，又有感宝物之污辱，乃丧其所以为宝，况君子

1　孙机：《建国以来西方古器物在我国的发现与研究》，《文物》1999 年第 10 期。

2　黎瑶渤：《辽宁北票县西官营子北燕冯素弗墓》，《文物》1973 年第 3 期。

3　安家瑶：《中国的早期玻璃器皿》，《考古学报》1984 年第 4 期；安家瑶：《冯素弗出土的玻璃器》，辽宁省博物馆编著《北燕冯素弗墓》，第 224~237 页。

4　山西省考古研究所、大同市博物馆：《大同南郊北魏墓群发掘简报》，《文物》1992 年第 8 期。

5　马丽亚·艾海提、金诚实、静永杰：《内蒙古北魏墓出土萨珊玻璃器及其相关问题》，《文博》2017 年第 4 期。

6　韩兆民：《宁夏固原北周李贤夫妇墓发掘简报》，《文物》1985 年第 11 期。

7　令狐德棻等：《周书》卷二五《李贤传》，第 413~418 页。

8　陆云著，刘运好校注《陆士龙文集校注》卷八，凤凰出版社，2010，第 1034 页。

9　李昉等：《太平御览》卷七六一《器物部》，第 3377 页。

行身，而可以有玷乎！"[1] 其文曰："有金商之玮宝，禀乾刚之淳精。叹春晖之定色，越冬冰之至清。爰甄陶以成器，逞异域之殊形。"[2] 所谓"金商之玮宝"即来自西域的珍器。在他的笔下，琉璃卮虽然也属酒杯，但其器型实与传统的玉卮有别，带有异域色彩。

汉以前中国上层社会很少使用金银器皿，至魏晋南北朝时受了西方的影响，使用这类器物渐成风尚，这些珍贵的金银器主要应用于贵族生活中。外来的金银器主要为皇室使用。《宋书·吴喜传》记载："喜将死之日，上召入内殿与共言谑，酬接甚款。既出，赐以名馔，并金银御器，敕将命者勿使食器宿喜家。上素多忌讳，不欲令食器停凶祸之室故也。"[3] 皇帝以"名馔"赐吴喜，而盛"名馔"之食器却因为是"金银御器"要收回，这种珍贵的金银器皿当来自域外。《南齐书·萧颖胄传》记载，齐明帝曾"欲铸坏太官元日上寿银酒鎗"以示节俭，可是在他的宴会上"银器满席"，因而遭到萧颖胄的讽刺。《南齐书·魏虏传》记北魏统治者"坐施氍毹毾㲪。前施金香炉、琉璃钵、金碗、盛杂食器。设客长盘一尺，御馔圆盘广一丈"。[5] 晋陆翙《邺中记》载："石虎大会，上御食，游盘两重，皆金银，参带百二十盏，雕饰并同。其参带之间，茱萸画，微如破发，近看乃得见，游盘则圆转也。"[6] 金银器乃皇家库藏之物。《北齐书·孙腾传》记载："肴藏银器，盗为家物。"[7] "肴藏"指肴藏署，此银器当指御用食器。皇帝王室用金银器赏赐臣下。《宋书·庐江王祎传》记载柳欣慰、杜幼文谋反，欲立刘祎，刘祎"以金合一枚饷幼文"。[8] 刘义恭《启事》："恩旨以犀镂

1　李昉等：《太平御览》卷七六一《器物部》，第 3377 页。

2　欧阳询：《艺文类聚》卷七三《杂器物部》，第 1259~1260 页。

3　沈约：《宋书》卷八三《吴喜传》，第 2116 页。

4　萧子显：《南齐书》卷三八《萧颖胄传》，第 666 页。

5　萧子显：《南齐书》卷五七《魏虏传》，第 986 页。

6　陆翙：《邺中记》，《丛书集成初编》，商务印书馆，1937，第 6 页。

7　李百药：《北齐书》卷一八《孙腾传》，第 235 页。

8　沈约：《宋书》卷七九《文五王传》，第 2039 页。

金厕酒杯槃垂赐。"[1] 王融有《谢安陆王赐银钵启》。[2] 金银器成为贵族间互相馈赠的贵重礼物，其中当有舶来品。《晋阳秋》记载："王敦许周访邢州，又授梁州，访怒。敦书喻之，遗以碗，访投碗于地。"[3] 王敦馈赠周访之碗一定不是普通的碗，应该是金银器物。《宋书》记载："萧思话常从太祖登钟山，中道有盘石清泉。上使于石上弹琴，因赐以银钟酒。"[4]《周书·文帝纪》载："太祖入上邽，收（侯莫陈）悦府库，财物山积，皆以赏士卒，毫厘无所取。左右窃一银镂瓮以归，太祖知而罪之，即剖赐将士，众大悦。"[5]《北齐书·慕容俨传》记载慕容俨因军功受"赐金银酒钟各一枚、胡马一匹"。[6] 这些用以赏赐的金银器有的可能是本土所产，但也不排除有的来自域外。

达官贵人之家往往拥有金银器皿。《三国志》卷五《武宣卞皇后传》注引《魏书》云："后以国用不足，减损御食，诸金银器物皆去之。"[7] 同卷《文昭甄皇后传》记载："后天下兵乱，加以饥馑，百姓皆卖金银珠玉宝物。"[8]《三国志·甘宁传》记载甘宁"受敕出斫敌前营。（孙）权特赐米酒众殽，宁乃料赐手下百余人食。食毕，宁先以银碗酌酒，自饮两碗，乃酌与其都督。"[9] 这种银碗应该是海上丝路舶来品。跟玻璃器一样，考古发现的金银器皿往往出土于达官贵族墓葬。金银器是贵族陪葬物品，其原因可能：一是他们幻想在另一个世界仍能像生前一样享受荣华富贵，金银器是其生前奢豪生活的象征；二是金银器常被朝廷作为奖品赏赐给有功之人，死者常以此作为陪葬品，因为这是其一生的荣耀，具有纪念意义；三是金银器是其一生珍爱，舍不得留于世间。1959 年，在呼和浩特市西郊土默特左旗毕克齐镇发现一

1　李昉等：《太平御览》卷七五八《器物部》，第 3366 页。

2　李昉等：《太平御览》卷七五九《器物部》，第 3369 页。

3　李昉等：《太平御览》卷七六〇《器物部》，第 3372 页。

4　李昉等：《太平御览》卷七六一《器物部》，第 3378 页。

5　令狐德棻等：《周书》卷一《文帝纪》，第 9 页。

6　李百药：《北齐书》卷二〇《慕容俨传》，第 282 页。

7　陈寿：《三国志》卷五《武宣卞皇后传》，第 157 页。

8　陈寿：《三国志》卷五《文昭甄皇后传》，第 159 页。

9　陈寿：《三国志》卷五五《甘宁传》，第 1294 页。

具人骨架，伴出的有镶嵌宝石的金戒指、两件高足银杯以及东罗马金币等遗物。[1] 1975 年，河北省赞皇县南邢郭村魏、北齐李希宗及其妻崔氏墓出土曲水纹银碗 1 件。李希宗属皇亲国戚，其金银器应该是皇帝所赐。1981 年，大同市博物馆发掘大同西郊小站村花圪塔台北魏封和突墓，出土狩猎纹鎏金银盘、素面高足银杯、舟形银耳杯各 1 件。[2] 1973 年夏，铁路部门在宁夏固原县西郊公社雷祖庙村勘探时发现北魏漆棺墓。固原县文物工作站进行清理，出土了棺板漆画、波斯银币、舟形银杯及铜器、陶器等。[3] 1983 年，固原南郊乡深沟村北周李贤夫妇合葬墓出土鎏金银壶、凸钉装饰玻璃碗、镶嵌青金石金戒指、带刀鞘的环首铁刀等。[4] 鎏金银壶是一件具有萨珊贵金属工艺风格的巴克特利亚制品。[5] 1988 年，大同南郊电焊厂新厂区北魏墓群 M107 出土鎏金錾花银碗和素面银罐各 1 件，M109 出土鎏金錾花高足银杯和素面银碗各 1 件。[6] 2011 年，大同市考古研究所在大同市恒安街南侧发现 3 座北魏时期墓葬，随葬器物有金银器。[7] 2014 年，内蒙古伊和淖尔的一座北魏墓，出土了一批精美的金银器和古玻璃器残片。[8]

　　这个时期其他遗址中也发现有金银器。1964 年，在河北定县城内东北隅华塔塔基下石制舍利函中发现北魏时的金银器、铜器、琉璃器、波斯银币。[9] 1970 年，山西大同南郊工农路（后称迎宾大道东路）北侧轴承厂厂区，在相当于北魏平城南郭范围内的一座建筑

1　内蒙古文物工作队、内蒙古博物馆：《呼和浩特市附近出土的外国金银币》，《考古》1975 年第 3 期。

2　马玉基：《大同市小站村花圪塔台北魏墓清理简报》，《文物》1983 年第 8 期。

3　固原县文物工作站：《宁夏固原北魏墓清理简报》，《文物》1984 年第 6 期。

4　宁夏回族自治区博物馆、宁夏固原博物馆：《宁夏固原北周李贤夫妇墓发掘简报》，《文物》1985 年第 11 期；吴焯：《北周李贤墓出土的鎏金银壶考》，《文物》1987 年第 5 期。

5　罗丰：《北朝、隋唐时期的原州墓葬》，氏著《胡汉之间——"丝绸之路"与西北历史考古》，第 44 页。

6　山西省考古研究所、大同市博物馆：《大同南郊北魏墓群发掘简报》，《文物》1992 年第 8 期。

7　大同市考古研究所：《山西大同恒安街北魏墓（11DHAM13）发掘简报》，《文物》2015 年第 1 期。

8　张景明：《北方草原地区鲜卑金银器造型艺术研究》，《民族艺术》2008 年第 1 期。

9　夏鼐：《河北定县塔基舍利函中波斯萨珊朝银币》，《考古》1966 年第 5 期。

遗址内发现一处窖藏，出土一批金银器，[1]其中有鎏金錾花银碗 1 件、鎏金高足铜杯 3 件、海兽纹八曲银洗 1 件。1988 年，在兰州东北靖远县北滩乡一所农舍房基下出土 1 件鎏金银盘。[2]银盘呈圆形，圈足上用虚点鎏金写出一行文字，系大夏文，[3]乃带有波斯萨珊风格的中亚产品。

三　外来器物在中古社会的影响

中古社会外来器物的流行和使用，推动了人们生活方式和思想观念的变化。首先，外来器物刺激了皇室贵族和社会上层的"崇洋"与奢靡之风。皇室和达官贵族之家开始出现琳琅满目的洋器物。晋干宝《搜神记》云：

> 胡床貊槃，翟之器也；羌煮貊炙，翟之食也。自太始以来，中国尚之，贵人富室必畜其器，吉享嘉宾皆以为先。[4]

如上所述，大量域外珍贵器物进入达官贵人之家。上文提到的西晋王济、北魏河间王元琛都是典型。魏晋南北朝上层人士炫富，往往以来自域外的金银器、玻璃器显其华贵。[5]外来的金银器皿在当时贵族阶层生活中占有相当重要的地位，拥有波斯萨珊朝金属器皿成为当时一种流行的时尚。波斯萨珊朝皇室的宴饮之风，也随着饮酒器的传入而影

1　孙培良：《略谈大同市南郊出土的几件银器和铜器》，《文物》1977 年第 9 期；林梅村：《中国境内出土带铭文的波斯和中亚银器》，《文物》1997 年第 7 期；大同市考古研究所：《山西大同迎宾大道北魏墓群》，《文物》2016 年第 10 期。

2　初师宾：《甘肃靖远新出东罗马鎏金银盘略考》，《文物》1990 年第 5 期。

3　石渡美江：《甘肃靖远出土鎏金银盘の图像と年代》，《古代东方博物館》卷 13，1992 年，第 157 页。

4　干宝：《搜神记》卷七，第 94 页。

5　李强：《近年出土的玻璃器》，《中国科技史杂志》1991 年第 1 期。

响到中国，祖珽在皇家宴会上盗窃金叵罗的细节透露出北朝宴饮中弥漫的胡化风气。

其次，外来器物的输入与使用打破了许多传统观念和固有习俗。正是因为不符合中国传统习俗，享受外来器物受到批评和诟病。汉灵帝"好胡床"被视为董卓入京之应，西晋时贵人之家普遍使用"胡床""貊槃"等外来的器物被视为"戎翟侵中国之前兆"。[1]贵重器物的使用和陪葬，一向被视为奢侈豪华生活的表现和违礼之举，屡被朝廷禁止。但在魏晋南北朝时期这些外来的器物却被皇室贵族、达官贵人汲汲追求，贵重器物成为贵族之家炫富的资本，玻璃器、金银器等因为是外来器物而不在禁止之列。精神和肉体的享受突破了传统观念的束缚。胡床的引进引起汉人坐姿的变化，这是由席地跪坐转变为垂脚高坐的开始。汉人由跪坐改为垂脚高坐，推动了中国传统礼教文化在行为举止和居室起居方面发生变化，反映了人们在思想观念方面对某种禁锢的突破。"据胡床"这种违礼的坐姿在时人眼中往往是从容潇洒的表现，很少有人认为是轻慢无礼。汉末曹操曾禁止厚葬，倡导薄葬，遗令不得以"金珥珠玉铜铁之物"入葬，[2]这种倡导没有得到贯彻，随葬金银器的风气在魏晋南北朝时期相当盛行，来自域外的玻璃器、金银器在这一时期的贵族墓葬中屡被发现。

外来器物的输入促进了中国日常用具的革新和发展。胡床制作简易，因此传入中国后很快便被大量仿制，中古时上至皇室、下至平民都使用胡床。由于社会上需求量大，胡床还出现在市场交易中。北魏贾思勰《齐民要术》记载制作胡床的材料和市值："十年柘木，中四破为杖，一根值二十文，任为马鞭、胡床。马鞭一枚直十文，胡床一具直百文。"[3]随着时间的推移，胡床的形制在中国不断改进，并产生新的坐具。

外来的金银器等器物推动了中国金银器制作及相关技术的发展。

1　干宝:《搜神记》卷七，第94页。
2　沈约:《宋书》卷一五《礼志》，第404页。
3　贾思勰撰，石声汉校释《齐民要术今释》卷五，中华书局，2009，第402页。

自汉代开始皇室和达官贵人制作和使用金银器，一方面受方士迷信思想的影响。李少君曾向汉武帝进言，使用黄金制成的饮食器可延年益寿，汉武帝便"事化丹沙诸药齐为黄金"。[1] 东晋葛洪《抱朴子》云："以此丹金为盘碗，饮食其中，令人长生。"[2] 另一方面受北方游牧民族或西方金银器文化的启发。西汉时有官办铸造金银器之手工业，如"蜀广汉主金银器，岁各用五百万"。[3] 西汉时金银器的使用限于宫廷皇室，并出现以金银器陪葬，河北满城中山靖王刘胜墓中发现一件纯银质的单流银盒。[4] 东汉时光武皇后弟郭况"累金数亿，家僮四百人，以金为器皿，铸冶之声，彻于都鄙"。[5] 汉末已有较多的纯金纯银器皿。"桓帝祠老子于濯龙，用淳金缸器。"[6] 曹操《上献帝器物表》和《上杂物疏》列举了较多纯金银器物。[7] 长沙五里牌东汉墓 M009、长沙五一街墓 M007 出土银碗、银调羹等。[8] 曹操《内诫令》云："孤有逆气病，常储水卧头。以铜器盛，臭恶。前以银作小方器，人不解，谓孤喜银物，令以木作。"[9] 魏晋南北朝时金银器皿制作技术受外来影响更加娴熟，器型图案不断创新。《后魏书》记载："太武帝作黄金槃十二具，镂以白银，钿以玫瑰珠玉。"[10]《南齐书·刘悛传》记载："在蜀作金浴盆，余金物称是。罢任，以本号还都，欲献之，而世祖晏驾。"[11] 随着西方玻璃器大量输入中国，玻璃制造技术也传入了。东晋葛洪《抱朴子》记载："外国作水精碗，实是合五种灰以作之。今交、广多有得其法而铸作之者。"[12]《魏书·西域传》记载大月氏国"世祖时，其国人

---

1 司马迁：《史记》卷一二《武帝纪》，第 455 页。

2 葛洪撰，王明校释《抱朴子内篇校释》卷四，第 74 页。

3 班固：《汉书》卷七二《贡禹传》，第 3070 页。

4 韩伟编著《海内外唐代金银器萃编》，三秦出版社，1989，第 4 页。

5 李昉等：《太平广记》卷二三六《郭况》，中华书局，1961，第 1811 页。

6 李昉等：《太平御览》卷七五六《器物部》，第 3354 页。

7 《曹操集》，中华书局，2018，第 24、25 页。

8 高至喜：《湖南古代墓葬概况》，《文物》1960 年第 3 期。

9 李昉等：《太平御览》卷七五六《器物部》，第 3355 页。

10 李昉等：《太平御览》卷七五八《器物部》，第 3366 页。

11 萧子显：《南齐书》卷三七《刘悛传》，第 653 页。

12 葛洪撰，王明校释《抱朴子内篇校释》卷二，第 710 页。

商贩京师，自云能铸石为五色琉璃，于是采矿山中，于京师铸之。既成，光泽乃美于西方来者。乃诏为行殿，容百余人，光色映彻，观者见之，莫不惊骇，以为神明所作。自此中国琉璃遂贱"。[1] 山西大同七里村 M6 出土的玻璃碗器表晶莹光滑，透明度高，反映出北魏时玻璃制作在西方工艺影响下的新水平。河北定县塔基中出土的 7 件玻璃器皿，[2] 采用了西方的玻璃制作技术，但工艺和质量逊于西亚产品，应该是国产玻璃器。

　　域外传入的器物以其新奇成为文学和艺术意象。当时的诗赋小说和造型艺术中常见外来器物形象，这在前文论述中已有不少引用。又如胡床的应用受到诗人的关注，南朝梁庾肩吾《咏胡床应教诗》："传名乃外域，入用信中京。足欹形已正，文斜体自平。临堂对远客，命旅誓初征。何如淄馆下，淹留奉盛明。"[3] 生动地道出了胡床的形体特点，反映了人们对胡床的喜爱。还在考古资料和图像资料中发现魏晋南北朝时期胡床的图像。东魏石刻中有一貌似菩萨者坐于胡床之上，胡床足斜向相交，足端施有横木。[4] 河北磁县东陈村东魏赵胡仁墓出土女侍俑，手持一敛折起来的胡床，下葬年代为武定五年（547）。[5] 北齐《法界人中残像》北面局部刻有一人坐胡床图像。[6] 北齐杨子华《校书图》中，一人右手握笔，坐胡床上。胡床足斜向交叉，足端施有横木，图像清晰。[7] 山西太原北齐徐显秀墓西壁壁画中的侍从手中持一胡床。敦煌莫高窟第 257 窟北魏窟西壁北段壁画《须摩提女因缘图》表现须摩提女远嫁异国的场景，画面上汉式阙下有一双人垂足连坐的胡床。[8] 北周 296 窟覆斗顶西坡和南坡壁画《贤愚经·善事太子入海品》

1　魏收：《魏书》卷一〇一《西域传》，第 2275 页。

2　赵永：《论魏晋至宋元时期佛教遗存中的玻璃器》，《中国国家博物馆馆刊》2014 年第 10 期。

3　欧阳询：《艺文类聚》卷七〇《服饰部下》，第 1221 页。

4　胡文彦：《中国家具鉴定与欣赏》，上海古籍出版社，1995，第 40 页。

5　磁县文化馆：《河北磁县东陈村东魏墓》，《考古》1977 年第 6 期。

6　台北"故宫博物院"编印《雕塑别藏》，1977，"宗教编特展图录"，图 29-7，第 114 页。

7　北齐画家杨子华《校书图》，宋摹本残卷藏美国波士顿美术馆。

8　杨森：《敦煌壁画家具图像研究》，民族出版社，2010，第 76 页。

中相师所坐也是胡床，内容与河南沁阳东魏武定元年（543）造像碑《佛传》上的相师为太子占相相似。[1] 2000 年，西安北周安伽墓出土围屏石刻画中有胡床形象。从西域传入的玻璃碗令赋家赏心悦目，潘尼《琉璃碗赋》是一篇吟咏这一外来器皿的佳作。[2] 魏晋南北朝志怪小说中往往以域外传入的器物渲染神仙世界的豪华与不同凡世。《神异经》云："西北荒有金山，上有银槃，广五十丈。"[3]《列异传》云："济北弦起神女来游，车上有壶榼青白琉璃五具。"[4] 刘义庆《幽明录》记载："清河崔茂伯女，结婚裴氏，克期未至，女暴亡。提一金罂，受二升许，径到裴床前立，以罂赠裴。"[5]《续齐谐记》记载，赵文诏为东宫扶侍，夜与神女宴寝，神女脱金簪赠予文诏，文诏答以银碗、白琉璃匕。[6] 这是贵族生活在文学情节中的反映。《梁四公子传》记载："扶南大舶从西天竺国来，卖碧颇黎镜，面广一尺五寸，重四十斤，内外皎洁。置五色物于其上，向明视之，不见其质。问其价，约钱百万贯。文帝令有司算之，倾府库当之不足。其商人言：'此色界天王有福乐事，天澍大雨，众宝如山，纳之山藏，取之难得。以大兽肉投之藏中，肉烂粘宝，一鸟衔出，而得此宝焉。'举国不识，无敢酬其价者。"[7] 小说中的志怪情节神化了玻璃。

　　魏晋南北朝时期从域外传入的器物可以分为日用器物、艺术器材、马具兵器、宗教圣物等，本章主要探讨日用器物在中古社会中的使用情况。综上所论，从文化交流与互动的角度看，外来器物的传入有着丰富的文化意义。除了上述影响之外，外来器物也扩大了古代中国对域外世界的认知。过去学术界提到这些外来器物，一味

1　暨远志：《胡床杂考——敦煌壁画家具研究之三》，《考古与文物》2004 年第 4 期。

2　欧阳询：《艺文类聚》卷七三《杂器物部》，第 1262~1263 页；又卷八四《宝玉部下》，第 1442 页。

3　李昉等：《太平御览》卷七五八《器物部》，第 3366 页。

4　李昉等：《太平御览》卷七六一《器物部》，第 3380 页。四库本《太平御览》无"弦起"二字（《景印文渊阁四库全书》第八八九册，第 723 页）。

5　上海古籍出版社编印《汉魏六朝笔记小说大观》，1999，第 726 页。

6　《汉魏六朝笔记小说大观》，第 1009 页。

7　李昉等：《太平御览》卷八〇八《珍宝部》，第 3592 页。

批判上层贵族阶级生活腐化，忽略了客观上的积极意义。毋庸讳言，外来器物除胡床制作简便，在中古社会迅速普及外，其他通常都是珍贵奇异之物，只有达官贵人才能享用，但其社会影响并不全是消极的。外来器物直接参与了中古丰富多彩的社会生活，探讨这一时期域外器物的使用情况，有助于我们认识中古社会的生活和习尚，有助于认识外来文明如何改变了中古时期中国社会生活的面貌。

第八章　域外植物的输入与中古社会

从汉代开始，随着丝绸之路的开辟和中外交流的开展，一些原产于域外的植物不断传入中国。这些植物有的在汉代已经传入，在魏晋南北朝时期得到推广；有的在魏晋南北朝时开始传入中国。过去对这些植物的产地、传入途径等有不少考证，但对这些植物在中古社会的影响缺少系统的考察，甚至有些误解。在域外植物的引种和推广方面，魏晋南北朝时期是一个关键时期，本章拟在前人研究的基础上对这一问题进行初步探讨。

一　域外粮食作物的引种与推广

世界各地的粮食作物本来就是不断扩散和互相

传播的，随着丝绸之路的开辟，汉代域外粮食作物有的传至中国周边或边疆地区，有的已经进入中原地区。在魏晋南北朝中外交流和胡汉交融发展的时期，域外作物的引种和推广呈现加速趋势，主要表现为胡麻、麦子、高粱、棉花等的引进和推广。

胡麻原产于近东、中东地区，汉代传入中国，在魏晋南北朝时得到推广。胡麻传入后，汉地人很快掌握了胡麻的种植方法，成书于东汉后期的《四民月令》已有记载。[1]魏晋南北朝时人们在其适宜土壤、种植时令和收藏方法等方面积累了丰富的经验，北魏贾思勰《齐民要术》对胡麻的种收和管理有具体的记载："胡麻宜白地种。"白地即空地，没有树木或建筑物的土地。种植季节"二、三月为上时，四月上旬为中时，五月上旬为下时"。注云："月半前种者，实多而成；月半后种者，少子而多秕也。""上时"就是最好的季节。种植的方法："种，欲截雨脚；若不缘湿，融而不生。一亩用子二升。漫种者，先以耧耩，然后散籽，空曳劳。（劳上加人，则土厚不生。）耧耩者，炒沙令燥，中和半之。（不和沙，下不均。垄种若荒，得用锋耩。）"胡麻的管理："锄不过三遍。"胡麻的收割也有讲究："刈束欲小（束大则难燥，打手复不胜），以五六束为一丛，斜倚之（不尔，则风吹倒，损收也）。候口开，乘车诣田斗薮（倒竖，以小杖微打之）；还丛之。三日一打，四五遍乃尽耳（若乘湿横积，蒸热速干，虽曰郁浥，无风吹亏损之虑。浥者，不中为种子，然于油无损也）。"[2]胡麻的种植方法伴随着胡麻的输入而传入，汉地人也根据本土的自然条件进行了改进。贾思勰的记载是汉地人长期种植经验的总结。从崔寔和贾思勰的著作可知，胡麻在中国北方种植已经相当普遍。胡麻也是重要的经济作物，成为市场上交易的农产品。《四民月令》云，五月"粜大、小豆，胡麻"。[3]

麦子原产于中东地区，最早传入中国的时间和路线还有待进一

1　崔寔撰，石声汉校注《四民月令校注》，中华书局，2013，第26、32、41页。

2　贾思勰撰，石声汉校释《齐民要术今释》卷二，第175~176页。

3　崔寔撰，石声汉校注《四民月令校注》，第46页。

步探讨。《诗经》中周人赞美其祖先的诗篇提到了麦，说明关中地区公元前 11 世纪已有麦子种植，但西汉时关中地区种麦尚未形成风气，董仲舒奏书里提到"今关中俗不好种麦"。[1] 西汉末，关中地区麦作经氾胜之的推广才得以普及。魏晋南北朝是中国麦作农业发展的关键时期。"商周时期麦作农业获得了一定发展，但并未改变区域内以粟为主的农耕体系，小麦在先民农业生产中仍是处于从属地位的作物类型。既有研究表明，两汉时期小麦作为主粮食之一在华北地区推广种植，并在先民食物结构中发生重大转变。迟至唐宋时期，小麦才在黄河流域较为广域的范围内确立了其主粮地位。"[2] 麦作在中原地区和江南得以推广并在社会生活和经济领域中日益发挥重要作用是在魏晋南北朝时期。首先，这一时期麦类作物先是在黄河中下游地区广泛种植，后来又向淮河以南、长江流域大范围推广。[3] 三国时吴国孙权曾命人用麦面做饼招待蜀国使者费祎，费祎因此作《麦赋》，反映南方已有麦子种植。[4] 两晋时中国北方种麦已经相当普遍，各地的灾情报告中小麦受灾常常是重要内容。例如《晋书·武帝纪》记载，太康九年（288），"郡国三十二大旱，伤麦"，"三河、魏郡、弘农雨雹，伤宿麦"，"齐国、天水陨霜，伤麦"，"陇西陨霜，伤宿麦"。《晋书·五行志下》记载，东晋大兴二年（319）五月，淮陵"等五郡蝗虫食秋麦"。另据《晋书》之《惠帝纪》《食货志》《五行志》可知，今山东、安徽、河南、河北、苏北等地，都是麦类种植较多的地区。永嘉南渡，推动北方农业技术向南方传播，江南大面积种麦当开始于永嘉南渡之后。东晋元帝大兴元年，立足未稳的东晋朝廷号召江南百姓种麦，元帝诏曰："徐、扬二州土宜三麦，可督令熯地，投秋下种……勿令后晚。""其后频年麦虽有旱蝗，而为益犹多。"[5] 麦作从北方推广到

1　班固：《汉书》卷二四上《食货志》，第 1137 页。

2　郭荣臻、靳桂云：《中原地区先秦时期麦遗存的考古学研究》，《江汉考古》2019 年第 3 期。

3　王利华主编《中国农业通史·魏晋南北朝卷》，中国农业出版社，2020，第 117 页。

4　陈寿：《三国志》卷六四《诸葛恪传》，裴注引《诸葛恪别传》，第 1430 页。

5　房玄龄等：《晋书》卷二六《食货志》，第 791 页。

南方是中国农业史上的大事。其次，麦子在粮食生产和百姓生活中的地位有所提高。统治阶级重视麦类作物生产，十六国时南燕慕容超为"铁骑万群，麦禾布野"而骄敌。[1] 北魏正始元年（504）九月，宣武帝下诏，"缘淮南北所在镇戍，皆令及秋播麦，春种粟稻"。[2] 北周建德三年（574）正月，武帝"诏以往岁年谷不登，民多乏绝，令公私道俗，凡有贮积粟麦者，皆准口听留，以外尽粜"。[3] 麦子已经成为百姓生活中至关重要的粮食作物。《晋书·五行志》记载："元帝太兴二年，吴郡、吴兴、东阳无麦禾，大饥。成帝咸和五年，无麦禾，天下大饥。穆帝永和十年，三麦不登；十二年，大无麦。孝武太元六年，无麦禾，天下大饥。安帝元兴元年，无麦禾，天下大饥。"[4] 最后，麦子的推广增强了朝廷备荒防灾的能力。传统农业强调"杂植"，即尽可能多样化地种植各种作物，以防备水旱灾害。麦成为杂种参植中的一员，与其他粮食作物发挥互补作用。南方虽有稻粟，有麦适可补其不足。春种稻粟，若遇水旱受灾，则秋种麦以补损失。东晋义熙十四年（418），三吴水灾，谷贵民饥，淮河流域则"邑富地穰，麦既已登，黍粟行就"。朝廷从江淮间调集粮食赈济三吴，其调集的粮食当包括其地所产麦子和黍稷。在防备凶年方面，种麦以补缺乏才算"播殖有宜"。刘宋元嘉二十一年，文帝诏曰："比年谷稼伤损，淫亢成灾，亦由播殖之宜，尚有未尽。南徐、兖、豫及扬州、浙江西属郡，自今悉督种麦，以助阙乏。速运彭城、下邳郡见种，委刺史贷给。"[5] 大明七年（463）九月，孝武帝诏云："近炎精亢序，苗稼多伤。今二麦未晚，甘泽频降，可下东境郡，勤课垦殖。尤弊之家，量贷麦种。"[6] 也是以鼓励种麦补救旱灾造成的损失。当夏天因旱涝损害了稻粟生长时，麦子秋天播种，尚能补救当年损失。

1 司马光：《资治通鉴》卷一一五，安帝义熙五年，第 3616 页。

2 魏收：《魏书》卷八《宣武帝纪》，第 198 页。

3 令狐德棻等：《周书》卷五《武帝纪上》，第 83 页。

4 房玄龄等：《晋书》卷二八《五行志上》，第 809 页。

5 沈约：《宋书》卷五《文帝纪》，第 92 页。

6 沈约：《宋书》卷六《孝武帝纪》，第 133 页。

　　高粱种植有悠久的历史。一般认为高粱原产于非洲，经印度传入中国。据最新研究成果，"在两汉魏晋时期，高粱可能先后通过西南丝绸之路、西北丝绸之路及东南海上丝绸之路分别传入中国西南、关中及岭南地区"。[1] 至迟在 3 世纪，高粱已传入四川，"蜀黍"因此得名。"蜀黍"最早出自西晋张华《博物志》一书。[2] 两汉魏晋时期，高粱通过西北丝路传入中国北方。高粱有别名，称"大禾"。晋郭义恭《广志》记载："大禾，高丈余，子如小豆，出粟特国。"[3] 粟特是中亚古国，位于阿姆河、锡尔河之间（今中亚塔吉克斯坦与乌兹别克斯坦境内）。广州东汉前期墓葬内发现了高粱，经广东粮食作物研究所鉴定，该标本籽粒外形、大小与现在栽培的高粱相同，根据周边省份暂未发现秦汉及秦汉以前高粱遗存的状况，推测可能经过海上丝绸之路进入岭南地区。至迟到东晋南朝，高粱种植已经扩展到长江中下游地区。[4] 高粱被视为"粗稼"（粗粮），在魏晋南北朝时虽然有时也充当口粮，但主要用于造酒、青黄不接时的备用口粮和灾荒年景时的救荒粮。

　　棉花传入中国的时间并不像过去说的那么早。《尚书·禹贡》"淮海惟扬州"有云："岛夷卉服，厥篚织贝。"[5] 有人解释"岛夷"指东南亚海岛居民，"卉"意为草，可能是指木棉之类的植物，卉服可能即是木棉纤维织布缝制的衣服。[6] 所谓"织贝"，就是后来所说的古贝，梵语栽培棉（karpasi）音译。《禹贡》所载乃"任土作贡"，即各地土产贡物，意谓当时东南亚海岛居民已经进贡棉花。就是说先秦时印度棉花已通过东南亚居民入贡中国，以为"在距今二千二百多年前，我国西南和海南岛的居民就已经穿着木棉织做的美丽的衣服了"。[7] 这是一个误解，且不说"淮海惟扬州"在地域上就与东南亚地区不符，《尚

1　赵利杰：《试论高粱传入中国的时间、路径及初步推广》，《中国农史》2019 年第 1 期。

2　张华撰，范宁校证《博物志校证》，中华书局，1980，第 46 页。

3　贾思勰撰，石声汉校释《齐民要术今释》卷一〇，第 1018 页。

4　赵利杰：《试论高粱传入中国的时间、路径及初步推广》，《中国农史》2019 年第 1 期。

5　孔颖达疏《尚书正义》卷六《禹贡》，《十三经注疏》，中华书局，1980，第 148 页。

6　王利华主编《中国农业通史·魏晋南北朝卷》，第 144 页。

7　佟屏亚：《农作物史话》，中国青年出版社，1979，第 144 页；刘迎胜：《丝路文化·海上卷》，第 130 页。

书正义》释"织贝"："织，细纻；贝，水物。"[1] 作为贡物，织是用于制衣的，贝则是用于服饰，贝即有花纹的贝壳，以文贝为饰是海洋文化的特点，时至今日亦如此。陈祖槼以为织贝是把贝串起来，亦可作一解。[2] 解作古贝是望文生义，非为确解。印度是木棉原产地，北非是草棉原产地。中国棉花的种植从汉代开始，但最早仅限于西南边疆地区，当时云南西部人民已经种棉织布了。范晔《后汉书·南蛮西南夷传》记载，哀牢人"知染采文绣，罽㲲帛叠，兰干细布，织成文章如绫锦"。[3] 帛叠，又写作帛㲲、白叠，即棉花。华峤《后汉书》亦云，哀牢夷"有梧木华，绩以为布，幅广五尺，洁白不受垢汗。先以覆亡人，然后服之"。[4] 古代哀牢国地跨今缅甸和中国云南西部。西晋常璩《华阳国志》记载，永昌郡种植"梧桐木，其华柔如丝，民绩以为布"。[5] 永昌郡，今云南保山，在古哀牢国。哀牢人织造的"帛叠"，有人以为是梵语野生棉（bhardvji）的音译，即草棉，[6] 其实未必。从南亚传入中国西南地区的应是木棉，哀牢地产的"梧木华"或梧桐木显然是木棉，这是南亚棉花经缅甸传入中国西南地区的记录。

　　魏晋南北朝时中国人对棉花有了更多了解，种植方面也有进展。首先，中国人了解到东南亚地区种植木棉。《后汉书》章怀太子注引三国吴康泰著《吴时外国传》云："诸薄国女子织作白叠花布。"诸薄国大约在今加里曼丹岛。康泰奉孙权之命访问扶南，诸薄是其路经之地，他把这个新奇的见闻记入书中，说明中国人此时才知道东南亚国家种植木棉，也说明所谓汉代以前中国南方沿海地区已有棉花种植的说法不能成立。其次，从南亚传至东南亚的木棉，魏晋时已传至中国南方沿边地区。三国吴国万震《南州异物志》云："五色班衣，以（似）丝布，古贝木所作。此木熟时，状如鹅毳，中有核如珠珣，细

1　孔颖达疏《尚书正义》，《十三经注疏》，第 148 页。

2　陈祖槼：《棉》，陈祖槼主编《中国农学遗产选集》甲类第五种上编，中华书局，1957，第 3 页。

3　范晔：《后汉书》卷八六《南蛮西南夷传》，第 2849 页。

4　李昉等：《太平御览》卷八二〇《布帛部》，第 3648~3649 页。

5　常璩撰，任乃强校注《华阳国志校补图注》卷四，上海古籍出版社，1987，第 286 页。

6　刘迎胜：《丝路文化·海上卷》，第 131 页。

过丝绵。人将用之，则治出其核，但纺不织，任意小抽相牵引，无有断绝。欲为班布，则染之五色，织以为布，弱软厚致，上氍毛。外徼人以班布文最烦缛多巧者名曰城城，其次小粗者名曰文褥，又次粗者名曰鸟麟。"外徼人即南方边境外人，所谓"古贝木"当是木棉。晋宋间人裴渊《广州记》云："蛮夷不蚕，采木绵为絮……绩以为布。"[1] 晋人张勃著《吴录·地理志》记载："交趾定安县有木绵，树高大，实如酒杯口。有绵，如蚕之丝也。又可作布，名曰'白緤'，一名'毛布'。"[2] 与万震的记载相对应，交趾安定县已经是徼内了。最后，木棉从南方丝路传入中国西南地区。郭义恭《广志》云："梧桐有白者，剽国有桐木，其华有白氄，取其氄淹渍，缉织以为布。"[3] 剽国在今缅甸。此乃多年生木棉无疑。

非洲草棉在中国的种植，最早的资料见于南北朝时新疆地区。《梁书·诸夷传》"西北诸戎"记载高昌国（今吐鲁番一带），"多草木，草实如茧，茧中丝如细纩，名为白叠子，国人多取织以为布。布甚软白，交市用焉"。[4] "白叠子"即棉花，这是一年生的非洲草棉，或称籽棉。新疆考古发现的棉籽，经中国农业科学院棉花研究所鉴定乃是非洲草棉。[5] 非洲草棉植株矮小，棉铃小，产量低，但成熟早，耐干旱，适于在生长期短的中国西北边疆地区种植。籽棉经波斯、印度传入中国西北地区。"交市用焉"说明在高昌棉布已经进入了商品市场，这也反映出此地草棉种植已经有了相当的规模。新疆地区的考古资料提供了棉花种植与棉布使用的物证，吐鲁番高昌、西州时期文书中也有一些植棉及使用棉布的记载。1959~1960 年，新疆维吾尔自治区博物馆考古队在吐鲁番阿斯塔那和哈拉和卓发掘墓葬 30 座，墓葬年代为从麹氏高昌至唐西州时期，出土棉织品 10 件。[6] 1963~1965 年，新

1　李昉等：《太平御览》卷八二〇《布帛部》，第 3650~3651 页。
2　贾思勰撰，石声汉校释《齐民要术今释》卷一〇，第 1139 页。
3　范晔：《后汉书》卷八六《南蛮西南夷传》，第 2850 页，注 4。
4　姚思廉：《梁书》卷五四《诸夷传》，第 811 页。
5　沙比提：《从考古发掘资料看新疆古代的棉花种植和纺织》，《文物》1973 年第 10 期。
6　新疆博物馆考古队：《阿斯塔那古墓群第二次发掘简报》，《新疆文物》2000 年第 3、4 期。

疆维吾尔自治区博物馆考古队对阿斯塔那和哈拉和卓两地一部分墓葬进行发掘，出土一块棉布被单。[1] 1972~1973 年，新疆维吾尔自治区博物馆考古队和吐鲁番文物保管所对阿斯塔那古墓群晋至唐时墓葬进行发掘，清理墓葬 63 座。从发掘报告所附"出土织物登记表"来看，出土棉织品 9 件。[2] 1975 年春，新疆维吾尔自治区博物馆考古队对哈拉和卓古墓群十六国至唐西州时期 51 座墓葬进行发掘，出土一件"蓝棉布，出土物似为一件棉衫裙，内有絮棉，已糟朽成粉状"。[3] 1986 年，在阿斯塔那古墓群发掘墓葬 8 座，出土棉布织品 3 件。[4] 阿斯塔那古墓群出土高昌国和平元年（西魏大统十七年，551）的叠布（即棉布）借贷契约，借贷量达 60 匹之多。[5] 这些材料说明，魏晋南北朝时新疆吐鲁番地区的棉花种植已经相当普遍。

棉花在魏晋南北朝时期虽然只在边疆地区种植，但已为进入中原地区创造了条件。被称为"越装""越叠"的棉布衣装和衣料成为中原地区受追捧的物品，[6] 反映了它的珍稀程度。对棉布的需求必然造成棉花的移植。

在农业全球化的进程中，吸收外来的农业文明成果是一个重要动因，这种吸收很早就已产生。汉代丝绸之路的开辟为这种引进创造了更加有利的条件，魏晋南北朝时期的农业就是在这个基础上进一步发展的。胡麻、麦子、高粱、棉花等重要农作物在这一时期或进入中原地区，在南北方得到推广；或传入边疆地区，成为进入中原地区的先声。文化交流为中国传统农业发展注入了新鲜血液，丰富了传统农业的种植内容和种植技术，对解决汉地百姓的衣食问题发挥了重要作

1　李征:《吐鲁番县阿斯塔那-哈拉和卓古墓群发掘简报（1963~1965）》，《文物》1973 年第 10 期。

2　新疆文物考古研究所:《阿斯塔那古墓群第十次发掘简报》，《新疆文物》2000 年第 3、4 期。

3　穆舜英:《吐鲁番哈喇和卓古墓群发掘简报》，《文物》1978 年第 6 期。

4　柳洪亮:《1986 年新疆吐鲁番阿斯塔那古墓群发掘简报》，《考古》1992 年第 2 期。

5　吴震:《介绍八件高昌契约》，《文物》1962 年第 7、8 期。

6　李昉等《太平御览》卷八二〇《布帛部》引《晋令》云:"士卒百工，不得服越叠。"（第 3652 页）《南史》卷五九《王僧孺传》记载，王僧孺廉洁，"出为南海太守……外国舶物、高凉生口岁数至，皆外国贾人以通货易。旧时州郡就市，回而即卖，其利数倍，历政以为常。僧孺叹曰:'昔人为蜀部长史，终身无蜀物。吾欲遗子孙者，不在越装。'并无所取"（第 1461 页）。

用。推动中国传统农业经济高度发达的动力是多方面的，外来文明的
影响是不可忽视的因素。

二　域外植物的引进与饮食文化

通过丝绸之路传入了不少可食用的植物，域外饮食文化随之传入
中国。汉末灵帝好"胡饭"，[1] 公卿大臣竞相仿效，造成京师洛阳一时
流行胡食习气。从东汉末年起，人们越来越喜欢吃胡食，胡食甚至成
为日常生活的常用食品。这种胡食主要是来自西域各民族的饮食，北
方游牧民族那种"以肉为食兮酪为浆"的饮食，只是作为调剂和点
缀。在西域民族的饮食中固然有肉乳之类，但也有植物性的原料、配
料、瓜果和菜蔬等。

（一）胡食

汉代以后，随着中外交流的开展，域外的饮食传入中国，被称为
"胡食"。西晋时胡食渐成风气，"泰始之后，中国相尚用胡床、貊盘，
及为羌煮貊炙，贵人富室，必畜其器，吉享嘉会，皆以为先"。[2] 胡食
中有面食和植物类原料。胡麻本身可以充饥，又是制作胡食的原料，
因此作为食材很早就受到重视。《晋书·殷仲堪传》记载，殷仲堪举
兵反，其巴陵仓实为桓玄所取，"城内大饥，以胡麻为廪"。[3] 廪在这里
指粮食，在饥荒时胡麻成为主粮。《齐民要术》指出胡麻有白胡麻和
八棱胡麻两种，"白者油多，人可以为饭"。[4] 即通常所谓的"胡麻饭"。
胡麻不是作为主食的理想食材，在饮食中主要是用于榨油和作为调料
或配料。殷仲堪是在无奈之下才充作军粮的。随着胡麻的引种，胡麻

1　范晔：《后汉书》志第十三《五行志》，第 3272 页。

2　房玄龄等：《晋书》卷二七《五行志上》，第 823 页。

3　房玄龄等：《晋书》卷八四《殷仲堪传》，第 2199 页。

4　贾思勰撰，石声汉校释《齐民要术今释》卷二，第 175 页。

制饼、胡麻制丸和胡麻制羹等饮食文化也传入，胡麻的种植为这些饮食提供了基本的食材和配料。《齐民要术》记载了胡麻制羹法："胡麻一斗，捣煮令熟，研取汁三升。葱头二升，米二合，煮火上，葱头米熟，得二升半。"[1] 胡饼即带胡麻的大烧饼。《释名·释饮食》云："胡饼作之，大漫沍也，亦言以胡麻著上也。"[2] 大漫沍，意思是无边际，形容其饼很大。可知最初传入中国的"胡饼"是大型的饼，上着胡麻。这种大饼在西域称为"馕"，乃波斯语发音，说明它最初是西亚的食物。《太平御览》引《续汉书》云："灵帝好胡饼，京师皆食胡饼。"又引《魏志》云："汉末赵岐避难逃之河间，不知姓字。又转诣北海，着絮巾裤，常于市中贩胡饼。"[3] 可见汉代已有"胡饼"。秦汉以前中国人的主食是煮饼或蒸饼，胡饼不是煮和蒸，而是烤。《抱朴子》记载胡麻饼制法："或蜜水和作饼如糖状，炙食一饼。"[4] 炙就是烤，这是外来的制法，这种烤制法后得到推广。贾思勰《齐民要术》中记载髓饼制法："以髓脂、蜜合和面，厚四五分，广六七寸，便著胡饼炉中，令熟。"[5] 说明汉地髓饼的制法借鉴了胡饼的制法。魏晋南北朝时胡饼成为日常的食品。王隐《晋书》记载："王羲之幼有风操，郗虞卿闻王氏诸子皆俊，令使选婿。诸子皆饰容以待客，羲之独坦腹东床，啮胡饼，神色自若。"[6]《晋书·王长文传》记载："州辟别驾，乃微服窃出，举州莫知所之。后于成都市中蹲踞啮胡饼。"[7] 正是因为胡饼以胡麻为配料，后来石勒才改称为麻饼。崔鸿《十六国春秋》记载："石勒讳胡，胡物皆改名。胡饼曰'抟炉'，石虎改曰'麻饼'。"[8] 胡麻可以榨油，胡麻油即亚麻籽油。贾思勰《齐民要术》中就讲到用白胡麻籽榨

1　贾思勰撰，石声汉校释《齐民要术今释》卷八，第837~838页。

2　刘熙撰，毕沅疏证、王先谦补《释名疏证补》卷四，第135页。

3　李昉等：《太平御览》卷八六〇《饮食部》，第3818页。

4　李昉等：《太平御览》卷九八九《药部》，第4377页。

5　贾思勰撰，石声汉校释《齐民要术今释》卷九，第921页。

6　李昉等：《太平御览》卷八六〇《饮食部》，第3818页。

7　房玄龄等：《晋书》卷八二《王长文传》，第2138页。

8　李昉等：《太平御览》卷八六〇《饮食部》，第3819页。

油。这种油用亚麻主要在内蒙古中西部、山西北部、甘肃会宁等地区种植。

（二）水果

汉代以后从域外传入的植物有水果类植物，它们丰富了汉地的副食产品，并且有很高的营养价值。这些水果有葡萄、石榴、胡桃等。

葡萄自汉代已经从中亚传入，南北朝时北方已经大量种植葡萄。南朝庾信曾奉命出使东魏邺都，后来接待东魏来使魏瑾，庾信说："我在邺，遂大得蒲萄，奇有滋味。"魏瑾说："今在京兆，非直止禁林也。"庾信补充说："乃园种户植，接荫连架。"意思是说不仅都城邺城和禁苑中才有，到处都有种植。在邺城不只在皇家园林，普通百姓家都有种植。他们的对话反映出其时在北方葡萄种植的范围之广和数量之多。南方不适宜种葡萄，在北方普遍种植时，没到过北方的南朝人还没见过葡萄，所以陈招问庾信葡萄是什么形状。[1]因为葡萄品种很多，西域的葡萄比内地葡萄品种独特，中原和南方都从西域获得葡萄。《梁书·诸夷传》记载高昌国"大同中，子坚遣使献鸣盐枕、蒲陶、良马、氍毹等物"。[2]高昌位于今新疆吐鲁番一带，在高昌与南朝梁朝交往中，他们进献的特产便有葡萄。

石榴树在汉代就已传入中国，先是在北地种植，魏晋时期已经在中国南北方得到推广，且有不同品种。郭义恭《广志》云："安石榴有甜酸两种。"《抱朴子》记载："积石山有苦（若）榴。"从达官贵人到一般文人，庭院别墅中往往栽种石榴，如石崇园中有"石崇榴"，潘岳庭前栽种安石榴。《邺中记》记载："石虎苑中有安石榴，子大如盂碗，其味不酸。"南方也开始种植石榴，晋武帝时佳者进贡朝廷。《晋隆安起居注》云："武陵临沅县安石榴，子大如碗，其味不酸，一蒂六实。"还有很多品种的石榴树被作为珍品记录。晋

1　段成式：《酉阳杂俎·前集》卷一八《木篇》，方南生点校，中华书局，1981，第175页。

2　姚思廉：《梁书》卷五四《诸夷传》，第812页。

崔豹《古今注》把石榴和柑并提，把柑果的形状和石榴相比。东晋时法显《佛国记》一书记载："自葱岭已前，草木果实皆异，唯竹及安石留、甘蔗三物，与汉地同耳。"[1] 说明法显未出国时曾见到不少石榴树。《齐民要术》记载安石榴树的种植方法："三月初，取枝大如手大指者，斩令长一尺半，八九枝共为一科，烧下头二寸（不烧则漏汁矣）。掘圆坑，深一尺七寸，口径尺。竖枝于坑畔（环圆布枝，令匀调也），置枯骨、礓石于枝间（骨、石此是树性所宜），下土筑之。一重土，一重骨、石，平坎止（其土，令没枝头一寸许也）。水浇，常令润泽。既生，又以骨、石布其根下，则科圆滋茂可爱（若孤根独立者，虽生亦不佳焉）。"置以骨石的目的除了稳定树枝，亦是"树性所宜"。"十月中，以蒲藁裹而缠之（不裹则冻死也），二月初乃解放。"栽种时"若不能得多枝者，取一长条，烧头，圆屈如牛拘而横埋之，亦得。……其拘中，亦安骨、石。其斫根栽者，亦圆布之，安骨、石于其中也"。[2] 其法已经成为农民必备的知识，说明石榴树的种植在北方已经普及民间。石榴果实可供食用，亦可酿酒。古代近东地区、埃及、马来半岛和东南亚、南亚等地区的沿海国家都有以石榴酿酒的记录，至迟在南北朝时中国已经以石榴酿酒。当时南方已经大量种植石榴树，并酿制石榴酒。梁简文帝《执笔戏书诗》云："玉案西王桃，蠡杯石榴酒。"[3] 梁元帝《赋得石榴诗》云："西域移根至，南方酿酒来。"[4] 用石榴酿酒说明其时石榴树之种植数量不少。《梁书·诸夷传》记载扶南国南之顿逊国"有酒树，似安石榴，采其花汁停瓮中，数日成酒"。[5] 顿逊国是东西交会之地，东接南朝的交州，西接安息、天竺，他们向梁武帝进献了石榴酒，南朝人酿石榴酒可能是受其启发。

1　法显撰，章巽校注《法显传校注》，中华书局，2008，第18页。

2　贾思勰撰，石声汉校释《齐民要术今释》卷四，第382~383页。

3　徐陵编，吴兆宜注，程琰删补《玉台新咏笺注》卷七，第294页。

4　欧阳询：《艺文类聚》卷八六《果部上》，第1480页。

5　姚思廉：《梁书》卷五四《诸夷传》，第787页。

胡桃即核桃，原产波斯北部俾路支和阿富汗东部，汉时已经传入中国。魏晋南北朝时胡桃树已遍种南北方，各有优良品种。《广志》曰："陈仓胡桃，薄皮多肌；阴平胡桃，大而皮脆，急捉则碎。"《晋宫阁名》曰："华林园胡桃八十四株。"《荀氏春秋祠制》曰："常设用胡桃。"[1] 魏晋南北朝时胡桃树已经成功移植南方，王羲之《杂帖》云："此种彼胡桃皆生也。"[2] 东晋钘滔母《答（虞）吴国书》云："咸和中，避苏峻乱于临安山，吴国遣使饷馈，乃答书曰：'此果有胡桃、飞穰。飞穰出自南州，胡桃本生西羌，外刚内柔质似贤，欲以奉贡。'"[3] 临安山地处浙、皖交界的天目山区，其地核桃至今闻名。

（三）蔬菜

汉代通过丝绸之路传入域外植物不少。域外输入之植物有的属蔬菜类，主要有胡荽、胡瓜、苜蓿、胡蒜、胡葱。魏晋南北朝时蔬菜种类的增加，域外菜种的引种和推广是重要原因。这些域外传入之蔬菜在魏晋南北朝时不仅得到推广，还产生出许多新鲜吃法，其新奇美味往往得到人们的赞赏。例如当时许多人家种胡荽。石崇《奴券》券文有云："奴当种萝菔、胡荽，不亲不疏。"[4]《齐民要术》详细记载了胡荽的各种食用方法，可以生吃，可以熟食，可作调料，腌制成"胡荽菹"的咸菜，制作粥津麦麱（酒曲）。"以草覆之"，可以"竟冬中食"。[5] 胡荽后改称香荽。《邺中记》云："石勒讳胡，胡物皆改名。胡饼曰'麻饼'，胡绥曰'香绥'，胡豆曰'国豆'。"[6] 胡瓜即黄瓜，原产自埃及和西亚，汉代时已经传入。十六国时，改名为黄瓜，陈藏器云："北人避石勒讳，改呼黄瓜，至今因之。"[7] 苜蓿是汉代伴随大宛马

1　欧阳询：《艺文类聚》卷八七《果部下》，第 1490 页。

2　严可均校辑《全上古三代秦汉三国六朝文》，第 1583 页。

3　李昉等：《太平御览》卷九七一《果部》，第 4306 页。

4　严可均校辑《全上古三代秦汉三国六朝文》，第 1651 页。

5　贾思勰撰，石声汉校释《齐民要术今释》卷三，第 253~258 页。

6　欧阳询：《艺文类聚》卷八五《百谷部》，第 1453 页。

7　李时珍：《本草纲目》卷二八《菜部》，中医古籍出版社，1994，第 722 页。

传入中国的，既作为大宛马之饲料，又可作菜蔬。魏晋南北朝时，洛阳有苜蓿大面积种植。《晋书·华廙传》记载华廙免官为庶人，"晋武帝登陵云台，望见廙苜蓿园，阡陌甚整"。[1] 杨衒之《洛阳伽蓝记》记载："中朝时宣武场在大夏门东北，今为光风园，苜蓿生焉。"[2] 当时人们把苜蓿视为菜类，并以之制羹。《述异记》曰："张骞苜蓿园在今洛中。苜蓿，本胡中菜。"贾思勰《齐民要术》亦将其列入菜类："春初既中生啖，为羹甚香。"西域传入之胡蒜，即大蒜，"泽蒜可以香食，吴人调鼎，率多用此。根叶解菹，更胜葱韭"。[3] 西域传入之胡葱即大葱也得到广泛种植，谢灵运《山居赋》写山居田园中的蔬菜："寒葱摽倩以陵阴，春藿吐苕以近阳。"自注："《管子》曰：'北伐山戎，得寒葱。'"[4] 农民还将葱与胡荽间种，"葱中亦种胡荽，寻手供食；乃至孟冬为菹，亦不妨"。[5]

从汉代开始经丝绸之路传入中国的粮食作物、饮食方式和各种水果、菜蔬，在魏晋南北朝时得到推广，提高了汉地百姓饮食的质量，丰富了人们的生活。魏晋南北朝时期文献中对胡食的津津乐道和诗人赋家对外来水果的赞不绝口，便是对外来文明成果的高度肯定。

三　域外植物与中医药文化

文化交流也推动了中医药物学的发展。在中国医学传统中，中药主要由植物药、动物药和矿物药组成，植物药占中药的大多数，所以中药也称中草药。在中国医家观念里，百草皆有药性，植物之根、

1　房玄龄等：《晋书》卷四四《华廙传》，第 1261 页。

2　杨衒之撰，范祥雍校注《洛阳伽蓝记校注》卷五，第 247 页。

3　贾思勰撰，石声汉校释《齐民要术今释》卷三，第 235 页。

4　谢灵运撰，顾绍柏校注《谢灵运集校注》，中州古籍出版社，1987，第 332 页。

5　贾思勰撰，石声汉校释《齐民要术今释》卷三，第 243 页。

茎、叶、果皆有医药价值，因此从域外传入的各种植物引起他们的关注。从东晋葛洪、南朝梁陶弘景等医家著述中可知，域外植物的输入在中医药学方面有更大的影响。在汉代医学文献中域外植物只有葡萄、胡麻、胡荽、葱等寥寥几种，魏晋南北朝时的著作中数量有增加，用法更为丰富。这一时期出现若干以"食经"为名的著作，其中都论及食物的食用禁忌和药用价值。

胡麻传入中国后其医药价值很快被中国医家发现，最早著录胡麻的是《神农本草经》："胡麻，味甘，平，主治伤中虚羸，补五内，益气力，长肌肉，填髓脑。久服轻身，不老。一名巨胜，叶名青蘘，生上党川泽。"[1] 葛洪《抱朴子内篇》云胡麻"耐风湿，补衰老"。[2] 其《肘后备急方》中记载了多个胡麻配方。卷三治风毒脚弱痹满上气方："生研胡麻，酒和服之，差。"[3] 卷五治卒阴肿痛颓卵方（阴痒生疮）："嚼胡麻，涂之。"卷六治耳为百虫杂物所入方（蚰蜒入耳）："熬胡麻，以葛囊贮，枕之，虫闻香即自出。"卷七治卒饮酒大醉诸病方："胡麻亦煞酒。"胡麻以上党所出药性最好，医家多取之。陶弘景《名医别录》云："胡麻，无毒，坚筋骨，治金创，止痛，及伤寒温疟，大吐后虚热羸困。久服明耳目，耐饥，延年。以作油，微寒，利大肠，胞衣不落。生者摩疮肿，生秃发。一名狗虱，一名方茎，一名鸿藏。生上党。"[4] 崔禹锡《食经》云："胡麻不可合食并蒜，令疾血脉。"又云："胡麻，练饵之法，当九蒸九曝，令尽脂润及皮脱。其不熟者，则令人发颐落。"[5] 佚名《食经》把胡麻列入"治饮酒大醉方"，以为胡麻"杀酒"。[6]

石榴树汉代时已移植中国，其籽、花、根、果壳都有药用价值。东汉张仲景《金匮要略》注意到石榴"不可多食，损人肺"，但对其

1 尚志钧辑校《神农本草经辑校》卷二，学苑出版社，2014，第73页。

2 葛洪：《抱朴子内篇》卷一一《仙药》，第83页。

3 葛洪原著，沈澍农校注《肘后备急方校注》卷三，人民卫生出版社，2016，第114页。

4 陶弘景撰，尚志钧辑校《名医别录（辑校本）》卷一，中国中医药出版社，2013，第79~80页。

5 严世芸、李其忠主编《三国两晋南北朝医学总集》，人民卫生出版社，2009，第1363、1364页。

6 严世芸、李其忠主编《三国两晋南北朝医学总集》，第1374页。

药性价值并没有论述。西晋时有以石榴作为制作药酒配料的记载，张华《博物志》记载胡椒酒制法："以好春酒五升，干姜一两，胡椒七十枚，皆捣末。好美安石榴五枚押取汁，皆以姜、椒末及安石榴汁悉内着酒中，火暖取温，亦可冷饮，亦可热饮之，温中下气。若病酒苦觉体中不调，饮之。能者四五升，不能者可二三升从意。若欲增姜、椒亦可，若嫌多欲减亦可。欲多作者，当以此为率。若饮不尽，可停数日。此胡人所谓荜拨酒也。"[1]这种胡椒酒制法也是从域外传入的。医家发现酸石榴药用价值更高。《名医别录》云："安石榴，味甘、酸，无毒。主咽燥渴。损人肺，不可多食。其酸实壳，治下利，止漏精。其东行根，治蛔虫、寸白。"[2]陶弘景还说："石榴花赤可爱，故人多植之，尤为外国所重。有甜、酢二种，医家惟用酢者之根壳。榴子乃服食者所忌。"[3]崔禹锡《食经》云："石榴，不可多食，损人气。"[4]

胡蒜即大蒜，具有很高的医药价值。张仲景《金匮要略》只提及食大蒜的禁忌，以为食之"伤人心"，对其医药价值并未探究。在葛洪的著作中，大蒜受到前所未有的重视，其消毒、杀菌作用被充分发掘。《肘后备急方》卷一治卒中五尸方云："五尸者（飞尸、遁尸、风尸、沉尸、尸注也，今所载方兼治之），其状腹痛，胀急，不得气息，上冲心胸，旁攻两胁，或礧块涌起，或挛引腰脊，兼治之。其方：雄黄一两，大蒜一两，令相和似弹丸许，纳二合热酒中，服之，须臾，差。未差，更作。已有疢者，常蓄此药也。"[5]卷二治时气病起诸劳复方云："凡得毒病愈后，百日之内……禁食面食、胡蒜、韭薤、生菜、虾鳝辈，食此多致复发则难治，又令到他年数发也。"[6]卷三治寒热诸疟方云："用独父蒜于白炭上烧之，末。服方寸匕。又

1　张华撰，范宁校证《博物志校证》，第 117 页。
2　陶弘景撰，尚志钧辑校《名医别录（辑校本）》卷三，第 253 页。
3　李时珍：《本草纲目》卷三〇《果部二》，第 756 页。
4　严世芸、李其忠主编《三国两晋南北朝医学总集》，第 1365 页。
5　葛洪原著，沈澍农校注《肘后备急方校注》卷一，第 32 页。
6　葛洪原著，沈澍农校注《肘后备急方校注》卷二，第 78 页。

方：五月五日，蒜一片（去皮，中破之，刀割），合容巴豆一枚（去心、皮，纳蒜中，令合）。以竹挟，以火炙之，取可热，捣为三丸。未发前服一丸。不止，复与一丸。"[1]卷七治蛇螫人疮已合而余毒在肉中淫淫痛痒方云："取大小蒜各一升，合捣，热汤淋取汁，灌疮中。"[2]治卒蜈蚣蜘蛛所螫方云："嚼大蒜若小蒜，或桑树白汁，涂之。"[3]治卒蝎所螫方云："捼马苋、大蒜，又嚼干姜涂之，佳。"[4]治卒中射工水弩毒方云："葫蒜，令敷以拓疮上，灸蒜上千壮，差。"[5]治卒中沙虱毒方云："以大蒜十片，着热灰中，温之令热。断蒜，及热拄疮上，尽十片，复以艾灸疮上，七壮则良。"又方云："生麝香、大蒜，合捣，以羊脂和，着小筒子中，带之行。今东间水无不有此。"[6]治食中诸毒方云："蜀椒闭口者有毒，戟人咽，气便欲绝，又令人吐白沫。多饮桂汁，若冷水一二升，及多食大蒜，即便愈。慎不可饮热，杀人。比见在中椒毒，含蒜及荠苨，差。"[7]大蒜还被用来治牲畜之病。《肘后备急方》卷八治驴马胚转欲死方云："捣蒜，纳小便孔中，深五寸，立差。"[8]陶弘景《名医别录》云："蒜，味辛，温，无毒。归脾肾。主治霍乱，腹中不安，消谷，理胃，温中，除邪痹毒气。"[9]佚名《七卷食经》云："蒜，损人，不可长食。"[10]

胡葱在汉代已传入中国，张仲景的著作中已将葱作为配方，并论述了食葱的禁忌。在葛洪的著作中，葱有了更多用途。《肘后备急方》卷二记载治伤寒药方的葱豉汤："用葱白一虎口，豉一升，以水三升，煮取一升，顿服取汗。不汗，复更作，加葛根二两，升麻三两，五升

1　葛洪原著，沈澍农校注《肘后备急方校注》卷三，第87页。
2　葛洪原著，沈澍农校注《肘后备急方校注》卷七，第257页。
3　葛洪原著，沈澍农校注《肘后备急方校注》卷七，第259页。
4　葛洪原著，沈澍农校注《肘后备急方校注》卷七，第264页。
5　葛洪原著，沈澍农校注《肘后备急方校注》卷七，第273页。
6　葛洪原著，沈澍农校注《肘后备急方校注》卷七，第275、276页。
7　葛洪原著，沈澍农校注《肘后备急方校注》卷七，第284页。
8　葛洪原著，沈澍农校注《肘后备急方校注》卷八，第305页。
9　陶弘景撰，尚志钧辑校《名医别录（辑校本）》卷三，第253页。
10　严世芸、李其忠主编《三国两晋南北朝医学总集》，第1360页。

水，煎取二升，分再服，必得汗。若不汗，更加麻黄二两。又，用葱汤研米二合，水一升，煮之少时，下盐、豉，后纳葱白四物，令火煎取三升，分服取汗也。"[1] 又方："大黄、黄连、黄檗、栀子各半两，水八升，煮六七沸，纳豉一升，葱白七茎，煮取三升，分服。宜老少。"[2]治毒攻手足肿疼痛欲断方："猪蹄一具，合葱煮，去滓，纳少盐以渍之。"[3]治卒中诸药毒救解方（中藜芦毒）："以雄黄、葱汁，并可解之。"食金已死者："取甘草，咀浓煮，多饮其汁，并多食葱中涕，并佳。"又治酒病："豉、葱白各半升，水二升，煮取一升，顿服。"佚名《七卷食经》云："葱，味辛，温，不可食，伤人心气。"[4]崔禹锡《食经》云："春七十二日，禁辛味，黍、鸡、桃、葱是也。""葱，其茎白者性冷，青者性热。"[5]

　　大小麦的医药价值引起医家关注。《肘后备急方》多处记载利用大小麦治病的配方。治温毒发斑大疫难救方："黑奴丸……一名水解丸。又一方加小麦黑勃一两，名为麦奴丸。"[6]治卒发黄疸诸黄病方："捣生麦苗，水和，绞取汁，服三升，以小麦胜大麦，一服六七合，日三四，此酒疸也。"[7]又治女劳疸方："消（硝）石，矾石等分，末，以大麦粥饮，服方寸匕。日三，令小汗出，小便当去黄汁也。"[8]治脾胃虚弱不能饮食（食过饱烦闷，但欲卧而腹胀）方："熬面令微香，捣，服方寸匕。得大麦生面益佳，无面，以糜亦得。"[9]治饱食便卧，得谷劳病，令人四肢烦重，嘿嘿欲卧，食毕辄甚，方："大麦糵一升，椒一两（并熬），干姜三两，捣末，服方寸匕，日三四服。"[10]陶弘

1　葛洪原著，沈澍农校注《肘后备急方校注》卷二，第61页。
2　葛洪原著，沈澍农校注《肘后备急方校注》卷二，第62页。
3　葛洪原著，沈澍农校注《肘后备急方校注》卷二，第70页。
4　严世芸、李其忠主编《三国两晋南北朝医学总集》，第1360页。
5　严世芸、李其忠主编《三国两晋南北朝医学总集》，第1363、1368页。
6　葛洪原著，沈澍农校注《肘后备急方校注》卷二，第63页。
7　葛洪原著，沈澍农校注《肘后备急方校注》卷四，第158页。
8　葛洪原著，沈澍农校注《肘后备急方校注》卷四，第160页。
9　葛洪原著，沈澍农校注《肘后备急方校注》卷四，第172页。
10　葛洪原著，沈澍农校注《肘后备急方校注》卷四，第172~173页。

景书中说:"大麦,味咸,温、微寒,无毒。主治消渴,除热,益气,调中。又云令人多热,为五谷长。食蜜为之使。"[1] "小麦,味甘,微寒,无毒。主除热,止燥渴、咽干。利小便,养肝气,止漏血唾血。以作曲,温。消谷,止痢。以作面,温,不能消热,止烦。"[2] 崔禹锡《食经》云:"大麦,主水胀,勿合白稻米食,令人多热。"[3]

葡萄的药用价值得到认识。陶弘景《名医别录》云:"葡萄,无毒,逐水利小便。生陇西、五原、敦煌。"[4] 崔禹锡《食经》云:"葡萄,食之益气力,除风冷,味甘,小冷,益面色。"[5] 胡桃本身具有医药价值,佚名《七卷食经》云:"胡桃,味甘,温,食之去积气。"[6] 北朝有人用胡桃造油,可谓一项发明。《北齐书·祖珽传》记载:"珽天性聪明,事无难学,凡诸伎艺,莫不措怀……奏造胡桃油。"祖珽造的胡桃油应该是一种保健性药品,还可用作绘画原料,"珽善为胡桃油以涂画"。[7] 薏苡,汉时就从交趾传入中原地区,其医药价值为汉地医家认知。《神农本草经》云:"薏苡仁,味甘,微寒。主筋急拘挛,不可屈伸,风湿痹,下气。久服,轻身益气。"《肘后备急方》卷一治卒心腹烦满又胸胁痛欲死方:"锉薏苡根,浓煮取汁,服三升。"卷三治风毒脚弱痹满上气方:"薏苡仁一升,捣为散,每服以水二升,煮两匙末作粥。空腹食。"薏苡也引种至内地。陶弘景《名医别录》云:"薏苡仁,无毒,主除筋骨邪气不仁,利肠胃,消水肿,令人能食。一名屋菼,一名起实,一名赣。生真定。八月采实,采根无时。"[8] 真定即今河北正定县。胡荽,十六国时石勒忌讳"胡"字,改称香菜。张仲景的《金匮要略》里注意到了忌吃胡荽的事项,却没有记载胡荽的医药

1　陶弘景撰,尚志钧辑校《名医别录(辑校本)》卷二,第 167 页。

2　陶弘景撰,尚志钧辑校《名医别录(辑校本)》卷二,第 168 页。

3　严世芸、李其忠主编《三国两晋南北朝医学总集》,第 1364 页。

4　陶弘景撰,尚志钧辑校《名医别录(辑校本)》卷一,第 72 页。

5　严世芸、李其忠主编《三国两晋南北朝医学总集》,第 1365 页。

6　严世芸、李其忠主编《三国两晋南北朝医学总集》,第 1359 页。

7　李百药:《北齐书》卷三九《祖珽传》,第 516 页。

8　陶弘景撰,尚志钧辑校《名医别录(辑校本)》卷一,第 39 页。

价值。《肘后备急方》卷三治卒心腹烦满又胸胁痛欲死方："捣香菜汁，服一二升。"苜蓿，汉代时主要是大宛马的草料，陶弘景《名医别录》云："苜蓿，味苦，平，无毒。主安中，利人，可久食。"[1] 崔禹锡《食经》云："胡荽，味辛，臭，食之调食下气。凡河海之鸟鱼脍者，尤是为要也。"[2]

中医药食同源，同时注意食物之间的相生相克，植物类药物和食物之间有禁忌，医家对域外传入之植物品性有了深入了解。东汉张仲景《金匮要略》"果实菜谷禁忌并治"中提到："黄瓜食之，发热病。"清人高学山解释此条云："黄瓜非《月令》之所谓王瓜，即今之作菜食者是。得种西域，旧名胡瓜，后因避讳改名。孟夏生蔓，炎暑成瓜，抱阴质而成阳气，故其性本寒而标热。孟诜谓其损阴血而发虚热者，此也。"[3]《肘后备急方》卷七治防避饮食诸毒方（杂鸟兽他物诸忌法）中，各种忌食的植物中也有域外传入者，如"雄鸡肉不可合生葱菜，鸡鸭肉不可合蒜及李子"。[4] 杂果菜诸忌："病人不可食生胡芥菜。""牡丹忌胡荽，常山忌葱。"[5]

这些显然都是在域外植物传入后经过长期的观察、临床实践所获得的药物学新经验和新成果。中医药学固然是中国人民智慧的结晶，但在发展过程中也不断融入了域外文明成果。唐代出现了《食疗本草》[6]，这是一部内容丰富的古代营养学和食物疗法专著，把食疗推向一个高峰，而魏晋南北朝时期关于食物的医药价值和食用禁忌的著述为食疗提供了丰富的经验，唐代的食疗成就是在总结前人经验基础上取得的。

1　陶弘景撰，尚志钧辑校《名医别录（辑校本）》卷一，第 79 页。
2　严世芸、李其忠主编《三国两晋南北朝医学总集》，第 1365 页。
3　张仲景著，高学山注《高注金匮要略》，上海人民卫生出版社，1956，第 347 页。
4　葛洪原著，沈澍农校注《肘后备急方校注》卷七，第 288 页。
5　葛洪原著，沈澍农校注《肘后备急方校注》卷七，第 289 页。
6　《食疗本草》，唐代孟诜著，张鼎增补，大约成书于唐开元年间（713~741）。一般认为，此书前身乃孟诜《补养方》，张鼎补充 89 种食疗品，又加按语，改编为此书。

四　域外植物的引进与世风

物种传播伴随着文化的接受和影响，当新的物种传至新的文化环境，又往往被赋予新意，反映出异质文化间人们不同的价值观和审美崇尚。

魏晋南北朝时期道教神仙信仰进一步发展，胡麻是富有营养的健康食品，又有医药价值，其强身治病的功效被道家过分夸大，便成为食之可以长生的仙药。胡麻，一名巨胜，"巨胜者，仙经所重"。[1] 汉代纬书《孝经援神契》云："巨胜延年。"[2] 东汉魏伯阳《周易参同契》云："巨胜尚延年，丹药可入口。"[3] 晋郭义恭《广志》曰："胡麻一名方茎，服之不老。"[4] 魏晋南北朝时产生许多与胡麻有关的神仙故事。《列仙传》云老子、尹喜西适流沙，"服巨胜实，莫知所终"。[5] 以胡麻做成的"胡麻糁"成为仙家食物。刘敬叔《异苑》记载，刘晨、阮肇入天台山，迷不得返，在山中取水，"忽一杯流出有胡麻糁"。他们被仙女邀至其家，仙女亦以"胡麻糁"招待。[6]《汉武帝内传》云："鲁女生，长乐人。初饵胡麻，乃永绝谷。八十余年，少壮色如桃花。一日，与亲知故人别，入华山。后五十年，先识者逢女于庙前，乘白鹿，从王母，人因识之，谢其乡里而去。"[7] 葛洪《抱朴子·仙药篇》云："巨胜一名胡麻，饵服之不老，耐风湿，补衰老也。"[8] 他说胡麻制丸可以令人健康长寿、返老还童。胡麻丸制法："用上党胡麻三斗，淘净，甑蒸令气遍。日干，以水淘去沫，再蒸。如此九度，以汤脱去皮，簸净，

1　寇宗奭：《图经衍义本草》卷三七，《道藏》第一七册，上海书店等，1988，第 735 页。

2　葛洪撰，王明校释《抱朴子内篇校释》卷一一，第 177 页。

3　魏伯阳：《周易参同契》卷上，《道藏》第二〇册，第 76 页。

4　李昉等：《太平御览》卷九八九《药部》，第 4377 页。

5　李昉等：《太平御览》卷九八九《药部》，第 4377 页。

6　李昉等：《太平御览》卷四一《地部》，第 195 页。

7　佚名撰，何清谷校注《三辅黄图校注》卷三，三秦出版社，1995，第 189 页。

8　葛洪撰，王明校释《抱朴子内篇校释》卷一一，第 186 页。

炒香为末，白蜜枣膏丸弹子大。每服温酒化下一丸，日三。忌毒鱼、狗肉、生菜。服至百日，除一切痼疾；一年身面光泽，不饥；二年白发返黑；三年齿落更生；四年水火不能害；五年行及奔马。"[1] 因为相信道家食之长生的话，不少人修炼时服食胡麻，刘宋时刘虬"罢官归家，静处断谷，饵术及胡麻"。[2] 陶弘景的医学著作中论其服食方法和功效："服食胡麻，取乌色者，当九蒸九曝，熬捣饵之。断谷，长生，充饥。"[3]

佛教在东晋南北朝时进入迅猛发展时期，外来的香、花成为供佛的圣物。佛教宣扬以香、花供佛可得福报，"名香郁馥，似轻云而散雾；宝华含彩，若倒藕而垂莲。虔诚供养，同趣法筵；叩头弹指，俱沾福利也"。[4] 佛教典籍里有很多以香、花供佛的故事。迷迭香，三国时传入中国，《法苑珠林·华香部》列出众多供佛的香、花，迷迭香是有缘众香之一。在印度，从妇人的发饰到日常敬献天神、佛陀的供花，以及结婚典礼等喜事中，茉莉花都是不可缺少的物品。段公路《北户录》云："指甲花，细白色，绝芳香，今蕃人重之，但未详其名也。又耶悉弭花、白末利花（红者不香），皆波斯移植中夏，如毗尸沙金钱花也，本出外国。大同二年，始来中土。今番禺士女多以彩缕贯华卖之。愚详末利乃五印度华名，佛书多载之。'贯华'亦佛事也。"[5] 这几种花于南朝梁大同二年（536）传入中国，其时正值梁武帝大力崇佛，贯花之俗当随之传入中国。所谓"佛事"，按佛教传说，释迦牟尼说法，感得天神散花。后以贯花指说偈颂，唱导佛法。

把石榴作为多子的象征，曹植的《弃妇诗》中已见端倪，诗以石榴树不结实起兴，感叹女子因不育而被遗弃。石榴象征多子多福的观念至迟在南北朝时已经形成。《北史·魏收传》记载："安德王延宗纳

1　汪灏等编校，张虎刚点校《广群芳谱》卷一〇，河北人民出版社，1989，第234页。

2　萧子显：《南齐书》卷五四《高逸传》，第939页。

3　李时珍：《本草纲目》卷二二，第613页。

4　释道世撰，周叔迦等校注《法苑珠林校注》卷三六，中华书局，2003，第1141~1142页。

5　段公路：《北户录》卷三，中华书局，1985，第49页。

赵郡李祖收女为妃，后帝幸李宅宴，而妃母宋氏荐二石榴于帝前，问诸人，莫知其意，帝投之。收曰：'石榴房中多子，王新婚，妃母欲子孙众多。'帝大喜，诏收'卿还将来'。"[1] 魏晋南北朝时产生了一些有关石榴的传说，榴与刘谐音，晋王嘉《拾遗记》记载："（吴主）每以夫人游昭宣之台，志意幸惬，既尽酣醉，唾于玉壶中，使侍婢泻于台下，得火齐指环，即挂石榴枝上，因其处起台，名曰'环榴台'。时有谏者云：'今吴、蜀争雄，还刘之名，将为妖矣！'权乃翻其名曰'榴环台'。"[2] 唐段成式《酉阳杂俎》："梁大同中，东州后堂石榴皆生双子。"[3] 服饰方面，石榴裙最早见于南北朝时。梁元帝《乌栖曲》诗云："交龙成锦斗凤纹，芙蓉为带石榴裙。"[4]

　　从域外引进的各种植物，特别是观赏植物最能引起文人的关注，引发其灵感和诗兴，从而创作出优美的咏物作品。外来植物丰富了中古文学意象。域外传入的奇花异果具有审美价值，人们喜欢在庭院种植，欣赏之余赋咏之成为一时风气。曹丕、曹植、王粲、陈琳都有咏迷迭香的赋，钟会、傅玄、荀勖都有同题咏葡萄的赋，左芬有咏郁金香的赋。曹植《弃妇诗》以石榴起兴，西晋时许多文人有咏石榴之作，张载、张协、傅玄、应贞、庾儵、夏侯湛、潘岳等皆有同题《安石榴赋》，外来植物成为文人情感寄托的物象。

　　魏晋南北朝时期是中外文化交流和民族文化交融大发展的时期，大量域外植物入华是汉武帝时代丝路开通后的结果，不少外来植物的引种在魏晋南北朝时得到推广。西晋惠帝时嵇含著《南方草木状》云："南越交趾植物有四裔最为奇，周秦以前无称焉。自汉武帝开拓封疆，搜求珍异，取其尤者充贡。"[5] 有人认为历代统治者推动中外交往和交流，无非是想获得域外的奇珍异宝、奇禽异兽和奇花异草，目的是满

1　李延寿：《北史》卷五六《魏收传》，第 2033 页。

2　王嘉：《拾遗记》卷八，吉林大学出版社，1992，第 726 页。

3　段成式：《酉阳杂俎·前集》卷一八《木篇》，第 174 页。

4　逯钦立辑校《先秦汉魏晋南北朝诗》，中华书局，1983，第 2036 页。

5　嵇含：《南方草木状》卷上，广陵书社，2003，第 1 页。

足骄奢淫逸的生活，对于社会经济发展并没有积极影响。从魏晋南北朝时域外植物的输入及其社会影响来看，这种认识是不足取的。文化交流推动人类社会的互相认知和成果共享，从而推动文明互动和社会进步。域外的物品传入之初，显得异常珍贵，但不久就会得到普及。首先是上层贵族享用，后来推广到整个社会，这也是一种规律，不能因为其最初为统治者享用就否定其积极意义。从用途上看，这些从域外传入的植物主要有观赏、食用和用作香料、医药等方面的价值，域外植物的引进改变了中国人的膳食结构，丰富了饮食文化，提高了人们的生活水平，对中国中古社会的农业生产、饮食文化、医学医药、民间信仰和文学艺术均产生了积极影响。有关种植技术的记载出现在魏晋南北朝时期的著述中，反映出这些外来植物在这一时期得到广泛种植且人们积累了丰富经验的实际情况。域外植物的种植推动了商品经济的发展。域外传入的植物有的尚未得到大面积种植，有的只能在某些地区种植，这些植物新品种要得到大范围的享用，就需要互通有无的贸易活动。这些域外引进的植物便成为一种经济作物，参与到当时的商业活动中，上述外来植物的果木花实等都有市场交易、上市时间和价格的记载。民间的交往与交流是文化传播的重要途径，当统治者和贵族阶级追求域外珍奇以满足其奢侈生活需求时，人民群众进行着更有意义的交流活动。在文化交流中具有积极意义的农作物的传播就是典型的事例。小麦、高粱、棉花、胡麻等的传播过程往往无迹可寻，因为它们是经由名不见经传的百姓之手完成的，又往往在一个漫长的时间里通过广大人民的接力活动实现。

第九章　域外动物的输入与中古社会

　　出于实用与观赏的需要，中国很早就从域外引进动物，包括牲畜、野兽、禽鸟等。魏晋南北朝时大量域外动物不断输入中国，品类众多。域外动物输入中原地区，有的通过贸易获得，有的通过战争获取，有的通过友好交往互相馈遗献赠，域外动物在中古时期的友好往来、对外贸易、战争和社会生活中扮演了重要角色，对中古社会文明互动产生了深刻影响。本章拟考察魏晋南北朝时域外动物的引进及其社会影响。

一　友好往来中的动物献赠

　　魏晋南北朝各政权之间以及这些政权与周边和

域外民族之间存在友好往来，拥有良马的民族和国家往往将马作为馈赠和贡献的礼物。中原统治者或南方政权赠给周边民族的礼物主要是金帛丝絮，周边民族赠送或入贡中原地区统治者的往往是名马、骆驼和奇禽异兽。通过馈赠和贡献获得的动物中最重要的是马。北方草原民族如鲜卑、高车、柔然、突厥等和西域国家、东北亚民族都有向中原地区入贡或赠送名马、良马的记载。

　　鲜卑是马背上的民族，汉末曾向曹操献马，"太祖破南皮，（阎）柔将部曲及鲜卑献名马以奉军"。[1] 曹魏亦从鲜卑那里获得良马，"文帝践阼，田豫为乌丸校尉，持节并护鲜卑，屯昌平。步度根遣使献马"。[2]"延康初，比能遣使献马。"[3]"厥机死，又立其子沙末汗为亲汉王。延康初，又各遣使献马。"[4] 魏太和五年"夏四月，鲜卑附义王轲比能率其种人及丁零大人儿禅诣幽州贡名马"。[5] 西晋时鲜卑继续向中原政权献马。建兴二年（314）九月，"单于代公猗卢遣使献马"。[6] 永嘉三年（309），刘琨为司空、都督并冀幽三州诸军事。琨子遵"与箕澹等帅卢众三万人，马牛羊十万，悉来归琨"。[7] 十六国时，西北地区的凉州政权也从鲜卑人那里得到良马。《晋书·郭黁传》记载："张天锡末年，苻氏每有西伐之间，太守赵凝使黁筮之，黁曰：'若郡内二月十五日失囚者，东军当至，凉祚必终。'凝乃申约属县。至十五日，鲜卑折掘送马于凝，凝怒其非骏，幽之内厩，鲜卑惧而夜遁。"[8] 可见鲜卑人在与其他民族交往中奉贡的主要是马。

　　北方游牧民族一直是中原地区良马的主要来源，五胡十六国时出身游牧民族的中原地区割据政权亦从北方草原民族处获得良马。五胡

1　陈寿：《三国志》卷八《公孙瓒传》，第247页。

2　陈寿：《三国志》卷三〇《乌丸鲜卑东夷传》，第836页。

3　陈寿：《三国志》卷三〇《乌丸鲜卑东夷传》，第838页。

4　陈寿：《三国志》卷三〇《乌丸鲜卑东夷传》，第840页。

5　陈寿：《三国志》卷三《明帝纪》，第98页。

6　房玄龄等：《晋书》卷五《孝愍帝纪》，第128页。

7　房玄龄等：《晋书》卷六二《刘琨传》，第1684页。

8　房玄龄等：《晋书》卷九五《郭黁传》，第2497页。

政权还将马作为礼物赠送给晋朝人士，石勒曾赠送西晋刘琨"名马珍宝"，[1] 回赠东晋征北将军祖逖"以马百匹"。[2] 柔然与北燕冯跋和亲，"献马三千匹"。"库莫奚虞出库真率三千余落请交市，献马千匹。"[3] 北魏与北方草原民族柔然常处于军事对抗状态，但也有和平交往与和亲之举，柔然以良马赠送北魏。延和三年（434）二月，"蠕蠕吴提奉其妹并遣其异母兄秃鹿傀及左右数百人朝贡，献马二千匹"。[4] "车鹿会既为部帅，岁贡马畜。"[5] 北魏迁都洛阳，柔然仍以良马相赠，"太和元年四月，遣莫何去汾比拔等来献良马"。[6] 契丹"真君以来，求朝献，岁贡名马。显祖时……悉万丹部、何大何部、伏弗郁部、羽陵部、日连部、匹洁部、黎部、吐六于部等，各以其名马、文皮入献天府，遂求为常"。[7] 柔然走向衰弱，在与突厥的对抗中仰赖东魏的支持，其主阿那瓌与东魏和亲，"瓌遣奉马千匹为娉礼"。[8]

北朝后期北方草原崛起新的游牧民族——突厥。突厥摆脱对柔然的附属后，便与中原政权交好，突厥献赠中原地区的礼物主要是马。西魏大统十二年（546），"土门遂遣使献方物"。西魏文帝崩，"土门遣使来吊，赠马二百匹"。[9] 突厥向西魏献马数量巨大，废帝"二年三月，科罗遣使献马五万匹"。[10] 北齐"失并州，使开府纥奚永安告急于突厥他钵略可汗。……他钵嘉其壮烈，赠马七十匹而归"。[11] 北周从突厥那里得到大量良马。保定四年（564）五月丁卯，"突厥遣使献方物"。[12]

1　房玄龄等：《晋书》卷一〇四《石勒载记上》，第 2715 页。

2　房玄龄等：《晋书》卷一〇五《石勒载记下》，第 2738 页。

3　房玄龄等：《晋书》卷一二五《冯跋载记》，第 3130 页。

4　魏收：《魏书》卷四上《世祖纪上》，第 83 页。

5　魏收：《魏书》卷一〇三《蠕蠕传》，第 2289 页。

6　魏收：《魏书》卷一〇三《蠕蠕传》，第 2296 页。

7　魏收：《魏书》卷一〇〇《契丹传》，第 2223 页。

8　魏收：《魏书》卷一〇三《蠕蠕传》，第 2303 页。

9　令狐德棻等：《周书》卷五〇《异域传下》，第 908 页。

10　令狐德棻等：《周书》卷五〇《异域传下》，第 907 页。

11　李百药：《北齐书》卷四一《傅伏传》，第 547 页。

12　令狐德棻等：《周书》卷五《武帝纪上》，第 69 页。

天和四年（569）七月丁巳，"突厥遣使献马"。[1]建德三年（574）正月，"突厥遣使献马"。[2]明帝四年（559），"俟斤复遣使来献"。"天和二年，俟斤又遣使来献"，"四年，俟斤又遣使献马"。[3]俟斤死，弟他钵可汗立，"建德二年，他钵遣使献马"。[4]突厥还向北周有关人士赠马。史宁与突厥联军进攻吐谷浑，连战皆捷，"与木汗会，木汗握宁手，叹其勇决，并遗所乘良马。……及将班师，木汗又遗宁奴婢一百口、马五百匹、羊一万口"。[5]在南朝与北朝的对抗中，南朝联合北方草原民族夹击北魏，因此北方的柔然与南朝交好，南朝能直接得到北方草原民族的良马，柔然于梁大同三年（537）"献马一匹"。[6]

东北亚之辽东、高句丽向中原地区进献良马。在与魏、蜀对抗中，孙吴需要从辽东获取战马。嘉禾元年（232）十月，"魏辽东太守公孙渊遣校尉宿舒、阆中令孙综称藩于权，并献貂、马"。[7]辽东背弃孙吴，交好曹魏，杀孙吴使团成员。吴使秦旦等人逃至高句丽，高句丽王宫送之返吴，孙权遣使答谢，拜宫为单于。宫则"上马数百匹"，吴使船小，"载马八十匹而还"。[8]西晋从东北亚获得良马。夫余国"出善马及貂豽……武帝时，频来朝贡"。[9]"太康四年，高丽使至，献美女十人，千里马一匹。"[10]东晋南北朝时与高句丽保持友好关系，高句丽有"赭白马"入贡。东晋义熙九年（413），高句丽王高琏遣使"献赭白马"。[11]前燕创立者慕容廆有赭白马。[12]南朝得到高句丽的良马，"琏

1　令狐德棻等：《周书》卷五《武帝纪上》，第77页。

2　令狐德棻等：《周书》卷五《武帝纪上》，第83页。

3　令狐德棻等：《周书》卷五〇《异域传下》，第911页。

4　令狐德棻等：《周书》卷五〇《异域传下》，第912页。

5　令狐德棻等：《周书》卷二八《史宁传》，第468页。

6　姚思廉：《梁书》卷五四《诸夷传》，第817页。

7　陈寿：《三国志》卷四七《吴主传》，第1136页。

8　陈寿：《三国志》卷四七《吴主传》，裴注引《吴书》，第1140页。

9　房玄龄等：《晋书》卷九七《四夷传》，第2532页。

10　李昉等：《太平御览》卷八九五《兽部》，第3973页。

11　沈约：《宋书》卷九七《夷蛮传》，第2392页。

12　李昉等：《太平御览》卷八九五《兽部》，第3972页。

每岁遣使。十六年，太祖欲北讨，诏琏送马，琏献马八百匹"。[1] 高句丽有一种果下马，"出三尺马，云本朱蒙所乘，马种即果下也"。[2] 这种马汉时就入贡中原，后来仍不断输入。北齐尉景"有果下马"，[3] 当来自高句丽。梁元帝《兽名诗》有"果下新花落"句，[4] "果下"即果下马，说明果下马也传入了南朝。

自汉以后，西域和中亚各国便以良马入贡中原。大宛以汗血马著称，汉末曹操的儿子们得此种好马。曹植《献文帝马表》云："臣于先武皇帝世得大宛紫骍马一匹，形法应图，善持头尾，教令习拜，今辄已能。"[5] 曹操告诫曹彰："汝不念读书慕圣道，而好乘汗马击剑，此一夫之用，何足贵也！"[6] 魏元帝咸熙二年（265），"康居、大宛献名马"。[7] 于阗国"魏文帝时，王山习献名马"。[8] 大宛国、康居国称臣于晋，向晋贡献良马。泰始六年九月"大宛献汗血马"。[9] 大宛国"多善马，马汗血。……太康六年，武帝遣使杨颢拜其王蓝庚为大宛王。蓝庚卒，其子摩之立，遣使贡汗血马"。[10] 康居国"出好马。泰始中，其王那鼻遣使上封事，并献善马"。[11] 十六国时，凉州政权从西域得到良马，张骏接受"西域诸国献汗血马、火浣布、犎牛、孔雀、巨象及诸珍异二百余品"。[12] 大宛国向前秦苻坚贡献"天马千里驹，皆汗血、朱鬣、五色、凤膺、麟身"；[13] "大宛献汗血马"。[14] 北魏时域外良马入贡中国，

1　沈约：《宋书》卷九七《夷蛮传》，第 2393 页。

2　魏收：《魏书》卷一〇〇《高句丽传》，第 2215 页。

3　李百药：《北齐书》卷一五《尉景传》，第 195 页。

4　欧阳询：《艺文类聚》卷五六《杂文部二》，第 1011 页。

5　曹植著，赵幼文校注《曹植集校注》卷二，人民文学出版社，1984，第 310 页。

6　陈寿：《三国志》卷一九《曹彰传》，第 555 页。

7　陈寿：《三国志》卷四《三少帝纪》，第 154 页。

8　姚思廉：《梁书》卷五四《诸夷传》，第 814 页。

9　房玄龄等：《晋书》卷三《武帝纪》，第 60 页。

10　房玄龄等：《晋书》卷九七《四夷传》，第 2544 页。

11　房玄龄等：《晋书》卷九七《四夷传》，第 2544 页。

12　房玄龄等：《晋书》卷八六《张骏传》，第 2235 页。

13　房玄龄等：《晋书》卷一一三《苻坚载记上》，第 2900 页。

14　房玄龄等：《晋书》卷一一三《苻坚载记上》，第 2904 页。

"洛那国，故大宛国也。……太和三年，遣使献汗血马，自此每使朝贡"。[1]吐呼罗国"有好马、驼、骡，其王曾遣使朝贡"。[2]副货国"有马、驼、骡。……其王遣使朝贡"。[3]康国"出马、驼、驴、犎牛……太延中，始遣使贡方物"。[4]太延三年（437）十一月甲申，"破洛那、者舌国各遣使朝献，奉汗血马"。[5]太延五年五月癸未，"遮逸国献汗血马"。[6]遮逸国即者舌国。和平六年（465）四月，"破洛那国献汗血马"。[7]西魏、北周得到西域、中亚和西亚诸国良马。波斯国"土出名马及驼，富室至有数千头者。……魏废帝二年，其王遣使来献方物"。[8]焉耆国"畜有驼、马"。[9]焉耆马适于农耕、运输和骑乘，尤以走马著称，且善游泳，号称"海马龙驹"。北周保定四年（564）七月"戊寅，焉耆遣使献名马"。[10]西域于阗国也献名马，建德三年（574）十一月，"于阗遣使献名马"。[11]龟兹国出"良马、封牛等……保定元年，其王遣使来献"。[12]更远的地方，"粟特大明中遣使献生狮子、火浣布、汗血马"。[13]波斯国曾遣使献骏马，西魏孝武帝有波斯骊马。[14]南天竺"世宗时，其国王婆罗化遣使献骏马、金、银，自此每使朝贡"。[15]《魏书·任城王

1　魏收：《魏书》卷一〇二《西域传》，第 2270 页。

2　魏收：《魏书》卷一〇二《西域传》，第 2277 页。

3　魏收：《魏书》卷一〇二《西域传》，第 2278 页。

4　魏收：《魏书》卷一〇二《西域传》，第 2281 页。

5　魏收：《魏书》卷四上《世祖纪上》，第 88 页。

6　魏收：《魏书》卷四上《世祖纪上》，第 89 页。

7　魏收：《魏书》卷五《高宗纪》，第 123 页。

8　令狐德棻等：《周书》卷五〇《异域传下》，第 920 页。

9　魏收：《魏书》卷一〇二《西域传》，第 2265 页。

10　令狐德棻等：《周书》卷五《武帝纪上》，第 70 页。

11　令狐德棻等：《周书》卷五《武帝纪上》，第 86 页。

12　令狐德棻等：《周书》卷五〇《异域传下》，第 917 页。

13　沈约：《宋书》卷九五《索虏传》，第 2357~2358 页。此粟特，据张星烺先生考证为古之奄蔡国，又称阿兰，在康居西北。参见张星烺《中西交通史料汇编》第五册《古代中国与西部土耳其斯坦之交通》，第 64~65 页。

14　李昉等：《太平御览》卷八九五引《三国典略》："西魏孝武将为齐太祖所杀，孝武索所乘波斯骊马，命太宰南阳王跃之将举其鞍，马蹶而死。"（第 3973 页）

15　魏收：《魏书》卷一〇二《西域传》，第 2278 页。

澄传》记载："西域嚈哒、波斯诸国各因公使，并遗澄骏马一匹。"[1]

除了马，在友好往来中作为礼物献赠的动物，主要是奇禽异兽。例如牛和骆驼，虽然通常是作为牲畜使用，但礼赠中常常是新奇的品种，供观赏。魏晋南北朝时获取献贡的牛是犛牛，一种背部隆起的野牛。骆驼要么是名驼，要么是形体怪异、毛色异常者。前凉时"西域诸国献汗血马、火浣布、犛牛、孔雀、巨象及诸珍异二百余品"。[2]北魏时吐呼罗国"有好马、驼、骡，其王曾遣使朝贡"。[3]副货国"有马、驼、骡。……其王遣使朝贡"。[4]康国"出马、驼、驴、犛牛"，"太延中，始遣使贡方物"。[5]太和二年（478）秋七月戊辰，"龟兹国遣使献名驼七十头"；九月丙辰，"龟兹国遣使献大马、名驼"。[6]名贵的骆驼称"名驼"或"明驼"。《后魏书》记载："高祖不饮洛水，常以千里足名驼更牙，向恒州取水，以供赡焉。"[7]北朝民歌《木兰诗》云："愿借明驼千里足，送儿还故乡。"[8]形状、毛色异常的骆驼被视为异兽。《南史·四夷传》记载："滑国有两脚橐驼。"[9]迷密国"正平元年，遣使献一峰黑橐驼"。[10]一峰驼即单峰驼，在中国少见。

狮子，汉时即传入中国，南北朝时中国人在域外的入贡中了解到狮子产地。者至拔国"出美铁及师子"。[11]悉万斤国"其国南有山，名伽色那，山出师子。每使朝贡"。[12]波斯国"出白象、师子、大鸟卵"。[13]

1　魏收：《魏书》卷一九《任城王澄传》，第 477 页。

2　房玄龄等：《晋书》卷八六《张骏传》，第 2235 页。

3　魏收：《魏书》卷一○二《西域传》，第 2277 页。

4　魏收：《魏书》卷一○二《西域传》，第 2278 页。

5　魏收：《魏书》卷一○二《西域传》，第 2281 页。

6　魏收：《魏书》卷七下《孝文帝纪下》，第 176 页。

7　李昉等：《太平御览》卷九○一《兽部》，第 4000 页。

8　郭茂倩：《乐府诗集》卷二五注引段成式《酉阳杂俎》，中华书局，1979，第 374 页。

9　李昉等：《太平御览》卷九○《兽部》，第 4000 页。

10　魏收：《魏书》卷一○二《西域传》，第 2269 页。

11　魏收：《魏书》卷一○二《西域传》，第 2269 页。

12　魏收：《魏书》卷一○二《西域传》，第 2269~2270 页。

13　魏收：《魏书》卷一○二《西域传》，第 2271 页。

伏卢尼国"多师子"。[1] 北朝时波斯国曾献狮子，洛阳永桥南道东有狮子坊，"狮子者，波斯国胡王所献也"。[2] 中亚嚈哒国曾向中国入贡狮子，史载嚈哒国"正光末，遣使贡师子一"；[3] 永安三年（530）六月戊午，"嚈达国献师子一"。[4] "粟特大明中遣使献生狮子。"[5] 北齐归德"以解胡言，为西域大使，得胡师子来献"。[6] 南朝刘宋曾向师子国求索狮子，元嘉五年（428）文帝《报师子国王诏》云："闻彼邻多有师子，此献未睹，可悉致之。"[7] 粟特人曾向南朝刘宋献狮子，但"道中遇寇，失之"。[8] 南朝萧梁曾从滑国得到黄狮子。滑国"自魏、晋以来，不通中国。至天监十五年，其王厌带夷栗陁始遣使献方物。普通元年，又遣使献黄师子、白貂裘、波斯锦等物"。滑国即嚈哒，通过吐谷浑之路至梁朝都城建业，"其言语待河南人译然后通"。[9]

象在东南亚有多种用途，但中国所得为巨象、白象或舞象，目的主要是供观赏。三国时孙吴获得来自东南亚的象，交州士燮"每遣使诣（孙）权，致杂香细葛，辄以千数，明珠、大贝、流离、翡翠、玳瑁、犀、象之珍，奇物异果，蕉、邪、龙眼之属，无岁不至"。[10] 中国人对形体高大的巨象特别感兴趣，东南亚大象通过南方政权进入中原地区。曹操曾得到东吴送来的大象，"孙权曾致巨象，太祖欲知其斤重，访之群下，咸莫能出其理。（曹）冲曰：'置象大船之上，而刻其水痕所至，称物以载之，则较可知。'太祖悦，即施行焉"。[11] 这个故事的背景应该是孙吴送大象给曹魏。前凉曾得到来自西域之巨象，"西

1　魏收：《魏书》卷一〇二《西域传》，第 2272 页。

2　杨衒之撰，范祥雍校注《洛阳伽蓝记校注》卷三，第 161 页。

3　魏收：《魏书》卷一〇二《西域传》，第 2279 页。

4　魏收：《魏书》卷一〇《孝庄帝纪》，第 265 页。

5　沈约：《宋书》卷九五《索虏传》，第 2357~2358 页。

6　李百药：《北齐书》卷一四《归彦传》，第 186 页。

7　严可均校辑《全上古三代秦汉三国六朝文》，第 2452 页。

8　沈约：《宋书》卷九五《索虏传》，第 2357~2358 页。

9　姚思廉：《梁书》卷五四《诸夷传》，第 812 页。

10　陈寿：《三国志》卷四九《士燮传》，第 1192~1193 页。

11　陈寿：《三国志》卷二〇《曹冲传》，第 580 页。

域诸国献汗血马、火浣布、犛牛、孔雀、巨象及诸珍异二百余品"。[1]
以巨象相赠，非为实用，而是能给人惊异之感。

　　白象不是象的独特品种，而是普通的象得了白化病，但被视为
异兽。白象自汉代就已经传入中国，魏晋南北朝时仍从西域或海外
国家获得白象。北魏永平二年（509）正月壬辰，"嚈哒、薄知国遣
使来朝，贡白象一"。[2] 洛阳永桥南道东有白象坊，"白象者，永平二
年，乾罗国胡王所献"。[3] 中国人知道波斯国"出白象、师子、大鸟
卵"。[4] 叠伏罗国有白象，"世宗时，其国王伏陀末多遣使献方物，自
是每使朝贡"。[5]

　　象经过训练能表演舞蹈，被称为驯象或舞象，亦属奇兽。汉末
西域驯象就传入中原地区，"献帝建安七年，于阗国献驯象"。[6] 魏晋
南北朝时中国从东南亚各国获取驯象，东晋咸康六年（340）十月，
"林邑献驯象"。[7] 扶南国又献驯象，康帝禁之。穆帝时又来献，被穆
帝退还。[8] 梁大宝二年（551）九月，"盘盘国献驯象"。[9] 陈至德元年
（583）"夏四月戊辰，交州刺史李幼荣献驯象"。[10] 这种驯象还经过南
朝转送到北朝，北魏太延五年（439）十一月乙巳，"刘义隆遣使朝
献，并献驯象一"。[11] 北齐天保七年（556）六月乙丑，"梁湘州刺史
王琳献驯象"。[12]《北齐书·王琳传》记载："梁元为魏围逼，乃征琳赴
援，除湘州刺史。琳师次长沙，知魏平江陵，已立梁王詧，乃为梁
元举哀，三军缟素。遣别将侯平率舟师攻梁。琳屯兵长沙，传檄诸

1　房玄龄等：《晋书》卷八六《张骏传》，第 2235 页。

2　魏收：《魏书》卷八《宣武帝纪》，第 207 页。

3　杨衒之撰，范祥雍校注《洛阳伽蓝记校注》卷三，第 161 页。

4　魏收：《魏书》卷一〇二《西域传》，第 2271 页。

5　魏收：《魏书》卷一〇二《西域传》，第 2278 页。

6　王钦若等编《册府元龟》卷九六八，中华书局，1960，第 11379 页。

7　房玄龄等：《晋书》卷七《成帝纪》，第 182 页。

8　房玄龄等：《晋书》卷九七《四夷传》，第 2547 页。

9　姚思廉：《梁书》卷五《元帝纪》，第 117 页。

10　姚思廉：《陈书》卷六《后主纪》，第 109 页。

11　魏收：《魏书》卷四上《世祖纪上》，第 90 页。

12　李百药：《北齐书》卷四《文宣帝纪》，第 62 页。

方，为进趋之计。时长沙藩王萧韶及上游诸将推琳主盟。侯平虽不能渡江，频破梁军，又以琳兵威不接，翻更不受指麾。琳遣将讨之，不克，又师老兵疲不能进。乃遣使奉表诣齐，并献驯象。"[1] 王琳在别无出路的情况下把最珍贵的舶来品作为礼物奉送给北魏。北朝还从西域、波斯等处获得驯象。北魏和平元年（460）十月，"居常王献驯象三"。[2] "朝廷遣使者韩羊皮使波斯，波斯王遣使献驯象及珍物。经于阗，于阗中于王秋仁辄留之，假言虑有寇不达。羊皮言状，显祖怒，又遣羊皮奉诏责让之。自后每使朝献。"[3]

中国原产犀牛，但到汉代已经是珍稀动物，西域和沿海诸国将犀牛作为特产献给汉朝皇帝。王莽为耀威德，厚遗黄支王，令遣使献生犀牛。魏晋南北朝时中国曾从东南亚获得犀牛，大概也与大象一样，为其怪异的形体所吸引。梁大同五年（539）八月乙酉，"扶南国遣使献生犀及方物"。[4] 扶南国不止一次进献犀牛，"大同元年，累遣使献方物。五年，复遣使献生犀"。[5] 梁武帝笃信佛教，与东南亚诸国交往密切。扶南国进献生犀牛，有襃扬其威德的因素。

鹦鹉属奇禽之类，常被作为宠物饲养，如果形体毛色有异，则更为珍奇。东南亚各国出鹦鹉，康泰《吴时外国传》云："扶南东有涨海，海中有洲，出五色鹦鹉。其白者如母鸡。"[6] 晋顾微《广州记》云："根杜出五色鹦鹉。曾见其白者，大如母鸡。"佚名《南方异物志》云："鹦鹉有三种，（一种）青大如乌臼，一种白大如鸱鸮，一种五色。大于青者，交州巴南尽有之。及五色出杜薄州，凡鸟四指，三向前，一向后。此鸟两指向后。"[7] 根杜即杜薄州，又作诸薄，据其地望，当在今印度尼西亚加里曼丹岛。吴国从东南沿海地区获得鹦鹉。三国吴薛

1　李百药：《北齐书》卷三二《王琳传》，第 433 页。
2　魏收：《魏书》卷五《文成帝纪》，第 119 页。
3　魏收：《魏书》卷一〇二《西域传》，第 2263 页。
4　姚思廉：《梁书》卷三《武帝纪下》，第 83 页。
5　姚思廉：《梁书》卷五四《诸夷传》，第 790 页。
6　欧阳询：《艺文类聚》卷九一《鸟部中》，第 1575 页。
7　徐坚等：《初学记》卷三〇，第 737 页。

综上疏言从日南郡所得物产有鹦鹉。[1] 东南亚、南亚国家多次向刘宋进献鹦鹉，"呵罗单国治阇婆洲。元嘉七年，遣使献金刚指镮、赤鹦鹉鸟"。[2] 婆皇国"大明三年，献赤白鹦鹉"。[3] 呵罗单、婆皇等国同为阇婆洲国家。元嘉五年，天竺迦毗黎国国王月爱遣使奉表，"并奉献金刚指环、摩勒金环诸宝物，赤白鹦鹉各一头"。[4] 梁普通三年，婆利国国王"频伽复遣使珠贝智贡白鹦鹉、青虫、兜鍪、琉璃器、古贝、螺杯、杂香、药等数十种"。[5]

貂产于亚洲北部，色紫黑者称紫貂或黑貂，以其皮毛闻名。貂来自东北亚民族，"貂，鼠属也，大而黄黑，出胡丁零国"。[6] "貂出扶余、挹娄。"[7] 魏晋时中原和南方政权都获得过东北亚的貂，"挹娄国出赤玉、好貂，今所谓挹娄貂是也"。[8] 嘉禾元年（232）十月，"魏辽东太守公孙渊遣校尉宿舒、阆中令孙综称藩于权，并献貂、马"。在扶余国屡次向西晋进献的物品中当有其特产貂，扶余国"出善马及貂、豽、美珠……武帝时，频来朝贡"。[9]

又有林邑白猴、波斯狗、倭国狒等。魏正始四年（243），"倭王复遣使大夫伊声者、掖邪狗等八人，上献生口、倭锦、绛青缣、绵衣、帛布、丹木、狒、短弓矢"。[10] 梁天监九年四月丁巳，"林邑国遣使献白猴一"。[11] 北齐有波斯狗，史载南阳王绰"爱波斯狗，尉破胡谏之，欻然斫杀数狗，狼藉在地"；北齐后主高纬"以波斯狗为仪同、郡君，分其干禄"。[12] 奇禽异兽满足了上层贵族的好奇荒淫之心，史家批评北

1　陈寿：《三国志》卷五三《薛综传》，第 1252 页。

2　沈约：《宋书》卷九七《夷蛮传》，第 2381 页。

3　沈约：《宋书》卷九七《夷蛮传》，第 2383 页。

4　沈约：《宋书》卷九七《夷蛮传》，第 2386 页。

5　姚思廉：《梁书》卷五四《诸夷传》，第 797 页。

6　许慎：《说文解字》，中华书局，1963，第 198 页。

7　欧阳询：《艺文类聚》卷九五《兽部下》，第 1655 页。

8　陈寿：《三国志》卷三〇《乌丸鲜卑东夷传》，第 848 页。

9　房玄龄等：《晋书》卷九七《四夷传》，第 2532 页。

10　陈寿：《三国志》卷三〇《乌丸鲜卑东夷传》，第 857 页。

11　姚思廉：《梁书》卷二《武帝纪中》，第 50 页。

12　李百药：《北齐书》卷五〇《韩宝业等传》，第 693~694 页。

魏统治者追求域外珍奇的外交活动，造成"舟车接次，驼驴衔尾"的局面。[1]

二 对外贸易中的良马市易

随着丝绸之路的发展，中古时中国与域外诸国的贸易越来越兴盛。通过贸易所得的动物，通常是社会生活中最需要的，魏晋南北朝时主要是马。其时中原地区和南方政权获取游牧民族和域外良马的方式更加多元，途径主要是互市贸易。通过献赠所得的马虽优良名贵，但数量有限，通过贸易所得数量可观。

马的输入是中原地区与鲜卑人边境贸易的主要内容。曹魏建立，鲜卑人便与中原政权建立互市，"比能帅部落大人小子代郡乌丸修武卢等三千余骑，驱牛马七万余口交市"。[2]曹魏也通过互市获得西域良马。徐邈为凉州刺史，"支度州界军用之余，以市金帛犬马，通供中国之费。……西域流通，荒戎入贡，皆邈勋也"。[3]南方孙吴通过互市贸易获得北方良马。孙权曾遣"校尉梁寓奉贡于汉"，并"令王淳市马"。[4]嘉禾四年七月，魏文帝遣使至吴"以马二百匹，求易珠玑、翡翠"。[5]孙吴与辽东公孙渊政权交好，从辽东获取良马。陆瑁谏阻孙权伐辽东："诚欲诱纳愚弄，以规其马耳。"[6]嘉禾元年，孙吴周贺使辽东，"浮舟百艘，沈滞津岸，贸迁有无。既不疑拒，赍以名马"。[7]第二年张弥又率使团出使辽东，携大量"金宝珍货"。船队停泊在沓津后，"别赍致

1 魏收：《魏书》卷九五《刘聪传》，第 2043 页。
2 陈寿：《三国志》卷三〇《乌丸鲜卑东夷传》，第 838~839 页。
3 陈寿：《三国志》卷二七《徐邈传》，第 740 页。
4 陈寿：《三国志》卷四七《吴主传》，第 1121 页。
5 许嵩：《建康实录》卷二，中华书局，1986，第 42 页。
6 陈寿：《三国志》卷五七《陆瑁传》，第 1337~1338 页。
7 陈寿：《三国志》卷八《公孙渊传》，裴注引《魏略》，第 255 页。

遗货物，欲因市马"。[1]

东晋南北朝时北方诸政权统治者大多出身"五胡"游牧民族，当其进入中原时，继续从北方草原获得良马。南方政权则与北方政权互市，购取良马。祖逖因与石勒互市而"士马日滋"。[2]北魏与东北、北方和西北地区的各政权都有互市交往。北魏与库莫奚有交市，宣武帝《监库莫奚国交市诏》云："库莫奚去太和二十一年以前，与安、营二州边民参居，交易往来，并无疑贰。至二十二年叛逆以来，遂尔远窜。今欲款附，犹在塞表，每请入塞与民交易。……不容依先任其交易，事宜限节，交市之日，州遣上佐监之。"契丹国"真君以来，求朝献，岁贡名马。显祖时，使莫弗纥何辰奉献，得班飨于诸国之末。……悉万丹部、何大何部、伏弗郁部、羽陵部、日连部、匹洁部、黎部、吐六于部等，各以其名马、文皮入献天府，遂求为常。皆得交市于和龙、密云之间，贡献不绝"。[3]北魏与北方柔然存在互市关系，他们从柔然那里获得良马。元孚《陈赈恤阿那瓌便宜表》谈到北魏与柔然的关系："贸迁起于上古，交易行于中世，汉与胡通，亦立关市。北人阻饥，命悬沟壑，公给之外，必求市易，彼若愿求，宜见听许。"[4]

北魏时还有个人通过交易购取域外名马，甚至远至波斯国。元琛任秦州刺史，"遣使向西域求名马，远至波斯国，得千里马，号曰'追风赤骥'。次有七百里者十余匹，皆有名字。以银为槽，金为锁环，诸王服其豪富"。[5]马是家产，拥有域外"洋马"是豪富的体现。

北朝与南朝一直保持着互市关系，由此北方的马输入南方。北魏拓跋焘率军南伐刘宋，于元嘉二十八年北归，"复求互市"，说明南北朝之间一直存在互市，只是因为这次战事而暂时中断。从颜竣

1　陈寿：《三国志》卷八《公孙渊传》，裴注引《魏略》，第 256 页。

2　房玄龄等：《晋书》卷六二《祖逖传》，第 1697 页。

3　魏收：《魏书》卷一〇〇《契丹传》，第 2223 页。

4　魏收：《魏书》卷一八《元孚传》，第 425 页。

5　杨衒之撰，范祥雍校注《洛阳伽蓝记校注》卷四，第 207 页。

之议还可以知道，南朝"互市之利在得马"。[1] 在这种贸易中，北朝输往南朝的主要是马。尽管南朝有不少人反对互市，但朝廷最终还是决定对北朝开放互市，因为对于南朝来说，互市是获得北方良马的主要途径。

突厥崛起之初便与中原北朝政权进行互市。土门可汗时"始至塞上市缯絮，愿通中国"。在突厥与中原地区的互市中，中原地区获得了大量突厥的马。北齐时朝廷一次便运数千匹突厥马至扬州贩卖，[2] 可见当时从突厥那里购取马匹之多。

三　战争中马、牛、羊、驴、骡、骆驼、象的掠取

西域和北方草原民族牧养马、牛、羊、驴、骡、骆驼等牲畜，东南亚、南亚诸国则产象，中国各政权在对北方草原民族和东南亚国家的战争中获得了大量牲畜。在中古时代的战争中，战马是将士骑乘的工具，马、驴、骡、骆驼是军资驮载工具，牛、羊是游牧民族军食的重要组成部分，在东南亚地区象也用于作战，因此战争胜败造成大量战马、驮马和各种牲畜的转移。马、牛、羊、驴、骡、骆驼、象等牲畜是财富的象征，成为战争中被掠取的对象和战利品的主要内容。

中原政权在与北方草原民族的战争中往往获得大量牲畜。鲜卑盛产良马，曹魏在对鲜卑的战争中获其良马。田豫破鲜卑，"虏众散乱，皆弃弓马步走"，[3] 这正是游牧族群战场失败的常态。永嘉元年，西晋刘琨为并州刺史，"琨子遵先质于（猗）卢，众皆附之。及是，遵与箕澹等帅卢众三万人，马牛羊十万，悉来归琨"。"箕澹谏曰：'此虽晋人，久在荒裔，未习恩信，难以法御。今内收鲜卑之余

1　沈约:《宋书》卷七五《颜竣传》，第 1959 页。
2　李百药:《北齐书》卷四二《卢潜传》，第 555~556 页。
3　陈寿:《三国志》卷二六《田豫传》，第 727 页。

谷，外抄残胡之牛羊，且闭关守险，务农息士，既服化感义，然后用之，则功可立也。'"[1] 抄掠牛羊是战争目的之一。十六国诸政权通过战争手段从周边民族获得牲畜。前秦吕光伐西域，"以驼二万余头致外国珍宝及奇伎异戏、殊禽怪兽千有余品，骏马万余匹"。[2] 石勒部将孔苌与鲜卑交战，"获铠马五千匹"；[3] "石季龙击托候部掘咄哪于岈北，大破之，俘获牛马二十余万"。[4] "段末波初统其国而不修备，（慕容）廆遣鬽袭之，入令支，收其名马宝物而还。"[5] 夏国赫连勃勃与河西南凉、关中后秦发生不少战争。"勃勃初僭号，求婚于秃发傉檀，傉檀弗许。勃勃怒，率骑二万伐之，自杨非至于支阳三百余里，杀伤万余人，驱掠二万七千口、牛马羊数十万而还。"赫连勃勃与姚兴部将齐难交战，"俘获七千余人，收其戎马兵杖。难引军而退，勃勃复追击于木城，拔之，擒难，俘其将士万有三千，戎马万匹"。[6] 河西鲜卑日六延叛离石勒，石季龙讨之，败延于朔方，"获牛马十余万"。[7] 前凉张氏政权多从西域和鲜卑得马牛羊和骆驼并转送中原地区，张寔"遣督护王该送诸郡贡计，献名马方珍、经史图籍于京师"。[8] 张茂惧刘曜军威，"遣使称藩，献马一千五百匹、牛三千头、羊十万口"。[9]

北朝在与北方、西域游牧民族的战争中获得大量牲畜。鲜卑人南下之后，北方草原兴起游牧民族柔然。柔然多牛羊驼马，北魏从对柔然的战争中多所虏获。天兴五年（402）正月"辛卯，蠕蠕祖仑遣骑救素古延等，和突逆击破之于山南河曲，获铠马二千余匹"；"二月癸丑，征西大将军、常山王遵等至安定之高平，木易于率数千骑

1　房玄龄等：《晋书》卷六二《刘琨传》，第1684~1685页。

2　房玄龄等：《晋书》卷一二二《吕光载记》，第3056页。

3　房玄龄等：《晋书》卷一〇四《石勒载记上》，第2718~2719页。

4　房玄龄等：《晋书》卷一〇五《石勒载记下》，第2737页。

5　房玄龄等：《晋书》卷一〇八《慕容廆载记》，第2807页。

6　房玄龄等：《晋书》卷一三〇《赫连勃勃载记》，第3203、3204页。

7　房玄龄等：《晋书》卷一〇四《石勒载记上》，第2729页。

8　房玄龄等：《晋书》卷八六《张寔传》，第2227页。

9　房玄龄等：《晋书》卷一〇三《刘曜载记》，第2695页。

与卫辰、屈丐弃国遁走，追至陇西瓦亭，不及而还。获其辎重库藏，马四万余匹，骆驼、牦牛三千余头，牛、羊九万余口"。[1] 兴光元年（454）十一月，"北镇将房杖击蠕蠕，虏其将豆浑与句等，获马千余匹"。[2] "皇兴四年，予成犯塞，车驾北讨……虏众奔溃，逐北三十余里，斩首五万级，降者万余人，戎马器械不可称计。"[3] 北魏还从对西域的战争中获得骆驼。焉耆国"畜有驼马"，"恃地多险，颇剽劫中国使。世祖怒之，诏成周公万度归讨之……获其珍奇异玩、殊方谲诡不识之物，橐驼马牛杂畜巨万"。[4] 龟兹国"物产与焉耆略同"，"世祖诏万度归率骑一千以击之……斩二百余级，大获驼马而还"。[5] 北齐从对奚族的战争中获得大量牲畜，綦连猛"从肃宗讨奚贼，大捷，获马二千匹，牛羊三万头"。[6]

高车是北朝人对漠北一部分游牧部落的泛称，始称狄历，汉代时称丁零，魏晋时称敕勒。北魏从对高车的战争中获得大量牲畜。北魏太祖进击高车，"度弱洛水，西行至鹿浑海，停驾简轻骑，西北行百余里，袭破之，虏获生口马牛羊二十余万"。[7] 天兴二年（399）"二月丁亥朔，诸军同会，破高车杂种三十余部，获七万余口，马三十余万匹，牛羊百四十余万。骠骑大将军、卫王仪督三万骑别从西北绝漠千余里，破其遗迸七部，获二万余口，马五万余匹，牛羊二十余万头"。[8] 泰常三年正月丁酉，明元帝"自长川诏护高车中郎将薛繁率高车丁零十二部大人众北略，至弱水，降者二千余人，获牛马二万余头"。[9] "世祖征蠕蠕，破之而还，至漠南，闻高车东部在巳尼陂，人畜甚众，去官军千余里，将遣左仆射安原

1　魏收：《魏书》卷二《道武帝纪》，第 39 页。
2　魏收：《魏书》卷五《文成帝纪》，第 114 页。
3　魏收：《魏书》卷一〇三《蠕蠕传》，第 2295 页。
4　魏收：《魏书》卷一〇二《西域传》，第 2265~2266 页。
5　魏收：《魏书》卷一〇二《西域传》，第 2267 页。
6　李百药：《北齐书》卷四一《綦连猛传》，第 541 页。
7　魏收：《魏书》卷一〇三《高车传》，第 2308 页。
8　魏收：《魏书》卷二《道武帝纪》，第 34 页。
9　魏收：《魏书》卷三《明元帝纪》，第 58 页。

等讨之。……乃遣原等并发新附高车合万骑，至于已尼陂，高车诸部望军而降者数十万落，获马牛羊亦百余万，皆徙置漠南千里之地。乘高车，逐水草，畜牧蕃息，数年之后，渐知粒食，岁致献贡，由是国家马及牛羊遂至于贱，毡皮委积。"[1] 北魏太祖道武帝和北魏太武帝两次大规模地征讨高车，都获得大批牛马羊。而太武帝之后，高车每年贡献的马及牛羊之多，甚至造成北魏这些牲畜的价格下降。

伴随着战马的输入，周边拥有良马的民族归附中原政权，这种归附往往是征服的结果。汉末袁绍和曹操先后征乌丸，增强了骑兵力量。建安中"袁绍兼河北，乃抚有三郡乌丸，宠其名王而收其精骑"。[2] 建安十一年，曹操征乌丸获其精骑，"由是三郡乌丸为天下名骑"。[3] 西晋末年，凉州张轨"遣军勤王"的军队里有"武威太守张琠胡骑二万"。[4] 这些胡骑应当是降附张轨的西北游牧民族。中原地区从游牧民族那里获得大量战马是中古战争的一大内容。

象在东南亚是牲畜，亦是战骑，南朝刘宋在对林邑国的战争中获得大象。交州刺史杜慧度"率文武万人南讨林邑，所杀过半，前后被抄略，悉得还本。林邑乞降，输生口、大象、金银、古贝等"。[5] 这是作为乞降的条件输送的，可视为战利品。林邑国打仗有象兵，刘宋在对林邑的战争中亦俘获其战象。元嘉二十三年（446）伐林邑，林邑王"以具装被象，前后无际"，宗悫以假狮子迎之，"象果惊奔"。[6] 比之献赠和贸易，战争所得数量往往更多，大量牲畜的获得成为战争损失的补偿，也成为增长军力和财富的手段。

1　魏收：《魏书》卷一〇三《蠕蠕传》，第 2309 页。

2　陈寿：《三国志》卷三〇《乌丸鲜卑东夷传》，第 831 页。

3　陈寿：《三国志》卷三〇《乌丸鲜卑东夷传》，第 835 页。

4　房玄龄等：《晋书》卷八六《张寔传》，第 2225 页。

5　沈约：《宋书》卷九二《杜慧度传》，第 2264 页。

6　沈约：《宋书》卷七六《宗悫传》，第 1971~1972 页。

四　作为审美对象的文化意义

从域外输入的动物，除了实用之外，主要是供观赏。那些未尝闻见之域外动物优美奇特或怪异的形态以及异于汉地动物的品性能够给人新奇之感，因此从汉代起汉地便有了专门饲养外来动物的苑囿。据《洛阳伽蓝记》，北魏都城洛阳"永桥南道东有白象、狮子二坊。白象者，永平二年乾陀罗国胡王所献。背设五彩屏风，七宝坐床，容数人，真是异物。常养象于乘黄曹，象常坏屋败墙，走出于外。逢树即拔，遇墙亦倒，百姓惊怖，奔走交驰。太后遂徙象于此坊"。[1] 鹦鹉主要是供赏玩之用，中古文学中多吟咏其聪慧和毛色、音声之美。晋武帝妃左棻《鹦武赋》："色则丹喙翠尾，绿翼紫颈。秋敷其色，春耀其荣。"郭璞《山海图赞》："鹦鹉慧鸟，栖林啄蕊，四指中分，行则以觜。自贻伊笼，见幽坐伎。"傅玄《鹦鹉赋》："奇毛曜体，绿采含英。凤翔鸾跱，孔质翠荣。悬赪分于丹足，婉朱咮之荧荧。发言辄应，若响追声。"卢谌《鹦鹉赋》："有遐方之奇鸟，产瓜州之旧壤，挥绿翰以运影，启丹觜以振响。"傅咸《鹦鹉赋》："有金商之奇鸟，处陇坻之高松。谓崇峻之可固，然以慧而入笼。披丹唇以授音，亦寻响而应声。眄明眸以承颜，侧聪耳而有听。口才发而轻和，密晷景而随形。言无往而不复，似探幽而测冥。自嘉智于君子，足取爱而扬名。"[2] 都是咏其形色之美和聪慧。刘宋元嘉二十九年，南平王刘铄献赤鹦鹉，普诏群臣为赋。[3] 谢庄《赤鹦鹉赋》云："徒观其柔仪所践，赪藻所挺，华景夕映，容光晦鲜。慧性生昭，和机自晓。审国音于寰中，达方声于裔表。及其云移霞峙，霰委雪翻。翚渐陆离，容裔鸿轩；跃林飞岫，焕若轻电。溢烟门，集场圃，晔若夭桃被玉园。至于气淳体净，雾下崖沉，月圆光于绿水，云写影于青林，溯

1　杨衒之撰，范祥雍校注《洛阳伽蓝记校注》卷三，第161页。

2　欧阳询：《艺文类聚》卷九一《鸟部中》，第1576页。

3　沈约：《宋书》卷八五《谢庄传》，第2167~2168页。

还风而耸翮，沾清露而调音。"[1] 南平王刘铄时任南兖州刺史，治广陵（今江苏扬州），其所献当来自东南亚国家的进献。梁普通三年（522）婆利国进贡白鹦鹉，昭明太子《鹦鹉赋》云："有能言之奇鸟，每知来而发声。乍青质而翠映，或体白而雪明。喙前钩而趋步，翼高舞而翩翻。足若丹而三布，目如金而双圆。"[2] 这些仅供观赏的奇禽异兽，因无实用价值有时被视为无益之物。汉献帝时刘艾《汉帝传》记载："兴平元年，益州蛮夷献鹦鹉三，诏曰：'往者益州献鹦鹉三枚，夜食三升麻子。今谷价腾贵，此鸟无益有损，可付安西将军杨定因，令归本土。'"[3] 东晋时扶南国献驯象，"穆帝升平初，复有竺旃檀称王，遣使贡驯象。帝以殊方异兽，恐为人患，诏还之"。[4] 穆帝诏曰："此物劳费不少，驻令勿送。"[5]

从人追求自由联想到动物时则不忍违其本性，看到那些外来的供观赏之用的动物系执樊笼，则不免产生恻隐怜悯之心。北魏时波斯国胡王献狮子曾被节闵帝送还："普泰元年，广陵王即位，诏曰：'禽兽囚之，则违其性，宜放还山林。'狮子亦令送归本国。"[6] 远方的鹦鹉飘零万里囚系鸟笼也引起诗人的悲悯。王粲《鹦鹉赋》："步笼阿以踯躅，叩众目之希稠。登衡干以上干，噭哀鸣而舒忧。声嘤嘤以高厉，又惨惨而不休。听乔木之悲风，羡鸣友之相求。日奄蔼以西迈，忽逍遥而既冥。就隅角而敛翼，倦独宿而宛颈。"[7] 诗人悲悯鹦鹉幽系樊笼失去自由，孤单独处。成公绥《鹦鹉赋》云："小禽也，以其能言解意，故为人所爱。玩之以金笼，升之以殿堂，可谓珍之矣，盖乃未得鸟之性也！"[8] 曹毗《鹦鹉赋并序》感叹鹦鹉失去自由："余在直，见交州献鹦

1　欧阳询：《艺文类聚》卷九一《鸟部中》，第 1577 页。

2　欧阳询：《艺文类聚》卷九一《鸟部中》，第 1577 页。

3　徐坚等：《初学记》卷三〇，第 737 页。

4　房玄龄等：《晋书》卷九七《四夷传》，第 2547 页。

5　姚思廉：《梁书》卷五四《诸夷传》，第 789 页。

6　杨衒之撰，范祥雍校注《洛阳伽蓝记校注》卷三，第 162 页。

7　欧阳询：《艺文类聚》卷九一《鸟部中》，第 1576 页。

8　李昉等：《太平御览》卷七六四《器物部》，第 3393 页。

鹉鸟，嘉其有智，叹其笼樊，乃赋之。"[1] 桓玄《鹦鹉赋》同情鹦鹉沦为玩物："有遐方之令鸟，超羽族之拔萃。翔清旷之辽朗，栖高松之幽蔚。罗万里以作贡，婴樊绁以勤瘁。红腹赪足，玄颔翠顶。革好音以迁善，效言语以自骋。翦羽翮以应用，充戏玩于轩屏。"[2] 颜延之《白鹦鹉赋》咏来自"九译绝区"的白鹦鹉，同情它为人擒获失去自由："觊天网之一布，漏微翰于山阿。"[3]

在中国重视比德的文化传统中，外来动物往往被赋予比拟象征意义。借咏域外动物的输入歌功颂德，是中国文学中很早就有的主题。周朝时越裳国贡白雉被认为是社会太平的象征，东汉班固《白雉诗》云："容洁朗兮于纯精，彰皇德兮侔周成。"[4] 东晋葛洪云："今之九德，则古之越裳也，盖白雉之所出，周成王所以为瑞者。贵其所自来之远，明其德化所被之广。"[5] 后世文学中多咏其事，西晋傅玄《雉赋》："禀炎离之正气，应朱火之祯祥。播五彩之繁缛，被华文而成章。冠列角之威仪，翘从风而飘扬。履严距之武节，超鸾跱而凤翔。感天和而贻瑞，进据鼎而祚商。乐周道之方隆，敷皓质于越裳。"[6] 鹦鹉也被赋予政治含义，阮瑀《鹦鹉赋》用异域献鹦鹉歌颂盛世："惟翩翩之艳鸟，诞嘉类于京都。秽夷风而弗处，慕圣惠而来徂。"[7] 在古代瑞应书中白象为瑞兽，"白象者，人君自养有节则至"。[8] 因此域外来献白象和文学家歌咏白象，都有歌功颂德的寓意。马中之所谓玉马、腾黄、乘黄、飞兔、龙马等都被视为祥兆。[9] 东北亚高句丽国献赪白马，南朝宋江夏王刘义恭《白马赋》、文学家颜延之《赪白马赋》咏之。刘义恭赋云："惟皇有造，惟灵有秘，丽气摛精，底爱覃粹。八埏稽首以宾

1　欧阳询:《艺文类聚》卷九一《鸟部中》，第1576页。

2　欧阳询:《艺文类聚》卷九一《鸟部中》，第1577页。

3　欧阳询:《艺文类聚》卷九一《鸟部中》，第1577页。

4　萧统编《文选》卷一，第16页。

5　欧阳询:《艺文类聚》卷九〇《鸟部上》，第1571页。

6　欧阳询:《艺文类聚》卷九〇《鸟部上》，第1572页。

7　欧阳询:《艺文类聚》卷九一《鸟部中》，第1576页。

8　沈约:《宋书》卷二八《符瑞志中》，第802页。

9　欧阳询:《艺文类聚》卷九九《祥瑞部下》，第1714页。

庭，九荒敛衽而纳贽，象车垂德以服箱，龙马宅仁而受眷……伊赭白之为俊，超绝世而称骥。"[1] 颜延之赋序云："骥不称力，马以龙名，岂不以国尚威容，军伏趫迅而已，实有腾光吐图，畴德瑞圣之符焉。是以语崇其灵，世荣其至。我高祖之造宋也，五方率职，四隩入贡。秘宝盈于玉府，文骊列乎华厩。"[2] 都以四夷入贡称颂朝廷的威德。也有借对外来动物的吟咏表达讽谏之意者。颜延之《赭白马赋》在歌功颂德的同时，又有委婉讽喻之意，写御厩中赭白马受到皇上恩宠，但"岁老气殚，毙于内栈。少尽其力，有恻上仁"。借此表达游猎足以亡身的道理："然而殷于游畋，作镜前王；肆于人上，取悔义方。"

　　域外动物的输入促成文学中新的意象生成，传说中的"龙马"融入大宛汗血马的元素，传统的龙马观念发生了变化。龙马本是神话中的神兽，体形像马，却是龙头龙爪，身有鳞片。《礼记·礼运》云："河出马、图。"孔颖达疏引《尚书中候》云："尧时受河图，龙衔，赤文，绿色。注云：龙而形象马，故云马图，是龙马负图而出。又云伏羲氏有天下，龙马负图出于河。"[3] 域外良马输入中国后，其神奇传说与中国龙马神话相结合，遂形成新的"龙马"意象。这种龙马形象既有中国文化中传统的龙马形态，又有域外良马的各种要素，特别是大宛汗血马。郭璞《山海经图赞》咏"水马"："马实龙精，爰出水类，渥洼之骏，是灵是瑞。"[4] 黄章《龙马赋》云："夫龙马之所出，于太蒙之荒域。分虞渊之幽浚，通天光之所极。生河海之滨涯，被华文而朱翼。禀神祇之纯化，乃大宛而再育。资玄螭之表像，似灵虹之注则。"[5] 在魏晋人笔下，天马与龙马融为一体。人们用龙形容良马，庾阐《扬都赋》写扬州乃域外物产汇聚之地："龙骥汗血于广涂。"[6] 吕光《平西域还上疏》曰："惟龟兹据三十六国之中，制彼侯王之命，入其国城，

1　徐坚等：《初学记》卷二九，第704页。
2　萧统编《文选》卷一四，第187页。
3　孔颖达等：《礼记正义》卷二二，《十三经注疏》，第1427页。
4　严可均校辑《全上古三代秦汉三国六朝文》，第2161页。
5　严可均校辑《全上古三代秦汉三国六朝文》，第2059页。
6　严可均校辑《全上古三代秦汉三国六朝文》，第1678页。

天骥龙麟，腰袅丹髦，万计盈厩。"[1] 龙马成为骏马、良马、名马和神马的代称。

托物言志是中国文学的传统，外来动物成为文学家歌咏的对象，并借以抒情言志。建安祢衡、陈琳、应场、曹植、王粲、阮瑀等人皆著有《鹦鹉赋》。有的借写鹦鹉抒发怀才不遇的心情，如祢衡的《鹦鹉赋》。祢衡在江夏，人有献鹦鹉于太守黄祖，黄祖子黄谢请祢衡作赋，祢衡"揽笔而作"。[2] 赋中说这只鹦鹉乃"西域之灵鸟"，"流飘万里，崎岖重阻，逾岷越障，载罹寒暑"，"想昆山之高岳，思邓林之扶疏"，都意在说明鹦鹉来自异域，诗人借鹦鹉的遭遇表达了对现实人生的感慨，也表达了自己漂泊流寓和不得志的心情。陈琳《鹦鹉赋》："咨乾坤之兆物，万品错而殊形。有逸姿之令鸟，含嘉淑之哀声。"[3] 鸟儿发出"哀声"，显然心有怨恨，乃作者移情于物。有的借鹦鹉表达人生感悟，应场《鹦鹉赋》："何翩翩之丽鸟，表众艳之殊色。被光耀之鲜羽，流玄黄之华饰。苞明哲之弘虑，从阴阳之消息。秋风厉而潜形，苍神发而动翼。"[4] 从鹦鹉被擒体悟到君子处世应有明哲保身之道。有的则借鹦鹉抒发政治上的感慨，曹植《鹦鹉赋》写一对鹦鹉春日双飞，雄鸟被旅人猎获，雌鸟飞归，它之所以没有殉情，是为了护养幼雏："岂余身之足惜，怜众雏之未飞。分糜躯以润镬，何全济之敢希！"以雏鸟自比，感谢恩人救护之德："蒙含育之厚德，奉君子之光辉。怨身轻而施重，恐往惠之中亏。常戢心以怀惧，虽处安其若危。永哀鸣以报德，庶终来而不疲。"[5] 在与曹丕的权力斗争中，曹植曾得到一些人的支持，但这些人后来受到曹丕的打击和迫害。曹植这篇赋表达了对他们的感激之情和自己如履薄冰的忧危恐惧之心态。

1　严可均校辑《全上古三代秦汉三国六朝文》，第 2353 页。

2　范晔：《后汉书》卷八〇《祢衡传》，第 2657 页。

3　欧阳询：《艺文类聚》卷九一《鸟部中》，第 1576 页。

4　欧阳询：《艺文类聚》卷九一《鸟部中》，第 1576 页。

5　欧阳询：《艺文类聚》卷九一《鸟部中》，第 1576 页。

大量外来动物传入中国是亚欧大陆文明互动、中外文化交流和胡汉文化交融在社会生活中的重要反映，在某种程度上反映了这个时期文化交流的盛况。外来动物在中古社会生活中的重要性不言而喻。外来动物输入的途径主要是贸易、献赠和战争，通过贸易获得的主要是马，通过献赠所得的则主要为名马和奇禽异兽，通过战争获得的主要为牲畜。这一时期获得的域外动物，数量最多、影响最大的是马。这是战争频仍的时代，骑兵作战是这一时期战争的主要形式，对良马的拥有是各个政权共同的需要。贸易、战争和献贡都以马为主要的内容和手段，欧亚大陆各地的良马几乎都或多或少地进入中国。魏晋南北朝诸政权都通过战争获得良马，马的输入增强了他们的军力。

除了良马的输入，还有其他牲畜，主要是牛、羊、驴、骡、骆驼、象，既为中国中原地区增加了畜力，也在某种程度上改进和丰富了饮食文化。在中古时期的社会生活中，畜力的利用占有重要地位，在当时的骑乘、驮运和耕作中，牲畜扮演了重要角色。吕光从西域班师，以大批骆驼驮载战利品；北魏太武帝南征，随军以骆驼驮载军资和酒食。游牧民族以牛羊肉为主食的习惯也传入中原地区，在一定程度上改变了贵族阶级的生活方式。史载"泰始之后，中国相尚用胡床貊槃，及为羌煮貊炙，贵人富室，必畜其器，吉享嘉会，皆以为先"。[1]饮食上的变化以食材的丰富为前提，有了大量的来自游牧民族的牛羊，才可能进行"羌煮貊炙"的料理制作。伴随着外来牲畜的输入，各种牲畜的饲养技术也必然传入中国。

外来的动物还有奇禽异兽。过去提到这些外来动物，总是批判上层贵族阶级生活腐化，他们不惜一切代价换来的奇禽异兽似乎对社会经济的发展没有意义。实际上其社会影响并不全是消极的，外来动物不仅满足了上层贵族统治阶级的耳目之娱，也刺激了人们对外界的探索之心，扩大了对外界的认知，成为中古时期中外文明互动的重要内

1　房玄龄等：《晋书》卷二七《五行志上》，第 823 页。

容。外来动物进入中国后，往往被赋予各种不同的文化意义，丰富了文学意象，成为诗人文士托物寓意的载体。因此，研究这一时期域外动物的输入及其影响，有助于认识文明互动如何丰富和改变了中古时期中国社会生活的面貌。

第十章　域外香料的输入与中古社会

魏晋南北朝时贵族生活日益腐化，香料的使用是其腐化生活的一部分；随着佛教在中国的兴盛发展，对香料的需求量增大，中国本土宗教道教也大量用香；各种外来香料的药用价值日益为中国医家所重视。因此，这一时期更多的香料传入中国。香在当时社会生活中有着广泛的使用，除了熏燃、悬佩、涂敷、饮食，还有宗教燃香，反映了当时人们对海外来"香"的认识以及日益精致的生活情趣。学术界对中古时期外来香料已有若干研究，[1] 但过去的研究主要是考证传入中国的香料的种类、产地和传入途径等，而对中古时期外来香料的社会影响和文化意义缺少深入探讨。本章对魏晋南北朝时期香料的来源和用途进行深入考察，以说明外来香料在社会生活中的作用。

一　域外输入香料的种类和来源

香料种类繁多，主要有三种：一是采自植物的植物性香料，二是采自动物的动物性香料，三是化学提炼或人工合成的人造香料。中古时香料大多为舶来品。范晔《和香方序》云："甘松、苏合、安息、郁金、棜多、和罗之属，并被珍于外国，无取于中土。"[2] 自然界中的香料通常存在于植物体和动物体内。植物性香料指用富含香气的树皮、树脂、木片、根、叶、花、果等加工提炼制成的香料，如旃檀香、沉香、丁香、郁金香、龙脑香、薰陆香、安息香等，中古时传入中国的香料主要是植物性香料。植物性香料大多出产于气候酷热地区。热带地区人体容易产生体垢及异味，为了消除体臭，人们就将当地的香木制成香料，涂抹身上，称为涂香；或是焚香料薰室内及衣服，称为烧香或熏香。涂香所用的香料有香水、香油、香药等，烧香用的香料有丸香、散香、抹香、练香、线香等。植物性香料种类繁多，产地范围很广，以亚热带地区为主要产地，大多采自花、草、树木。有的采自鲜花，有的采自果皮，有的采自枝干，有的采自树脂，有的采自树皮，有的采自果实。采集方式各有不同，通常用蒸馏、压榨、干燥等方式获取植物散发香气的部分。

1　关于魏晋南北朝时期外来香料的研究，主要有如下成果：陈竺同《汉魏以来海外输入奇香考》，《南洋研究》第 6 卷第 2 号，1936 年，第 195~214 页；王鞠侯《南海输入香料品类考》，《南洋研究》第 9 卷第 4 号，1941 年，第 47~74 页；陈连庆《汉晋之际输入中国的香料》，《史学集刊》1986 年第 2 期，第 12~21 页；温翠芳《中古中国外来香药研究》，科学出版社，2016；〔美〕劳费尔《中国伊朗编》，林筠因译，商务印书馆，1964。

2　沈约：《宋书》卷六九《范晔传》，第 1829 页。

　　动物性香料从动物的生殖腺分泌物和病态分泌物中提取，其分泌物形成的香主要有麝香、麝猫香、龙涎香、海狸香，来自其身体某部位的有甲香。中国产麝香。麝猫分布在地中海以南的差不多整个非洲及伊比利亚半岛，麝猫香是从麝猫尾部囊体中提取出来的分泌物，中古时代未见传入中国。来自域外的动物性天然香料主要有龙涎香、甲香等。龙涎香传入中国很晚，大约在唐宋之后，魏晋南北朝时仅见甲香。

　　丝绸之路开辟以前，中国人使用的香料都是国产香草。随着丝绸之路的开辟和中外交流的开展，外来的香料传入中国。西汉南越王墓中发现乳香，说明阿拉伯半岛的香料当时已经传至中国南方沿海地区。汉武帝时丝绸之路开辟，古代笔记小说中有不少当时传入域外奇香的传说故事，这正是域外香料开始传入中国的反映。域外名香或奇香只有达官贵人才能享用。天然香料采集不易，输入中国路途遥远，数量有限，所以异常珍贵。汉末曹操临终遗嘱，专门交代"余香可分与诸夫人，不命祭"，[1] 可知香之珍贵。古代文献中记载外国入贡香料，最初并不知香名，则以入贡国家或地区命名，如"月支香""安息香"云云。后来有的明确说明是何种香，有的只是笼统地称为香或香药。魏晋南北朝时期传入的香料品类更多，进口香料的使用相当普遍，贵族们生活中喜欢用香，他们使用的名贵香料大都是域外进口之舶来品。佛教兴盛发展，促进了香料的进口。烧香是佛教生活的重要内容，信众入院进香，寺院里终日烧香。寺中举行任何仪式，首先烧香，僧人烧香是一种功课和责任。[2] 东晋释道安制定《僧尼轨范》《佛法宪章》，"条为三例"，第一例便是"行香定座上讲经上讲之法"，规定行香是僧人每日必须遵从的生活规范，"天下寺舍，遂则而从之"。[3]

---

1 《曹操集·文集》卷五，第 64 页。
2 《高僧传》卷五《法遇传》记载，法遇避乱，"止江陵长沙寺。讲说众经，受业者四百余人。时一僧饮酒，废夕烧香，遇止罚而不遣"。法遇因此受到道安的批评，于是又"鸣槌集众，以杖筒置香橙上，行香毕，遇乃起，出众前向筒致敬。于是伏地，命维那行杖三下，内杖筒中，垂泪自责"（第 201 页）。可见烧香在佛教生活中的重要性。
3 释慧皎:《高僧传》卷五《释道安传》，第 183 页。

社会上奉佛成风，普通百姓家也烧香拜佛。这一时期道教进入重要的发展期，烧香也是道教宗教生活的重要内容，因此用香量急遽增加。据考证，"微木香、狄提香、兜纳香、白附子香、芸香、胶香、薰草、豆蔻、流黄香等均为三国时期新增进口香药种类"。东晋时进口的香料，见于记载有确定名称的有18种，沉香、薰陆香还有不同的品种。南朝主要通过海上交通获得东南亚、南亚香料，见于记载的有27种。北朝主要通过陆上交通获得来自西域的香料，见于记载的有22种。[1]

从文献记载来看，魏晋南北朝时的域外香料主要见于东南亚和南亚国家入贡，特别是立国南方的地方政权，主要通过海上丝绸之路获得域外物品。《三国志·薛综传》记载薛综上表孙权，论及日南郡贡物："贵致远珍名珠、香药、象牙、犀角……"[2]同书《士燮传》记载，士燮任交州刺史，"燮每遣使诣（孙）权，致杂香细葛，辄以千数"。[3]《宋书·夷蛮传》记载刘宋大明二年（458），"林邑王范神成又遣长史范流奉表献金银器及香、布诸物"。[4]《梁书·诸夷传》记载，盘盘国"中大通元年五月，累遣使贡牙像及塔，并献沉檀等香数十种。六年八月，复使送菩提国真舍利及画塔，并献菩提树叶、詹糖等香"。[5]丹丹国"中大通二年，其王遣使奉表曰：'……谨奉送牙像及塔各二躯，并献火齐珠、古贝、杂香药等。'大同元年，复遣使献金、银、琉璃、杂宝、香药等物"。[6]梁天监十七年，干陁利国遣长史毗员跋摩奉表："奉献金芙蓉、杂香药等，愿垂纳受。"[7]婆利国"普通三年，其王频伽复遣使珠贝智贡白鹦鹉、青虫、兜鍪、琉璃器、古贝、螺杯、杂香、

1　温翠芳：《中古中国外来香药研究》，第91、127、164、205页。

2　陈寿：《三国志》卷五三《薛综传》，第1252页。

3　陈寿：《三国志》卷四九《士燮传》，第1193页。

4　沈约：《宋书》卷九七《夷蛮传》，第2379页。

5　姚思廉：《梁书》卷五四《诸夷传》，第793页。

6　姚思廉：《梁书》卷五四《诸夷传》，第794页。

7　姚思廉：《梁书》卷五四《诸夷传》，第795页。

药等数十种"。[1] 梁天监初，中天竺国国王屈多"遣长史竺罗达奉表曰：
'……今奉献琉璃唾壶、杂香、古贝等物。'"[2] 也有人造香料和合成香
料，用途更为广泛，所谓杂香应该包括这种人造香和合成香。魏晋南
北朝时期的南方政权中，梁朝是中外交流的一个高潮时期，史载："自
梁革运，其奉正朔，修贡职，航海岁至，逾于前代矣。"[3] 这一时期也
是香料经海上丝路大量输入的时期。东晋末刘宋初人徐衷著《南方草
物状》中记载，栟香出自"乌浒"，[4] 乌浒是古代南方沿海地区少数民
族名，也指其居住地区。这个记载正是香料从南方输入中原的反映。

从史书记载和考古资料可知，丝绸之路陆路贸易中香料也占有重
要位置。粟特商人、波斯商人和印度商人都参与了香料贸易活动，域
外香料通过他们输入中国。《魏书·西域传》《周书·异域传》都记载
了西域国家物产中有各种香料，尤以波斯为多。实际上这些香料有的
产于波斯，有的只是经由波斯使节或波斯商人传入中国。北魏是对外
文化交流的一个高潮时期，从太武帝开始，对外交往日益发展，至宣
武帝时进入全盛时期："自葱岭以西，至于大秦，百国千城，莫不欢
服。商胡贩客，日奔塞下"；[5] "逮景明之初，承升平之业，四疆清晏，
远迩来同，于是蕃贡继路，商贾交入，诸所献贸，倍多于常"。[6] 北魏
与遥远的波斯有频繁的外交往来，这一时期也是西域香料大量输入的
时期。中古时期活跃在丝绸之路上的粟特商人是沟通欧亚内陆的重要
商业力量。据粟特人古信札和西域出土的汉文文书，4~9世纪粟特人
主要经营的是纺织品和香药。[7] 吐鲁番阿斯塔那73TAM514号墓出土

1　姚思廉：《梁书》卷五四《诸夷传》，第797页。按：婆利国，今文莱国旧称，位于加里曼丹岛
　　北部，北濒中国南海，东、南、西三面与马来西亚的沙捞越州接壤。温翠芳以为是今爪哇东之
　　Bali，即巴厘岛，误。见氏著《中古中国外来香药研究》，第153页。

2　姚思廉：《梁书》卷五四《诸夷传》，第799页。

3　姚思廉：《梁书》卷五四《诸夷传》，第783页。

4　李昉等：《太平御览》卷九八二《香部》，第4348页。

5　杨衒之撰，范祥雍校注《洛阳伽蓝记校注》卷三，第161页。

6　魏收：《魏书》卷六五《邢峦传》，第1438页。

7　毕波：《粟特人与晋唐时期陆上丝绸之路香药贸易》，《台湾东亚文明研究学刊》第2期，2013年，
　　第299~323页。

的《高昌内藏奏得称价钱帐》，据吾师朱雷先生考证，系麴氏高昌时期（499~640）文书。从该文书可知昭武九姓粟特商人在高昌经营的贸易活动中，香料和药是大宗商品，当地政府则向他们征收"称价钱"（贸易税）。[1] 姜伯勤先生据此文书指出，高昌政府中"管理内藏称价钱收入的竺、张、安三人，分别为天竺即印度姓氏、汉姓及粟特姓，三人至少谙知上述三种语言，这也反映了6~7世纪高昌香药市场上活跃着粟特商胡及来自天竺的客商"。[2] 斯坦因在敦煌附近长城烽燧遗址发现的粟特人信札，经过语言学家辛姆斯·威廉姆斯解读，其内容已为大家熟知。其《中国和印度的粟特商人》一文指出，粟特人是中亚与中国和印度与中国的中间商，在中国、印度和粟特之间的三角贸易中，粟特人是主要的贸易承担者。[3] 粟特人信札的内容揭示了南亚地区的香料如荜拨、胡椒和东南亚的龙脑香都是其经营的重要商货。烧香是佛教的重要仪式，东晋十六国以后，随着佛教的日益兴盛，中国人对香的需求日益增加。因此到西域"市香"是一种重要的贸易活动。《晋书·佛图澄传》记载：

> 澄尝遣弟子向西域市香，既行，澄告余弟子曰："掌中见买香弟子在某处被劫垂死。"因烧香祝愿，遥救护之。弟子后还，云某月某日某处为贼所劫，垂当见杀，忽闻香气，贼无故自惊曰："救兵已至。"弃之而走。[4]

既然中原地区的人要到西域"市香"，那么从西域来的商人把香贩贸至中原地区也是自然的事情。

1　朱雷：《麴氏高昌王国的"称价钱"》，《魏晋南北朝隋唐史资料》第四辑，武汉大学历史系魏晋南北朝隋唐史研究室编印，1982，第17~24页。

2　姜伯勤：《敦煌吐鲁番文书与丝绸之路》，第140页。

3　辛姆斯·威廉姆斯（Nicholae Sims-Williams）：《中国和印度的粟特商人》（"The Sogdian Merchants in China and India"），转引自荣新江《Cina e Iran. Da Alessandro Magno alla Dinastia Tang 书评》，《唐研究》第三卷，北京大学出版社，1997，第539页。

4　房玄龄等：《晋书》卷九五《佛图澄传》，第2489页。

来自域外的香被称为"异香""奇香"。王嘉《拾遗记》写富豪石崇生活奢侈:"石氏侍人美艳者数千人……使数十人各含异香,行而语笑,则口气从风而飏。"[1] 此口含异香可能是来自域外的鸡舌香。从汉代开始,尚书省郎官就口含鸡舌香上朝,用来遮掩口气。[2] 西晋时,西域国家入贡奇香和达官贵族之家使用奇香见于记载,《晋书·贾谧传》记载:

> 谧字长深。母贾午,充少女也。父韩寿……贾充辟为司空掾。充每宴宾僚,其女辄于青璅中窥之,见寿而悦焉。问其左右识此人不,有一婢说寿姓字,云是故主人。女大感想,发于寤寐。婢后往寿家,具说女意,并言其女光丽艳逸,端美绝伦。寿闻而心动,便令为通殷勤。婢以白女,女遂潜修音好,厚相赠结,呼寿夕入。寿劲捷过人,逾垣而至,家中莫知,惟充觉其女悦畅异于常日。时西域有贡奇香,一著人则经月不歇,帝甚贵之,惟以赐充及大司马陈骞。其女密盗以遗寿,充僚属与寿燕处,闻其芬馥,称之于充。自是充意知女与寿通。[3]

此言"奇香"乃西域所贡,未言何种香。《世说新语·惑溺》记载此事:

> 韩寿美姿容,贾充辟以为掾。充每聚会,贾女于青璅中看,见寿说之,恒怀存想,发于吟咏。后婢往寿家,具述如此,并言女光丽。寿闻之心动,遂请婢潜修音问,及期往宿。寿跷捷绝人,逾墙而入,家中莫知。自是充觉女盛自拂拭,说畅有异于

1　王嘉撰,齐治平校注《拾遗记校注》卷九,中华书局,1981,第214~215页。

2　应劭《汉官仪》记载:"桓帝侍中迺存,年老口臭,上出鸡舌香与含之。"见《太平御览》卷九八一《香部》,第4345页;蔡质《汉官典职仪式选用》云:"省阁下大屏称曰丹屏,尚书郎含鸡舌香,伏其下奏事。"见《太平御览》卷一八五《居处部》,第900页。

3　房玄龄等:《晋书》卷四〇《贾充传附贾谧传》,第1172~1173页。

常。后会诸吏，闻寿有奇香之气，是外国所贡，一箸人，则历月
不歇。充计武帝唯赐己及陈骞，余家无此香，疑寿与女通，而垣
墙重密，门阁急［炭］峻，何由得尔？乃托言有盗，令人修墙。
使反曰："其余无异，唯东北角如有人迹，而墙高，非人所逾。"
充乃取女左右婢考问，即以状对。充秘之，以女妻寿。[1]

这个故事另有一个版本见于《郭子》，以为与韩寿私通的是陈骞
女，"即以妻寿，未婚而亡。寿因娶贾氏，故世因传是贾女"。[2] 这个"韩
寿偷香"的故事就是成语"窃玉偷香"中"偷香"的语源。刘孝标注
引《海内十洲记》云："汉武帝时，西域月氏国王遣使献香四两，大如
雀卵，黑如桑椹，烧之，芳气经三月不歇。"以为"盖此香也"。[3] 王
嘉《拾遗记》记载后赵石虎："时亢旱，舂杂宝异香为屑，使数百人
于楼上吹散之，名曰'芳尘'。"[4] 此"奇香""异香"皆指外来的名贵的
香。这些香来自异域，常常被认为具有神奇的功能，其功能甚至被夸
大。香料与丝绸一样，既轻便又贵重，适合长途贸易。

域外香料传入中国的途径，有的出于外国入贡。晋张华《博物
志》云："西域使献香，汉制献香不满斤不得受。西使临去，又发香
器如大豆者，试着宫门，香气闻长安四面数十里中，经月乃歇。"[5]《梁
书·诸夷传》记载："干陀利国，在南海洲上。其俗与林邑、扶南略
同。出班布、古贝、槟榔。槟榔特精好，为诸国之极。宋孝武世，王
释婆罗郍怜陀遣长史竺留陀献金银宝器。……（天监）十七年，遣长
史毗员跋摩奉表曰：'……奉献金芙蓉、杂香药等，愿垂纳受。'普通

1　李天华：《世说新语新校》，第 523~524 页。
2　郭澄之《郭子》记载："陈骞以韩寿为掾，每会，闻寿有异香气，是外国所贡，一着衣，历日不
　　歇。骞计武帝惟赐己及贾充，他家理无此香。嫌寿与己女通。考问左右，婢具以实对。骞以女
　　妻寿，寿时未婚。"参见《太平御览》卷九八一《香部》，第 4343 页。
3　刘义庆著，刘孝标注，余嘉锡笺疏《世说新语笺疏》卷下之下，中华书局，2011，第 792 页。
4　王嘉撰，齐治平校注《拾遗记校注》卷九，第 217 页。
5　李昉等：《太平御览》卷九八一《香部》，第 4344 页。

元年，复遣使献方物。"[1] "婆利国，在广州东南海中洲上，去广州二月日行。……王出，以象驾舆，舆以杂香为之，上施羽盖珠帘，其导从吹螺击鼓。……普通三年，其王频伽复遣使珠贝智贡白鹦鹉、青虫、兜鍪、琉璃器、古贝、螺杯、杂香、药等数十种。"[2] "中天竺国，在大月支东南数千里，地方三万里，一名身毒。……其西与大秦、安息交市海中，多大秦珍物，珊瑚、琥珀、金碧珠玑、琅玕、郁金、苏合。苏合是合诸香汁煎之，非自然一物也。又云大秦人采苏合，先笮其汁以为香膏，乃卖其滓与诸国贾人，是以展转来达中国，不大香也。郁金独出罽宾国，华色正黄而细，与芙蓉华里被莲者相似。国人先取以上佛寺，积日香槁，乃粪去之；贾人从寺中征雇，以转卖与佗国也。……天监初，其王屈多遣长史竺罗达奉表曰：'……今奉献琉璃唾壶、杂香、古贝等物。'"[3] 有的出于贸易。《扶南传》曰："顿逊国，人恒以香花事天神。香有多种：区拨叶逆花、途致各逐花、摩夷花。冬夏不圣，日载数十车于市卖之，燥乃益香。亦可为粉，以傅身体。"任昉《述异记》记载："南海出百步香，佩之闻于千步也。今海隅有千步香，是其种也。叶似杜若，而红碧间杂。《贡藉［籍］》云：'日南郡贡千步香。'汉雍仲子进南海香物，拜为涪阳尉，时人谓之'香尉'。日南郡有香市，商人交易诸香处。南海郡有香户。日南郡有千亩香林，名香出其中。香洲在朱崖郡洲中，出诸异香，往往不知其名。千年松香闻十里，亦谓之十里香也。"[4] 西域名香传入中国也反映到文学创作中。梁萧绎《金楼子》记载一则传说："昔玉池国有民婿，面大丑，妇国色，鼻齆。婿乃求媚，此妇终不肯回顾。遂买西域无价名香而熏之，还入其室。妇既齆矣，岂分香臭哉？"[5] 故事中的名香即购自西域。

据魏晋南北朝时期的文献，这一时期外来香料的产地主要有大秦国（罗马、东罗马）、天竺国（印度）、罽宾国（今克什米尔一带）、

1　姚思廉：《梁书》卷五四《诸夷传》，第 794~795 页。

2　姚思廉：《梁书》卷五四《诸夷传》，第 796~797 页。

3　姚思廉：《梁书》卷五四《诸夷传》，第 797~799 页。

4　李昉等：《太平御览》卷九八一《香部》，第 4344 页。

5　萧绎撰，许逸民校笺《金楼子校笺》卷六《杂记篇》，中华书局，2011，第 1292 页。

东南亚诸国（如林邑、干陁利、都昆、典逊、五马洲、扶南等）。主要是通过朝贡往来和贸易传入中国。[1]随着香料的传入，域外烧香习俗也传入中国。《三国志·士燮传》记载：

> 燮兄弟并为列郡，雄长一州，偏在万里，威尊无上。出入鸣钟磬，备具威仪，笳箫鼓吹，车骑满道，胡人夹毂焚烧香者常有数十。[2]

交州地处海上丝路要道，乃西域、南海商胡云集之地。烧香包含着敬重之意，士燮在交州威望很高，当他出行时胡人夹道烧香表示对他的敬重。士燮常把交州物产进贡给吴国孙权，其中便有从域外得到的名贵香料："燮每遣使诣（孙）权，致杂香细葛，辄以千数，明珠、大贝、流离、翡翠、玳瑁、犀、象之珍，奇物异果，蕉、邪、龙眼之属，无岁不至。"[3]其中的"杂香"便是从海外所得各种香，可见域外传入的"香"成为当时互相礼赠进献的物品。南方沿海地区往往将海外舶来品入贡朝廷。《三国志·薛综传》记载吕岱曾上书孙权，论交州沿海地区的治理："县官羁縻，示令威服，田户之租赋，裁取供办，贵致远珍名珠、香药、象牙、犀角、玳瑁、珊瑚、琉璃、鹦鹉、翡翠、孔雀、奇物，充备宝玩，不必仰其赋入，以益中国也。"[4]他认为南方沿海地区不必像内地一样交纳赋税，"贵致远珍"，而是将当地的珍稀物品进贡朝廷，其中便包括"香药"。

二　域外香料与上层贵族生活的精致化

中古时来自域外的"奇香""异香"十分珍贵，主要在贵族之家、

1　温翠芳：《中古中国外来香药研究》，第 79~87 页。
2　陈寿：《三国志》卷四九《士燮传》，第 1192 页。
3　陈寿：《三国志》卷四九《士燮传》，第 1192~1193 页。
4　陈寿：《三国志》卷五三《薛综传》，第 1252 页。

朝廷和宗教活动中使用。域外香料为达官贵人的生活享受提供了新的内容，为朝廷、宗教场所增添了新的神圣气氛，香料之医药价值也逐渐为中国医家所认识。

（一）熏燃用香

燃香起源很早，早期人类"或许有人发现燃烧某些灌木或树干，会产生烟和香气，让人们昏昏欲睡，快乐、兴奋，或产生某种神秘的感觉"。[1]中国古代的达官贵人很早就注意到了香料的这种妙用，通过熏燃香料来消除异味。域外香料传入的同时，也传来了香料的用法。熏香最早成为宫中的习俗，用来熏炙衣被，或增加室内香味。熏香也有消毒疗疾的作用。东汉郭宪《洞冥记》曰："汉武帝于招仙阁烧靡离之香，屑如粟，一粒香气，三月不歇。"[2]《海内十洲记》记载，"汉武帝时，西域月氏国王遣使献香四两，大如雀卵，黑如桑椹"。"后元元年，长安城内病者数百，亡者太半。帝试取月支神香烧之于城内，其死未三月者皆活，芳气经三月不歇。"[3]其中有夸张之处，但也有一定根据。东汉时不仅贵族熏衣，朝廷郎官亦用香熏衣。蔡质《汉官典职仪式选用》记载："尚书郎伯使一人，女侍史二人，皆选端正者。伯使从至止车门还，女侍史洁被服，执香炉烧熏，从入台中，给使护衣服也。"[4]可见当时用香熏衣被是宫中的定制。东汉明德马皇后节俭，自称："吾为天下母，而身服大练，食不求甘，左右但著帛布，无香薰之饰者，欲身率下也。"[5]马皇后的行为只是特例，正反映了一般宫中妇女熏香的风气。汉末秦嘉《答妇徐淑书》曰："令种好香四种，各一斤，可以去秽。"淑答书曰："未得侍帷帐，则芬芳不设。"[6]《魏武令》曰："昔天下初定，吾便禁家内不得香薰。后诸女配国家，为其香，因

1　〔英〕派翠西亚·戴维斯：《芳香疗法大百科》，李清芳译，中信出版社，2013，导读，第XXX页。
2　李昉等：《太平御览》卷九八一《香部》，第4344页。
3　《汉魏六朝笔记小说大观》，第67、68页。
4　应劭等撰，孙星衍等辑《汉官六种》，中华书局，1990，第206页。
5　范晔：《后汉书》卷一〇《皇后纪上》，第411页。
6　李昉等：《太平御览》卷九八一《香部》，第4344页。

此得烧香。吾不好烧香，恨不遂所禁。令复禁，不得烧香！其以香藏衣着身，亦不得！"[1]陆机《吊魏武文》赞美曹操曰："纡广念于履组，尘清虑于余香。"[2]用香熏衣，可以消除异味，沾染香气，令人愉悦，又能祛除病菌，卫生健康。

魏文帝曹丕未继承其父之风，着衣熏香。《三国志·朱建平传》记载：

> 建平又善相马。文帝将出，取马外入，建平道遇之，语曰："此马之相，今日死矣。"帝将乘马，马恶衣香，惊啮文帝膝，帝大怒，即便杀之。[3]

文帝即魏文帝曹丕，他的衣服是被香料熏过的。东晋葛洪撰《肘后备急方》记载了"六味薰衣香方"：

> 沈香一片，麝香一两，苏合香（蜜涂微火炙，少令变色），白胶香一两，捣沈香（令破如大豆粒），丁香一两（亦别捣，令作三两段），捣余香讫，蜜和为炷，烧之。若薰衣，著半两许，又藿香一两，佳。[4]

传说曹丕迎娶薛灵芸："道侧烧石叶之香，此石重叠，状如云母，其光气辟恶厉之疾。此香腹题国所进也。灵芸未至京师数十里，膏烛之光，相续不灭……故行者歌曰：'青槐夹道多尘埃，龙楼凤阙望崔嵬。清风细雨杂香来，土上出金火照台。'"[5]此虽传说，却反映了曹魏时从域外进口名香用以焚燃的史实。西晋豪富石崇家的厕所"常有十余婢

1　李昉等：《太平御览》卷九八一《香部》，第 4344 页。

2　陆机著，刘运好校注整理《陆士衡文集校注》卷九，凤凰出版社，2007，第 926 页。

3　陈寿：《三国志》卷二九《朱建平传》，第 810 页。

4　葛洪原著，沈澍农校注《肘后备急方校注》卷六，第 242 页。

5　王嘉撰，齐治平校注《拾遗记校注》卷七，第 159~160 页。

侍列，皆有容色，置甲煎粉、沉香汁，有如厕者，皆易新衣而出"。[1]
出身贫穷、平素崇尚节俭的尚书郎刘寔去石崇家，"如厕，见有绛纹
帐，茵褥甚丽，两婢持香囊。寔便退，笑谓崇曰：'误入卿内耳。'崇
曰：'是厕耳。'寔曰：'贫士未尝得此。'"[2] 石崇家厕所里的香囊、香料
都是为了消除异味而安排的。石崇曾任荆州刺史，从西域来的商人经
吐谷浑之路到南方，再经长江水路至长江下游。石崇在荆州曾"劫远
使商客，致富不赀"。[3] 他家里大量外来香料有的是劫掠所得。南朝梁
时海路大开，域外香料大量传入，香料的使用更为普遍。颜之推《颜
氏家训》批评当时贵游子弟生活奢侈云："梁朝全盛之时，贵游子弟，
多无学术……无不熏衣剃面，傅粉施珠。"[4] 其熏衣用之香料必然不少
进口珍品。王筠《行路难》云："情人逐情虽可恨，复畏边远乏衣裳。
已缫一茧催衣缕，复捣百和裛衣香。"[5] "裛衣香方"又称"干香方"，
这种熏衣法无须加蜜，而是把香料捣好制成干香，用绵或绢盛好放置
在衣服中，靠香气熏染衣物。

　　熏香器具有很多，如熏炉和熏笼。广州南越王墓和长沙西汉早期
墓葬中，最早出现一种豆式熏炉，其后中原地区流行博山炉式熏炉。
汉代博山香炉闻名于世，而熏炉的出现南方比中原早，被认为意味着
进口香料的使用，"东南亚的香料已成为著名的进口商品"。[6] 魏晋南北
朝时香炉使用更加普遍。曹操《上杂物疏》中提到纯金香炉、纯银香
炉、铜香炉。[7] 晋习凿齿《襄阳耆旧记》记载，西晋名将刘弘"性爱
香，直宫，尝上厕，过香炉上"。[8] 晋张敞《东宫旧事》记载："皇太子
初拜，有铜博山香炉一枚。"博山香炉造型美观。南朝宋郭季产《纂

1　房玄龄等：《晋书》卷九八《王敦传》，第2566页。

2　房玄龄等：《晋书》卷四一《刘寔传》，第1197页。

3　房玄龄等：《晋书》卷三三《石崇传》，第1006页。

4　王利器：《颜氏家训集解》卷三，中华书局，2014，第140页。

5　逯钦立辑校《先秦汉魏晋南北朝诗》，第2011页。

6　周连宽、张荣芳：《汉代我国与东南亚国家的海上交通和贸易的关系》，《文史》第九辑，中华书局，1980，第25页。

7　《曹操集·文集》卷一，第24~25页。

8　习凿齿撰，黄惠贤校补《校补襄阳耆旧记》卷五，中华书局，2018，第105页。

异记》云:"吴郡吴泰,能筮。会稽卢氏失博山香炉,使泰筮之。泰曰:'此物质虽为金,其象实山,有树非林,有孔非泉,阖闾兴见发青烟,此香炉也。'语其主处,求即得。"[1] 南朝齐刘绘有《咏博山香炉诗》,梁昭明太子有《铜博山香炉赋》,梁孝元帝有《香炉铭》。河北满城汉墓出土的"铜熏炉"和"提笼"就是熏衣的器具。长沙马王堆汉墓一号墓出土有为熏衣而特制的熏笼。熏笼覆盖于火炉上供熏香、烘物或取暖。晋张敞《东宫旧事》记载:"太子纳妃,有漆画手巾熏笼二七,大被熏笼三,衣熏笼三。"熏笼又称为火笼,既可取暖,又可熏香。南北朝时诗人喜咏之。南齐谢朓《竹火笼》诗云:"因炎入貂袖,怀温奉芳褥。"梁诗人范静妻沈氏《咏五彩竹火笼》云:"含芳出珠被,耀绿接缃裙。"梁简文帝《谢敕赉织竹火笼启》曰:"慈泽无涯,时锡香被。"[2] 熏炉的使用是为了便于熏烧进口的香料,这反映了香料已经成为重要的进口商品。[3] 中古时众多文人笔下写到熏香的器具,反映出熏香在当时社会生活中应用的普遍性。

(二)悬佩涂敷与含抹之香

悬佩即将香囊佩带在身上或悬挂在器物上,散发香气。中国古代很早就有佩带香囊的风俗,把香料填充于布囊,佩带在身上。《尔雅·释器》云:"妇人之袆,谓之缡。缡,緌也。"郭璞注云:"即今之香缨也。袆,邪交落带系于体,因名为袆。緌,系也。"[4] 东汉许慎《说文解字·巾部》云:"帷,囊也。"段玉裁注云:"凡囊曰帷。"《广韵·平支》云:"缡,妇人香缨,古者香缨以五彩丝为之,女子许嫁后系诸身,云有系属。"故香帷、香缨即香囊。这种风俗是后世女子系香囊的渊源。东汉繁钦《定情诗》中写女子想获得男子的垂爱并订终

1　欧阳询:《艺文类聚》卷七○《服饰部下》,第 1222 页。按:《纂异记》,原作《集异记》,《集异记》作者薛用弱,唐代中期人,初唐欧阳询的著作不当引用之,故当为《纂异记》之误。

2　欧阳询:《艺文类聚》卷七○《服饰部下》,第 1221~1122 页。

3　杨岗:《先秦以至秦汉的薰香习俗文化》,《西北农林科技大学学报》2011 年第 4 期。

4　邢昺:《尔雅疏》卷五《释器第六》,《十三经注疏》,第 2599 页。

身云:"何以致叩叩?香囊系(一作悬)肘后。"[1] "叩叩",殷勤恳挚的样子。这可能是佩带香囊的最早记载。

早期悬佩香囊中的香料是国产香草,丝路开辟后外国名香也用来悬佩。印度人有佩带香花的习俗,也为中国人所了解。《梁书·诸夷传》写中天竺国:"宫殿皆雕文镂刻,街曲市里,屋舍楼观,钟鼓音乐,服饰香华,水陆通流,百贾交会,奇玩珍玮,恣心所欲。"[2] 服饰香花大概也是为了遮掩身体上的异味。魏晋时佩带香囊是一种雅好风流的表现。晋干宝《搜神记》记载:"合肥有一大船,覆在水中。渔人夜宿其旁,闻筝笛之音,又有香气非常。相传云:'曹公载妓,舡覆于此。'"曹公即曹操,曾率兵南征,他的遗令中有关于处理"余香"的安排。这个传说当由此附会而来。香囊还被用来置放或悬挂于室内、车中或帷帐之内。干宝《搜神记》记载一则故事:"渤海史良姊一女子,许嫁而未果。良怒,杀之。后梦见曰:'还君物。'觉而得昔所与香缨、金钗之属。"[3] "香缨"就是佩带在身上或悬挂于室内的物件。东晋谢玄少时特别喜欢佩紫罗香囊,叔父谢安担心他玩物丧志,就通过游戏赢了他的香囊然后烧掉,"玄少好佩紫罗香囊,安患之,而不欲伤其意,因戏赌取,即焚之,于此遂止"。[4]《邺中记》记载:"石虎作流苏帐,顶安金莲花,花中悬金簿,织成綩(音苑)囊,囊受三升,以盛香注。帐之四面上十二香囊,采色亦同。"[5] 在丝路畅通域外奇香大量传入中国的时候,贵族之家佩带的香囊中置入舶来的奇香便是很自然的事情。

涂敷含抹,即以香料敷面或涂敷头发、身体,或含于口中,增加身体香味。古代埃及人便有将香料涂敷身上以散发香气的习俗,"基于公共和个人使用的目的,埃及人储存许多香料。遇到重大庆典时,他

1 逯钦立辑校《先秦汉魏晋南北朝诗》,第 386 页。

2 姚思廉:《梁书》卷五四《诸夷传》,第 799 页。

3 李昉等:《太平御览》卷九八一《香部》,第 4344 页。

4 房玄龄等:《晋书》卷七九《谢安传》,第 2080 页。

5 李昉等:《太平御览》卷九八一《香部》,第 4343~4344 页。

们会点燃熏香，把香料涂抹在跳舞女奴的手上，让香气随着女奴的舞蹈，散布在空气中。从多本古籍的描述中（最早的记载约是公元前 2890 年），我们知道了数种埃及人使用的药材以及使用方法。他们将内服药制成药丸、药粉、栓剂、药饼和药汤，外用药制成油膏和药糊等。他们使用的药材十分广泛，包括树木、花草、动物和矿物，连植物的灰烬和烟也是药材之一"。[1] 将香料作为化妆品也随着域外香料的传入而为中国人所熟悉。陈寅恪说："吾国旧时妇女化妆美容之术，似分外用、内服两种。属于外用者，如脂粉及香熏之类。"[2] 涂发的香油称为"香泽"，即外用者。汉魏六朝时贵族们盛行使用香泽。桓宽《盐铁论·殊路》云："故良师不能饰戚［西］施，香泽不能化嫫母也。"《南齐书·礼志》记载："永明中，世祖以婚礼奢费，敕诸王纳妃，上御及六宫依礼止枣栗腶脩，加以香泽花粉，其余衣物皆停。"[3]《北史·魏本纪》记载，西魏大统元年九月，"有司奏煎御香泽，须钱万贯"。[4] 魏晋南北朝时香料美容之用途得到了扩展，除香汤沐浴，还出现用香料制作的美容用品，如美发的香油、敷面的香粉都是由多种香料配制而成，含有外来香料的成分。

涂敷香料的种类有很多，有的是敷身香粉，即把香料捣碎，捣罗为末，以生绢袋盛之，浴罢敷身；有的是敷面的和粉香，有调色如桃花的十和香粉，还有利汗红粉香，调粉如肉色，涂身香肌利汗。北魏贾思勰《齐民要术》记载了一些合面脂、合手药、合香泽的配方，其中往往用到外来的香料，如丁香、藿香、鸡舌香、甘松香等。[5] 有的是香身丸，据说是"把香料研成细末，炼蜜成剂，杵千下，丸如弹子大，噙化一丸，便觉口香五日，身香十日，衣香十五日，他人皆闻得香，又治遍身炽气、恶气及口齿气"。南北朝时医家

1　〔英〕派翠西亚·戴维斯：《芳香疗法大百科》，导读，第 XXXI 页。

2　陈寅恪：《柳如是别传》，生活·读书·新知三联书店，2001，第 572 页。

3　萧子显：《南齐书》卷九《礼志》，第 147 页。

4　李延寿：《北史》卷五《魏本纪》，第 175 页。

5　贾思勰撰，石声汉校释《齐民要术今释》卷五，第 465、466 页。

还用域外香料涂敷遮掩身上异味。陶弘景《隐居效验方》记载疗狐臭之方："鸡舌、藿香、青木香、胡粉各二两，为散，内腋下，绵裹之，常作，差。"[1] 南朝宋刘敬叔《异苑》记载："胡道洽者，自云广陵人，好音乐、医术之事。体有臊气，恒以名香自防，唯忌猛犬。"[2] 胡道洽即是以名香遮掩身体上的"臊气"（狐臭）。

（三）作为日常生活用品之香

洗浴用香汤是将香料放入浴汤中，这种香汤浴最早见于东汉时，而使用的香料是来自域外的名香。晋王嘉《拾遗记·后汉》记载：

> 灵帝初平三年，游于西园。起裸游馆千间，采绿苔而被阶，引渠水以绕砌，周流澄澈。乘船以游漾，使宫人乘之，选玉色轻体者，以执篙楫，摇漾于渠中。……帝盛夏避暑于裸游馆，长夜饮宴。帝嗟曰："使万岁如此，则上仙也。"宫人年二七以上，三六以下，皆靓妆，解其上衣，惟著内服，或共裸浴。西域所献茵墀香，煮以为汤，宫人以之浴浣毕，使以余汁入渠，名曰"流香渠"。[3]

"茵墀"可能就是"月氏""月支"，说明此香来自西域，但只是表明其来源地，并未说明是何种香。《晋书·后妃传》记载惠帝皇后贾南风好淫，不仅与御医程据私通，还把貌美之小吏掠入宫中淫乱。据此小吏云，其被掠入宫中，"忽见楼阙好屋。问此是何处，云是天上。即以香汤见浴，好衣美食将入。见一妇人，年可三十五六，短形青黑色，眉后有疵。见留数夕，共寝欢宴"。[4] 说明贵族之家睡前用香汤沐浴，香汤即放入香料煮以为汤的沐浴用水。《拾遗记》记载后赵石虎

1　葛洪原著，沈澍农校注《肘后备急方校注》卷六，第 240 页。

2　刘敬叔：《异苑》卷八，中华书局，1996，第 83 页。

3　王嘉撰，齐治平校注《拾遗记校注》卷六，第 144～145 页。

4　房玄龄等：《晋书》卷三一《后妃传》，第 965 页。

"为四时浴室……夏则引渠水以为池，池中皆以纱縠为囊，盛百杂香，渍于水中……引凤文锦布障萦蔽浴所，共宫人宠嬖者解媟服宴戏，弥于日夜，名曰'清嬉浴室'。浴罢，泄水于宫外。水流之所，名'温香渠'。渠外之人，争来汲取，得升合以归，其家人莫不怡悦"。[1]

　　饮食中使用外来香料也是汉代丝路开辟以后才有的。传说中渲染外来香料的神奇，有食用香料的故事。东汉郭宪《洞冥记》曰："跋途阇者，胡人也，剪发裸形，不食谷，惟饮清水，食都夷香，如枣核。食一斤，则历月不饥。以一粒如粟大，投清水中，俄而满大盂也。"[2] 这显然是一种夸张的说法。在食用方面，香料主要用作调味品。胡椒、荜拨传入中国后，中国人便知道其调味的作用。西晋嵇含《南方草木状》云："可以为（一作调）食，故谓之酱焉。"[3] 张华《博物志》则记载了胡人制作"胡椒酒"（荜拨酒）的方法。西晋以后，胡食盛行。晋干宝《搜神记》云："羌煮貊炙，戎翟之食也，自太始以来，中国尚之。戎翟侵中国之前兆也。"[4] 肉食需要胡椒调味，因此这一时期胡椒进口量增加。胡椒和荜拨都是肉食的调味品，北朝饮食中的胡炮肉就用了这两种香料。北魏贾思勰《齐民要术》记载其制作方法："肥白羊肉（生始周年者），杀，则生缕切如细叶，脂亦切。著浑豉、盐、擘葱白、姜、椒、荜拨、胡椒，令调适。净洗羊肚，翻之。以切肉脂，内于肚中，以向满为限。缝合。作浪中坑，火烧使赤，却灰火。内肚著坑中，还以灰火覆之。于上更燃火，炊一石米顷，便熟。香美异常，非煮、炙之例。"[5]《齐民要术》记载"作和酒法"："酒一斗，胡椒六十枚，干姜一分，鸡舌香一分，荜拨六枚。下簁，绢囊盛，内酒中。一宿，蜜一升和之。"[6] 杜宝《大业拾遗记》记载："菁禅师甚妙医术，作五香：第一沉香饮，次丁香饮，次檀香饮，次泽兰饮，次甘松

1　王嘉撰，齐治平校注《拾遗记校注》卷九，第 217 页。

2　李昉等：《太平御览》卷九八一《香部》，第 4344 页。

3　嵇含：《南方草木状》卷上，第 6 页。

4　李昉等：《太平御览》卷八五九《饮食部》，第 3817 页。

5　贾思勰撰，石声汉校释《齐民要术今释》卷八，第 863 页。

6　贾思勰撰，石声汉校释《齐民要术今释》卷七，第 697 页。

饮。皆别有法，以香为法，以香为主，更加别药，有味而止渴，兼于补益。"[1] 显然蓍禅师制作的是有保健作用的饮料。草本类香草可食用，如藿香，其食用部位一般为嫩茎叶，为野味之佳品，可凉拌、炒食、炸食，也可做粥。藿香具有健脾益气的功效，故某些菜肴和民间小吃利用其丰富口感增加营养价值。

　　在日常生活中以香料作为配料制作日用品，增加香气，如澡豆。澡豆是古代民间洗涤用的丸状物品，以豆粉添加香料和药品制成，用来洗手洗脸，可使皮肤滑润光亮。澡豆在魏晋南北朝时贵族生活中的使用已经很普遍。《世说新语·纰漏》记载："王敦初尚主，如厕……既还，婢擎金澡盘盛水，琉璃碗盛澡豆，因倒著水中而饮之，谓是'干饭'。群婢莫不掩口而笑之。"[2] 王敦是东晋大臣，晋武帝司马炎的女婿，初为驸马，对宫中生活还不熟悉。因为澡豆是以豆面作为主料制成细丸状，或干粉末的形态，食用也无碍，所以群婢并不阻止王敦食用，只是笑话这个皇室的新姑爷"老土"。澡豆的使用大约就是在魏晋南北朝时期流行起来的。这一时期是中国历史上"香料大发现"的时代，各种西域的、南海各国的香料输入中国，丰富了贵族们的生活。澡豆是由豆面与珍贵香料混合制成，散发浓郁的香气。这样一种卫生用品的使用和流行与丝路开辟以后外来香料的输入有关。

　　从魏晋到唐代，澡豆像擦脸油、护手膏、熏衣香等美容品一样，成为贵族士大夫阶层不可或缺的生活用品。从后世本草书记载的澡豆配方可知，其制作相当奢侈。唐孙思邈《备急千金要方》卷六《面药》记载了五种"澡豆方"，分别为"洗面药澡豆方""澡豆治手干燥少润腻方""澡豆方""桃仁澡豆主悦泽去皯𪒠方""澡豆主手干燥常少润腻方"。其中"澡豆方"：

白芷、青木香、甘松香、藿香（各二两），冬葵子（一本用

1　李昉等:《太平御览》卷九八二《香部》，第 4348 页。

2　刘义庆著，刘孝标注，余嘉锡笺疏《世说新语笺疏》卷下之下，第 782~783 页。

冬瓜仁）、栝蒌仁（各四两），零陵香（二两），毕豆面（三升，大豆、黄面亦得）。右八味捣筛，用如常法。[1]

孙思邈《千金翼方》卷五记载"妇人面药"中面脂方、面膏方、面膏、面药，皆掺和来自域外的名贵香料，如丁香、沉香、藿香、甘松香、青木香、鸡舌香等。[2] 普通人享受不到这种奢侈品，只能用普通的配方代替。王焘《外台秘要方》引《崔氏蜡脂方》云：

白蜡（十两，炼令白）、桃花、菟丝子、白芷、木兰皮、细辛、辛夷仁、白茯苓、土瓜根、栝楼根、白附子、杜蘅、桃仁（去皮）、杏仁（去皮，各三分）、蔓荆子油（二升半）、羊髓、牛髓、鹿髓脂（各合）。上十八味，并细切，以苦酒渍一宿，用上件蜡、油、髓、脂等煎如面脂法，其蔓荆油、酒在前，煎令烟出后，始下蜡、髓讫，内诸药，候白芷色黄膏成任用。每以澡豆洗面，后以涂之。[3]

这是一种替代品，其中没有贵重的外来香料。宋代以前人们洗脸洗手和沐浴时，没有块状"肥皂"，使用粉状的澡豆。澡豆是全能化妆品，一切污渍、油脂皆用澡豆洗涤，包括洗头、洗手、洗脸、沐浴、洗衣服。古代澡豆可分为肥皂类（洗衣粉）、洗面奶类、胭脂类（护肤品）。孙思邈《千金翼方》云："面脂手膏，衣香澡豆，士人贵胜，皆是所要。"[4] 现代医学发现澡豆的配料都是食材，食用有"溶解脂肪"之功效。据说台北"故宫博物院"保留有澡豆的制作配方和工艺，现代医家则以各种科学方法分析和还原古代澡豆的去污、溶脂和护肤的作用。

1　孙思邈著，李景荣等校释《备急千金要方校释》卷六下，人民卫生出版社，2014，第 248 页。

2　孙思邈著，李景荣等校释《千金翼方校释》卷五，人民卫生出版社，2014，第 140~144 页。

3　王焘：《外台秘要方》卷三二，王淑民校注，中国医药科技出版社，2011，第 567 页。

4　孙思邈著，李景荣等校释《千金翼方校释》卷五，第 140 页。

　　澡豆的配方和用途也是随佛教传入的。在印度，澡豆为比丘随身"十八物"之一，[1] 又称豆屑，指洗涤身体、衣服等污秽所用的豆粉。《五分律》卷二六云："有诸比丘浴时，出外以背揩壁树木，还入水灌伤破其身。佛言：不应尔。听用蒲桃皮、摩楼皮、澡豆等诸去垢物。"据说有比丘洗澡以水无法完全洗净身体，便以背与树皮摩擦去垢，受伤，佛陀教其用澡豆去垢。《根本说一切有部毗奈耶杂事》卷十云："诸苾刍以汤洗时，皮肤无色，佛言：以膏油摩。彼便多涂腻污衣服。佛言：以澡豆揩之。"据《十诵律》卷三八，澡豆由大豆、小豆、摩沙豆、豌豆、迦提婆罗草、梨频陀子等磨粉而成。又据同书卷三九："佛在舍卫国，有人施比丘尼僧木桶。诸比丘尼不受，不知何所用，是事白佛。佛言：应取用盛澡豆。"可知澡豆当贮放于木桶中。可知印度僧徒使用的澡豆很简朴，而西晋贵族之家用的澡豆加入了贵重香料，正是其生活奢侈的表现。

三　域外香料丰富了中国医药宝库

　　人类很早就了解到香料的医药价值，"芳香疗法的前身——药草疗法，可说是人类历史上最古老的治病方法。在蒸馏萃取精油的技术出现前，几千年以来，人们一直将这些会产生精油的香料植物当作重要的药材。考古学家发现：在早期人类的墓园或居住地区，都可以找到许多药用植物的遗迹"。[2] "早期的人类可能会意外的发现，某些他们当作食物的叶片、浆果或树根，患者吃了之后竟然觉得比较舒服；或者他们发现这些叶片、浆果或树根的汁液，可以促进伤口的愈合；他们也可能观察到生病的动物，会选取某些特殊的植物来吃。这些发现，对当时完全依赖四周环境资源的人类来说，是非

1　古代大乘比丘常随身携带十八种生活用品。见《梵网经》卷下："菩萨行头陀时及游方时，行来百里千里，此十八种物常随其身。"（大正 24・1008a）

2　〔英〕派翠西亚・戴维斯：《芳香疗法大百科》，导读，第XXIX页。

常宝贵的知识。"[1] "公元前 3000 年，埃及人就用芳香植物作为药材和化妆品，甚至用来保护尸体。"[2] "现在我们所使用的药用植物和芳香疗法用植物，当时的巴比伦人就已经在用了。"[3] 古希腊人从埃及学到很多药物学知识，并有许多新发现，他们发现某些花的气味会刺激神经，起到振奋精神的作用，某些花的味道会让人放松，昏昏欲睡。古罗马的御医盖伦写下许多植物药学著作，完成巨著《药物学》。阿拉伯最伟大的医师阿维森纳的著作中记录了 800 多种植物及其对人体的功效，他还发明了蒸馏精油的技术。印度最古老的经典《吠陀经》记载了人们对药草的祈祷，印度传统医学中的药物有相当多的香料。[4]

中国人很早就用药草治病，著名的神农尝百草传说反映了中国医药学历史的悠久。域外香料最初从西域传来，汉通西域从汉武帝时起，所以最早关于西域香传入中国的故事都系于汉武帝时。香料有医药价值，当西域的香传到中国时，其药性亦随之传来，中国人很早就认识到了这些香料的药效。张骞第一次出使西域是赴大月氏，因此就产生了武帝时月氏贡"神香"的传说。宋洪刍《香谱》"月支香"条引南朝梁孙柔之《瑞应图》云：

> 天汉二年，月支国贡神香。武帝取看之，状若燕卵，凡三
> 枚，大似枣。帝不烧，付外库。后长安中大疫，宫人得疾，众使
> 者请烧一枚以辟疫气，帝然之。宫中病者差，长安百里内闻其
> 香，积九月不歇。[5]

《香谱》"振灵香"条引《海内十洲记》云：

---

1 〔英〕派翠西亚·戴维斯:《芳香疗法大百科》，导读，第 XXIX ~ XXX 页。

2 〔英〕派翠西亚·戴维斯:《芳香疗法大百科》，导读，第 XXX 页。

3 〔英〕派翠西亚·戴维斯:《芳香疗法大百科》，导读，第 XXXI 页。

4 〔英〕派翠西亚·戴维斯:《芳香疗法大百科》，导读，第 XXVIII 页。

5 洪刍:《香谱》卷上，中国书店，2018，第 25 页。

聚窟州有大树，如枫而叶香，闻数百里，名曰返魂树。根于玉釜中煮汁如饴，名曰惊精香，又曰振灵香，又曰返生香，又曰马精香，又名却死香。一种五名，灵物也。香闻数百里，死尸在地，闻即活。[1]

《太平御览》也引《海内十洲记》云："汉武时，长安大疫，人死日以百数。帝乃试取月氏国神香，烧之于城内，死未满三日者活，芳气经三月不歇。帝始信神物也，乃秘录余香。"[2] 月氏香、振灵香祛疫治病、起死回生的药效固然是夸张，但香确有防疫驱病之功效。也许这种传说的产生与西方的历史有关，也与张骞通西域后西域物品传入中国有关。这样的故事与希腊历史故事有相似之处。公元前430年，雅典暴发大瘟疫，马其顿王国的御医希波克拉底（Hippcrates）应邀到达雅典，协助应对疫情。他探寻病因和救治方法，发现城里家家户户几乎都有染上瘟疫的病人，唯有铁匠全家未被传染。由此联想到，铁匠整天近火打铁，也许火可以防疫，便建议在全城各处点火。又教民众在街头燃烧有香味的植物，利用植物香油的成分杀死空气中的细菌，疫情由此得到控制。古代笔记小说中记录的传说故事往往具有某种真实的成分，是传说和想象对真实历史事件加工的结果，《瑞应图》《海内十洲记》中汉武帝时代的故事可能就来自对西方历史故事的加工改造。

魏晋南北朝时期，一方面由于道教养生术推动了中医药学的发展，另一方面外来文明为传统中医药学注入了新鲜内容，中医药学有了很大进步。很多医书或本草中有关于域外香料使用的记载。相传汉末名医华佗著《华氏中藏经》，[3] 其中记载用安息香丸治病：

1　洪刍:《香谱》卷上，第26页。
2　李昉等:《太平御览》卷九八一《香部》，第4344页。
3　现存之《华氏中藏经》相传为华佗所作，有名为邓处中者曾为该书作序，称此书系从华氏寝室遗藏中获得，然语多怪诞，颇不足信。《隋书》及新旧《唐书》均未著录，疑为六朝人所作，托名华佗。

　　安息香丸：治传尸、肺痿、骨蒸、鬼疰、卒心腹疼、霍乱吐泻、时气瘴疟、五利、血闭、疬癖、丁肿、惊邪诸疾。安息香、木香、麝香、犀角、沉香、丁香、檀香、香附子、诃子、朱砂、白术、荜拨（已上各一两），乳香、龙脑、苏合香（已上各半两）。右为末，炼蜜成剂，杵一千下，圆如桐子大，新汲水化下四圆，老幼皆一圆。以绛囊子盛一圆，弹子大，悬衣辟邪毒魍魉甚妙。合时忌鸡、犬、妇人见之。

把安息香丸置入香囊用于佩带，可以预防、治疗传尸等诸病。其中用了大量外来的香料，这大概出于南北朝人之手。魏晋南北朝时期的植物学著作和著名医家葛洪《肘后备急方》、刘宋雷敩《雷公炮炙论》、梁陶弘景《名医别录》《本草经集注》诸书，都注意到外来香料的药性，并大量使用外来香料作为药用。东汉杨孚《异物志》写槟榔"以扶留藤、古贲灰并食，下气，及宿食消谷，饮设以为口实"。[1] 槟榔迟至魏晋时已传入中原地区，并被认为出于林邑国。三国魏周成《杂字解诂》云："槟榔，果也，似螺，可食。"[2] 当时中国医家已经认识到槟榔的医药价值，李当之《药录》将其作为药物著录："槟榔一名槟门。"[3] 尚志钧指出："李当之与吴普同为华佗弟子，吴普是三国时魏人，则李当之亦应是魏人。"[4] 西晋嵇含《南方草木状》云："槟榔树……叶下系数房，房缀数十实，实大如桃李，天生棘重累其下，所以御卫其实也。味苦涩。剖其皮，鬻其肤，熟如贯之，坚如干枣，以扶留藤、古贲灰并食，则滑美，下气，消谷。……一名宾门药饯。"[5] 梁庾肩吾获得皇上恩赐之槟榔，其《谢赉槟榔启》曰："方为口实，永以蠲疴。"[6]

1　李昉等：《太平御览》卷九七一《果部》，第 4305 页。

2　欧阳询：《艺文类聚》卷八七《果部下》，第 1495 页。

3　欧阳询：《艺文类聚》卷八七《果部下》，第 1495 页。

4　尚志钧：《对〈李当之药录〉的考察及评价》，《安徽中医学院学报》1990 年第 1 期。

5　嵇含：《南方草木状》卷下，第 28 页。

6　欧阳询：《艺文类聚》卷八七《果部下》，第 1496 页。

古印度药书中记载焚烧沉香，可作为治愈外伤的镇痛剂。南北朝时医家注意到沉香的药用价值。刘宋时人雷敩《雷公炮炙论》记载了药用沉香炮制的方法："沉香凡使，须要不枯者。如觜角硬重、沉于水下为上也，半沉者次也"；"夫入丸散中用，须候众药出，即入，拌和用之"。[1]丁香、鸡舌香原产于印度尼西亚，皆可入药用，自古以来为医家常用之药。东晋葛洪《抱朴子》曰："或以鸡舌、黄连、乳汁煎之，注之，诸有百疹之在目愈，而更加精明倍常。"[2]刘宋雷敩《雷公炮炙论》论及丁香的使用："凡使，有雄、雌，雄颗小，雌颗大，似圆南枣核。方中多使雌，力大；膏、煎中用雄。"[3]梁代陶弘景《名医别录》将之列为上品："沉香、薰陆香、鸡舌香、藿香、詹糖香、枫香并微温，悉治风水毒肿，去恶气。……鸡舌、藿香治霍乱、心痛。"[4]藿香可作药用，有芳香化浊、和中止呕、发表解暑之功用。龙脑香汉代时已经传入中国，陶弘景云："生西海律国，是波律树中脂也，如白胶香状。味苦、辛，微温，无毒。主内外障眼，三虫，治五痔，明目，镇心，秘精。又有苍龙脑，主风疮䰄黯，入膏煎良。用点眼，则有伤。"[5]"西海律国"当为"南海波律国"之误，"波律"即婆利，在今加里曼丹岛文莱，在中国古代文献中又称为婆罗洲。青木香来自大秦，陶弘景《名医别录》云："木香，温，无毒。治气劣，肌中偏寒，主气不足，消毒，杀鬼、精物，温疟，蛊毒，行药之精。久服轻身致神仙。一名蜜香。出永昌。"[6]木香先是来自永昌，陶弘景时不从永昌入贡，而从南海水道而来，故称从外国舶来。乳香又称薰陆香。南朝时中国医家已经用以入药，最早见于陶弘景《名医别录》，以为能"治风水毒肿，去恶气"。[7]苏合香有开窍辟秽、开郁豁痰、行气止痛的功

1　雷敩撰，王兴法辑校《雷公炮炙论（辑佚本）》，上海中医学院出版社，1986，第36页。
2　李昉等：《太平御览》卷九八一《香部》，第4345~4346页。
3　雷敩撰，王兴法辑校《雷公炮炙论（辑佚本）》，第36页。
4　陶弘景撰，尚志钧辑校《名医别录（辑校本）》卷一，第53页。
5　李珣著，尚志钧辑校《海药本草（辑校本）》卷三，人民卫生出版社，1997，第55~56页。
6　陶弘景撰，尚志钧辑校《名医别录（辑校本）》卷一，第28页。
7　陶弘景撰，尚志钧辑校《名医别录（辑校本）》卷一，第53页。

效。入药始载于陶弘景《名医别录》："味甘，温，无毒。主辟恶，杀鬼精物、温疟、蛊毒、痫痉，去三虫，除邪、不梦，忤魇昧，通神明。久服，轻身长年。"[1] 旃檀木可入药。陶弘景《本草经集注》言其"味咸，微寒。主治恶毒、风毒"。又云："世人磨以涂风毒、诸肿，亦效，然不及青木香。又主金疮、止血，亦治淋用之。"[2] 甲香亦可被用来治疗疾病。刘宋时人雷敩《雷公炮炙论》论甲香的使用："凡使，须用生茅香、皂角二味煮半日，却，漉出，于石臼中捣，用马尾筛，筛过用之。"[3]

众多域外香料的药用价值是伴随着其传入而为中国人认识的。史载丹丹国，"中大通二年，其王遣使奉表曰：'伏承圣主至德仁治，信重三宝，佛法兴显，众僧殷集，法事日盛，威严整肃。朝望国执，慈愍苍生，八方六合，莫不归服。化邻诸天，非可言喻。不任庆善，若暂奉见尊足。谨奉送牙像及塔各二躯，并献火齐珠、古贝、杂香药等。'大同元年，复遣使献金、银、琉璃、杂宝、香药等物。"[4] 这些"杂香药""香药"入贡南朝，自然也把相应的药物学知识带来。这些外来香料的药用价值有的是后来逐渐被认识到的，例如胡椒，魏晋南北朝时的文献中主要用作调味品，从李时珍《本草纲目》来看，对它的药用价值的记载是唐以后本草书中才有的。中医和中医药学是中国人的伟大发明之一，它的辉煌成就造福人类，而其博大精深的学问也是吸收了域外医药学知识而逐渐丰富的，域外香料的传入及其药物学知识是重要来源之一。

四　域外名香成为宗教、朝廷礼仪用香

燃香产生的香气和烟雾能创造神秘、庄严的气氛，因此很早就被

1　陶弘景撰，尚志钧辑校《名医别录（辑校本）》卷一，第38页。
2　陶弘景撰，尚志钧、尚元胜辑校《本草经集注（辑校本）》，人民卫生出版社，1994，第376页。
3　雷敩撰，王兴法辑校《雷公炮炙论（辑佚本）》，第125页。
4　姚思廉：《梁书》卷五四《诸夷传》，第794页。

人们利用到各种仪式中。

人类很早就注意到燃香的妙用。燃烧某些香木产生的烟和香气，能令人产生昏昏欲睡或者愉快兴奋的感觉，当大家都有这种感觉时，人们便认为这种香木具有某种超自然的力量，有特殊的功效。当举行祭神仪式时，人们便想到把芳香的植物奉献给天神。"目前东西方的主要宗教，仍然持续使用神圣或神奇的烟，即保留了熏香（烧香）的仪式。"[1]中国人早就有香能上通神明的观念，先秦时祭祀山川鬼神的方式是燎祭，即燃烧柴木和祭品。《尚书·君陈》云："至治馨香，感于神明。黍稷非馨，明德惟馨。"[2]殷时奏乐以娱神，周时用加入郁金香草的鬯酒娱神。丝绸之路开辟以后，西域烧香奉神、佛教烧香习俗也传入中原。汉武帝时开始燃进口香祭神。霍去病缴获匈奴休屠王金人，"帝以为大神，列于甘泉宫。金人率长丈余，不祭祀，但烧香礼拜而已"。[3]东汉郭宪《洞冥记》记载："元封中，起方山像，招诸灵异，召东方朔言其秘奥。乃烧天下异香，有沉光香、精祇香、明庭香、金磰香、涂魂香，外国所贡青楂之灯。"[4]在佛教、道教盛行的魏晋南北朝时期，香更多地用于供养神明。陶弘景称沉香、薰陆香、鸡舌香、藿香、詹糖香、枫香"此六种香皆合香家要用，不正复入药，惟治恶核毒肿，道方颇有用处"。[5]从这个记载来看，这些名贵的香用于佛家和道家烧香，比用于医药更为重要。

供佛是魏晋南北朝时外来香料的重要用途之一，是伴随着佛教传入中土的宗教习俗。佛教有烧香感通之观念，以为烧香能感通神明、避邪降魔，其烧香习俗亦随之传入中国。佛教传入中国后，东晋十六国时始盛。《晋书·佛图澄传》记载石勒闻佛图澄有道术，欲试之："澄即取钵盛水，烧香咒之，须臾钵中生青莲花，光色耀目。勒由

1　〔英〕派翠西亚·戴维斯：《芳香疗法大百科》导读，第XXX页。

2　孔颖达疏《尚书正义》卷一八《君陈》，《十三经注疏》，第237页。

3　魏收：《魏书》卷一一四《释老志》，第3025页。

4　《汉魏六朝笔记小说大观》，第128页。

5　陶弘景撰，尚志钧、尚元胜辑校《本草经集注（辑校本）》，第256页。

此信之。"[1] 佛图澄使用魔术的方式宣扬了佛教义理。石勒死后，石季龙继位，"倾心事澄"，后赵百姓因崇拜佛图澄而"多奉佛"，著作郎王度上奏："今可断赵人悉不听诣寺烧香礼拜。"[2] 其事《资治通鉴》记载王度等议曰："今宜禁公卿以下毋得诣寺烧香、礼拜；其赵人为沙门者，皆返初服。"[3] 反映出中国北方百姓入寺烧香已浸以成俗，而且对于中原士人来说，烧香已经不仅仅是一般的礼仪问题，俨然文化上的接受与对抗问题。王度等人视烧香为夷俗，极力抵制，这正是烧香初盛行时文化心理不适的反映。南朝时由于梁武帝崇奉佛教，梁代佛教兴盛。在重云殿法会上，梁武帝亲自行香："（岑之敬）预重云殿法会，时武帝亲行香。"[4] 在佛教斋会、讲经法会、佛教节日典礼仪式、祈佛法会、无遮大会和佛寺宗教生活中，行香是重要的仪式之一。杨衒之《洛阳伽蓝记》记载，北魏都城洛阳每年的浴佛节都有行像活动，当行像的队伍进入宣阳门后，要在阊阖宫前接受皇帝散花，其时焚烧名香，气氛热烈："于是时金花映日，宝盖浮云，幡幢若林，香烟似雾。"[5]

　　佛教烧香、涂香和香汤沐浴，都要用香。据龙树造、鸠摩罗什译《大智度论》卷三〇，"涂香者有二种，一者旃檀木等摩以涂身；二者种种杂香，捣以为末，以涂其身及熏衣服并涂地壁乘者"，即用香料涂身、熏衣、铺地、涂壁、涂车乘等。并说烧香和涂香的方法，"以身垢臭，须以涂香"，涂香在寒、热天皆可，寒天时杂以沈水香，热天时杂以旃檀香，烧香在寒天时用。[6] 涂香、烧香更摄属六种供养、十种供养。密教中依三部、五部之别，用香不同，佛部用沈香，金刚部用丁子香，莲华部用白檀香，宝部用龙脑香，羯磨部用薰陆香。《如来方便善巧咒经》云，信奉佛教者"于晨朝时应净澡浴，著

1　房玄龄等：《晋书》卷九五《佛图澄传》，第 2485 页。

2　房玄龄等：《晋书》卷九五《佛图澄传》，第 2487 页。

3　司马光：《资治通鉴》卷九五，第 3003 页。

4　姚思廉：《陈书》卷三四《文学传》，第 461 页。

5　杨衒之撰，范祥雍校注《洛阳伽蓝记校注》卷三，第 133 页。

6　任继愈主编《中华大藏经》第二五册，中华书局，1987，第 600 页。

净洁衣，在佛像前烧好妙香，诵持是咒足一百八遍，一切厌魅咒诅等事，悉不能害"；"受持一切咒降诸怨敌者，取怀香、草香、末香、尸利沙华多伽罗香、石上华恭居摩香、香附子、帝释手草香。树枝出白汁者，取等分作末，和之持咒一千八遍。涂身上即得如意"。[1]《梁书·庾诜传》记载："晚年以后，尤遵释教，宅内立道场，环绕礼忏，六时不辍。诵《法华经》，每日一遍。后夜中忽有一道人，自称愿公，容止甚异，呼诜为上行先生，授香而去。"[2]《南史·梁本纪》记载，梁中大通五年，武帝祠南郊，"先是一日丙夜，南郊令解涤之等到郊所履行，忽闻异香三随风至。及将行事，奏乐迎神毕，有神光圆满坛上，朱紫黄白杂色，食顷乃灭"。[3]《佛祖统纪》记载齐武帝："帝不豫，诏诸沙门祈佛七日，天香满殿。"[4] 佛教要求信奉的人用香汤洗浴，唐义净译《金光明最胜王经》卷七记载洗浴之法，取香药32味：

> 菖蒲（跋者）、牛黄（瞿卢折娜）、苜蓿香（塞毕力迦）、麝香（莫诃婆伽）、雄黄（末捺眵罗）、合昏树（尸利洒）、白及（因达啰喝悉哆）、芎䓖（阇莫迦）、枸杞根（苫弭）、松脂（室利薛瑟得迦）、桂皮（咄者）、香附子（目窣哆）、沉香（恶揭噜）、栴檀（栴檀娜）、零凌香（多揭罗）、丁子（索瞿者）、郁金（茶矩么）、婆律膏（曷罗娑）、苇香（捺剌柁）、竹黄（鹘路战娜）、细豆蔻（苏泣迷罗）、甘松（苦弭哆）、藿香（钵怛罗）、茅根香（嗢尸罗）、叱脂（萨洛计）、艾纳（世黎也）、安息香（窭具攞）、芥子（萨利杀跛）、马芹（叶婆你）、龙花须（那伽鸡萨罗）、白胶（萨折罗婆）、青木（矩瑟侘），皆等分，以布洒星日，一处捣

1　任继愈主编《中华大藏经》第二〇册，中华书局，1986，第424页。

2　姚思廉：《梁书》卷五一《庾诜传》，第751页。

3　李延寿：《南史》卷七《梁本纪》，第209~210页。

4　志磐撰，释道法校注《佛祖统纪校注》卷五二《君上奉法》，中华书局，2012，第1212页。

筛，取其香末。[1]

其中有"青木香"，梵语矩瑟侘。佛教观念赋予香木新的含义。木槵子，即无患子，学名"Sapindus mukorossi Gaertn"，产于中国及日本。《本草纲目》中"无患子"有七种别名：桓、木患子、噤娄、肥珠子、油珠子、菩提子、鬼见愁。《酉阳杂俎·续集》说无患木焚烧时，味道极香，可辟除恶气。木槵子，梵名作"阿唎瑟迦柴"。《千手千眼观世音菩萨治病合药经》称若修行者要降伏大力凶猛的鬼神，只要砍取一根阿唎瑟迦柴，以真言加持 21 遍，然后投入火坛中，即可降伏鬼神而平安无事。崔豹《古今注》记载：有一个神巫叫宝眊，以画符念咒召集百鬼，用无患子树棒打杀。人们认为这种树为众鬼所惧，所以称之为无患子。木患子树高七八米，夏季会开黄色小花，开花之后结果实，外形圆润，果皮坚硬；里面有种子，颜色黑且坚硬，可以作为念珠。所以《木槵子经》中说："若欲灭烦恼障、报障者，当贯木槵子一百八，以常自随。"经中说要消灭烦恼障、报障的人，应当以木患子穿成 108 颗念珠，随身携带。木患子念珠在经典中最早出现，可以说是最早的念珠。在《木槵子经》中也以木患子作念珠以之为信佛修行的辅助工具。《千手千眼观世音菩萨广大圆满无碍大悲心陀罗尼经》中也说，如果要降伏大力鬼神，可取阿唎瑟迦柴，即木患子，以咒语加持七七四十九遍，投入火中烧，还必须涂上酥酪蜜，并于大悲心千手千眼观音像前作法。

在道教的宗教活动中，烧香也是重要仪式。南朝道士陆修静强调斋醮科仪的重要性，认为斋醮是求道之本，复以礼拜，课以诵经，即能成道。在他制定的斋醮仪式中，烧香是重要内容。其所著《洞玄灵宝斋说光烛戒罚灯祝愿仪》中规定，道教科仪中要有专门负责烧香的"侍香"之职："其职也，当料理炉器，恒令火燃灰净。六时行道，三

---

[1] 任继愈主编《中华大藏经》第一六册，中华书局，1986，第 302 页。

时讲诵，皆预备办，不得临时有缺。"[1] 侍香者如有失误，将受到惩罚："行香不洗手漱口，罚油二升"；"侍香香烟中绝，罚油四升"；"临烧香突行，罚油一升"。[2] 道教观念中得道之人有香气。《世说》曰："桓车骑时，有陈庄者，入武当山学道，所居恒有白烟，香气闻彻。"《续晋安帝纪》曰："王镇恶亡经日，魏兴太守郭宣掷赙坐，忽见陈庄来，因叙旧事，相对悲泣，劝营贡月。去后，郡内悉闻香状，如芳烟流散。"《齐书》记载："韩怀明，上党人也，客居荆州。十岁，母患尸疰，每发辄危殆。怀明夜于星下，稽颡祈祷。时寒甚切，忽闻香气，空中有人曰：'童子母须臾永差，无劳自苦！'未晓，而母平复。"《神仙传》曰："淮南王为八公张锦绮之帐，燔百和之香。"《述征记》曰："北芒有张母墓，旧说是王氏妻，葬有年载，后开墓而香火犹燃。"[3] 其事有夸张，但反映了葬时燃香的习俗。受佛教影响，道教也用香汤沐浴，也喜用青木香。道教著名典籍《三皇经》《太丹隐书洞真玄经》中都有记载，主要选用五种香料，称为"沐浴五香"。把草本香料煮水，加入浴缸中洗澡，不仅清洁身体上的垢腻，还借以清净内心。传统的斋戒祭祀仪式和道家醮仪之前，皆用香汤沐浴。"沐浴五香"有不同配方。在五种香中，包含有外来的香料，如青木香、零陵香等。

朝廷礼仪上烧香，应该多用的是异域名香。《梁书·武帝纪》记载，梁中大通五年正月辛卯，武帝将亲祠南郊，前一天南郊令解涤之等人"到郊所履行，忽闻空中有异香三随风至，及将行事，奏乐迎神毕，有神光满坛上，朱紫黄白杂色，食顷方灭"。[4] 所谓"异香""神光"，都是被用来神化其亲祠南郊的活动。《南齐书·魏虏传》记载，北魏朝堂上"正殿施流苏帐、金博山、龙凤朱漆画屏风、织成幌。坐

1　《道藏》第九册，上海书店等，1988，第 825 页。

2　《道藏》第九册，第 825~826 页。

3　李昉等：《太平御览》卷九八一《香部》，第 4344 页。

4　姚思廉：《梁书》卷三《武帝纪下》，第 77 页。

施氈氈褥，前施金香炉、琉璃钵、金碗、盛杂食器"。[1] 金博山和金香炉都是香炉，用来烧香。

五　域外香料丰富了中国香文化

魏晋南北朝时期受佛教和域外文化影响，香文化得到进一步发展。这一时期出现多种香料复合而成的和香。制作复合香受到外来香料输入和域外用香风俗影响。南朝刘宋范晔曾著《和香方》《杂香膏方》进献朝廷，宋明帝刘彧亦曾撰《香方》。[2] 这是我们所知最早记载制作复合香的资料，反映出迟至刘宋时中国人已经引入和掌握了和香知识和技术，其中应有不止一种和香和配制香膏的配方。齐梁人沈约《咏竹火笼》诗咏香熏被褥："覆持鸳鸯被，百和吐氛氲。"[3] 其《和刘雍州绘博山香炉诗》云："百和清夜吐，兰烟四面充。"[4] 百和即复合香。和香制法当来自印度。在古印度，配制香料是专门技艺和谋生手段，很早就有"以制香为生"的人，还有"熏香工人"。[5]《摩奴法典》说婆罗门生活困顿时可以从事"配制香料等技艺"。[6]《隋书·经籍志》中还记载有《杂香方》五卷、《龙树菩萨和香法》二卷。龙树是 2 世纪中叶南印度人，"善闲药术，餐饵养生"。[7] 和香大概是其药术的一方面。复合香有多种用途，王嘉《拾遗记·吴》记载：

> 孙亮作琉璃屏风，甚薄而莹澈，每于月下清夜舒之。尝与爱
> 姬四人，皆振古绝色：一名朝姝，二名丽居，三名洛珍，四名洁

1　萧子显：《南齐书》卷五七《魏虏传》，第 986 页。

2　魏徵等：《隋书》卷三四《经籍志》，第 1043、1048 页。

3　逯钦立辑校《先秦汉魏晋南北朝诗》，第 1642 页。

4　逯钦立辑校《先秦汉魏晋南北朝诗》，第 1646 页。

5　蚁垤著，季羡林译《罗摩衍那》（二），人民文学出版社，1981，第 469 页。

6　佚名撰，马香雪汉译《摩奴法典》，商务印书馆，1982，第 258 页。

7　玄奘、辩机原著，季羡林等校注《大唐西域记校注》卷十，第 827 页。

华。使四人坐屏风内，而外望之，如无隔，唯香气不通于外。为四人合四气香，殊方异国所出，凡经践蹑宴息之处，香气沾衣，历年弥盛，百浣不歇，因名"百濯香"。或以人名香，故有朝姝香、丽居香、洛珍香、洁华香。亮每游，此四人皆同与席；来侍皆以香名前后为次，不得乱之。所居室名为"思香媚寝"。[1]

其中云"合四气香"，可知四种香都是以各种香料作为原料制成的混合香，每一种混合香气味不同，故称"四气香"。其原料来自域外，只是书中没有明确说明是什么香料。萧绎《金楼子·箴戒篇》记载，齐东昏侯建琉璃殿："地以锦石为之，殿北开千门万户。又有千和香，香气芬馥，闻之使人动诸邪态，兼令人睡眠。"[2] 复合香制作常常以来自域外的名香相配合。《资治通鉴》胡注引南宋程大昌《演繁露》云："梁武帝祭天始用沈香，古未用也；祀地用上和香。"胡注云："以地于人近，宜加杂馥，即合诸香为之，言不止一香也。"[3] 梁陶弘景《本草经集注》讲到青木香，"今皆用合香，不入药用"。又苏合香"世传云是狮子屎，外国说不尔，今皆从西域来。真者难别，亦不复入药，唯供合好香耳"。又云："沉香、薰陆香、鸡舌香、藿香、詹糖香、枫香""此六种香皆合香家要用，不正复入药"。[4] 在佛教和道教兴盛的时代，宗教用香至为重视，其药用价值反而被忽视。魏晋南北朝时期著名的混合香是甲煎香。

甲煎香的使用，最早见于西晋豪富石崇家。南朝刘义庆《世说新语·汰侈》记载："石崇厕，常有十余婢侍列，皆丽服藻饰。置甲煎粉、沉香汁之属，无不毕备。"[5]《晋书·王敦传》记载："石崇以奢豪矜物，厕上常有十余婢侍列，皆有容色。置甲煎粉、沈香汁，有如厕

1　王嘉撰，齐治平校注《拾遗记校注》卷六，第190~191页。

2　萧绎撰，许逸民校笺《金楼子校笺》卷一，第350页。

3　司马光：《资治通鉴》卷二八二，第9214页。

4　陶弘景撰，尚志钧、尚元胜辑注《〈本草经集注〉辑校》，北京科学技术出版社，2019，第148、160、179页。

5　李天华：《世说新语新校》，第497页。

者，皆易新衣而出。客多羞脱衣，而敦脱故著新，意色无怍。群婢相谓曰：'此客必能作贼。'"[1] 范晔《和香方序》提到甲煎香，以为"甲煎浅俗"。但因其《和香方》未传于世，因此我们不知道范晔之甲煎香的成分。后世医家的著作中记载有甲煎香配方，可供参考。唐人王焘《外台秘要方》记载四家七种甲煎香配方。

《千金翼》甲煎法。

甲香（三两），沉香（六两），丁香、藿香（各四两），薰陆香、枫香膏、麝香（各二两），大枣（十枚，取肉）。上八味，㕮咀[2]如豆片，又以蜜二合和搅，纳瓷坩中，以绵裹口，将竹篾交络蔽之。又油六升、零陵香四两、甘松二两，绵裹，纳油中。铜铛缓火煎四五沸止，去滓，更纳酒一升半，并纳煎坩中，亦以竹篾蔽之。然后剜地为坑，置坩于上，使出半腹，乃将前小香坩合此口上，以湿纸缠两口，仍以泥涂上，使厚一寸讫，灶下暖坩，火起从旦至暮，暖至四更止，明发待冷，看上坩香汁半流沥入下坩内，成矣。

崔氏烧甲煎香泽合口脂方。

泽兰香（半斤）、零陵香（一斤）、甘松香（五两）、吴藿香（六两）、新压乌麻油（一升）。上五味，并大斤两，拣择精细，暖水净洗，以酒水渍，使调匀，经一日一夜，并著铜铛中，缓火煮之，经一宿，通前满两日两宿，唯须缓火煎讫，漉去香滓，澄取清，以绵滤讫，纳著瓷坩中，勿令香气泄出，封闭，使如法。

沉香（一斤），丁香、甲香（各一两），麝香、薰陆香、艾纳（各半小两），白胶香、苏合香（各一两）。上八味并大斤两，令别捣如麻子大，先炼白蜜，去上沫尽，即取沉香等于漆盘中和之，使调匀。若香干，取前件香泽和，使匀散，纳著瓷器中使

1　房玄龄等：《晋书》卷九八《王敦传》，第 2566 页。

2　㕮咀：古代中药炮制方法，以咀嚼代替刀切。将药材咀嚼为小碎片吞服，或者煎药后将汤叶饮下，然后将药渣嚼服。古人以口嚼药，碎如豆粒而用之，后世虽用刀切，而犹称"㕮咀"。古医书中的"㕮咀"一词可以理解为将药材弄成小块。把大块的咀成小块的，更容易煎煮。

实，看瓶大小取香多少，别以绵裹，以塞瓶口，缓急量之，仍用青竹篾三条拨之，即覆瓶口于前件所烧香泽瓶口上，仍使两口上下相合。然后穿地埋著香泽瓶，口共地平，覆合香瓷瓶令露，乃以湿纸缠瓶口相合处，然后以麻捣泥瓶口边厚三寸，盛香瓶上亦令遍厚一寸，以炭火绕瓶四边缓炙，使薄干，然后始用糠火，马粪火亦佳，烧经三宿四日，勿得断火。看之必使调匀，不得有多少之处，香汁即下不匀。三宿四日烧讫，即住火。其香泽火伤多即焦，令带少生气佳。仍停经两日，使香瓶冷讫，然始开其上瓶总除却，更取别瓶，纳一分香于瓶中烧之，一依前法。若无别瓶，还取旧瓶亦得，其三分者香并烧讫，未得即开，仍经三日三夜停除火讫，又经两日，其甲煎成讫，澄清，斟量取依色铸泻，其沉香少即少著香泽，只一遍烧上香瓶，亦得好味五升。铜铛一口，铜钵一口，黄蜡一大斤，上件蜡置于铛中，缓火煎之，使沫销尽，然后倾钵中，停经少时，使蜡冷凝，还取其蜡，依前销之，即择紫草一大斤，用长竹著挟取一握，置于蜡中煎，取紫色，然后擢出，更著一握紫草，以此为度，煎紫草尽一斤，蜡色即足。若作紫口脂，不加余色；若造肉色口脂，著黄蜡、紫蜡各少许；若朱色口脂，凡一两蜡色中和两大豆许朱砂即得。但捣前件三色口脂法，一两色蜡中著半合甲煎相和，箸头点置竹上看坚柔得所，泻著竹筒中，斟酌凝冷，即解看之。

又煎甲煎，先须造香油方。

零陵香、藿香（各一两，并锉之，以酒拌，微湿，用绵裹。纳乌麻生油二升，缓火一宿。绞去滓，将油安三升瓶中，掘地作坑，埋瓶于中，瓶口向地平面）、沉香（一斤）、小甲香（八两）、麝香（三两）、苏合香（一两）。上六味，并捣如大豆粒，以蜜拌，纳一小角瓶中，用竹篾封其口，勿令香漏，将此角瓶倒捶土中瓶口内，以纸泥泥两瓶接口处，不令土入，用泥泥香瓶上，厚六七分，用糠火一石烧上瓶，其火微微，不得烈，使糠尽，煎乃成矣（并出第九卷中）。

《古今录验》甲煎方。

沉香、甲香（各五两），檀香（半两），麝香（一分），香附子、甘松香、苏合香、白胶香（各二两）。上八味，捣碎，以蜜和，纳小瓷瓶中令满，绵幂口，以竹篾十字络之。又生麻油二升、零陵香一分半、藿香二分、茅香二分，又相和，水一升，渍香一宿，著油内，微火上煎之，半日许泽成，去滓，别一瓷瓶中盛，将小香瓶覆著口，入下瓶口中，以麻泥封，并泥瓶厚五分，埋土中，口与地平，泥上瓶讫，以糠火微微半日许著瓶上放火烧之。欲尽糠，勿令绝，三日三夜煎成，停二日许得冷，取泽用之，云停二十日转好，云烧不熟即不香，须熟烧。此方妙。

又方：蜡、蜜（各十两），紫草（一两半）。上三味，和蜡煎令调，紫草和朱砂并泽泻筒中。

蔡尼甲煎方。

沉香（六两），丁香、箋香（四两），枫香、青木香（各二两），麝香（一具），大枣（十枚），肉甲香（三两）。上八味，锉，以蜜一合和拌，著坩内，绵裹，竹篾络之。油六升、零陵香四两、甘松香二两，绵裹，著油中煎之，缓火可四五沸即止，去香草，著坩中，埋，出口，将小香坩合大坩，湿纸缠口，泥封可七分，须多著火，从旦至午即须缓火，至四更即去火，至明待冷发看，成甲煎矣。[1]

从这些甲煎香配方和制作方法可知，"甲煎"之得名，一是其配料，二是其炮制方法。从配料上看，甲香是最基本的配料，是主料。按古代本草书说，甲香不能单独使用，单独使用味臭，但用于混合香时，则能增加香气。有了甲香，整个配方才更有效果。其炮制方法是"煎"。中国传统香道有四，即焚、熏、闷、煎。煎是利用高温烘烤使沉香香气慢慢散发出来，上述甲煎香的炮制方法都是用火烘烤。在上述诸方

1　王焘：《外台秘要方》卷三二，第583~585页。

中，甲煎香配料中除了甲香来自域外，还有常用的沉香、丁香、青木香、檀香、香附子、苏合香、白胶香、藿香、薰陆香、艾纳香等，都是来自域外的名香。温翠芳指出，诸甲煎方的作者分别是唐初孙思邈、崔知悌、甄权和不明身份的蔡尼。因此，可以认为："他们所记录的甲煎方应当是对魏晋六朝以来甲煎制作方法的总结。虽然甲煎的配方不断变化，但是其最核心的成分始终未变，因此推测西晋石崇厕所内所放置的甲煎粉也应当包括沉香、甲香、麝香三种香。这三种香早在汉代就已经输入中土，西晋时期的门阀士族用其制作甲煎是极其可能的。"[1] 麝香为本土所产，不是来自域外，这是应该说明的。还应该指出，甲煎香产生于魏晋时期，可能也与佛教传入有关。和香用法也来自国外，佛教里用和香。唐智昇集《集诸经礼忏仪》卷上记载和香之法："沈香一两，煎香一两，薰陆香一两，甘松香一两，零陵香一两，甲香一两（十文已下），丁香一两，白胶香真（五文），鸡舌香（十二文），青木香一两，香浮子（十文），白檀香一两，捣罗取末，以蜜和之。"[2] 这实际上就是一种甲煎之配方，但制作方法是以蜜和丸，不用煎。其中的"煎香"指瑞香科植物沉香或白木香等含有树脂的木材。上述唐代诸医家炮制之甲煎应是膏状物。石崇家厕所里的"甲煎粉"当为粉状物，即粉末状，可能是用以散发香气或搓手搓脸时用。制法、形状虽不同，但其配料大致相同，"甲煎"是佛教和香之方与中药炮制方法结合的产物。佛经中的"煎香"易与中医学中的"煎香"混淆，故中医书中皆不用"煎香"称其配料。

　　据温翠芳研究，甲煎的用途主要有三。一是用于焚香。范晔《和香方序》称"甲煎浅俗"，主要是指甲煎焚烧时香味过于浓烈张扬，不像沉香，清凉幽香。石崇家厕所里放置的甲煎粉主要是用于焚烧的。但我们从范晔的话里和有关石崇家厕所的记载中，无法知道甲煎是否用于焚烧。二是制作口脂，这是根据后世文献记载得出的结论。唐人王焘《外台秘要方》记载："以甲煎和为膏，盛于匣内即是甲煎口

1　温翠芳：《中古中国外来香药研究》，第 93 页。

2　任继愈主编《中华大藏经》第六三册，第 593 页。香浮子，即香附子。

脂。如无甲煎，即名唇脂，非口脂也。"[1] 唇脂只是用来滋润嘴唇，含甲煎的口脂可以改善唇裂、口臭、唇白无血色等。三是作为药物治疗疾病。唐人陈藏器《本草拾遗》称甲煎："味辛，平，无毒。主甲疽疮及杂疮难差者。虫、蜂、蛇、蝎所螫疼，小儿头疮，吻疮，耳后月蚀疮，并傅之。合诸药及美果花，烧成灰，和蜡成口脂，所主与甲煎略同。三年者治虫杂疮及口旁馋疮、甲疽等疮。"[2] 范晔《和香方序》是讽世之作，写香喻人，讽刺当时在朝之士。他说："枣膏昏钝，甲煎浅俗，非唯无助于馨烈，乃当弥增于尤疾也。"是用甲煎比喻徐湛之。[3] 大约是说与这种人交往，非但不能在个人品质上有所提升，反而会增加坏毛病，影响个人声誉。

六　文学审美中的新意象

来自域外的名香是贵重物品，汉代以后被用来互相赠送。赵飞燕的妹妹赠送给她的礼品中有域外名香。因为来自域外的名香、异香贵重，因此魏晋南北朝时期出现以外来香料作为贵重礼品相赠送的风气。曹操曾赠送诸葛亮鸡舌香，蜀国叛将孟达曾赠送诸葛亮苏合香。可能诸葛亮喜爱名香为人所知，大家都是投其所好。晋武帝把西域名香赐赏近臣，他曾赐贾充和陈骞，以至产生贾充女儿或陈骞的女儿与人有染，因香而造成丑闻泄露的故事。傅玄《拟四愁诗》曰："佳人赠我苏合香，何以要之翠鸳鸯。"[4] 获得香料的文士不免表达喜爱和感激之情。从王僧孺的谢启可知干陁利献给朝廷的槟榔，又被梁武帝转赐给臣下享用。槟榔珍贵，令王僧孺感恩戴德。跟王僧孺同时的作家庾肩吾也获得皇上和太子恩赐之槟榔，故上启陈谢。其《谢赉槟榔启》曰："形

1　王焘：《外台秘要方》卷三二，第 654 页。

2　陈藏器撰，尚志钧辑释《〈本草拾遗〉辑释》卷三，安徽科学技术出版社，2002，第 112 页。

3　李昉等：《太平御览》卷九八《香部一》，第 4343 页。

4　逯钦立辑校《先秦魏晋南北朝诗》，第 574 页。

均绿竹，讵扫山坛。色譬青桐，不生空井。事逾紫柰，用兼芳菊。方为口实，永以蠲疴。"又《谢东宫赉槟榔启》曰："无劳朱实，兼荔支之五滋。能发红颜，类芙蓉之十酒。登玉案而上陈，出珠盘而下逮。泽深温柰，恩均含枣。"[1] 他们的文章都赞美槟榔形美、味美和疗疾之用。槟榔也被南北朝诗人写入诗中。南朝梁时有人向朋友乞牛舌和牛乳，朋友把槟榔作为替代之物送给他，诗人刘孝绰闻之，写了《咏有人乞牛舌乳不付因饷槟榔诗》咏此事："陈乳何能贵，烂舌不成珍。空持渝浩齿，非但污丹唇。别有无枝实，曾要湛上人。羞比朱樱就，讵易紫梨津。莫言蒂中久，当看心里新。微芳虽不足，含咀愿相亲。"[2] 可能此事引起了那人的不快，诗人写诗安慰他，劝他不要介意。大意是牛奶、牛舌有何珍贵，朋友另有槟榔（无枝实）相赠，不要嫌弃它的陈旧，它的内部是新鲜的。虽然香气并不浓郁，但情意是深厚的，请您咀嚼之，珍视这份情谊。其中包含着"礼轻情意重"的意思。

　　魏晋南北朝时期大量域外香料传入中国，也进入中国作家的审美视野。这一时期的诗歌、小说和散文作品中有不少关于域外香料的描写和吟咏。这些文字成为我们研究香料输入史的重要史料，具有重要价值。香和香的知识来自域外，南海诸国产香，中古文献的记载反映了中国人对南海诸国物产的认识是逐渐深入的。东晋人喻希《与韩豫章笺》云："外国老胡说，众香共是一木，木花为鸡舌香，木胶为熏陆，木节为青木香，木根为旃檀，木叶为霍香，木心为沉香。"[3] 这

1　欧阳询：《艺文类聚》卷八七《果部下》，第 1496 页。

2　欧阳询：《艺文类聚》卷八七《果部下》，第 1496 页。

3　严可均校辑《全晋文》卷一三三，《全上古三代秦汉三国六朝文》，第 2226 页。按：喻希，字益期，东晋豫章（今江西南昌）人，升平年间任治书侍御史，累迁至将作大匠。韩豫章即韩康伯，为豫章太守。喻希给韩康伯的笺最早见于宋李昉等撰《太平御览》卷九二八、九七二、九八一，关于上引诸香内容见于卷九八一、九八二《香部》，第 4346~4349 页。据《水经注》卷三六 "温水" 条，俞希因 "性气刚直，不下曲俗，容身无所，远适在南"。他应该到过南方沿海地区。他关于诸香的资料并不亲见，而是得自来到中国南方的 "老胡" 的传闻，并不符合事实。梁萧绎《金楼子》袭其说，云："扶南国众香共是一木，根便是旃檀，节便是沉水，花是鸡舌，叶是霍香，胶是薰陆。"（见《太平御览》卷九八二《香部》，第 4349 页）不仅 "众香共是一木" 不符合常识，把这种香料的产地归为 "扶南" 一地也不符合实际。

种认识显然是错误的，说明当时中国人对域外植物香料的认识并不全面。大约成书于东晋南朝的《太清金液神丹经》讲到诸香来源云：

> 众香杂类，各自有原。木之沈浮，出于日南。都梁青灵，出于典逊。鸡舌芬萝，生于杜薄。幽简茹来，出于无伦。青木天竺，郁金罽宾，苏合安息，薰陆大秦，咸自草木，各自所珍，或华或胶，或心或枝。唯夫甲香螺蚌之伦，生于歌营句稚之渊，菱蕤月支，硫黄都昆，白附师汉，光鼻加陈，兰艾斯调，幽穆优钱，余各妙气，无及震檀也。[1]

这里记载的香料的产地，大体上反映了当时人们对香料产地的认识，大都是最优良的品种的产地或来源地。其中有正确的认识或有一定根据的传闻，也有似是而非或者错误的认识。例如沉香的产地，这里说是"日南"，至宋赵汝适时便认识到："沉香所出非一，真腊为上，占城次之，三佛齐、阇婆等为下。"[2]对于南海诸国人从事香料贸易的情况也有了解。南朝佚名作者《林邑记》曰："朱吾以南，有文狼人，野居无室宅，依树止宿，食生鱼肉，采香为业，与人交市，若上皇之民矣。"[3]竺法《登真罗山疏》曰："越王捣薰陆香。"[4]《晋书·四夷传》记载扶南国："扶南西去林邑三千余里，在海大湾中，其境广袤三千里，有城邑宫室。……贡赋以金银珠香。"[5]范晔《和香方序》曰："麝本多忌，过分必害；沈实易和，盈斤无伤。零藿虚燥，詹唐粘湿。甘松、苏合、安息、郁金、榛多、和罗之属，并被珍于外国，无取于中土。"[6]其中表现出对于来自域外诸香性能、品质的认识。提到域外传入中国

1　葛洪：《太清金液神丹经》卷下，《道藏》第一八册，第762页。

2　赵汝适撰，杨博文校释《诸蕃志校释》卷下，中华书局，2000，第173页。

3　郦道元撰，陈桥驿校证《水经注校证》卷三六，第800页。

4　李昉等：《太平御览》卷九八一《香部》，第4344页。按：竺法《登真罗山疏》，或作"竺法真《登罗山疏》""竺法真《登罗浮山疏》"。

5　房玄龄等：《晋书》卷九七《四夷传》，第2547页。

6　沈约：《宋书》卷六九《范晔传》，第1829页。

的香料，《太清金液神丹经》和范晔《和香方序》都以诗的语言，表达了喜爱之情。

汉代域外名香便进入诗歌吟咏的行列。汉乐府诗云："行胡从何方，列国持何来？氍毹毲毼五木香，迷迭艾蒳及都梁。"[1] 魏晋南北朝时外来香料成为重要的文学意象，常常用来渲染和表现贵族之家的豪奢，尤其被用于描写贵族女性生活。曹植《妾薄命》诗咏主人盛情招待客人云："御巾裛粉君傍，中有霍纳都梁，鸡舌五味杂香。进者何人齐姜，恩重爱深难忘。"[2] 裛，用香熏。曹植此诗反映出当时人们用鸡舌香等香料熏衣。南朝贵族之家用香料熏染以增加室内香气，文学作品的吟咏可以让我们感受到贵族之家用苏合香的生活情景。梁武帝《河中之水歌》云："卢家兰室桂为梁，中有郁金苏合香。"[3] 梁简文帝《药名诗》云："朝风动春草，落日照横塘。重台荡子妾，黄昏独自伤。烛映合欢被，帷飘苏合香。"[4] 梁元帝《香炉铭》："苏合氤氲，非烟若云。时秌更薄，乍聚还分。火微难尽，风长易闻。孰云道力，慈悲斯薰。"[5] 刘孝威《赋得香出衣诗》："香出衣，步近气逾飞。博山登高用郫锦，含情动靥比洛妃。香缨麝带缝金缕，琼花玉胜缀珠徽。苏合故年微恨歇，都梁路远恐非新。犹贤汉君芳千里，尚笑荀令止三旬。"[6] 吴均《秦王卷衣曲》："咸阳春草芳，秦帝卷衣裳。玉检茱萸匣，金泥苏合香。初芳薰复帐，余辉耀玉床。须臾朝宴罢，持此赠华阳。"[7] 南朝诗人江总《闺怨》诗写思妇的生活和心情："寂寂青楼大道边，纷纷白雪绮窗前。池上鸳鸯不独自，帐中苏合还空然。屏风有意障明月，灯火无情照独眠。辽西水冻春应少，蓟北鸿来路几千。愿君关山及早

1　郭茂倩：《乐府诗集》卷七七，第 1088 页。

2　曹植著，赵幼文校注《曹植集校注》卷三，第 481~482 页。

3　郭茂倩：《乐府诗集》卷八五，第 1204 页。

4　欧阳询：《艺文类聚》卷五六《杂文部二》，第 1010 页。

5　欧阳询：《艺文类聚》卷七〇《服饰部下》，第 1223 页。

6　欧阳询：《艺文类聚》卷六七《衣冠部》，第 1188 页。

7　欧阳询：《艺文类聚》卷四二《乐部二》，第 764 页。

度，念妾桃李片时妍。"[1] 吴均《行路难四首》其四：

> 君不见上林苑中客，冰罗雾縠象牙席。
>
> 尽是得意忘言者，探肠见胆无所惜。
>
> 白酒甜盐甘如乳，绿觞皎镜华如碧。
>
> 少年持名不肯尝，安知白驹应过隙。
>
> 博山炉中百和香，郁金苏合及都梁。
>
> 逶迤好气佳容貌，经过青琐历紫房。
>
> 已入中山冯后帐，复上皇帝班姬床。
>
> 班姬失宠颜不开，奉帚供养长信台。
>
> 日暮耿耿不能寐，秋风切切四面来。
>
> 玉阶行路生细草，金炉香炭变成灰。
>
> 得意失意须臾顷，非君方寸逆所裁。[2]

这些作品中的描写充分说明，南朝获得域外之苏合香数量不少，而且成为贵族之家的最爱。他们家中烧苏合香，用苏合香熏衣，并将苏合香作为礼品赠人。南朝人喜欢槟榔。沈约《咏竹槟榔盘诗》："梢风有劲质，柔用道非一。平织方以文，穿成圆且密。荐羞虽百品，所贵浮天实。幸承欢醑余，宁辞嘉宴毕。"[3] 他赞美槟榔是"天实"。槟榔还通过南朝传入北朝。庾信《忽见槟榔诗》："绿房千子熟，紫穗百花开。莫言行万里，曾经相识来。"[4] 庾信在南朝时便吃到槟榔，当他滞留北方见到槟榔时感慨万千，产生与槟榔同病相怜的情感。南朝乐府民歌《杨叛儿》反映出沉香在香炉中被点燃使用的情况。《通典·乐》记载："《杨叛儿》，本童谣也。齐隆昌时，女巫之子曰杨旻，随母入内，及长，为太后所宠爱。童谣曰：'杨婆儿，共戏来。'所歌语讹，遂成

1　欧阳询：《艺文类聚》卷三二《人部十六》，第 570 页。

2　郭茂倩：《乐府诗集》卷七〇，第 1002~1003 页。

3　逯钦立辑校《先秦汉魏晋南北朝诗》，第 1651 页。

4　庾信撰，倪璠注《庾子山集注》卷四，中华书局，1980，第 380 页。

'杨叛儿'。歌云：'暂出白门前，杨柳可藏乌。欢作沉水香，侬作博山炉。'"[1] "隆昌"是南朝齐郁林王年号，仅用一年，即 494 年。

赋是魏晋南北朝时期重要的文学形式，其中也有写域外传入的香料，而且文学家还托物言志，借赋物以咏怀。晋成公绥《宣清赋》残句有云："哀薰草之见焚。"鱼豢《魏略·西戎传》记载大秦 12 种香中有"薰草"。陈藏器《本草拾遗》引《南越志》称零陵香名"燕草，又名薰草，即香草也"。[2] 薰草因为其香而被焚烧亡身，被文学家用来形容一个人富于才华而遭嫉妒受到打击甚至招致杀身之祸。成公绥的赋"哀薰草之见焚"，可能不仅仅是咏物，而有言志之用意在。晋成公绥《芸香赋》："美芸香之修洁，禀隆阳之淑精。茎类秋竹，枝像春松。"[3]《说文解字》云："芸香，似苜蓿。"《淮南子》曰："芸，可以死而复生。"《杂字解诂》曰："芸，杜荣。"《礼记·月令》曰："仲冬之月，芸始生。"郑玄注云："芸，香草也。"《礼图》曰："芸蒿，其叶似蒿，香美可食也。"这些早期的史料，一方面说明可能汉代已有芸香传入中国，另一方面也有可能把本地芸蒿、芸草、芸香与外来的芸香混淆了。鱼豢《魏略·西戎传》记载大秦 12 种香中有"芸胶"。论者以为芸、胶当为两种香，鱼豢笔下的"芸"是作为植物的"芸香"。[4] 赋物中隐寓人格的寄托，如"竹"和"松"在中国文化中早就具有比德之意。傅玄《芸香赋序》云："始以微香进御，终于捐弃黄壤。吁可闵也，遂咏而赋之。"[5] 其中包含着更多人生命运的感叹。芸香最初因其香气为人所用，最终却枯槁为人所弃，这既可喻女性因年老色衰为人所弃，也可喻士人初为人主重用后遭疏远贬弃的仕途挫折。香草美人在屈原的时代已经用以喻人格之美以及君臣之关系，傅玄笔下的芸香意象显然不仅仅是在咏物。傅玄的儿子傅咸亦有《芸香赋》之

1　杜佑：《通典》卷一四五《乐五》，第 3704 页。
2　陈藏器撰，尚志钧辑释《〈本草拾遗〉辑释》卷三，第 94~95 页。
3　李昉等：《太平御览》卷九八二《香部》，第 4350 页。
4　温翠芳：《中国中古外来香药研究》，第 67 页。
5　李昉等：《太平御览》卷九八二《香部》，第 4350 页。

作，其序云："先君作《芸香赋》，辞美高丽。有睹斯卉，蔚茂馨香，同游使余为序。"[1] 傅咸与人出游睹芸香闻其芬芳，便自然想到傅玄赋咏芸香的名篇，同游者请傅咸再作序以记其事。如果我们了解傅玄的经历，便不能不认识到傅玄笔下的芸香包含着对自身遭遇的感慨。傅玄，字休奕。晋北地郡泥阳县人，出身北地傅氏。少年随父逃难至河内，初举孝廉，州里举为秀才，除郎中。后参安东、卫将军军事，转温县令，再迁弘农太守，领典农校尉，颇有政绩。数次上书朝廷，陈治国之策。魏末建立五等爵制，封鹑觚男。司马炎为晋王，任命他为散骑常侍。西晋建立，晋爵鹑觚子，加驸马都尉，掌谏职。又拜侍中，因事免职。后任御史中丞，提出著名的"五条政见"。泰始五年（269）升任太仆，转司隶校尉，又因当众斥骂谒者及尚书被劾免。咸宁四年（278）去世，因性格正直谥号曰"刚"。傅玄从低微而荣显，因刚正而两次被免官。他应该有感于自己的遭遇而托物言志，寄寓个人失志的情怀。

　　魏晋南北朝小说中常常写到外来的香料。陶潜《续搜神记》中的一则故事曰："王广，豫章人，年少未昏［婚］。至田舍，见一女，云：'我是何参军女，年十四而夭，为西王母养，使与下土人交。'广与之缠绵，其日于席上得手巾，裹鸡舌香。其母取巾烧之，乃是火浣布。"[2] 这个故事包含着鸡舌香有尸体防腐的功能。南朝宋刘敬叔《异苑》记载："沙门支法存在广州，有八尺氍毹，又有沉香八尺板床。太元中，王琰为州，大儿劬求二物不得，乃杀而籍焉。"[3] 西晋郭象注《庄子》，用苏合香作喻。《庄子·齐物论》云："庸讵知吾所谓知之非不知邪？"郭象注云："夫蛣蜣之知，非（一作在）于转丸，而笑蛣蜣者，乃以苏合为贵。"[4] 这说明当时苏合香已经为人所熟知，故用以为喻。

1　李昉等：《太平御览》卷九八二《香部》，第4350页。

2　李昉等：《太平御览》卷九八一《香部》，第4346页。

3　李昉等：《太平御览》卷九八二《香部》，第4349页。

4　郭象注，陆德明音义《庄子》卷一《齐物论》，《二十二子》，上海古籍出版社，1986，第18页。

参考文献

一

司马迁：《史记》，中华书局，1982。

班固：《汉书》，中华书局，1962。

范晔：《后汉书》，中华书局，1965。

陈寿：《三国志》，中华书局，1959。

房玄龄等：《晋书》，中华书局，1974。

沈约：《宋书》，中华书局，1974。

萧子显：《南齐书》，中华书局，1972。

姚思廉：《梁书》，中华书局，1973。

姚思廉：《陈书》，中华书局，1972。

魏收：《魏书》，中华书局，1974。

令狐德棻等：《周书》，中华书局，1971。

李百药：《北齐书》，中华书局，1972。

李延寿:《北史》，中华书局，1974。

李延寿:《南史》，中华书局，1975。

魏徵等:《隋书》，中华书局，1973。

刘昫等:《旧唐书》，中华书局，1975。

欧阳修、宋祁:《新唐书》，中华书局，1975。

司马光:《资治通鉴》，中华书局，1956。

二

《曹操集·文集》卷五，中华书局，2018。

卞孝萱校订《刘禹锡集》，中华书局，1990。

曹植著，赵幼文校注《曹植集校注》，人民文学出版社，1984。

常璩撰，任乃强校注《华阳国志校补图注》，上海古籍出版社，1987。

陈藏器撰，尚志钧辑释《〈本草拾遗〉辑释》，安徽科学技术出版社，2002。

崔鸿:《十六国春秋》，中华书局，1988。

崔寔撰，石声汉校注《四民月令校注》，中华书局，2013。

道宣:《广弘明集》，中华书局，1993。

道宣:《释迦方志》，范祥雍点校，中华书局，1983。

道宣:《续高僧传》，郭绍林点校，中华书局，2014。

杜环原著，张一纯笺注《经行记笺注》，中华书局，2000。

杜佑:《通典》，刘俊文等点校，中华书局，1988。

段公路:《北户录》，中华书局，1985。

段成式:《酉阳杂俎》，方南生点校，中华书局，1981。

段熙仲、闻旭初编校《诸葛亮集》，中华书局，1960。

干宝:《搜神记》，中华书局，1979。

高楠顺次郎等纂修《大正新修大藏经》，河北省佛教协会印行，2005。

葛洪:《抱朴子》，上海古籍出版社，1990。

葛洪:《太清金液神丹经》，《道藏》本，文物出版社、上海书店、天津古籍出版社，1988。

葛洪著，沈澍农校注《肘后备急方校注》，人民卫生出版社，2016。

葛洪撰，王明校释《抱朴子内篇校释》，中华书局，1980。

葛洪撰，周天游校注《西京杂记校注》，中华书局，1985。

顾祖禹:《读史方舆纪要》，贺次君、施和金点校，中华书局，2005。

郭茂倩:《乐府诗集》，中华书局，1979。

国家文物局古文献研究室等编《吐鲁番出土文书》（1~10册），文物出版社，1992~1996。

洪刍:《香谱》，中国书店，2018。

慧立、彦悰:《大慈恩寺三藏法师传》，中华书局，2000。

嵇含:《南方草木状》，广陵书社，2003。

贾思勰撰，缪启愉校释《齐民要术校释》，中国农业出版社，1998。

贾思勰撰，石声汉校释《齐民要术今释》，中华书局，2009。

鸠摩罗什译《梵网经》，《大正新修大藏经》第二四册，河北省佛教协会印行，2005。

孔颖达等:《礼记正义》，《十三经注疏》，中华书局，1980。

孔颖达疏《尚书正义》，《十三经注疏》，中华书局，1980。

寇宗奭:《图经衍义本草》，《道藏》，上海书店，1988。

乐史:《太平寰宇记》，中华书局，2007。

雷敩撰，王兴法辑校《雷公炮炙论（辑佚本）》，上海中医学院出版社，1986。

李昉等:《太平广记》，中华书局，1961。

李昉等:《太平御览》，中华书局，1960。

李昉等:《文苑英华》，中华书局，1956。

李吉甫：《元和郡县图志》，贺次君点校，中华书局，1983。

李时珍：《本草纲目》，中医古籍出版社，1994。

李天华：《世说新语新校》，岳麓书社，2004。

李珣撰，尚志钧辑校《海药本草（辑校本）》，人民卫生出版社，1997。

郦道元撰，陈桥驿校证《水经注校证》，中华书局，2013。

刘安：《淮南子》，上海古籍出版社，1986。

刘敬叔：《异苑》，中华书局，1996。

刘熙撰，毕沅疏证，王先谦补《释名疏证补》，中华书局，2008。

刘义庆著，刘孝标注，余嘉锡笺疏《世说新语笺疏》，中华书局，2011。

刘义庆撰，徐震堮校笺《世说新语校笺》，中华书局，1984。

陆翙：《邺中记》，《丛书集成初编》，商务印书馆，1937。

陆机著，刘运好校注整理《陆士衡文集校注》，凤凰出版社，2007。

陆云著，刘运好校注整理《陆士龙文集校注》，凤凰出版社，2010。

逯钦立辑校《先秦汉魏晋南北朝诗》，中华书局，1983。

马端临：《文献通考》，中华书局，1986。

缪希雍：《神农本草经疏》，中医古籍出版社，2017。

欧阳询：《艺文类聚》，上海古籍出版社，1982。

彭定求等：《全唐诗》，中华书局，1960。

任继愈主编《中华大藏经》，中华书局，1986~1997。

僧祐：《出三藏记集》，苏晋仁、萧炼子点校，中华书局，1995。

僧祐编《弘明集》，上海古籍出版社，1991。

上海古籍出版社编印《汉魏六朝笔记小说大观》，1999。

尚志钧辑校《神农本草经辑校》，学苑出版社，2014。

释道世撰，周叔迦、苏晋仁校注《法苑珠林校注》，中华书局，2003。

释慧皎撰，汤用彤校注，汤一玄整理《高僧传》，中华书局，1992。

苏敬等撰，尚志钧辑校《唐·新修本草（辑复本）》，安徽科学技术出版社，1981。

孙思邈:《备急千金要方》，高文柱、沈澍农校注，华夏出版社，2008。

孙思邈:《千金翼方》，上海古籍出版社，1999。

孙思邈著，李景荣等校释《备急千金要方校释》，人民卫生出版社，2014。

唐慎微撰，王家葵、蒋淼点评《证类本草》，中国医药科技出版社，2021。

陶弘景撰，尚志钧、尚元胜辑校《本草经集注（辑校本）》，人民卫生出版社，1994。

陶弘景撰，尚志钧、尚元胜辑注《〈本草经集注〉辑校》，北京科学技术出版社，2019。

陶弘景撰，尚志钧辑校《名医别录（辑校本）》，中国中医药出版社，2013。

汪灏等编校《广群芳谱》，张虎刚点校，河北人民出版社，1989。

王嘉:《拾遗记》，吉林大学出版社，1992。

王嘉撰，齐治平校注《拾遗记校注》，中华书局，1981。

王钦若等编《册府元龟》，中华书局，1960。

王树枏等纂修，朱玉琪等整理《新疆图志》，上海古籍出版社，2015。

王焘:《外台秘要方》，王淑民校注，中国医药科技出版社，2011。

习凿齿撰，黄惠贤校补《校补襄阳耆旧记》，中华书局，2018。

萧统编《文选》，上海书店出版社，1988。

萧绎撰，许逸民校笺《金楼子校笺》，中华书局，2011。

谢灵运撰，顾绍柏校注《谢灵运集校注》，中州古籍出版社，1987。

邢昺：《尔雅疏》，《十三经注疏》，中华书局，1980。

徐坚等：《初学记》，中华书局，1962。

徐陵编，吴兆宜注，程琰删补《玉台新咏笺注》，穆克宏点校，中华书局，1985。

许慎：《说文解字》，中华书局，1963。

许嵩：《建康实录》，中华书局，1986。

玄奘、辩机原著，季羡林等校注《大唐西域记校注》，中华书局，2000。

严可均校辑《全上古三代秦汉三国六朝文》，中华书局，1958。

严世芸、李其忠主编《三国两晋南北朝医学总集》，人民卫生出版社，2009。

颜之推撰，王利器集解《颜氏家训集解》，中华书局，2014。

杨衒之撰，范祥雍校注《洛阳伽蓝记校注》，上海古籍出版社，1978。

杨衒之撰，杨勇校笺《洛阳伽蓝记校笺》，中华书局，2006。

杨衒之撰，周祖谟校释《洛阳伽蓝记校释》，中华书局，1963。

义净撰，王邦维校注《大唐西域求法高僧传校注》，中华书局，1988。

佚名：《神农本草经》，新世界出版社，2009。

应劭等撰，孙星衍等辑《汉官六种》，中华书局，1990。

虞世南：《北堂书钞》，学苑出版社，2003。

庾信撰，倪璠注《庾子山集注》，许逸民点校，中华书局，1980。

袁珂校注《山海经校注》（增补修订本），巴蜀书社，1993。

张华撰，范宁校证《博物志校证》，中华书局，1980。

张君房编《云笈七签》，李永晟点校，中华书局，2003。

张仲景著，高学山注《高注金匮要略》，上海人民卫生出版社，1956。

章巽校注《法显传校注》，上海古籍出版社，1985。

赵汝适著，杨博文校释《诸蕃志校释》，中华书局，2000。

志磐撰，释道法校注《佛祖统纪校注》，中华书局，2012。

周去非著，杨武泉校注《岭外代答校注》，中华书局，1999。

庄子著，郭象注，陆德明音义《庄子》，《二十二子》，上海古籍出版社，1986。

三

《谷霁光史学文集》，江西人民出版社、江西教育出版社，1996。

《李济考古论文集》，文物出版社，1985。

《吕思勉读史札记》，上海古籍出版社，1982。

《饶宗颐二十世纪学术文集》，中国人民大学出版社，2009。

白寿彝：《中国交通史》，岳麓书社，2011。

岑仲勉：《汉书西域传地里校释》，中华书局，1981。

岑仲勉：《金石论丛》，上海古籍出版社，1981。

陈高华、陈尚胜：《中国海外交通史》，中国社会科学出版社，2017。

陈良伟：《丝绸之路河南道》，中国社会科学出版社，2002。

陈明：《殊方异药——出土文书与西域医学》，北京大学出版社，2005。

陈明：《印度梵文医典〈医理精华〉研究》，中华书局，2002。

陈寅恪：《金明馆丛稿初编》，上海古籍出版社，1980。

陈寅恪：《金明馆丛稿二编》，上海古籍出版社，1980。

陈寅恪：《柳如是别传》，生活·读书·新知三联书店，2001。

陈寅恪：《魏晋南北朝史讲演录》，万绳楠整理，黄山书社，1987。

陈祖椠主编《中国农学遗产选集》甲类第五种上编，中华书局，1957。

丛春雨主编《敦煌中医药全书》，中医古籍出版社，1994。

杜士铎主编《北魏史》，山西高校联合出版社，1992。

方豪：《中西交通史》，岳麓书社，1987。

冯承钧:《中国南洋交通史》，商务印书馆，1998。

冯承钧译《西域南海史地考证译丛》第一卷，商务印书馆，1962。

冯承钧译《西域南海史地考证译丛》第二卷，商务印书馆，1962。

冯承钧译《西域南海史地考证译丛》第三卷，商务印书馆，1999。

傅筑夫:《中国封建社会经济史》，人民出版社，1984。

广东省文物局等编《广东文物考古三十年》，暨南大学出版社，2009。

广州市国家历史文化名城发展中心广州历史文化名城研究会、广州古都学会编《论广州与海上丝绸之路》，中山大学出版社，1993。

洪涛:《五凉史略》，中国社会科学出版社，1992。

胡文彦:《中国家具鉴定与欣赏》，上海古籍出版社，1995。

黄时鉴主编《插图解说中西关系史年表》，浙江人民出版社，1994。

姜伯勤:《敦煌吐鲁番文书与丝绸之路》，文物出版社，1994。

蒋福亚:《前秦史》，北京师范学院出版社，1993。

李崇峰:《中印佛教石窟寺比较研究——以塔庙窟为中心》，北京大学出版社，2003。

李明伟主编《丝绸之路贸易史》，甘肃人民出版社，1997。

李凭:《北魏平城时代》，社会科学文献出版社，2000。

李庆新:《海上丝绸之路》，黄山书社，2016。

联合国教科文组织海上丝绸之路综合考察泉州国际学术讨论会组织委员会编《中国与海上丝绸之路》，福建人民出版社，1991。

联合国教科文组织海上丝绸之路综合考察泉州国际学术讨论会组织委员会编《中国与海上丝绸之路（续集）》，福建人民出版社，1994。

梁启超:《佛学研究十八篇》，辽宁教育出版社，1998。

辽宁省博物馆编著《北燕冯素弗墓》，文物出版社，2015。

廖育群:《阿输吠陀——印度的传统医学》，辽宁教育出版社，2002。

林梅村:《汉唐西域与中国文明》，文物出版社，1998。

林梅村:《西域文明——考古、民族、语言和宗教新论》，东方出版社，1995。

刘纬毅:《汉唐方志辑佚》，北京图书馆出版社，1997。

刘迎胜:《丝路文化·海上卷》，浙江人民出版社，1995。

刘永新编著《国家药典中药彩色图鉴》，中医古籍出版社，2017。

逯耀东:《从平城到洛阳——拓跋魏文化转变的历程》，中华书局，2006。

罗丰:《胡汉之间——"丝绸之路"与西北历史考古》，文物出版社，2004。

马继兴等辑校《敦煌医药文献辑校》，江苏古籍出版社，1998。

孟凡人:《北庭和高昌研究》，商务印书馆，2020。

缪启愉、邱泽奇辑释《汉魏六朝岭南植物"志录"辑释》，农业出版社，1990。

缪钺:《读史存稿》，生活·读书·新知三联书店，1963。

南京大学历史系考古专业等编著《鄂城六朝墓》，科学出版社，2007。

齐陈俊、陆庆丰、郭锋:《五凉史略》，甘肃人民出版社，1988。

任继愈主编《中国佛教史》第二卷，中国社会科学出版社，1985。

任继愈主编《中国佛教史》第三卷，中国社会科学出版社，1988。

荣新江:《中古中国与外来文明》，生活·读书·新知三联书店，2001。

荣新江主编《唐研究》第三卷，北京大学出版社，1997。

山西大学历史文化学院、山西省考古研究所、大同市博物馆编著《大同南郊北魏墓群》，科学出版社，2006。

商务印书馆编《敦煌遗书总目索引》，中华书局，1983。

尚永琪:《北燕史》,中国社会科学出版社,2019。

沈福伟:《中国与非洲文化交流研究》,新疆人民出版社,2010。

沈澍农主编《敦煌吐鲁番医药文献新辑校》,高等教育出版社,2016。

石云涛:《三至六世纪丝绸之路的变迁》,文化艺术出版社,2007。

释印顺:《说一切有部为主的论书与论师之研究》,中华书局,2011。

宋岘:《古代波斯医学与中国》,经济日报出版社,2001。

孙光圻:《中国古代航海史》,海洋出版社,2005。

太原市文物考古研究所编《北齐徐显秀墓》,文物出版社,2005。

汤用彤:《汉魏两晋南北朝佛教史》,中华书局,1955。

唐耕耦、陆宏基编《敦煌社会经济文献真迹释录》第1~5辑,书目文献出版社,1986~1990。

唐长孺:《魏晋南北朝史论丛(外一种)》,河北教育出版社,2000。

唐长孺:《魏晋南北朝史论拾遗》,中华书局,1983。

唐长孺:《魏晋南北朝隋唐史三论》,武汉大学出版社,1993。

佟屏亚:《农作物史话》,中国青年出版社,1979。

王利华主编《中国农业通史·魏晋南北朝卷》,中国农业出版社,2020。

王素、李方:《魏晋南北朝敦煌文献编年》,台北,新文丰出版公司,1997。

王素:《高昌史稿(交通编)》,文物出版社,2000。

温翠芳:《唐代外来香药研究》,重庆出版社,2007。

温翠芳:《中古中国外来香药研究》,科学出版社,2016。

文物出版社编印《文化大革命期间出土文物》第一辑,1973。

向达:《唐代长安与西域文明》,生活·读书·新知三联书店,1957。

向达:《中西交通史》,中华书局,1934。

熊德基:《六朝史考实》,中华书局,2000。

徐苹芳:《丝绸之路考古论集》,上海古籍出版社,2017。

严耕望:《唐代交通图考》,上海古籍出版社,2007。

杨森:《敦煌壁画家具图像研究》,民族出版社,2010。

杨宪益:《译余偶拾》,山东画报出版社,2006。

姚士宏:《克孜尔石窟探秘》,新疆美术摄影出版社,1996。

于安澜编《画品丛书》,上海人民美术出版社,1982。

余太山:《两汉魏晋南北朝与西域关系史研究》,中国社会科学出版社,1995。

余太山:《两汉魏晋南北朝正史西域传研究》,中华书局,2003。

余太山:《两汉魏晋南北朝正史西域传要注》,中华书局,2005。

余太山:《嚈哒史研究》,商务印书馆,2012。

张庆捷等主编《4~6世纪的北中国与欧亚大陆》,科学出版社,2006。

张星烺:《中西交通史料汇编》,辅仁大学图书馆,1930。

章巽主编《中国航海科技史》,海洋出版社,1991。

中华人民共和国卫生部药典委员会编《中华人民共和国药典》,人民卫生出版社,1990。

周伟洲:《汉赵国史》,山西人民出版社,1986。

周伟洲:《吐谷浑史》,广西师范大学出版社,2006。

周一良:《魏晋南北朝史论集》,北京大学出版社,1997。

周一良:《魏晋南北朝史札记》,中华书局,1985。

周一良主编《中外文化交流史》,河南人民出版社,1987。

朱大渭:《六朝史论》,中华书局,1998。

朱雷:《敦煌吐鲁番文书研究》,浙江大学出版社,2016。

朱雷:《朱雷敦煌吐鲁番文书论丛》,上海古籍出版社,2012。

四

安家瑶:《北周李贤墓出土的玻璃碗——萨珊玻璃器的发现与研究》,《考古》1986年第2期。

安家瑶:《中国的早期玻璃器皿》,《考古学报》1984 年第 4 期。

北京市文物工作队:《北京西郊西晋王浚妻华芳墓清理简报》,《文物》1965 年第 12 期。

毕波:《粟特人与晋唐时期陆上丝绸之路香药贸易》,《台湾东亚文明研究学刊》2013 年第 2 期。

岑仲勉:《现存的职贡图是梁元帝原本吗?》,《中山大学学报》1961 年第 3 期。

曾维华:《论胡床及其对中原地区的影响》,《学术月刊》2002 年第 7 期。

陈东杰、李芽:《从马王堆一号汉墓出土香料与香具探析汉代用香习俗》,《南都学坛》2009 年第 1 期。

陈戈:《新疆古代交通路线综述》,《新疆文物》1990 年第 3 期。

陈国灿:《敦煌所出粟特文信札的书写地点和时间问题》,《魏晋南北朝隋唐史资料》第七辑，武汉大学历史系魏晋南北朝隋唐史研究室编印，1985。

陈连庆:《汉晋之际输入中国的香料》,《史学集刊》1986 年第 2 期。

陈竺同:《汉魏南北朝外来的医术与药物的考证》,《中西医药》第 7 期，1936 年。

陈竺同:《汉魏以来海外输入奇香考》,《南洋研究》第 6 卷第 2 号，1936 年。

陈竺同:《汉魏以来异域色料输入考》,《暨南学报》第 1 卷第 2 号，1936 年。

初师宾:《甘肃靖远新出东罗马鎏金银盘略考》,《文物》1990 年第 5 期。

磁县博物馆:《河北磁县东魏茹茹公主墓发掘简报》,《文物》1984 年第 4 期。

磁县文化馆:《河北磁县东陈村东魏墓》,《考古》1977 年第 6 期。

大同市考古研究所:《山西大同恒安街北魏墓（11DHAM13）发掘简报》,《文物》2015 年第 1 期。

大同市考古研究所:《山西大同迎宾大道北魏墓群》,《文物》2016年第 10 期。

当涂县文物事业管理所:《安徽当涂东晋墓发掘简报——兼论出土的玻璃碗残片类别和来源》,《东南文化》2006 年第 2 期。

鄂州博物馆、湖北省文物考古研究所:《湖北鄂州鄂钢饮料厂一号墓发掘报告》,《考古学报》1988 年第 1 期。

范行准:《汉魏南北朝外来的医术与药物的考证商榷》,《中西医药》第 7 期,1936 年。

盖山林、陆思贤:《呼和浩特市附近出土的外国金银币》,《考古》1975 年第 3 期。

高至喜:《湖南古代墓葬概况》,《文物》1960 年第 3 期。

固原县文物工作站:《宁夏固原北魏墓清理简报》,《文物》1984 年第 6 期。

广州市文物管理委员会:《广州市下塘狮带岗晋墓发掘简报》,《考古》1996 年第 1 期。

郭茂全:《丝绸之路上的植物"旅行"及其艺术表征——以石榴为例》,《兰州大学学报》2018 年第 2 期。

郭荣臻、靳桂云:《中原地区先秦时期麦遗存的考古学研究》,《江汉考古》2019 年第 3 期。

韩昇:《"魏伐百济"与南北朝时期东亚国际关系》,《历史研究》1995 年第 3 期。

韩昇:《四至六世纪百济在东亚国际关系中的地位和作用》,韩国忠南大学校百济研究所编《第 7 回国际学术会议·百济学术诸问题》,大田,1994。

韩振华:《公元前二世纪至公元一世纪间中国与印度东南亚的海上交通——〈汉书·地理志〉粤地条末段考释》,《厦门大学学报》1957 年第 2 期。

韩振华:《魏晋南北朝海上丝绸之路的航线研究——兼论横越泰国、马来半岛的路线》,联合国教科文组织海上丝绸之路综合考察泉州国际学术讨论会组织委员会编《中国与海上丝绸之路》，福建人民出版社，1991。

贺圣达：《海上丝绸之路与中国的对外文化交流——以中国与东南亚的文化交流为例》，《东南亚南亚研究》2016年第2期。

黄雷：《两晋南北朝时期罽宾来华僧人与佛经传译》，《兰州学刊》2015年第2期。

暨远志：《胡床杂考——敦煌壁画家具研究之三》，《考古与文物》2004年第4期。

黎瑶渤：《辽宁北票县西官营子北燕冯素弗墓》，《文物》1973年第3期。

李德山：《东北古民族源于东夷论》，《东北师大学报》1995年第4期。

李方：《北魏与西域的关系——董琬出使前后》，《中国边疆学》第二辑，社会科学文献出版社，2014。

李凭：《北魏两位高氏皇后族属考》，《中国史研究》（韩国）第20期，2002年。

李强：《近年出土的玻璃器》，《中国科技史杂志》1991年第1期。

李征：《吐鲁番县阿斯塔那-哈拉和卓古墓群发掘简报（1963~1965）》，《文物》1973年第10期。

李忠民、赵钢：《从胡床到圈椅》，《中华遗产》2011年第6期。

林梅村：《北魏太和五年舍利石函所藏嚈哒钱币考》，《中国钱币》1993年第4期。

林梅村：《中国境内出土带铭文的波斯和中亚银器》，《文物》1997年第7期。

刘淑芬：《六朝南海贸易的开展》，《食货复刊》（台北）第15卷第9~10期，1986年。

柳洪亮：《1986年新疆吐鲁番阿斯塔那古墓群发掘简报》，《考古》1992年第2期。

陆庆夫：《五凉政权与中西交通》，《西北史地》1987年第1期。

马国荣:《北魏与西域关系述略》,《喀什师范学院学报》1995 年第 4 期。

马丽亚·艾海提、金诚实、静永杰:《内蒙古北魏墓出土萨珊玻璃器及其相关问题》,《文博》2017 年第 4 期。

马玉基:《大同市小站村花圪塔台北魏墓清理简报》,《文物》1983 年第 8 期。

麦超美:《粟特文古信札的断代》,武汉大学中国三至九世纪研究所编《魏晋南北朝隋唐史资料》第 24 辑,武汉大学文科学报编辑部,2008。

莫莹萍、府建明:《梁元帝〈职贡图〉"倭国使"题记二题》,《北华大学学报》2016 年第 4 期。

穆舜英:《吐鲁番哈喇和卓古墓群发掘简报》,《文物》1978 年第 6 期。

南京市博物馆、南京市玄武区文化局:《江苏南京市富贵山六朝墓地发掘简报》,《考古》1998 年第 8 期。

南京市博物馆:《江苏南京仙鹤观东晋墓》,《文物》2001 年第 3 期。

南京市博物馆:《南京北郊东晋墓发掘简报》,《考古》1983 年第 4 期。

南京市博物馆:《南京市郭家山东晋温氏家族墓》,《考古》2008 年第 6 期。

内蒙古文物工作队、内蒙古博物馆:《呼和浩特市附近出土的外国金银币》,《考古》1975 年第 3 期。

宁夏回族自治区博物馆、宁夏固原博物馆:《宁夏固原北周李贤夫妇墓发掘简报》,《文物》1985 年第 11 期。

齐东方:《李家营子出土的粟特银器与草原丝绸之路》,《北京大学学报》1992 年第 2 期。

钱伯泉:《〈职贡图〉与南北朝时期的西域》,《新疆社会科学》1988 年第 3 期。

沙比提:《从考古发掘资料看新疆古代的棉花种植和纺织》,《文物》1973 年第 10 期。

山西省考古研究所、大同市博物馆:《大同南郊北魏墓群发掘简报》,《文物》1992 年第 8 期。

尚民杰、贾鸿健:《宋云西行与吐谷浑国》,《青海社会科学》1992 年第 3 期。

尚志钧:《对〈李当之药录〉的考察及评价》,《安徽中医学院学报》1990 年第 1 期。

石家庄地区革委会文化局文物发掘组:《河北赞皇东魏李希宗墓》,《考古》1977 年第 6 期。

石云涛:《北魏中西交通的开展》,《社会科学辑刊》2007 年第 1 期。

孙机:《建国以来西方古器物在我国的发现与研究》,《文物》1999 年第 10 期。

孙培良:《略谈大同市南郊出土的几件银器和铜器》,《文物》1977 年第 9 期。

唐长孺:《北凉承平七年（449）写经题记与西域通往江南的道路》,武汉大学历史系魏晋南北朝隋唐史研究室编印《魏晋南北朝隋唐史资料》第一辑,1979。

王鞠侯:《南海输入香料品类考》,《南洋研究》第 9 卷第 4 号,1941 年。

王克林:《北齐库狄回洛墓》,《考古学报》1979 年第 3 期。

王赛时:《熏香琐谈》,《文史杂志》1994 年第 2 期。

王素:《梁元帝〈职贡图〉与西域诸国——从新出清张庚摹本〈诸番职贡图卷〉引出的话题》,《文物》2020 年第 2 期。

王万盈:《北魏时期的周边贸易述论》,《北朝研究》第二辑,北京燕山出版社,2008。

王志高:《六朝墓葬出土玻璃容器漫谈——兼论朝鲜半岛三国时代玻璃容器的来源》,六朝历史文化与镇江地域发展学术研讨会会议论文，2010 年。

　　王子今：《走马楼舟船属具简与中国帆船史的新认识》，《文物》2005 年第 1 期。

　　吴焯：《北周李贤墓出土的鎏金银壶考》，《文物》1987 年第 5 期。

　　吴焯：《汉代人焚香为佛家礼仪说——兼论佛教在中国南方的早期传播》，《西北第二民族学院学报》1999 年第 3 期。

　　吴震：《介绍八件高昌契约》，《文物》1962 年第 7、8 期。

　　夏鼐：《河北定县塔基舍利函中波斯萨珊朝银币》，《考古》1966 年第 5 期。

　　夏鼐：《青海西宁出土的波斯萨珊朝银币》，《考古学报》1958 年第 1 期。

　　夏鼐：《太初二年以前的玉门关位置考》，《南京中央日报·文史周刊》第 70 期，1947 年 12 月 1 日。

　　新疆博物馆考古队：《阿斯塔那古墓群第二次发掘简报》，《新疆文物》2000 年第 3、4 期。

　　新疆文物考古研究所：《阿斯塔那古墓群第十次发掘简报》，《新疆文物》2000 年第 3、4 期。

　　新疆文物考古研究所：《新疆民丰县尼雅遗址 95MNI 号墓地 M8 发掘简报》，《文物》2000 年第 1 期。

　　杨岗：《先秦以至秦汉的薰香习俗文化》，《西北农林科技大学学报》2011 年第 4 期。

　　张景明：《北方草原地区鲜卑金银器造型艺术研究》，《民族艺术》2008 年第 1 期。

　　张丽明：《河南洛阳市龙门北市香行像窟的考察》，《考古》2002 年第 5 期。

　　张庆捷：《〈虞弘墓志〉中的几个问题》，《文物》2001 年第 1 期。

　　张显成：《西汉遗址发掘所见"薰毒""薰力"考释》，《中华医史杂志》2001 年第 4 期。

　　赵灿鹏：《南朝梁元帝〈职贡图〉题记佚文的新发现》，《文史》

2011 年第 1 辑，中华书局，2011。

赵利杰：《试论高粱传入中国的时间、路径及初步推广》，《中国农史》2019 年第 1 期。

赵永：《论魏晋至宋元时期佛教遗存中的玻璃器》，《中国国家博物馆馆刊》2014 年第 10 期。

镇江博物馆、句容市博物馆：《江苏句容春城南朝宋元嘉十六年墓》，《东南文化》2010 年第 3 期。

周连宽、张荣芳：《汉代我国与东南亚国家的海上交通和贸易的关系》，《文史》第九辑，中华书局，1980。

周永卫：《两汉南方香料问题述论》，《周秦汉唐文化研究》第三辑，三秦出版社，2004。

朱大渭：《中古汉人由跪坐到垂脚高坐》，《中国史研究》1994 年第 4 期。

朱杰勤：《汉代中国与东南亚和南亚海上交通路线试探》，《海交史研究》1981 年第 3 期。

朱雷：《麹氏高昌王国的“称价钱”》，《魏晋南北朝隋唐史资料》第四辑，武汉大学历史系魏晋南北朝隋唐史研究室编印《魏晋南北朝隋唐史资料》，1982。

五

《鲁达基诗集》，张晖译，商务印书馆，2017。

《中国印度见闻录》，穆根来、汶江、黄倬汉译，中华书局，1983。

〔阿拉伯〕伊本·胡尔达兹比赫：《道里邦国志》，宋岘译，中华书局，1991。

〔巴基斯坦〕艾哈默德·哈桑·达尼：《历史之城塔克西拉》，刘丽敏译，中国人民大学出版社，2005。

〔波斯〕菲尔多西：《列王纪全集》，张鸿年、宋丕方译，商务印书馆，2017。

〔德〕夏德:《大秦国全录》,朱杰勤译,商务印书馆,1964。

〔法〕阿里·玛扎海里:《丝绸之路:中国—波斯文化交流史》,耿昇译,中华书局,1993。

〔法〕伯希和:《交广印度两道考》,冯承钧译,中华书局,2003。

〔法〕布尔努瓦:《丝绸之路》,耿昇译,山东画报出版社,2001。

〔法〕费琅:《昆仑及南海古代航行考 苏门答剌古国考》,冯承钧译,上海古籍出版社,2014。

〔法〕费琅:《苏门答剌古国考》,冯承钧译,中华书局,1955。

〔法〕费琅编《阿拉伯波斯突厥人东方文献辑注》,耿昇、穆根来译,中华书局,1989。

〔法〕戈岱司编《希腊拉丁作家远东古文献辑录》,耿昇译,中华书局,1987。

〔法〕让－诺埃尔·罗伯特:《从罗马到中国——恺撒大帝时代的丝绸之路》,马军、宋敏生译,广西师范大学出版社,2005。

〔法〕沙畹:《西突厥史料》,冯承钧译,中华书局,1957。

〔荷兰〕许里和:《佛教征服中国》,李四龙、裴勇等译,江苏人民出版社,1998。

〔美〕埃尔顿·丹尼尔:《伊朗史》,李铁匠译,东方出版中心,2016。

〔美〕劳费尔:《中国伊朗编》,林筠因译,商务印书馆,2001。

〔美〕罗斯托夫采夫:《罗马帝国社会经济史》,马雍、厉以宁译,商务印书馆,1986。

〔美〕希提:《阿拉伯通史》,马坚译,商务印书馆,1979。

〔美〕薛爱华:《撒马尔罕的金桃——唐代舶来品研究》,吴玉贵译,社会科学文献出版社,2016。

〔日〕东京国立博物馆:《东洋古代ガラス》,1980 年 3 月。

〔日〕高楠顺次郎:《大正新修大藏经》,日本大正一切经刊行会出版,大正 12~24 年（1922~1934）。

〔日〕木宫泰彦:《中日交通史》,陈捷译,山西人民出版社,2015。

〔日〕内藤湖南:《中国绘画史》,栾殿武译,中华书局,2008。

〔日〕石渡美江:《甘肃靖遠出土鎏金銀盤の図像と年代》,《古代東方博物館》卷13,1992年。

〔日〕藤田丰八:《中国南海古代交通丛考》,何健民译,商务印书馆,1936。

〔日〕榎一雄:《梁职贡图について》,原载《东方学》第26辑,1963年,收入《榎一雄著作集》第7卷,东京,汲古书院,1994。

〔日〕足立喜六:《〈法显传〉考证》,何建民、张小柳译,贵州大学出版社,2014。

〔新西兰〕尼古拉斯·塔林主编《剑桥东南亚史》,贺圣达等译,云南人民出版社,2003。

〔印〕马香雪汉译《摩奴法典》,商务印书馆,1982。

〔印〕蚁垤:《罗摩衍那》,季羡林译,人民文学出版社,1981。

〔英〕H.裕尔撰,〔法〕H.考迪埃修订《东域纪程录丛》,张绪山译,云南人民出版社,2002。

〔英〕I.L.梅森主编《驯养动物的进化》,驯养动物的进化翻译组翻译,南京大学出版社,1991。

〔英〕奥雷尔·斯坦因:《西域考古图记》,巫新华等译,广西师范大学出版社,1998。

〔英〕奥雷尔·斯坦因:《重返和田绿洲》,刘文锁译,广西师范大学出版社,2000。

〔英〕派翠西亚·戴维斯:《芳香疗法大百科》,李清芳译,中信出版社,2013。

〔英〕威廉·沃森:《伊朗与中国》,马小鹤译,《中外关系史译丛》第3辑,上海译文出版社,1986。

〔英〕约翰·马歇尔:《塔克西拉》,秦立彦译,云南人民出版社,2002。

W.W. Tarn, *The Greeks in Bactria and India*, Chicago: Ares Publishers, Inc., 1985.

后　记

　　本书是北京外国语大学 2020 年度"双一流"建设重大标志性成果"多语种、多视角世界文学与比较文学研究"继续资助项目（2021SYLZD012）子课题"丝绸之路与文学关系研究"结项成果之一，也是我主持的国家社会科学基金重大项目"汉唐间丝绸之路历史书写和文学书写文献资料整理与研究"（19ZDA261）阶段性成果。本书各章节有的曾作为单篇论文发表，收入本书时在内容上都有所增补和调整。陶家俊教授主持的北京外国语大学"双一流"建设重大标志性成果项目"多语种、多视角世界文学与比较文学研究"为本课题研究提供了研究经费和出版资助，本书的写作和出版得到北京外国语大学科研管理部门和中国语言文学学院领导的关心和协助，得到社会科学文献出版社领导、编辑的支持和指导。郑庆寰先生在本书的策划和出版中给予了许多有益的建议，编辑汪延平老师细心的审校使本书避免了不少失误。正是因为有了上述相关单位和各位领导、老师的大力支持和帮助，本书才得以顺利出版，在此一并致谢。诸多不完善之处，恳请学界同仁批评指正。

石云涛

2021 年 12 月 30 日　北京

图书在版编目(CIP)数据

魏晋南北朝丝绸之路与对外关系史研究 / 石云涛著
. -- 北京:社会科学文献出版社,2023.5
(九色鹿)
ISBN 978-7-5228-1190-1

Ⅰ.①魏… Ⅱ.①石… Ⅲ.①丝绸之路-文化交流-
文化史-魏晋南北朝时代 Ⅳ.①K235.03

中国版本图书馆CIP数据核字(2022)第240944号

·九色鹿·
魏晋南北朝丝绸之路与对外关系史研究

著 者 / 石云涛

出 版 人 / 王利民
责任编辑 / 郑庆寰
文稿编辑 / 汪延平
责任印制 / 王京美

出 版 / 社会科学文献出版社·历史学分社(010)59367256
地址:北京市北三环中路甲29号院华龙大厦 邮编:100029
网址:www.ssap.com.cn

发 行 / 社会科学文献出版社(010)59367028
印 装 / 南京爱德印刷有限公司

规 格 / 开 本:787mm×1092mm 1/16
印 张:21.25 字 数:306千字
版 次 / 2023年5月第1版 2023年5月第1次印刷
书 号 / ISBN 978-7-5228-1190-1
定 价 / 89.80元

读者服务电话:4008918866